武大通识

博雅弘毅
文明以止
成人成才
四通六识

珞 珈 博 雅 文 库
通 识 课 堂 系 列

博雅：中西之间

武汉大学基础通识课优秀论文集

（自然卷）

主　编　桑建平
副主编　彭　华　黄　舒　蒋　妍

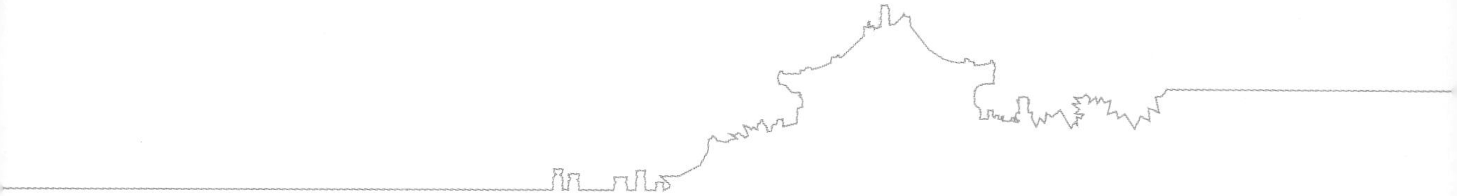

WUHAN UNIVERSITY PRESS
武汉大学出版社

图书在版编目(CIP)数据

博雅:中西之间:武汉大学基础通识课优秀论文集.自然卷/桑建平主编.—武汉:武汉大学出版社,2021.6
珞珈博雅文库.通识课堂系列
ISBN 978-7-307-22270-0

Ⅰ.博…　Ⅱ.桑…　Ⅲ.自然科学—文集　Ⅳ.Z427

中国版本图书馆 CIP 数据核字(2021)第 070741 号

责任编辑:林　莉　喻　叶　　责任校对:汪欣怡　　版式设计:韩闻锦

出版发行:**武汉大学出版社**　(430072　武昌　珞珈山)
(电子邮箱:cbs22@whu.edu.cn　网址:www.wdp.com.cn)
印刷:武汉市宏达盛印务有限公司
开本:787×1092　1/16　印张:28.75　字数:589 千字　插页:2
版次:2021 年 6 月第 1 版　2021 年 6 月第 1 次印刷
ISBN 978-7-307-22270-0　定价:88.00 元

主编简介

桑建平，1959年12月生于武汉，理学博士，武汉大学物理科学与技术学院教授、博士生导师、武汉大学通识教育中心常务副主任。历任武汉大学物理系副主任、理学院副院长、科技处处长，武汉市科技局副局长，江汉大学副校长，武汉市科协党组书记，教育部高校物理学类专业教学指导委员会委员。

主要从事理论物理科研与教学，曾主持国家自然科学基金、教育部重点基金、教育部骨干教师基金、湖北省科研基金等基金项目，在国内外期刊发表论文八十余篇，主编三种教材，获湖北省教学成果一等奖。

总　序

实贤康

大学应该培养什么人？为谁培养人？怎样培养人？这是所有大学教育工作者都必须认真思考的三个根本性问题。

2018年5月2日，习总书记在北京大学师生座谈会上强调，“培养社会主义建设者和接班人，是我们党的教育方针，是我们各级各类学校的共同使命。大学对青年成长成才发挥着重要作用。高校只有抓住培养社会主义建设者和接班人这个根本才能办好，才能办出中国特色世界一流大学。”那么，如何才能高效率地培养出合格的甚至是优秀的、卓越的社会主义建设者和接班人呢？武汉大学积极探索适应经济社会发展的人才培养体系，在国内率先提出创造、创新、创业教育的新理念，致力于培养厚基础、宽口径、高素质、创新型复合人才。在这一人才培养体系中，通识教育占据重要位置。

众所周知，现代大学本质上是专业教育，这种教育培养分科之才，极大地推动了经济、社会、政治、科技和文化的发展。伴随社会分工的深化和知识的高度分化，社会对知识综合的内在需求越来越高。大学生过早地进入过分专门的知识领域，既不利于他们后续的学术探索，也跟时代的需求脱节。尤其是以世界一流为目标的大学，单纯把学生培养成单一技能的专门人才，是大学及人才培养目标定位的失准。

事实上，国内外所有顶尖大学，都非常重视通识教育，跟关注“专”与“才”相比更重视“通”与“人”。在哈佛大学的发展历程中，通识教育是一条主线，强调学科的综合性和灵活性，以培养出具有社会责任感的世界公民为目标；

耶鲁大学则强调学生广博的视野和对未来任何职业而非某种职业的胜任；牛津大学采取了学科专业联合的模式来进行通识教育；东京大学则把"推迟专业化"当成其通识教育的典型特征，所有本科生前两年都在教养学部接受通识教育；北京大学以"加强基础，尊重选择，促进交叉，卓越教学"为方针，在专业教育中融入通识教育的理念与视野；清华大学则通过通识教育培养学生具有"立己达人、全人格的价值养成，审思明辨、批判性的思维能力和文理兼备、跨学科的知识结构"。

武汉大学通识教育走过了几十年历程，形成了自己的鲜明特色。在目前实施的通识教育 3.0 版本中，我们的通识教育理念是博雅弘毅、文明以止、成人成才、四通六识，博而能通，雅而有识，以涵养志向远大、质朴刚毅的君子人格。在日常教学和管理过程中，学校努力创造更好的条件，让学生通古今、通中外、通文理、通知行，经由经典阅读和批判性思考等训练，期望他们终能学识渊博，见识卓越。

为此，武汉大学精心打造了"4-2-660"通识课程体系。我们计划建设 660 门通识课程，这些课程分成四大模块：中华文化与世界文明、科学精神与生命关怀、社会科学与当代社会、艺术体验与审美鉴赏。其中，每个模块有 15 门左右的核心通识课。为了进一步强化本科生的通识学习，我们开设了 2 门全校基础通识课，《人文社科经典导引》和《自然科学经典导引》，规定所有大一的学生必修。本书中所收集的，就是 2019 级本科生学习这两门基础通识课的习作。

从习作来看，这些刚刚跨入大学校门的孩子与先贤们辩难，跟着古今中外的人文和科学经典一起成长，习作表达了他们对仁性、天性、悟性、使命、博雅、爱恨、历史、生命、审美、自由、理性和正义这些人类价值的真实感悟，以及对科学知识、科学思维、科学方法和科学精神的初步认识。我想，如果同学们离开珞珈山之后，知道怎样把个人的梦想与民族复兴的中国梦结合在一起，愿意利用自己的知识和能力为构建人类命运共同体、为构建人与自然的生命共同体倾注满腔热血，那我们的工作就是成功的。

人类社会进步的历史，就是一部不断地创造出新经典的历史。我期待并相信，以大学第一年的经典教育为契机，在武汉大学一定会掀起学习经典、创造经典的热潮。今天，我们在阅读前人的经典；明天，后人会阅读我们的经典。前人定义今天，我们定义明天。

经典在我们手中，未来在我们脚下。

2021 年 5 月于珞珈山

（作者为中国科学院院士，武汉大学校长）

目　录

古希腊哲学

物理世界

生 命 领 域

科学方法

古希腊哲学

理想之国的“剑戟”与“软肋”：柏拉图政治哲学的批判本性与本性批判

秦一帆　马克思主义学院（2019301050011）

【指导教师评语】文章解读了柏拉图政治哲学的核心主题与建构方式，分析了其对时代政治理论的批判，进而基于历史唯物主义对柏拉图政治哲学进行了深刻批判。文章选题视角较好，既有对柏拉图政治哲学的肯定，又有对柏拉图政治哲学的批判，既有对经典文本的深入解读，又有专业知识的恰当应用，体现了作者较强的学以致用与独立思考能力。此外，文章结构合理，层次清晰；论证严谨，观点鲜明；行文规范，语言流畅。（健康学院　吴绍棠）

摘　要：柏拉图政治哲学以“正义”作为核心，运用先验主义的致思方式建构了柏拉图心目中的理想之国，在个体正义和国家正义两个维度实现了对于其时代政治理论的前提批判，因而具有鲜明的批判本性，如同一柄哲学的锋利“剑戟”。但尽管柏拉图政治哲学构思精妙且系统，其内在本性依然呈现出浓厚的客观唯心主义色彩以及狭隘的奴隶主阶级立场，携有先天性的“软肋”，因此需要在历史唯物主义视域中对其整体本性加以批判。

关键词：柏拉图；政治哲学；正义；批判本性；本性批判

柏拉图哲学无疑是西方哲学史中的一颗璀璨星辰，明亮千年，光芒不减。而谈及柏拉图政治哲学，《理想国》等篇目中柏拉图关于城邦政治生活的哲学思想与理论建构则是绕不开的话题。基于对《理想国》等篇目的文本分析和理论解读，本文认为，于雅典民主政制末期的提出的柏拉图政治哲学对当时的政治理论展开了深刻的前提批判，因而如同一柄锋利“剑戟”，具有指向现实的鲜明批判本性，同时其先验主义的理念论和无可遮蔽的阶级色彩又是其难以避免的先天性“软肋”，决定了其本性是有待解构的而不是牢不可破的，是亟待批判的而不是完美无瑕的。

一、由表及里：柏拉图政治哲学的意涵解读

纵观柏拉图哲学的理论体系，可以说柏拉图的政治哲学围绕“正义”这一核心层层展开并实现对其政治思想的全盘统摄。如果说自启蒙运动以来的正义内涵是公正，是平等，是博爱，那么柏拉图式的正义则以“适配论”①的形貌出场，强调社会中的所有个体天生就对应着“金、银、铜、铁”四种属性，分有着“理性、激情、欲望”三类灵魂，相对应地生成“智慧、勇敢、节制”三大德性，从而界分出统治者、卫士、平民三种社会角色，只有每一类社会角色各司其职，各安其位，达成职责与秉性的适配，方可生成城邦的正义或言之正义的城邦。而就其现实性而言，实现“正义”的关键环节是实现哲学与政治的结合，因为柏拉图相信哲学家历经教育洗礼，是理性灵魂的化身，明晓城邦最高的“善”。而只有能够洞悉和参透理念世界的哲学王才能领导城邦远离邪魅的混沌，走向正义的澄明。

从本体论的维度观照，柏拉图的政治哲学强调理念第一性的原则，以向“善”②的追求精心设计了柏拉图心目中的理想之国，“正义”理念的外壳内是客观唯心主义的哲学基因。其先验主义的理论图景背后是柏拉图追求终极和永恒的形而上学式沉思。

从真理论的维度观照，柏拉图的政治哲学推崇数理的功能和辩证法的效用，认为哲学王能够运用以数学、几何为代表的数理逻辑演绎、推理事物的真相，并能借助辩证法探知和掌握终极真理，从而洞悉“善”的理念，带领城邦走向正义。

从价值论的维度观照，柏拉图式的“正义”理念实际上表征着柏拉图作为奴隶主阶级的自我意识。一方面，“适配论”的面纱之下藏匿着以等级尊卑为核心的秩序追求；另一方面，其国家主义的理念本身，是柏拉图政治哲学中鲜明的整体主义价值观在政治领域内的投射。

关于柏拉图政治哲学的评价，既有“怀海德”③式的洋溢赞美，亦有“波普尔”④式的针

---

① 沈夏珠提出，柏拉图式“正义”的内涵是：“正义就是事物内在结构要素的本性与其功能相适配”。本文认为其表述精简通要，故引用并简而称之“适配论”。详情参见：沈夏珠：《柏拉图政治价值理论：一个正义观念体系》，《南京社会科学》2017年第3期，第90~95页。

② 柏拉图哲学被称作“理念论”，其将世界划分为可见世界与可知世界或言之事物世界与理念世界，在可知世界或言之理念世界中，“善”是最高的理念，宰治、支配着其他理念形态。

③ 阿弗烈·诺夫·怀海德(Alfred North Whitehead，1861年2月15日—1947年12月30日)，著名英国数学家、哲学家和教育理论家，曾评价柏拉图哲学：“全部西方哲学史不过是为柏拉图的思想做注脚”。

④ 卡尔·波普尔(Karl Popper，1902年7月28日—1994年9月17日)，奥地利哲学家，曾在其著作《开放社会及其敌人》中猛烈抨击柏拉图及其政治哲学思想。

锋相对，而依据历史唯物主义原理，将道德评价与历史评价相结合，并坚持历史评价优先，柏拉图政治哲学无愧为政治哲学理论谱系中的“源头活水”，也无愧为政治哲学史中的理论高峰。

二、前提批判：柏拉图政治哲学的批判本性

柏拉图所生的时代，正值古希腊城邦制度走向末路。所以造就了柏拉图的政治哲学内嵌着深刻的批判本性。恩格斯曾指出：“我们的主观的思维和客观的世界遵循同一些规律，因而两者在其结果中最终不能互相矛盾，而必须彼此一致……这个事实是我们的理论思维的本能的和无条件的前提。”①著名哲学家孙正聿②则依据此段论述进一步指出，“哲学是对理论思维的前提批判”③，即对理论思维的根据、标准和尺度进行批判。由此观之，以“正义”为核心范畴的柏拉图政治哲学首先应对其所处时代的正义观展开前提批判，并在解构与建构的过程中逐渐提出自身的正义理念。

个体构成国家，国家统摄个体，柏拉图正义观同时涵盖着作为其“正义”理念一体两面的个体与国家，而柏拉图政治哲学的前提批判主要在个体正义与国家正义两个维度进行铺展。

（一）个体正义的前提批判

在柏拉图政治哲学的理论体系中，“正义”是核心范畴，个体正义则在个体层面影响着正义的最终实现，是为国家正义的基础。但柏拉图的个体正义观并不是凭空架构，而是建立在柏拉图对其所处时代各类正义观的前提性反思与批判的基础之上。

首先，柏拉图积极展开人学意义上的反思，对先前政治理论的前提——灵魂的均一性，提出了质疑和挑战。在《理想国》中，柏拉图提出“理智、激情、欲望”是灵魂的三个组成部分，在《蒂迈欧篇》中，柏拉图进一步指出身体的头部、胸部、胸膈以下是“理性、激情、欲望”这灵魂三部分的居所，身体承载着灵魂，灵魂操控着身体。而作为其正义观念体系中的重要组成部分，柏拉图所言明的个体正义指涉的是个体灵魂中的各个部分各安

---

① 中共中央翻译局编：《马克思恩格斯选集(第4卷)》，人民出版社1995年版，第364页。

② 孙正聿，吉林大学哲学社会科学资深教授、博士生导师、教育部社会科学委员会委员，著有《哲学通论》《哲学：思想的前提批判》等著作。孙正聿认为：“哲学是对理论思维的前提批判。”

③ 孙正聿：《理论思维的前提批判——论辩证法的批判本性》，北京师范大学出版社2018年版，第1页。

其位、互不干涉，激情与欲望受到理性的驾驭和统率，最终达到和谐稳定的有序状态。由此，柏拉图完成了对以往正义观念所依据的人学理论的前提批判，成功地以灵魂的杂质性代替灵魂的均一性，实现了人学理论之前提的颠覆性变革。

在《理想国》1~4卷中，柏拉图对各类具体的正义观逐一进行了归谬，提出真正的正义既不是克法洛斯认为的"有话直说，有债照还"①，也不是玻勒马霍斯构想的"正义就是把善给予友人，把恶给予敌人"②，亦不是色拉叙马霍斯相信的"不正义比正义更有利"和"正义不是别的，就是强者的利益"③。不难推知，柏拉图认为这些正义观念就其存在方式而言是零碎的、表面的、流变的，就其致思路径而言是直观的、具体的、简单的，它们依附于个人特殊的利益需求而不具备普遍意义上的概念广延性，从而无法得出他所期望的具有终极意义和无所不包的正义理念，也就无法在个体层面实现最高的"善"的理念。可以说，柏拉图所期盼的个体正义具有终极的意向性，旨在以更为普遍的正义理念统摄个体的正义实践。如果说柏拉图以前的正义是特殊场景、特殊语境中的具体正义，依赖于经验的总结，那么柏拉图欲将创造的是普遍意义上的抽象正义，生成于先验的理念。至此，柏拉图在从特殊到一般的范式转向中实现了对以往正义观本体论的前提批判，为其形而上学④式正义理念的出场开拓了理论进路，从而进一步完成了对个体正义理念所依据的根据、标准和尺度的更新。

（二）国家正义的前提批判

国家正义是在个体正义基础上的集体正义，是柏拉图政治哲学理论体系在共同体秩序这一维度的最高追求和终极指向。柏拉图借"金银铜铁论"强调城邦中公民个体的差异性：统治者由金子铸造，护卫者由银子铸造，平民则由铜和铁铸造。统治者所对应的美德是智慧，护卫者对应的美德是勇敢，平民对应的美德是节制，而正义是三种社会角色共同的理想美德。要实现正义，每一个体应依据天生的秉性从事最适合的职业。因此，无论是低阶层对高阶层的僭越，抑或是高阶层对低阶层的兼任，正义都属于失位状态。此外，接受过良好教育的哲学家能够洞悉理念世界，可以认知并且掌握"政治技艺"⑤，所以理应担任统

---

① ［古希腊］柏拉图：《理想国》，郭斌和、张竹明译，商务印书馆2002年版，第6页。

② ［古希腊］柏拉图：《理想国》，郭斌和、张竹明译，商务印书馆2002年版，第7页。

③ ［古希腊］柏拉图：《理想国》，郭斌和、张竹明译，商务印书馆2002年版，第18页。

④ 此处的"形而上学"指的是对于世界本质的探索和研究，即研究存在之存在或存在之本质，表现出追求终极存在和终极解释的理论旨趣，"形而上学"的哲学概念体系最早由思想家亚里士多德在同名著作中构建。

⑤ 在《政治家篇》中，柏拉图以纺织喻比政治家，认为具有统治城邦能力的人是拥有"政治技艺"的，能将不同秉性、不同能力的人如同经纬相交般"编织起来"，发挥各自最大效用，从而助力社会实现和谐的有序状态。

治者的职位。

显然，柏拉图以“三种灵魂”“四元德说”和“金银铜铁论”勾勒出理想中的共同体秩序，而这一共同体秩序建立在对大众政治模式的深刻反思之上，建立在对雅典民主政制的无情批判之上。柏拉图以前的雅典城邦中，正义是公民个体之间不以高低贵贱划分等级尊卑，政治是公民群体在形式民主第一性的原则下的自我决断。但柏拉图身处民主政制，却亲眼目睹了多数人联合构陷并以法律作为所谓的正义武器陷苏格拉底于不义。对于柏拉图而言，这不仅仅是难以抚平的丧师之痛，更是走向穷途的民主之殇，他在三次西西里之行和苏格拉底被判决后逐渐认识到，大众化政治作为国家政治的支撑理念并不具备绝对适用性，将不通政治的平民推上政治舞台恰恰是正义的缺席而不是正义的在场，是正义的失效而不是正义的实现。柏拉图从真理论的维度出发，认为城邦走向正义依赖于统治者对于“政治技艺”的熟稔理解。但普通平民由于先天教育的局限和品行的缺陷，并不具备理解“政治技艺”的能力，只有哲学王或政治家才能认知并且掌握“政治技艺”，精通国家管理和公共事务，并能借助数理工具和辩证法思维认识最高的“善”，也只有哲学王才能最终实现城邦的正义或言之正义的城邦。平民所持有的，大都是为私欲和愚昧所裹挟的“意见”，哲学王所掌握的，才真正是治国理政的“真理”。

可以说，柏拉图通过对雅典民主政制的反思与超越，实现了由大众政治向精英政治的政治原则转向，厘清了政治领域中“意见—真理”①的二元结构和存在方式，并在其晚期著作中实现了“意见”与“真理”的辩证统一，在真理论维度完成了国家正义层面理论的前提批判。

三、历史审视：柏拉图政治哲学的本性批判

诚然，柏拉图政治哲学是政治哲学史中的一座理论高峰，以其精妙而系统的理论构思表征着古希腊时期人类文明在政治共同体中的自我意识，是“文明的活的灵魂”，亦是“时代精神的精华”。但在马克思看来，作为奴隶主阶级的柏拉图也只是“这一阶级的积极的、有概括能力的意识形态家”，并且“把编造这一阶级关于自身的幻想当作主要的谋生之道”②。在历史唯物主义的视域中，柏拉图的政治哲学首先植根于奴隶制下的生产方式和阶级关系。彼时自然科学发展不完善的状况也在一定程度上导致柏拉图在本体论领域走向

---

① 柏拉图将知识分为可见世界的知识和可知世界的知识，可见世界的知识如影像(摹本)、原本属于“意见”，而可知世界的知识如数理理念、伦理理念属于“真理”，具体阐述可参见柏拉图的“日喻”及“线喻”。

② 中共中央编译局编：《马克思恩格斯选集(第1卷)》，人民出版社2012年版，第179页。

先验式的“理念论”，其政治哲学与现实的城邦生活之间进而先天性地存在着结构张力。而柏拉图式的正义城邦也只不过是奴隶主贵族制等级观念的哲学映射，虽然在理论旨趣上柏拉图追求终极的存在、追求永恒的解释、追求最高的价值，但由于立场受到阶级的制约，其关于永恒理念的畅想最终也难免沦为虚妄的幻梦。

（一）先验的理念：理想无涉现实

“理念论”是柏拉图哲学置身客观唯心主义哲学谱系的鲜明标识，因而柏拉图的政治哲学自然而然地具有鲜明的先验主义色彩。就其提问方式和致思路径而言，虽然柏拉图政治哲学具有强烈的批判本性，但其理论大厦并非是从现实经验出发层层搭建，而是以寻求某种终极性存在的方式提出问题，建构理念，并将由此确立的柏拉图式“正义”作为整个理论体系的支撑点，接着以“正义”的理念观照现实、解释现实、规范现实，从而构筑起先验式的哲学理论体系。

因此，柏拉图政治哲学先天性地存在着某种与现实生活的结构张力，从而最终导致理想无涉现实。一方面，精通数理逻辑和辩证法并具有勇敢、节制、善良与理智等美德的哲学家是否真正存在于世？即使存在又是否能够真正倾心于政治而不是纯粹热衷于权力？又如何保证在哲学与政治的媾和中哲学家不会走向理性的自负以及哲学本身不会走向僵化的泥沼？另一方面，所谓的“统治者、护卫者、平民”三类社会角色是否能够意识到自身的“金、银、铜、铁”属性并进一步体认自身的灵魂本性？又如何确保所谓的社会角色是纯粹的先天决定并且后天的实践活动无益于身份的转变？这些现实问题都是柏拉图式“正义”理念或言之理想主义政治思想在实施过程中无法避免的诘问。

在《理想国》之后的著作中，柏拉图似乎自己也意识到了其“正义”城邦的理论在一定程度上是不切实际的，故在《法律篇》和《政治家篇》中作出了理论的妥协与让步，承认除理想国之外，还有“第二好的国家”①存在。这一理论的妥协与让步也被众多学者解读为柏拉图实现了由政治理想主义者到政治现实主义者的转向，但从整体看来，柏拉图始终没有放弃其确立的“正义”理念，其政治哲学也就依然属于先验式的理想主义流派。

（二）虚妄的永恒：阶级制约立场

对于柏拉图所建构的理想国，马克思曾无情地评价道：“他的理想国只是埃及种姓制

① 在《法律篇》中，柏拉图作出了理论的让步和妥协，认为哲学王近乎不可能实现，现实中最好的结果应是在法律的规范下，将一人统治与多人统治相结合，从而建立起“第二好的国家”。

度在雅典的理想化”①。的确，除了先验式的理想主义标签，柏拉图政治哲学还无可避免地具有狭隘的阶级性。尽管柏拉图试图以“理念论”的方式建构具有终极性指向和永恒性意义的政治哲学，但终究“不是意识决定生活，而是生活决定意识”②，无论柏拉图以何种方式开拓其理论进路，无论柏拉图的政治哲学以何种方式存在和呈现，柏拉图以及他的思想都始终是社会历史性的存在而不可能是其意向中的终极性存在。透过柏拉图以等级差异与“适配论”勾勒出的“正义”图景，其中蕴含的哲学思想无可避免地表征着柏拉图作为奴隶主贵族的自我意识，也无可避免地反映着奴隶主贵族的阶级利益。柏拉图政治哲学作为时代中的思想，其所悬设和承诺的“正义”本体及其对本体的理解和阐述必然来源于时代、受制于时代，并且是时代中社会阶级关系的映射。

就此看来，柏拉图政治哲学的理论立场并不具备超越历史、超越时代的特征，其所追求的对“普遍原理”的终极占有和终极解释必然随着时代的流变而不断受到后来者的质疑、挑战和更新。其所自称的永恒理念一方面折射出柏拉图超越同时代人的理论旨趣，另一方面又必然在理论建构中陷入“本轮—均轮”③式的解释循环，因而柏拉图的政治哲学恰恰不是超越阶级的存在而必然受到阶级性的制约。概言之，任何企图超越历史而存在的哲学思想恰恰反映了其理论品格中历史思维的缺失，在阶级社会的语境中任何企图超越阶级而存在的哲学思想恰恰反映了理论家对于历史本身的唯心主义理解，所有对“永恒”的追逐只能走向虚妄的幻想，任何哲学本身既不是“绝对之绝对”，也不是“绝对之相对”，而应该是“相对之绝对”。

四、结　语

理解柏拉图的政治哲学，一方面需要探析其理论大厦的主要思想与核心主题，明晰“正义”之于柏拉图政治哲学的关键地位以及“适配论”所勾勒的理论图景，知晓哲学王何以是柏拉图理想国度中的开明君主。另一方面需要认识到其对于雅典民主政制、人学理论和原有“正义”观念所作的前提批判，从而深刻洞察柏拉图政治哲学的批判本性；并且还需要结合历史唯物主义的科学原则对其本性加以客观公允的分析与解读，赞颂、汲取其精

① 中共中央编译局编：《马克思恩格斯文集(第5卷)》，人民出版社2009年版，第424页。

② 中共中央编译局编：《马克思恩格斯选集(第1卷)》，人民出版社2012年版，第152页。

③ 本轮—均轮系统，或称本轮—均轮模型，由古希腊天文学家阿波罗尼乌斯提出(也有人认为是希帕克斯提出)，是用以支撑地心说的理论模型，强调不同天体在其本轮上旋转，而本轮的中心又以地球为中心旋转，称为均轮，主要通过复杂的运算和不断增加均轮的方式为地心说作数理支撑，陷入无尽的解释循环而无力突破其理论中的谬误。

华，批判、抛弃其糟粕。深度而全面的理解是最高的尊重，也是最大的敬意。唯有如此，方可实现对柏拉图政治哲学的科学而理性的认知，方能以科学客观的方式向政治哲学的“源头活水”遥寄一份当代的温情与敬意。

“洞喻”新解：千年前的现代社会投影

邓纪一　社会学院（2019301170031）

【指导老师评语】作者从社会学理论的视角，对柏拉图两千年前提出的“洞喻”中的诸多意象进行了符合当代语境的解读与分析，其结论具有一定的现实意义。论文有独特的视野，分析问题深刻，且文笔流畅。（物理科学与技术学院　程　莉）

摘　要：高度现代性的时期要求对柏拉图在千年前提出的“洞喻”重新进行解释。本文以社会学理论观点对“洞喻”中的诸多意象进行符合当代语境的解读，并分析了现代“囚徒”的分类，对于理解和改善现代社会生活和精神状况有一定的启示意义。

关键词：洞喻；影像；现代社会

一、引　言

（一）“洞喻”及其一般理解

柏拉图在《国家篇》中描述了一群人在暗无天日的洞穴中如囚徒一般被束缚着的情景。他们可以相互交流，但不能动弹，也不能回头，只能目视洞穴后壁。在他们身后有一堵墙，墙后有人或沉默或出声地举着雕像走过，他们之后有一团火，亮光将他们行动的身影投射在洞穴后壁上。这样一来，囚徒们就会将眼前的影像当作真实存在。不仅如此，柏拉图还给予了洞穴囚徒挣脱的可能性，想象了囚徒挣脱枷锁离开洞穴，见到“更加真实”的世界又返回洞穴中的过程。

在柏拉图的哲学学说中，最核心的概念就是“理念”。理念是不单纯是抽象概念，而是超越于个别事物之外并作为其存在之根据的实在①。由“理念”与一般事物的区别出发，柏拉图将世界两分为理型世界和物质世界，分别对应可知世界和可感世界。“洞喻”就是用来解释可知与可感世界之分的一个生动比喻。

正如柏拉图在《国家篇》第七卷开头所述，他的原意是将未受过教育的人比喻为洞穴囚徒。那么，也就指明了教育是连接可知与可感世界的途径。通过教育，人不仅能实现知识层面上的飞跃；认知“善的理型”之后对自我形成观照，亦是一个完善自身的过程。

(二)重释“洞喻”的原因

我们正在进入一个高度现代性的时期，现代性动力的两种来源决定了重释“洞喻”的可能性与必要性。首先，现代时期与传统形成了一种“特殊断裂”，现代社会脱离了所有类型的社会秩序轨道，缺乏来自过去的稳定支撑并不意味着对传统的抛却，而是要求以符合当代逻辑和语境的解释对原有知识进行解释②；其次，伴随着对传统的摆脱，对知识的反思性运用意味着没有什么知识仍是“原来”意义上的知识了③，这召唤着我们对“洞喻”进行再思考，思考成果又将成为社会生活继续运转的动力。

“然而，对于符号胜过实物、副本胜过原本。表象胜过现实、现象胜过本质的现在这个时代……真理被认为是亵渎神明的，只有幻象才是神圣的。”④

居伊·德波在《景观社会》开篇的引用中，展现了他所理解的现代社会。仔细品读这段话，笔者不得不感慨于现代社会与洞穴困境若合一契的相似性。只不过，将现代人囚禁在“洞穴”之中的，不是因为缺乏教育，而是技术发展的诸多后果。

二、对于“洞喻”中诸多意象的现代解释

(一)现代社会的“影像”

单就“影像”本身而言，相比“洞喻”中的影子，现代社会的“影像”，在其形式上也有

① 张志伟主编：《西方哲学史 第2版》，中国人民大学出版社2010年版，第66页。
② [英]安东尼·吉登斯：《现代性的后果》，译林出版社2011年版，第4页、第154页。
③ [英]安东尼·吉登斯：《现代性的后果》，译林出版社2011年版，第4页、第35页。
④ [法]居伊·德波：《景观社会》，王昭凤译，南京大学出版社2006年版，第1页。

超维的进化。也就是说，我们目之所及的“非真”，看起来比过去任何一种不真实的影像还要更加真实。从电视时代，到“云视听”时代；从无声影片到沉浸式体验；从掌上游戏机到虚拟现实游戏；视听产品日益逼真，却也悖论般拉开了与现实的距离。影视产品的与真实的关系亦是对物质与理型的关系的投射：理念通过“分有”和“摹仿”来派生事物①，而影视产品亦是通过分有和摹仿现实进行生产，甚至于能达到超越现实的程度，这正是“影像”令人(更愿意)信服的原因。

将“影像”的概念向外延展，现代社会的“影像”随处可见。“在现代生产条件无所不在的社会，生活本身展现为景观的庞大堆积。”②

现代人自身参与构建的社会场景，很大一部分也具有“影像”的性质，这和网络通信技术的发展是分不开的。如果说，在现代以前，当人们没有相互见面时，他们对彼此而言都是“不在场的”；而现在通过各种社交软件，原本空白的时间领域需要个人形象的填充，这就催生了人们在社交网络上的展示(炫示)。甚至更多时候，个人“在场”的呈现都是通过社交媒介，作为“影像”的存在一方面在时间范畴上侵蚀现实；另一方面，“影像”的展示对象数量的庞大，在获得这些人的认可之后，“影像”作为被信服的“真实”存在也就具有了合法性；社交网络的形象通过这两种方式完成了对现实的占有。

面对来自社交的“影像”入侵，现实并非毫无还手之力。越来越多的陌生人社交应用和熟人间的陌生社交应用(例如 Popi 匿名提问箱)勃兴，反映了人们对构建和观看“影像”的厌倦。但这些社交应用由于依托网络这一媒介而无法摆脱本质上的虚拟性，接近真实的尝试终究只是南辕北辙。更可悲的是，这些接近现实的尝试，与其说是如求知般向上突围，更像是被“影像”驱逐而逃离。

现代人自身未参与构建的社会场景，由于距离的拉远，其“影像”的性质更为凸显。通过大众传媒传递的许多人们本身不在场的事件，被鲍德里亚称为“实际不存在但又偏偏存在的事实”“对现实所产生的眩晕”③。新闻报道，其形式决定了不证自明的真实性，但远离日常的“真实”除了作为威胁的符号反衬日常的安全(尽管上文已述很有可能只是自欺欺人的安全感)，与个人的关系微弱，以至于对事实的全面完整还原是必要的却又是不重要的；再者，新闻面向公众的性质，注定了它维护当前社会形态的立场，它是对于事实的特定角度折射，传递给观众时又要再经历一次折射，这样的呈现结果是对“真实”的偏离，在偏离中产生了影像。这样一来，现代人生活场域，无论“在场的”还是“不在场的”，都被影像包围了。

---

① 张志伟主编：《西方哲学史 第 2 版》，中国人民大学出版社 2010 年版，第 66 页。

② [法]居伊·德波：《景观社会》，王昭凤译，南京大学出版社 2006 年版，第 3 页。

③ [法]让·波德里亚：《消费社会》，刘成富，全志钢译，南京大学出版社 2000 年版，第 11 页。

(二)现代社会的“火”“镣铐”与“墙后经过的人”

“洞喻”中的火，是囚徒们可以看到影像的光源。“火”和“墙后经过的人”共同决定了囚徒们所见所闻，和据此产生的对世界的认识。对囚徒身体上的拘束，使他们更加确信并主动接受现有的认识。

工业化的进程，一方面使城市扩张在空间上侵犯自然，一方面也使“人为的”在空间领域逐渐侵占“自然的”领地。现代社会的“火”(或者单就这一意象而言)，已经和真、善、理性等含义相距甚远，它更像是一种设定好的、被社会中的统治阶级推至高处的期望，与“墙后经过的人”共同操纵一套支配逻辑，“镣铐”则是控制程式的具象体现。

现代社会是一个物质上极丰盈的社会，这是讨论社会控制的前提。从前现代社会开始，伴随着生产力的大发展，消费也随之突飞猛进。生产力发展的齿轮开始转动就无法停下，大量的剩余生产需要更多的消费，就需要对(潜在)消费者进行引导。

因此，(前)现代人拥有物品的方式是通过消费对物品进行占有。在产生“景观的庞大堆积”之前，是商品的庞大堆积。例如，上文提及的影视产品，不仅将所闻所见运用“影像”的形式呈现，体现了对自然的商品化；而更是将想象和未来通过“影像”传递到当下，体现了对非自然的商品化；这是商品内容的泛化。而在今年5月初引起广泛议论的《后浪》演讲中，充分展示了体现当代青年形象的“爱好”，这些爱好大多具有(高额)消费倾向；而最具有讽刺意味的是，名为“给年轻一代的礼物”，实际上是一个视频网站精心炮制的商品；这是商品无孔不入地进入生活的“潜化”。

物品本身不指向消费，就像洞穴中举着雕像经过的人们，没有火光的投射，是不会成为被囚徒所相信的影像的。连接物品与消费者的，是广告。广告商迎合了人们乐意上当受骗的心理，运用一种预言性话语，让人们去希望(消费)，满足了人们被诱导的愿望①。广告，不仅给予消费者解释自己(将)占有物的意义体系，它在很大程度上是实践导向的，催动人们将本不在场的物品纳入自己的生活场域，“影像”就这样入侵现实生活。

而现在，根据居伊·德波的判断，社会存在方式发生了从占有到显现的普遍转向，而个体现实直接依赖于社会力量的型塑，只有当个人现实不再存在时，个体才被允许显现自身②。这一转向体现在，上文所阐释的商品入侵现实生活的逻辑，不仅可以用来解释广告的作用，还可以类推至几乎所用传播媒介作用，一切的展示都预设了被展示者倾向于相

---

① [法]让·波德里亚：《消费社会》，刘成富，全志钢译，南京大学出版社2000年版，第136~137页。

② [法]居伊·德波：《景观社会》，王昭凤译，南京大学出版社2006年版，第6页。

信，并且深信不疑；而德波还指出，这一状况完全是被人为操纵的，资本家控制了景观的生成和变化。就像洞穴囚徒认为影像是真实存在一样，是由墙后经过的人决定的。

显现，这一社会存在方式，相对于“占有”是将外部存在纳入自身意义体系，是一种具有侵略性的对外扩张。这一转向的结果是：“在这一真假颠倒的世界，真相不过是虚假的一个瞬间。”①

而这一切是如何发生的呢？“墙后经过的人”是如何用“镣铐”束缚住洞穴囚徒的呢？

这是马尔库塞所称的“控制的新形式”，这是“技术进步的标志”，这是“一种舒舒服服、平平稳稳、合理又民主的不自由”②。这个石破天惊的判断在初读时是令人错愕的，现代社会是一个物质前所未有丰盈的时代，是一个需要能最大程度被满足的时代，是一个思想解放、言论自由的时代，何谈“控制”？

但是，马尔库塞提出，人们需要将正式的需要和虚假的需要加以区别，那些为了特定社会利益从外部强加在个人身上的需要是“虚假的需要”③。前文已经提到，消费的增长是为了消解巨大的剩余生产，因此生产者为消费者创造需要，一套双方互利的意义体系为双方所接受，生产者提供了选择范围，消费者相信自己在选择范围中做出的是“自由选择”。

“影像”商品向日常生活的扩张，决定了现代社会的“镣铐”不止局限于消费范畴。商品的符号性质使得人们以购买商品作为一种自我认同的方式，而“真我”是否真的需要通过这一方式确认已经无关紧要。更有趣的是，人们将来自社会的控制逻辑加诸己身，严格的身材管理、对回应社会期望的高要求，都是自我商品化的体现。这两者对原本和真实的悖离，为个人创造了供以展示的材料，而其商品性是展示的动力；对真实的悖离事实上是对社会控制主导逻辑的靠近，因此展示在展出之前就默认会被公众接受。不仅如此，这种展示与其说是自发的，很大程度上是被迫的，人们能感受到一种来自社会世界的支配其所占据位置的表象并进而支配着对这个世界及其未来观念的作用④，在这种作用下个人必然要做出表态(与此相对的是，统治阶级是依靠保持与必然的距离形成与被统治阶级的区分的)。

现代社会的“镣铐”就是“影像”的塑造方式，“影像”完完全全是为囚徒所造的，它除了非真，没有任何缺点；而囚徒享受一种自得其乐的美好生活，除了抛弃独立思考和批判

① [法]居伊·德波：《景观社会》，王昭凤译，南京大学出版社2006年版，第4页，

② [美]马尔库塞：《单向度的人：发达工业社会意识形态研究》，刘继译，上海译文出版社1989年版，第3页。

③ [美]马尔库塞：《单向度的人：发达工业社会意识形态研究》，刘继译，上海译文出版社1989年版，第6页。

④ [法]皮埃尔·布尔迪厄：《区分：判断力的社会批判(上)》，刘晖译，商务印书馆2015年版，第185页。

思维，不用付出任何的代价。

现代社会的"镣铐"是无形的，却又是强制的。一方面，它给予了人们充分的自由，许多人根本无法意识到"自由中被奴役"的状态，更不用提打破这一状态了；另一方面，就算意识到了被灌输和操纵的现状，在生活水准不断提高的条件下，对制度本身采取不顺从态度，对社会是毫无助益的①，就其个人而言，以一己之力与制度抗衡无异于螳臂当车。"镣铐"从意识和能力两个维度锁死了个体的反抗可能。

三、现代"囚徒"的分类

笔者尝试将现代"囚徒"中，尝试脱离洞穴的人分为三类。

严格来说，尝试离开洞穴的一定是少数，无论是在"洞喻"原本中，还是在这个寓言般的现实之中。因为现代社会是一个反抗和批判缺位的社会，在一个抑制性控制程式兼具合法性与合理性的社会，脱离束缚的意识都很难产生。

第一类，自以为挣脱了锁链，实际依然被束缚着。这一类人产生了探知意识，发现了自我被拘束状态。笔者认为，在现代，可知世界与可感世界的距离由于"影像"的蓬勃发展而拉远了距离，仅仅通过教育是不能从物质世界进入理型世界的，只能隐约感到"不自由"。教育的客观效力与影像为中介的控制程式效力成反比，因为教育本身就有与广告、新闻相似的灌输与操纵性质，甚至更有针对性，能将现存的社会规范内化于社会成员心中。因此，尽管教育培养了社会成员的观察与发现能力，但是他们所见所闻的"影像"正是他们从小熟知的"真实"。他们早已把必然当作(必然)趣味，把强加的需要内化为自身的需要，这样一来，对于他们来说，打破被束缚状态是完全不可能的(更有可能的是，他们也完全不想改变这一的状态)。

第二类，本能挣脱锁链，却依然选择被束缚。在洞穴之中，自如地生活的有两种人：一种是"墙后经过的人"；一种是心甘情愿的囚徒。前者是现代社会规则的制定者，是权力的掌控者，他们将理型世界在满足本阶级利益前提下通过"影像"转述给被统治阶级，因此他们没有脱离洞穴的动力，甚至自喜于为群众创造了"令人向往"的物质世界。后者是"影像"的主动接受者，就像很多年流行于互联网的名句一样：你永远叫不醒一个装睡的人。他们或许尝试揭露影像对于现实的倒错，但被相信的可能性远小于像"洞喻"之中那个离开洞穴又回到洞穴中试图评价面前黑影的人一样被讥笑，甚至引来杀身之祸。这样的状况有

① [美]马尔库塞：《单向度的人：发达工业社会意识形态研究》，刘继译，上海译文出版社 1989 年版，第 4 页。

两种原因，在前文都已提及：一方面是个体的反对挑战的是整个社会的确信和运作规则，无异于蚍蜉撼树；一方面是“影像”对现实生活的完整入侵，这样的可感世界脆弱看似却充满生机（影像在完全取代真实的地位后变得稳固），它因为能提供富足的物质和完整的意义体系而具有强烈的吸引力，使得人们能在自洽之后主动接受规训，表现为放弃对可知世界的追求，对可感世界的单向度服从。

第三种，挣脱了锁链，再也无法忍受束缚。在现代社会中，这一类人的人数是最少的。他们依旧选择留在洞穴之中，是因为他们对解救终身监禁的囚徒们尚怀希望。但这一类人的声音是难以被听见的，不仅是因为现代社会是一个消弭反抗的社会。马东在访谈节目《十三邀》第二季第一期中提到，这世界上大约只有5%的人有愿望去积累知识、了解过去，剩余95%的人就只是在生活；因为识字率的提升和技术的进步，使得广阔言论空间的主导权由过去5%的人传递给了现在95%的人。因此这一类人言说的空间和影响力都被挤压，呈现出来的就是失语的状态。

四、总　　结

通过上述分析，我们可以发现“洞喻”是一个用来解释当代社会生活和精神状况的生动模型。然而，令人伤感的是，现代人的灵魂似乎不再像“洞喻”结尾所述的那样拥有一种向上飞升的冲动，渴望在高处翱翔①。并且，相较于启蒙主义及之前的思想家积极地勾勒未来社会蓝图，现当代的社会理论多以批判的特点著称，致力于揭露社会运作的方式，抛出被人们所忽视的问题，却无法为问题提供答案。笔者囿于自身和时代的局限，只能呈现就“洞喻”对现代社会的思考，为改变创造可能。

① ［古希腊］柏拉图：《柏拉图全集》第2卷，王晓朝译，人民出版社2017年版，第514页。

试论《理想国》和《论语》教育思想的异同

方茁然　弘毅学堂 PPE 试验班（2019301030078）

【指导教师评语】 文章结构合理，层次清晰，主要观点突出，与原著实例紧密联系。另外，作者根据原著的部分思想对比当今社会的教育情况，并提出相应的思考和见解，具有一定的参考价值。(印刷与包装系　赵苹苹)

摘　要：作为西方思想史上不可回避的著作之一，《理想国》不为短暂的文学风尚所泯没，而在文化更替中历久而弥新。它在传递发人深省的政治哲学观点的同时，也集中体现了柏拉图的教育学说，是西方教育精神之滥觞，卢梭也盛赞其为“迄今为止关于教育的最好的论文”。同处于轴心时代的儒学巨著《论语》通过勾勒儒家学派代表人孔子的侧影，以语录集的形式言简意赅地传达孔子一以贯之的教育理念。两位哲人的理念在中西方教育史上留下了浓墨重彩的一笔，甚至超越时空的拘束，对现今教育系统仍有着不可磨灭的指导意义。本文试从教育目的、教育内容和教育方式三个角度对两本著作的教育思想进行比较，并就两本著作的部分观点对当今教育系统的指导意义进行探讨。

关键词：《理想国》；《论语》；教育目的；教育内容；教育方式

教育的发展经历了一个由“自发”到“自觉”的转变，自十七世纪开始，教育逐渐分化为一门独立的科学。早期的教育认知并没有被归纳为成体系的教育学著作，而往往糅合在哲学、政治等著作里，其中，《理想国》和《论语》就是较为典型的代表。笔者认为，在进一步比较两者的教育观念时不妨将其置于哲学、政治思想的背景中，从而能够更为连贯、完整的推导出联系与差异所在。结合当下背景，我国教育系统正经历着适应社会主义建设新变化的全面深化改革，着力于融合与包纳世界教育学术浪潮。比较《理想国》与《论语》的教育思想异同，不仅能从西方教育中为我国教育系统革新提供新的灵感，还能提供一种人文思想与科学态度相结合的研究方法。笔者希望通过关注相互作用且相互联系的哲学内核、政治背景与教育观念，从而进一步拓展教育体系的未来之路。

一、教育目的

关于教育目的，笔者认为，教育目的是由社会结构及其背后关乎生活方式与人生价值追求的文化心理构造定义的。作为意识形态的塑造工具，教育目的在一定程度上指向政治目的，这种关联在古代体现得尤为明显。在古代，教育是统治阶级维护自己统治的重要手段，也是实现政治抱负和阶级流动的重要方式。譬如在中国，科举制度为政治行为客观上推动了基层教育的推广；在古希腊教育中，辩论、法理学等课程也是为了提升个人在城邦政治生活的影响力。孔子和柏拉图分别在其著作中构建了通过教育所达成的理想社会，因此他们的教育目的实际可统一为社会理想的实现。而通过分析具体文本可以发现，柏拉图和孔子所倡导的理想社会存在着差异，因此在教育目的上也有所差别。

柏拉图在《理想国》采用整体的结构主义方式考虑伦理学问题，从灵魂的三个等级到德行的三个等级，再到社会阶层的三个等级：统治者、护卫者以及农民手工业者(下文用劳动者代替)。在教育观点上，他认为教育主要覆盖前两个等级的人；劳动者只需要懂得通商之道。教育是为了培养有智慧的统治者和忠诚的护卫者。于劳动者而言，他们的终身任务仅仅在于习得通商之道供养前两个阶级，维持城邦的正常运转。① 在这种等级教育体系之下，各个阶级的人各司其职，根据不同的社会义务接受教育，城邦就能合乎他心中的“至善”的理想化状态。

孔子在《论语》中也传达了类似的想法，其政治理想可概括为“大同世界”。由于孔子认为只有“君子”和“士”能够使百姓安居乐业，因此，教育主要面向的也是“君子”和“士”，其教育目的在于培养爱民德政的国家治理者，构建伦理合规，秩序井然的理想社会。同时，孔子也认为普通百姓不需要教育，“上好礼，则民莫敢不敬，上好义，则民莫敢不服；上好信，则民莫敢不用情。夫如是，则四方之民襁负其子而至矣，焉用稼?”②在孔子的构想之下，只要“君子”和“士”接受了良好的教育，能够“安百姓”，普通民众安居乐业就可以获得充足的幸福感，也就不需要接受教育了。

柏拉图和孔子教育学说都以构建理想社会作为教育的终极目的，并且都有忽略基层教育，强调“精英教育”的倾向。笔者认为，“精英教育”的倾向不符合当今社会趋势。特别

① ［古希腊］柏拉图：《理想国》，张竹明译，译林出版社 2007 年版，第 101 页。

② 《论语·宪问篇》，中华书局 2006 年版，第 163 页。

是在中国基层民众数量庞大的语境之下，单一强调“精英教育”可能会导致一系列的“教育失败”，包括教育无助于社会阶梯中实现向上流动；甚至不足以充当防御性的“安全网”，最终导致“以前保留在地方上的人才被吸走了；原来应当回到地方上去发挥领导作用的人，离乡背井，不回来了”①。我国的教育体系目前呈现的是“金字塔型”，而当代中国教育体系改革不仅仅需要注重精英的培育，还应重新构建城乡价值谱系序列，关注基层教育。

二、教育内容

由于两位哲人的政治主张不同，因此教育内容也就有所差异。二者差异主要体现在道德教化与综合教育的分化。笔者认为，一个社会需要有多种机制去应对各种理想冲动，但不能将这种思想直接强制性移植到社会上，因为这是极其冲动和愚蠢的。教育是一个缓和的、影响持久且深远的拉近理想与现实的手段，教育内容在一定程度上影响了国家的精神气质与社会的文明风貌。

柏拉图所倡导的教育内容体现的是一种综合科学的取向。由于统治者需要统治国家和人民，因此对统治者的教育内容十分广泛，涉及哲学、天文、算数、音乐等诸多方面，要求也最高，即达到把握真理的层次。②

孔子在教育中侧重于运用道德教化的方式，注重教育内容的伦理化与道德化。孔子在《论语》中阐发的关于教育最核心的观点就是“仁”，细化到教育内容就是“文、行、忠、信”，即文学、品行、忠诚和诚信；划分为具体科目就是“礼、乐、射、艺、书、数”，即君子六艺。可以很明显地看出孔子的教育内容偏德育，对自然现象规律等自然科学方面则是完全不涉及的。结合他的政治理想，他不苛求“君子”和“士”在学术上极其出众的能力，因为德行到达一定的层次，就可以威服四海，使天下人都信服，从而达到理想社会的目标。

而我国的教育则呈现出一种“功利化”的趋向，素质教育与德育的发展仍十分迟滞。目前大部分学校教育更倾向于使学校成为一个训诫的纪律空间，用频繁的、高竞争、高淘汰的考试来控制学生的认知结构，彻底转变他们的身体惯习、自我认同与心智特征，在明确升学期待后渗透精英集团的标准与要求。③ 笔者认为，教育还应该注重“无用之用”，即素质教育与德行塑造在未来就业市场上可能不是一个显性的评判指标，但是它却能在根本上

① 费孝通：《损蚀冲洗下的乡土》，《乡土中国》，上海世纪出版集团 2007 年版，第 294~304 页。

② ［古希腊］柏拉图：《理想国》，张竹明译，译林出版社 2007 年版，第 105~109 页。

③ 刘云杉：《“悬浮的孤岛”及突围：再认识中国乡村教育》，《苏州大学学报（教育科学版）》2014 年第 1 期，第 16 页。

起到育人的作用，产生的影响可能会伴随受教育者一生。如何从体制上淡化“唯成绩论”，纠正老师自身的思想问题，而把“育人”重新提上议程，是当前教育政策制定者所需要反思的。那教育是什么呢？笔者认为应当是在一个相对宽松的环境里不断鼓励学生去尝试、去实践。

三、教育方式

两位哲人的教育方式区别，实际上体现的是两者哲学思想不同所导致的方法论的差异。

从《论语》中可以看出，孔子主张的教育方式有如下特点：一是启发式教育。孔子提出问题后往往不会给出一个明确的答案，多是循循善诱，以反问等方式引导学生的思考。二是因材施教。孔子主张根据每个学生的背景、天赋、品行等的不同进行不同的教育；三是学思结合。“学而不思则罔，思而不学则殆”，孔子认为只学习不思考或者只思考不学习都是不可取的。最后也是最重要的一点，就是教育的不固定性。孔子的教学方式更为灵活，不依据特定的大纲体系，往往是兴之所至，“寓教于言”。

柏拉图作为希腊式教学的代表，与孔子的教学方式有很大不同。第一，灵魂的三分法理论为体育、德育、智育提供了人性论上的依据。第二，柏拉图的《理想国》中已经体现出较为严谨的逻辑体系和推理论证的哲学方法。因此，柏拉图所主张的教学方法特点是有具体大纲的，有内在的逻辑体系，譬如明确规定受教育者在某一项上应达到的程度，学习科目的前后关联。第三，《理想国》中，柏拉图提出了著名的“洞穴之喻”，从而引出了柏拉图的理念说。由于理念论倡导的是追求高于可感世界的理念世界，因此在柏拉图的教育方法中多围绕“可感世界的人如何认识到理念世界”，着力于从繁杂的感官经验事实中抽象出本质的、永恒的规律与理念。值得注意的是，最初的理念并不以解释自然为目的，而是确立一种伦理知识的对象，后期则更强调价值规定、数学关系和有机世界。反映到教学方法上就是从关注身边到关注到整个宇宙的规律与发展。

就当代的教育发展而言，孔子因材施教、有教无类的思想仍具有非常深刻的实践意义。但笔者认为，孔子的思想在教育初期，如中小学教育，是极其重要的。但是在高等教育就有所不足。“洞穴之喻”是关于知识碎片与真理之间关系较好的解读，适宜于运用于高等教育到科研的过渡阶段。教育中所接受的零散的知识就像印在壁洞上的影像——人们试图利用低维的碎片，去描绘一个高维的事实。尽管全局性信息是很难被把握的，但好在现代教育注重“量化分析”，在“量化”的教育倾向之下，难以把握的碎片将被尽力还原为真实的映像，这使身处于洞穴的人有机会得以窥见理念世界。

四、结合《理想国》与《论语》反思中国教育现状

在《理想国》中，柏拉图明确说道："教育非他，是心灵的转向。如果没有启发，教育没有任何作用。"在教育理念上，柏拉图继承了老师苏格拉底"认识你自己"的思想，并进行进一步的发展，自然本性是"善"的生活的基础，人所接受的教育就是在特定的范围内去舒展自己。在这一点上，孔子也强调教育的循序渐进，指出"欲速则不达"，教育是"为己"而非"为人"。在这个层面上，中国当代教育实际上违背了孔子和柏拉图所倡导的教育初衷：

(一)教育走向两种极端后的异化

笔者认为，应试教育本质上是一种规训，它真正服务的与其说是受教育者，不如说是追求秩序的整个社会。同样的，它真正的问题不在于其基础逻辑，而在于实施中的异化。从个人角度而言，长期对未知事物的所谓探索，导致了其面临真正的未知事物时感到恐惧和迷茫；从社会角度而言，应试教育的长期存在潜移默化地塑造了某种集体的依赖或者说惯性。在这种情况下，素质教育作为一种与应试教育对立的概念被树立起来，片面地、乃至偏执地追求全面，以至于素质教育本身扭曲化、污名化，最后逐渐失去竞争力和市场。而应试教育指导下的人们往往在缺少理论论证和实践检验的前提下就匆匆将局部的"有效"随意推广到全局的"适用"。于是，一方面是漏洞百出的"素质教育"，一方面是杂糅草率的"应试教育"，二者混合催生出"成绩巨人，能力侏儒"的学生，大概也就不足为奇了。

(二)违背天性和自然发展的教育风气

中国学生可谓一个"制度的孩子"——理性的、高竞争的制度的孩子，天性被不断压抑。① 在中国的广大基层教育领域，教师缺乏尊重学生的意识，不将儿童视为具有独立人格的人，只用分数衡量学生的能力甚至品格。"唯成绩论"之下，不公平和歧视加剧了学生的厌学。所谓"玉不琢，不成器"，对于中国教育体制下相当一部分的学生而言，学习就像被雕琢，是一个痛苦而被动的过程。

---

① 刘云杉、王志明、杨晓芳：《精英的选拔身份、地域与资本的视角——跨入北京大学的农家子弟1978—2005》，《清华大学教育研究》2009年第5期，第59页。

通过比较《理想国》与《论语》中的教育观点，不难发现两本著作中虽有差异，但核心的教育思想是大同小异的，书中很多教育观点值得教育制度制定者思考和借鉴。教育改革的未来之路道阻且长，责任重大。教育并不是建立在功利与实用性的浮华烟云上的空中楼阁，它的内核根植在历史和文化的深处。

后真相时代的囚徒

——《理想国》洞穴之喻的当代启示

孟　歆　水利水电学院（2019302060127）

【指导教师评语】该论文以《理想国》的洞穴之喻比拟当今快节奏、碎片化和网络化时代人们体现出的思维差异性，从描述现象、指出问题和解决问题三个方面表达自己的观点，逻辑清晰，观点鲜明，且论证有力，是一篇有深度思考的好论文。（生命科学学院　刘　昱）

摘　要：我们在两千年前的洞穴之喻中看到了只乐于看眼前世界，而不去思考可知世界的囚徒。而在两千年后的后真相时代，我们看到囚徒依然没有走出洞穴，他们仍然只乐于看到墙壁上媒体呈现的信息，而不去理性思考信息的本源真实性，不去探索洞外世界，不去探究新闻信息的真相。本文试图在洞穴之喻的基础上，对媒体时代的社会现象进行分析与探究，挖掘洞穴之喻对当今社会的指导意义和价值。

关键词：囚徒；洞穴之喻；自媒体时代；后真相时代；真相

当今，这个更多的被人们称之为后真相的时代，人们在快节奏生活、碎片化阅读的影响之下，从过去的主动获取信息模式逐步转变成如今大数据推送下被动接受信息的模式，放弃了理性的思考，疏远了真实世界。早在两千多年前，柏拉图也曾提到过这样一类人，他们只是被动地接受他们所看见的信息，而未曾主动去探索真实的世界，这便是洞穴之喻里的囚徒。两千多年过去了，这类囚徒依然存在着。在大数据的快速发展之下，自媒体逐渐盛行，人们从过去的主动输入搜索信息的电脑时代进入到靠大数据后台分析进行推送消息的移动互联网时代。人们面对各种推送信息，少了很多的理性思考；而且，在这种思维惯性之下会越来越强化这种思维模式。这会导致人们对第一时间推送而来的社会焦点信息进行情绪占主导的主观判断，而间接影响舆论风气，而相关信息真相的出现往往具有滞后性，这便是后真相时代。虽然两类囚徒的时间间隔大，但他们的本质却是一致的，即对眼前的信息无比信任，将其作为真相，而没有看到真实的世界。后真相时代的到来已不可避免，我们也不得不去思考：身处于后真相时代的我们该如何走出囚徒困境呢？洞穴之喻给出了哲人的思考，其现代意义的挖掘也给人们以启示。

一、自媒体时代与后真相时代

（一）自媒体时代

自媒体，顾名思义就是个人媒体，是指私人化、平民化的传播媒体。随着科技和网络的不断发展，自媒体快速壮大，例如博客、微博、头条、公众号、论坛等多种传播平台不断涌现，人人都可成为新闻传播者。自媒体时代告别了传统媒体时代的"统一声音"，让社会出现了不同的声音。但在新闻自由度提高的同时，信息发布的私人化也存在一定的弊端，例如大部分自媒体缺乏传统媒体发布信息过程中的审核校对这一环节，在强调新闻快捷发布的同时，对新闻的真实性疏于考证。自媒体时代赋予了每个人自由表达观点的权利，但自媒体欣欣向荣的背后，客观助长了虚假信息肆虐也是其无法揭去的标签。

（二）后真相时代

在网络新媒体和自媒体的快速发展助力之下，新闻与消息的传播变得更为迅速。但是在新闻消息快速传播的同时，"真相"这个词在许多人的心中变为极为敏感，真相有时也会被隐藏起来，其表象便是谎言。在每天爆炸式出现的扑朔迷离的新闻消息中，人们的判断力也会受到一定的影响。公众可能不再满足于权威人士的发言，但是又容易被不实报道所愚弄；公众想要参与社会事件的讨论，但又有可能会被不良媒体利用。后真相时代，一条新闻消息在真相到来之前，自媒体的助力使其快速传播。在信息传播过程中，公众拥有了更多的知情权与发言权，但缺少足够理性思考和判断能力的他们，也往往忽略了真相，此时情绪占据了主导权，所以后真相时代也是"情绪在前，真相在后"的时代。

二、洞穴之喻在后真相时代的体现

柏拉图在《理想国》中作了洞穴之喻的假设。洞穴内的人们被固定无法动弹，在他们的眼前只有影子，他们把影子当作真实事物，这些影子来自背后人群的火把照射，被固定的他们也会把发出的声音当作影子发出的声音。假若此时，有人松绑，通过艰难的鉴别走出洞外，看清了真实的状况，他便能清楚地认识到何为真相、何为假象。走出洞穴之人，依然有三种选择，要么回头利用已有知识回去当统治者，要么转身进入洞穴带领其他人走出黑暗，要么永不回头走向更真实的世界。

在后真相时代，被动式接受信息、没有理性判断能力的人们就如同洞穴囚徒一般，他们看到的一切信息都是背后人群提供的，受背后举火把人群的操控，有假有真。而这里的举火把人群便是素质参差不齐的自媒体和新媒体。在大数据算法的帮助之下，自媒体不必担心阅读人群，他们的文章会经过算法后台推送至相应的读者手中。和始终被困的囚徒相比，解绑之人拥有批判性思维，具有理性思考能力，可以靠思考来为自己松绑，以此来对周围所呈现的信息进行判别。当他们走出洞穴见到阳光时，他们便已经不断地接近真相。从洞外回到洞穴当统治者之人，可以将其理解为新的自媒体，他们利用信息不对称来当统治者，本质与那些只呈现希望囚徒看到的信息的举火把之人并无差异，囚徒并未得到解放，屠龙少年也成了恶龙。走出洞外见识到光明不再回头的人，便是已经能自主分辨信息真假，但置身于事件之外，不愿参与社会舆论争辩的人。从洞外回来想要让其他囚徒走出黑暗的人，便是已经分辨出事实的人或者官方权威媒体，他们通过发布真相或者进行评论来传达正确的信息，希望被情绪驾驭的人们能够回归理性，掌握真相，这条路是最艰难的但也是最正确的。见识光明之人不可避免的会被质疑，甚至与囚徒进行争辩，但在这个过程中，一定会有囚徒逐渐摆脱镣铐，解绑走出来，这是我们乐于看到的，也是整个洞穴乃至整个社会所需要的。

三、后真相囚徒无法松绑之因及带来的社会影响

(一)媒体私人化，人人具有话语权

自媒体的快速发展使话语权从过往的传统官媒下放到大众媒体，每个人都可以是记者，是新闻的传播者，人们只需要通过公众号、微博、头条便可将信息传播至社交网络上。但话语权的下移也导致大众媒体发布的信息真假参半，由于自媒体没有传统官媒的层层核实信息这一环节，所以虚假信息的传播便获得了巨大的便利。对于某一件事来说，一个人散播虚假信息可能不足以引起巨大的影响，但万千的虚假信息汇聚便会引导社会舆论对当事人造成极大的人身伤害，甚至影响事件的走向。真相的发布带来的巨大反转更会牵

动每个人的神经，即便随着真相的发布，水落石出，但始终无法消减虚假消息带来的巨大消极影响。

2018年的“重庆公交车坠江事件”发生之初，笔者在第一时间便接收到新闻推送，公交车和小轿车相撞的视频传播至网上。在真相尚未到来之时，公众一边倒的认为公交车是由于紧急避让逆行轿车才坠江。网友们开始对轿车司机进行人身攻击，公众的错误信息带起舆论节奏，轿车司机被控制等诸如此类的虚假信息被广泛传播，该司机深陷舆论漩涡，几乎被网民定了“死罪”。在此期间，我也看到了少数的理性网民对视频进行理性分析发现小轿车并未逆行，但理性的声音终究还是被情绪的声音所掩盖。之后事件反转，官方公布真相“乘客殴打公交司机导致公交车冲入对面车道撞上小轿车坠入江中”，轿车司机沉冤得雪。

自媒体带来话语权下移的同时，我们看到其可能带来的巨大社会消极影响，每一个新闻反转的案例都能反映出大部分网民的素质还不足以掌握过大的话语权，话语权的不正当使用便会带来巨大的舆论漩涡，引发巨大的社会危机。

（二）大数据算法引发思维惯性

在科技和网络不断发展的当今时代，大数据算法带给了我们许多的便利，人们可以不用通过主动搜索来获取信息开展阅读，因为大数据算法可以根据用户的阅读习惯来进行算法演绎，将内容进行分发推送。但是，大数据算法在兴起的同时，也不可避免地带来弊端——人们在算法的引导之下，阅读的内容也会逐渐变得相对固定，人们的思维模式也相应变得固定，价值观也禁锢在了一个小范围的内容之中。长此以往，这种思维模式便会不断强化并且排斥其他不同观点。当一件焦点事件发生之时，人们会脱离原有的阅读范围，不同人群的思维观点会进行激烈碰撞。然而受思维惯性的影响，人们可能会陷入“弱性批判性思维”的陷阱，为了强行维护自己的观点而抛弃多元的价值讨论，导致社会事件的讨论变成了争吵谁才是正确的。在真相未到来之前，这种因为算法而强化的思维也是导致人们不顾理性而被情绪所驾驭的原因之一。

大数据算法不断固化人们的思维模式，这也可能会导致整个社会的讨论风气不断恶化，无法呈现出话语权下移该有的社会讨论风气。

（三）网民与自媒体素质参差不齐

最新的互联网人群调查报告指出，现如今我国网民已达9.04亿，其中既有高学历者，也有受教育水平较低者，但80%的网民学历低于大专，反映出网民的素质参差不齐，且学历普遍偏低。在网络不发达时代，人们在自己的小圈子内进行讨论，彼此三观相差不大，并不会产生巨大的舆论反差。但如今不同教育经历和生活经历的网民碰撞到一起，公众对信息的理解、筛选和辨别能力有高有低，再加之网络匿名化，这就直接导致了不同水平的言论出现。素质参差不齐的网民与水平甚至道德参差不齐的自媒体相互影响，有的不良自媒体抓住这一人群的特点和如今情绪占主导的时代特征，抛弃了媒体该有的职业素养，不进行事实核对，抛弃真相，放大公众焦虑情绪来增加阅读量，以谋求个人利益。例如早前的自媒体“咪蒙”刊登的文章《一个出身寒门的状元之死》，利用虚假信息触动读者的同理心，从而狂揽公众号粉丝。综合分析可知，素质参差不齐的网民碰上水平甚至道德参差不齐的自媒体便可能会滋生网络环境的不正之风。

(四)碎片化阅读导致人们忽视真相

如今，老师一直在不断倡导要多进行经典名著的整体阅读，不要进行过多的网络碎片化阅读，老师的提醒是有道理的。“信息爆炸”是大数据时代最明显的特征之一，复杂而繁多的信息让人们应接不暇，导致公众的注意力下降，公众无法观察到具体事件的全貌而忽视真相。微博字数的限制、短视频的时间限制，造成信息的碎片化和整个语言环境的缺失。转发的快捷、评论的自由使得人们对来源信息审核的真实性、碎片化信息的整理和关注事实真相的注意力大大下降。借助网络大 V 的影响力，大量没有进行审核的文章被不断传播，情绪和个人观点掌握主导权的人们对焦点事件进行脑内加工，最终会引发舆论漩涡，真相的迟迟不来便会加剧人们这种情绪思维模式而抛弃了理性的思考。

大部分的洞穴囚徒无法松绑，并非他们不愿意探究真相，只是目前多方面的因素导致他们无法松绑。新闻反转、后真相也已经成为了一种新的常态，也成为了如今的时代特征，这种现象的发生也已经不可避免。但是，这并不代表困住囚徒的绳索无法松绑，捆绑之绳再紧也会有能使之断裂的方法。

四、洞穴之喻带来的启示

后真相时代，所有人都不可避免的会成为洞穴囚徒，哪怕是再理性的人也都经历过挣脱绳索的过程。虽然我们无法成为完全理性之人，但是洞穴之喻仍然可以带给我们一些启示，让我们学会如何在后真相时代不会被卷入信息的洪流之中，理性应对眼前的影子。

（一）媒体人须坚守职业道德

虽然公众相对于过去拥有了越来越大的话语权，但是作为媒体人来说，当今更应该强调负责任的言论自由，无论是传统官媒还是如今新兴的大众媒体都需要坚守最基本的职业道德，不作违背职业道德的报道。在新闻的报道上都应该做到追求事实、追求客观和追求真相。追求真相应该是每一个媒体人报道新闻的底线。在后真相时代，这个情绪占据主导地位的时代，媒体人更应该充分在一些焦点社会事件中注重新闻的准确性、客观性并且尽早发声，避免真相到来时虚假信息已经传播广泛。媒体人要严格把关文章，多角度地还原真相。

（二）传统媒体跟进潮流转变形象

时代在发展，传统媒体也需要相应地转变报道方式。传统媒体给人以僵硬、死板的印象，在如今追求个性化的时代，传统媒体的传播效果远远不如以前，传播内容也无法深入人心。大众媒体能够吸引人的原因之一就是报道语言风格亲近网民的内心。传统媒体抛弃死板的语言报道风格，跟进时代潮流转变形象才可以慢慢吸引今日大众。在拥有坚实的阅读人群基础上，传统媒体的内容报道才会更加占据舆论主导地位。我们也很乐于看到已经有传统媒体进行了相应的形象转变，新闻联播在多个社交平台开创了《主播说新闻》这一节目，利用大众熟知的网络语言和大众风格进行事实事件的报道与分析，以此来报道客观新闻、传播真相。中央电视台的新闻报道形式也越来越变得灵活，不再延续严肃死板的报道风格，如朱广权在新闻报道中频抛段子，牢牢抓住了观众的眼球。

传统媒体在转变形象重新吸引大众注意力的同时，也在不断地争取抓住新闻真相报道的话语权。因此，传统媒体转变报道风格，更加贴合大众也是减少虚假新闻的有效之举。

（三）传统媒体承担社会责任提升大众素养

后真相时代虚假信息泛滥的一大原因是传统媒体被大众移动媒体逐渐赶超并取代。所以传统媒体应该承担一定的社会责任，在尽可能转变形象吸引公众注意力的同时，通过客观的报道引导公众，并对诸多来源的信息进行批判分析，引导公众理性客观看待各种报道。传统媒体在新闻报道中要传达正确的价值观，在一些焦点事件中要进行正确的价值引导，避免大众被情绪所驾驭而导致社会舆论风气的走偏。在承担社会责任的同时，传统媒体也应该利用客观真实的新闻内容来提升大众素养，而大众素养在提升的同时也会进一步促进媒体行业新闻报道的客观和真实。大众整体素养的提升会让不良媒体无法对舆论风向产生较大影响，从而促进媒体行业只能通过注重新闻报道时的客观、真实来吸引读者，媒体行业职业素养的整体提升也会更好地营造社交讨论氛围，两者相辅相成便会形成良性循环，不断纠正社会风气。

(四)信息接收者应培养批判性思维

后真相时代带来的社会影响不止需要媒体行业承担一定的社会责任，作为信息传播中重要的一环，我们每一个人都有一定的责任，在新闻媒体素养提高的同时，我们每一个人也都需要提升自我素养。在新闻和信息传播的过程中，人人都是传播者。在网民数量不断提升的同时，大众也应该注重批判性思维的培养。我们每一个人在进行评论、转发的时候都应该理性和谨慎地对待信息，要探究其来源和真实性，在接受他人观点的同时也应有自己对新闻的独立思考，同时从多个角度去思考问题，尽量去接近事件的真相。一个人的追求理性给社会带来积极影响可能很小，但当数以万计的理性者汇聚时，整个社会的理性风气也会因量变达到质变，后真相时代便可能会逐渐向理性时代靠近。

五、总　　结

洞穴之喻不仅在过去对哲学和教育有着极大的帮助作用，在后真相时代仍然有着其一定的指导价值。当代大数据的快速发展、算法的不断加强和信息爆炸式的涌入等情况都可能会让我们成为后真相时代的洞穴囚徒。扑朔迷离的信息犹如墙上的影子，我们需要凭借自身的理性判断和外界光明的帮助来辨认真相，脱离绳索的捆绑。我们乐于看到一个人看清影子走向洞穴外，我们更乐于看到洞穴内的所有囚徒都能看清墙壁上的影子，走出洞穴，走向光明。如果后真相时代是洞穴囚徒最多的时代，那么无数人走出洞穴看到更为广阔的蓝天的时代便是理性时代。理性时代是我们真正想要的时代，也是我们所有人都需要共同努力才能达到的时代。

回到洞中

左贤骏　文学院（2019301110003）

【指导教师评语】本文作者用小说的方式再现了洞喻，对囚徒的现状、离开洞穴的动因、出洞后的遭遇发挥了尽情而合理的想象，对离开洞穴的人的不同走向及背后原因进行了反思。作者进行了当代语境下的哲学思想追溯，体现了古希腊哲学的现实关照，是一次很有意义的尝试。（生命科学学院　杜润蕾）

一

晚饭是佛跳墙。虽然这一碗浑浊的东西并不能取悦我的舌头，而且时常使我的胃有些痉挛，但它仍旧是“人间美味”。这是他们说的。一开始我觉得他们说的不一定对，但我也没吃过别的，所以他们说的是对的。我环顾四周，身边的人都跪在地上，弓着腰，用舌头舔着圆形容器里的食物。这样进食常常会把汤汁扬得满地都是，但这是他们教的姿势，我也没见过其他姿势。

饭后，我和所有人一样，直起腰，继续跪在一堵矮墙面前。身后噼里啪啦的火堆为我提供着光明，木偶傀儡的影子从矮墙上方升起来，开始向我们传授“知识”。“这是牛头。”背后传来声音，同时一条长长的阴影出现在墙上。“牛头。”我们一齐念着。“这是马尾。”“牛头”消失，取而代之的是一个有两只角的方形物体的影子。“马尾。”我们又一齐念道。“这是牛头。”“牛头。”“这是马尾。”“马尾。”如此重复。

等到传授“知识”的环节结束，我就趴在地上休息，温暖的火光总能让我让我来不及思考就快速入睡。醒来后便是循环——吃饭，被传授“知识”，睡觉。这就是洞中的生活，我对这种生活从来没有疑问——没有人会教我提问。大概所有人都和我一样接受着洞中的一切，除了那个自称“先知”的奇怪家伙。

从我小时候开始，“先知”就跪在我旁边。起初他就让我叫他“先知”，不过后来他又说自己是“柏先生”。柏先生偷偷教会了我说话，并一直跟我说些奇怪的东西。他说洞中的其他人都不会说话，只有他和我能进行“沟通”。每到睡觉之前，他都会小声地跟我谈话。柏先生告诉我矮墙上的不过是木偶傀儡，不是真正的事物；他还告诉我，真正的佛跳墙比我们吃的浑汤要美味得多。外面的佛跳墙里有鱼翅、刺参、猪蹄筋，每个食材都有不同的口感，而这里的佛跳墙把所有食材都炖成了一种东西。他最喜欢说的话是“你一定要到外面的世界去”。他常常向我描绘外面的世界，天上有交替着发光的太阳和月亮，地上的人直立行走，沙滩边上是喜怒无常的海洋。柏先生会用很多我没听过的“美好”词语来形容那个世界，诸如“可爱”“优美”“宁静”等。我问他这些词是什么意思，他就总是“啧”一声，告诉我“去看了你就知道了。”我还会问他怎么到外面的世界去，而他也总是回答“再等等”。倘若柏先生不告诉我洞外还有个世界，我大概也不会对洞中的生活感到厌烦。不论怎么说，“到外面的世界去”成为了我埋在心底的一个愿望，因此洞中的生活愈发令我难以忍受。离开的欲望逐渐在我的血液中燃烧起来，每晚都折磨得我难以入睡，只能听着洞里的老鼠作作索索。

其实我心底还埋着一个疑问，但从没说出口：柏先生是怎么回来的呢？

二

时间被等待拉得很长很长，却又在漫长的等待中过得飞快。我依旧乖乖重复着洞中的生活，每晚听柏先生说奇怪的话。直到某次醒来，一只老鼠仰躺在我和柏先生之间。

如往常一样，我比柏先生早一些醒。当我看到那只四肢短小、身材肥胖、尾巴细长的灰色小动物时，我想起了他跟我描述过的老鼠。柏先生醒来看到了它，纠正我说，那是一只老鼠的尸体。他还说，我们等了这么久的机会终于要来了。他抹了抹眼睛，叹了口气，说出了他的预言——关于即将蔓延的“疾病”，以及神秘的“死亡”。

接下来的一段时间，柏先生不再描绘外面的世界，而是教我活动四肢，教我如何奔跑。他说，尽管戴着镣铐，奔跑也还是人类的本能。

不久，洞中的老鼠尸体以惊人的速度不断增加，部分尸体开始腐烂，发出极其恶心的气味。他们似乎意识到了什么，试图清理掉这些尸体，但总会出现更多。有人的脖子上开始发红、长疮，流着泪哀嚎不已。即使是没有症状的人也会不时地抽泣。

终于，第一个人发病的人停止了嚎哭，颤颤巍巍地倒下了。他们来抬走尸体的时候，我听到有人说“我们该搬走了”。这晚，柏先生告诉了我逃离的计划：趁着他们搬运尸体的时候迅速跑掉。他特意提醒我，让我出洞之后去找“苏先生”，还教会了我怎么问路。

“如今的障碍还剩下一个。”柏先生不知从哪掏出了一块发光的石头。

“这是什么？”

“这是我的灵魂。”他的声音很喑哑。

原来灵魂是发光的东西。我注意到，这块石头的光似乎比我们身后从未熄灭的火光更加耀眼。

柏先生拿起石头奋力地砸在我戴着的手铐和脚镣上，砸碎了沉重的铁链。“现在。”他指向亮着微光的洞口，声音里满是疲惫，仿佛用尽了力气。

我愣住了。借着微光，我看到他的脖子通红，遍布着脓疮。

他的喉结还颤动着像是在说什么，但最终没能让我听到。他用尽全力把石头送到我的掌心，随后“扑”地倒在了地上，手指还指向洞口外边。

三

晚饭是佛跳墙。柏先生说得对，外面的佛跳墙真好吃，这才是真正的人间美味嘛。

但是外面的世界并没有像柏先生描述的那样美好。这里的天空是灰黑的，没有见到他心心念念的太阳和月亮；地上血流成河，散发着的恶臭让我回想起洞中可怕的鼠疫。外面的人们总是三三两两地围在一起，躺在地面上，拿着一根管子和一个小袋子，人对着管子的一端吸，管子的另一端冒起腾腾的红色烟雾。每过一会儿，路上就有人猝然倒下来，其他人就趁机用袋子装他身上流出的血，然后继续用管子抽，直到抽的人也猝然倒下。

突然想起来得找个人问路，于是我忍着恶心走到一个王在抽血的人旁边，背出了一串柏先生教过我的句子。

那人向我伸出了手，并搓了搓拇指和食指。发现我没反应，他就眯起眼看了我一眼，放下管子，从鼻腔里喷出一股猩红的气：“你能给我什么好处？”

“好处？”我迷惑了。

那人注意到了我手里的发光石头，便站起来一把从我手中拿过，端详了一会儿。“这个不错，你把它给我，我就带你去。”

为什么外面的世界是这样的？想到这些，我开始头痛起来——一动脑子就会头疼，这是个老毛病了。我还没想好怎么回答，就被他拉着走到了一栋简陋的屋子门前。一个长相有点令人不快的男性注意到了我们，一瘸一拐地走上来跟我搭话：“先知柏先生是我的老师。如果你不介意的话，可以叫我苏先生。”

带我来的人正打算走，被苏先生拦住。他拿出了几块发着光的石头，把我给那人的发光石头换了回来，又一瘸一拐地走到我旁边。

“外面的世界和你想的不一样吧？游过这片海，到达对岸那个城市，你就能看到柏先生描述的那些东西。”

我顺着他的手指向前看，只看到了无边无际的海浪，目光根本触及不到对岸。在浪潮与天空相接的远处有几个白点，我猜那就是鸟。

苏先生带我进屋入住，顺便把那块发光石头递给了我：“看来你完全不会和人打交道啊。要不你当我的学生吧，我可以教你辩论。”

“我其实不喜欢和人打交道。”

“那怎么行？无知即罪恶，不会交际的话你怎么生活啊。”苏先生拍了拍我的肩。

接下来的日子里，苏先生每天都会教我辩论技巧，还捎带加减乘除的运算等，说是出门打交道要用。另外，苏先生还让我用餐具吃饭，他觉得我从洞中学来的姿势太“不像人”。其实我根本听不太懂他说的话，更不懂什么“苏氏反诘法”的逻辑要点。我只懂了一件事：如果真的像苏先生所说，在外面的世界生存需要掌握这么多复杂的东西，那这样的生活也太令人头痛了。

终于，我萌生了回到洞中的想法。

“外面的世界，不太如你的意吧？”这晚，苏先生像往常一样找我搭话。

“别灰心，虽然我们游不到那个对岸，也可以先回到洞里去，像柏先生那样号召更多的人出来。如果跪着的人都知道自己能站起来，那么囚禁人的山洞就不复存在了。”他似乎是在鼓励我，接着说道：“这个世界上有两种人，一种是快乐的猪，一种是痛苦的人。做痛苦的人，不做快乐的猪。”

“我确实也想回去。”我回答，“不过我也不想再出来了，我想做快乐的猪。”

他坐起身来看了我一眼，但是没出声。

“你手里捏着什么东西？”我看了他一眼，发现他用右拳紧紧攥着什么。

“啊，哦，”他用很低沉的声音说，“这是我的灵魂。”

原来如此。他手上的估计和我手上的一样，是颗发光的石头吧。我拿起那块柏先生给的石头，发现它变得暗淡，已经没有一丝光泽。

佛跳墙到了。我像在洞中一样，跪下身子，开始舔碗里的汤汁。

“这么久了，你还不能坐起来用餐具吃么？”苏先生盯着我说。

我没有理会他。

饭后，我和苏先生商量着一起回洞里——他本来好像很排斥和我同行，但是没有我带路，他也走不到那个山洞，于是也勉强接受了。

四

这镣铐还是熟悉的手感。我戴上它，仿佛有种回家的感觉。记得柏先生说过，看过外面世界的人都无法忍受洞内的生活，看来他说的也不一定对。

对了，洞中的佛跳墙还是熟悉的味道，晚上的木偶戏也真让人怀念。柏先生曾说木偶戏传授的东西都是假的，但他告诉我的一切就是真实吗？想到这些，我的头又阵痛起来。

夜里我还是会听到作作索索的声音，那应该是苏先生。他每晚都会悄悄溜到其他人身边游说他们出去，但似乎并没有被搭理过。终于有一次，我听见某个身材壮硕、胡须苍白的男性吼道："你有完没完？谁不知道外面的世界是什么样？谁又需要知道外面的世界是什么样？"从此晚上的噪音就再也没出现过。

……

满头是血的苏先生被他们抬了出去。我看到发光的东西从他身上掉了出来，落入一片碎石堆中，那光芒便慢慢地看不见了。环顾四周，洞里跪着的人好像还是没怎么少。

……

有人悄悄爬到我身边，说："你须得到外面的世界看看去！"

我："你是柏先生的学生还是苏先生的学生？"

他："我没听说过什么柏先生苏先生，我姓鲁。"

从《理想国》“洞喻论”看高校师生在中国历史进程中的角色

王雨欣　化学与分子科学学院（2019302030032）

【指导教师评语】作者结合对《理想国》的阅读及近代史实，讨论了高校师生在中国历史进程中的“引路人”角色，指出高校师生应保有社会洞察力与社会责任感，从而继续在历史进程中发挥重要作用。论文观点鲜明、逻辑清晰，语言平实。（化学与分子科学学院　林　毅）

摘　要：高等院校师生在近代历史的进程中扮演着重要的角色，走在时代的前端，时常作为历史转折点的引路人。放眼近代历史，具有重大转折意义的意见几乎尽有高校师生参与。最早觉醒而起，唤醒蒙昧的社会，为何皆自高校始？本文从《理想国》中的“洞喻论”展开，探讨这一问题。

关键词：《理想国》；洞喻论；高校；历史进程

我国现代意义上的“大学”出现在19世纪末，以京师大学堂为代表，经过一百多年的发展后，渐渐形成了今日分布于全国各地的两千多所高校。近代史中的大事件，大多与高校师生相关。从新文化运动到五四运动，从对“顶峰论”提出意见到《实践是检验真理的唯一标准》、恢复高考，高校一直走在启蒙的前端。若以“洞喻论”中的角色来看，高校师生是最早走出洞穴的那一批人，而他们也承担起走回洞穴，唤醒其他人的任务。

一、高校师生推动历史进程的实例

自从现代意义上的“大学”在中国出现后，高校师生就一直走在时代前沿。纵观近代历史，几乎每一次社会意识形态的巨大转变都是由高校师生引发的。

"新文化运动"中，北大作为其发源地，一直是其生力军。"五四"运动的起始是以北大学生为首的北京学生罢课，以游行的形势抗议段政府在巴黎和会上的不作为。随后全国各地的学生代表纷纷响应，包括上海的工人阶级，成为一次全国性的大规模运动。① 五四运动后，民众愈发意识到根源在于政治制度，继而逐渐走向历史的选择——马克思主义道路。此次运动大大促进了新思想在中国的传播，也间接促成了中国共产党的成立。并且，在共产党形成早期，传播这一思想的生力军是高校学生，为学生们提供活动场所、保护他们的机构也是当时的一批以北京大学为首的高校。由此可见，高校师生在这一历史进程中扮演的角色，不可谓不重要。

1977 年，在全国教育工作者大会上，邓小平与与会诸代表商讨高校招生的问题。彼时"文革"思想余毒尚未肃清，包括最高领导人仍奉行"以阶级斗争为纲"的方针，坚持以"群众推举、领导选拔"的方式录取高校学生。当时的知识分子意识到，高考录取的公平公正事实上是社会公平的最重要的体现，也反映了社会思想的解放。武汉大学教授查全性勇敢建言，提出恢复以统一考试选拔学生的录取模式，获得与会者的一致赞同，率先推动了高考的恢复，间接促进了教育体系的改革。这一建议在很大程度上对于高教领域乃至整个中国社会实现拨乱反正起到了重要作用，更是推动了教育界乃至社会公平公正的实现。从此我国的高教事业进入了一个新的时代，进入蓬勃发展的时代②。今天，高考参考人数已经突破了千万，高校录取率达到 80%以上。

每一次社会整体认知的改变都是一个群体"走出洞穴"的过程，而诸多历史事件向我们证明，高校师生是率先走出洞穴的那一群人，也是走回洞穴唤醒其他人的一群人，在历史进程中发挥着不可替代的作用，作出了不可磨灭的贡献。

二、为什么是高校师生?

上一节提到，纵观中国近代历史，几乎每一次社会整体认知出现转向，高校师生都走在最前沿，起到领头的作用。社会中知识分子并不为少数，高校师生通常也没有强大的权力发出强制性的命令。那么，为什么高校师生能承担这一如此重要的社会任务呢?

---

① 吴开杰，李元明，曹治平：《简明中国近代史》，华中科技大学出版社 2003 年版，第 135~138 页。

② 张乐天：《恢复高考的意义诠释》，《南京师大学报》2007 年第 6 期，第 74~78 页。

(一)从生活环境来看

高等院校被称为“象牙塔”并不是没有道理。高等院校作为学生从学校向社会过渡的跳板，相比中小学与社会接触更为紧密，而相比社会，高校的内部环境相对独立，也更为简单，不受社会上诸多不成文规则的限制。处于这样一个与社会接触密切而又相对剥离于社会的环境，如同使高校师生看着洞壁，又解开了束缚他们的锁链，为高校师生客观地审视社会、审视时代提供了绝佳的条件。

(二)从师生本身来看

高校师生具有较高的文化水平，知识体系较为完备，相比一般人拥有更高的洞察力。意识形态加诸于人的锁链是无形的，而洞察力更强的高校师生有能力察觉到锁链的存在，继而挣开，走到洞外去。同时，由于高校师生在理论方面有更强的能力，对于当下的意识形态能更精确地描述，从而意识到问题所在。

但其劣势也非常明显：社会上的人，即“还戴着脚链的人”，并没有高校师生的知识水平和眼界，且这一群人通常已经形成了特定的成熟的价值观(成见)，一旦形成极难改变。在《奇葩说》节目的一次试验中，六位优秀辩手演说前后，从社会上征集的100名中年人观众对于同一问题的看法全部未发生改变，相反作为对照组的100名青年大学生，在演说结束后对于同一问题的看法发生了较大的变化，成见的力量可见一斑。由于以上种种原因，他们很难看到所发生的社会事件的本质，要使他们看到“影子”的本质继而走出洞穴，并不容易。不过，知识水平较高的高校师生具有更强的能力说服他人，故这一劣势比较容易被消解。

总而言之，从各个方面考量，洞察力最强的、能够看穿本质(走出洞穴)并说服他人(引导他人走出洞穴)，从而引导思想转变的群体，非高校师生莫属①。

三、当下高校现状

高考恢复40年，我国高教事业已渐趋成熟化，较高的本科录取率、每年接近800万的高校毕业生，昭示着我国高等教育的普及化。

---

① 桑建平：《自然科学经典导引》，武汉大学出版社2018年版，第3~5页。

再辩《理想国》正义与幸福的关系

——不义者/正义者谁更幸福

周大群　动力与机械学院（2019302080326）

【**指导教师评语**】作者结合对《理想国》的阅读，辩论了不义者和正义者谁更幸福。论文以辩论稿的形式进行写作，以正方和反方的辩论表达自己的观点，考虑问题全面，论文选题和写作方式新颖，语言流畅，观点鲜明，逻辑清晰，条理清楚。（化学与分子科学学院　叶甜甜）

一、概　　述

柏拉图在《理想国》一书中采用具有强烈感情色彩的对话录形式，假托苏格拉底和其他智者讨论城邦问题来阐述自己的观点。理想国第一章中抛出问题："什么是正义"，又借由苏格拉底和众多智者的辩论驳斥了四种正义之误解，在之后的章节中不断铺垫最终得出了柏拉图的正义观。书中运用大量的类比继而归谬导正，借此以达到先破后立的效果，可谓是辩论中的典范。受此启发，在本文主体部分中采用正反双方自由辩的形式，展开对于问题的阐述，正反双方的不同观点也是本人对于问题认知的矛盾之处。

二、辩题简析

《理想国》的副标题是"论正义"，正义作为全文的核心观点，后世学者也从多个角度进行了剖析。在苏格拉底与智者的辩论之中，个人认为矛盾焦点在于正义与幸福的关系，即全文是以"不义者幸福，正义者不幸吗？"为中心问题展开的，这个问题贯穿始终在第一卷和第十卷，首尾呼应。个人认为该问题的回答都不甚妥当，故提出了：从《理想国》的角度出发，不义者/正义者谁更幸福的辩题，由此展开正反双方对比及类比的论述。

三、辩论内容

辩题：不义者和正义者谁更幸福

正方：不义者更幸福

反方：正义者更幸福

立　论

正方：正义与否和幸福的关系作为一个哲学难题，对于辩题的不同回答也代表了截然不同的人生选择。在不同的哲学、伦理学关系上有不同的理解，不在一定的标准之下难以论证观点。

首先，我方对幸福的含义做诠释，古希腊人用“哪种生活形式符合幸福的标准”的模式展开了对幸福的论述，即选择怎样的人生轨迹：例如从政、经商、任教等。在伦理学中也是以生活为核心来论证幸福，并给出两种形式标准：客观标准和主观标准。在客观标准中认为“幸福”就是“最好 ”，也就是符合 “自身好”“圆满自足”。在主观标准中一般将“快乐”等同于幸福，必须强调这种快乐是对完整人生意义的肯定、满足、值得赞美和追求。

其次，我方以《理想国》的观点为依据，不义者主要有两种类型：一种是赤裸裸夺取利益的强者，他们通过自身具有的绝对权力来获取利益，这是得到幸福的一种手段；另外一种是隐藏在假正义面具下的伪善者，他们借用正义的名声作为获取利益、得到幸福的手段。将不义者的生活同正义者相比，我方得出不义者比正义者更幸福的观点。

第一，就物质利益而言，不义者比正义者拥有更多的财富，强者利用弱者的诚实、单纯制定正义规则，利用这样的假正义规则谋取利益。例如两个收入相等的人缴纳税收时，不义者比正义者交的少；分红时正义者也总比不义者所得的少。

第二，就生活前途而言，一个不义者借用正义之名可以高攀权力，无论是做官还是统治国家，或是经商，都可以捞取好处。不义者生活美好，前途似锦，而正义者要经受各种痛苦的考验：“受到拷打折磨，戴着镣铐烧瞎眼睛，受尽痛苦，最后他会被钉在十字架上。”①

第三，就名誉声望而言，假正义者称颂正义而带来好名声，利用名声去谋取更大的利益，通过获得利益来使自己幸福快乐；强者制定规则而自己违背后却不被责罚，依旧利用

① ［古希腊］柏拉图：《理想国》，郭斌和，张竹明译，北京商务印书馆 1986 年版，第 49 页。

自己的地位优势获得尊重。就如同书中所写“他们庆贺有钱有势的坏人有福气，不论当众还是私下里心甘情愿尊敬这些人”，而正义者往往面对“给好人以不幸的遭遇和多灾多难的一生”，也就是所谓的“名利多作恶，举步可登程，恶路且平坦，为善苦攀登”。①

由此可见，不义者将正义作为利益获取的工具，生活得幸福快乐，而正义者的生活远不如此，甚至遭遇痛苦。基于幸福评判源自生活的核心观点，我方认为不义者比正义者生活得更幸福。

反方：首先，我方要对柏拉图定义的正义进行重申：认为正义有两种类型：城邦正义和个人正义。城邦正义是指城邦中三个阶层统治者、辅助者、生产者只关注自己的事情而不干涉别人的事情，成为一个和谐的城邦，个人正义的本质就是个人灵魂即理智、激情和欲望的和谐。

其次，从道德伦理角度出发，我方对于幸福的主观标准是“快乐”，但现实的物质财富不是永恒的幸福，而灵魂快乐是追求真理和智慧所带来的快乐，这样的快乐才是真实、永恒的幸福。因此，正义者能够拥有永恒的幸福，将从下面三个方面论述。

第一，亚里士多德说“最优良的善德是幸福，幸福是善的实现，也是善德的极致。”②正义是善的，正义者可以因正义本身获得幸福快乐，正义带来了灵魂和谐，让人能追求真知，有节制的生活，相比肉体快乐更注重灵魂快乐，不惧怕死亡，正义者因此得到永恒、纯粹的精神幸福。而不义者不断追求欲望，当欲望得不到满足时，会陷入精神匮乏之中，其精神生活就陷入痛苦。

第二，正义者可以获得来自整个社会人民所给予的报酬。正义者虽然不像不义者获得了大量的财物，但正义者依然可以获得荣誉和名声，受人尊崇。心灵的自由使其不必为生活琐事所烦恼，例如他们不会因借钱、还债所苦恼，不必为生计发愁，公家承担了抚养子女和日常消费的责任。而不义者假借正义一时获得名声名誉，这种情况却不会长久，“不正义者即使在年轻时没有被看破，但大多数到了人生的最后会被捉住受到嘲弄，老年生活会过的很悲惨，受到外国人和本国同胞的唾骂，他们将会受到鞭笞”③，最终不义者会被社会抛弃和惩罚。

第三，从宗教层面上看，神爱正义的人，即便他们生前遭遇不幸，他们最终能获得庇佑得到幸福，“一个正义的人无论陷入贫困、疾病，还是遭到别的什么不幸，最后终将证明，所有这些不幸对他都是好事。因为一个愿意且热切追求正义的人，在人力所及的范围内实践神一般的美德，这样的人神一定不会忽视的”。④

---

① ［古希腊］柏拉图：《理想国》，郭斌和，张竹明译，北京商务印书馆 1986 年版，第 52 页。
② ［古希腊］亚里士多德：《政治学》，吴寿彭译，北京商务印书馆 1983 年版，第 364 页。
③ ［古希腊］柏拉图：《理想国》，郭斌和，张竹明译，北京商务印书馆 1986 年版，第 417 页。
④ ［古希腊］柏拉图：《理想国》，郭斌和，张竹明译，北京商务印书馆 1986 年版，第 416 页。

柏拉图所强调的正义者的幸福是一种高境界的精神快乐，这样的快乐幸福的独特之处是不义者所不能企及的，因此我方认为正义者比不义者更快乐。

驳　辩

正方：反方在论述中反复强调精神快乐，轻视肉体快乐。回归到现实，人的基本诉求——“我总要活下去”，如果健康和生命都不具备重要的价值，何以去追求灵魂的和谐这样所谓的精神价值？要坚持您方观点幸福论标准中的“真实”，是不是意味着把日常快乐贬低为虚假？

反方：我方并未忽视现实生活中所需要的平凡的幸福，也没有将日常的快乐贬低为虚伪来证实我方观点。我方认为正义是种美德，具有智慧、勇敢和节制三种品质，这三种品质促成了灵魂和谐。理智作为谋划，勇敢保持着对苦恼、欲望的警惕，节制保持有序和对某些快乐和欲望的控制，三者之间互不干扰，和谐一致，节制是指不纵情享乐，而非不享乐。而是有秩序的生活，进而追求淡泊宁静的现实生活。

正方：立论过程中您方提及的精神快乐的永恒和真实性并未展现，反而以不义者的“不幸福”来从反面阐述正义者是更幸福的，仅仅依靠负面论证和宗教依靠十分薄弱，请正面回答。

反方：书中说：“正义本身就是最有益于灵魂自身的，为人应该正义，无论他有没有古各斯的戒指，以及哈德斯的隐身帽。”①因此正义的幸福其真实性和永恒性是指灵魂不朽，灵魂不朽是指善的观念、美德不朽，抛离柏拉图《理想国》的建构，对于旁人而言这或许是一片虚幻之境，但回到辩题设置的情境之中，对柏拉图而言，灵魂不朽是他用自己一生不懈求善而打造出来的，至善达正义而灵魂不朽，灵魂说确实带有宗教神化色彩。正义不健康者在生前受尽疾病折磨，但死后会看到天上的不同寻常的美，体验到快乐。“如果一个人做过好事，为了公正、虔诚，他也会得到十倍报酬”②，一个真正的正义者会得到神的爱护，他所有的遭遇都会得到神的赐福，因此，不健康者仍然是幸福的。

正方在论述中反复强调假正义者将正义作为谋取利益的手段，把正义当作强者的利益，只从社会生存关系去考察正义，否定了我方观点中道德意义上正义的存在，请正面回答。

正方：正义是强者的利益不能仅从字面意思出发，这是指正义被强者利用，成为了他们谋取利益的手段，这样表述是为了强调不义者行不义之事获取利益，而真正正义者没有从中获利。我方认为正义的价值不在于善本身，“一般人可不是这样想的，他们认为增益

① ［古希腊］柏拉图：《理想国》，郭斌和，张竹明译，北京商务印书馆1986年版，第412页。

② ［古希腊］柏拉图：《理想国》，郭斌和，张竹明译，北京商务印书馆1986年版，第419页。

是一件苦事，他们拼着命去干，图的是它的名利。至于正义本身，人们是害怕的，是想要尽量回避的。”①人们追求它是因为正义能给人带来别的好处，就在于正义具有工具价值——正义能达到的外在的效果和作用：被强者所征用，为强者的利益服务。

反方：按照正方观点的话，在病人面前，医生、医术属于强者的地位，强者要是从自己所面对的对象中获利，这不就说明医生的对象不是病人，而直接是钱财；演奏乐曲的功能，也不再是提供诉诸听觉的美感，而直接变成“挣钱的技艺”？

正方：您方仍然忽略了人的基本生存需求，您方强调正义中的各司其职，医生尽到职责获得报酬解决温饱难道不是获利吗？不谈及物质报酬而一味追求精神快乐的乌托邦何以存在呢？这是在反问被剥夺了一切外在利益的正义者的生活是否有价值，道德价值和普世价值不可混为一谈。正义被您方化用为了内在正义，只考虑充沛自我实现，城邦正义中将社会阶层简单的划分，用等级制度来分配权利何尝不是一种不义。

结　辩

正方：我们今天不是讨论善与恶的问题，而是谁更幸福的问题。现在我们来整理一下思路，做非正义的事能获得利益，遭受非正义会受到伤害，于是有了立法：不得到非正义的好处，也不吃亏，正义首先是合法的，本质是最好(干坏事没有惩罚)和最坏(受惩罚不能报复)的折中，由此可见，正义不是善良，而是没有能力和胆量去做非正义的事。

如果行使正义能获得好处，这样的人实际还是不义者，我们无法从外在判断一个人是正义者还是不义者时，排除他的一切表象，只剩下正义本身，让他一贫如洗，继续坚守正义鞠躬殉道。他会遭到贬抑正义的人的耻笑，受到拷打折磨，受尽各种痛苦，那时他会不会体会到做一个假正义的不义者会更好？不义者是在追求实际的东西，追求的是生活上的真实。

我们都有过这样的经历：父母或老师常常告诫子女和学生为人要正义，这样的教诲本质是颂扬正义本身还是来自正义获得的好名声呢？如果没有人真心的实践正义，包括那些嫉恶如仇、困学而知或生性软弱没有能力实现非正义的人，一旦他们获得实现非正义的能力，他们会不会去做非正义的事情呢？从古至今都不乏正义的歌颂者，为什么不见有人从本质上指出正义和不义带来的荣誉、受尊敬的程度和带来的利益上做出可信的评价呢？

上面的问题答案自在我们心中，事实上就是我们所接触和领会到的就是不义者比正义者更幸福，那为什么会想否定这个答案呢？

反方：毋庸置疑，人人都追求幸福的一生，然而做出正确的人生选择绝非易事。正义本身不等同于幸福，可是正义者灵魂和谐而达到的高境界的永恒、纯粹的快乐幸福无论放

① ［古希腊］柏拉图：《理想国》，郭斌和，张竹明译，北京商务印书馆1986年版，第45页。

在任何年代，都是人们希望的精神世界。两千余年过去，柏拉图的问题仍然困扰着我们，21世纪的物质生活已空前丰富，为什么还是感到不幸福？必要的欲望需求已经满足，但人对于欲望的渴求没有止境，仅仅将欲望的满足作为人生幸福，不择手段，最终会为了幸福丧失自我，这实际上是心灵的扭曲——灵魂的颠倒。正义者的幸福哲学在于医治生活中心灵扭曲的人，完善人格，实现和谐获得幸福的人生。

"灵魂是不死的，它能忍受一切恶和善，让我们永远走向上的路，追求正义和智慧。这样我们才可以得到自己和神的爱，无论是今世活在这里还是死后获得报酬的时候，我们才可以诸事顺遂。"①两千多年前一位经世致用的哲学家如是说。成为正义的人，正义本身不等于幸福，甚至有时假象蒙蔽了我们，误以为做一个正义的人是痛苦的，可正义是通往幸福的方式，在永恒、不朽的精神幸福面前，还有什么可以与之比拟的呢？

四、小　　结

柏拉图在《理想国》中强调正义是幸福的前提，幸福是正义的结果，这一论断千年以来讨论不断，追求正义和幸福在实践中矛盾重重，仅仅通过个人浅薄的理解再根据书中观点加入个人想法写成辩论稿，希望这种呈现形式能让逻辑更加清晰。本人在写作中仍是疑惑重重，本文没有试图解决任何问题。

柏拉图认为灵魂不朽，这样的学说难以用语言表述，对于灵魂和生命的悟性，只能靠心智去体验，这样的悟性往往来自天赋或修炼，但具有有幸的天赋或有志的修炼的人可能永远是少数。上千年前的哲人学说之所以生机勃勃，并不是因为它们说服了大众，而是因为正义和真理永远能引起共鸣——存在于灵魂中有其根基的人中。

① ［古希腊］柏拉图：《理想国》，郭斌和，张竹明译，北京商务印书馆1986年版，第426页。

柏拉图“洞穴之喻”的内涵与当代教育困境的思考

——读《你当像鸟飞往你的山》

宋双燕楠　电子信息学院（2019302120009）

【指导教师评语】柏拉图在他的《理想国》中用“洞穴之喻”来说明受过教育和没受过教育的人的本质差别，而洞中的“影子世界”和洞外的“真实世界”可以有任何可能的映射，这无疑极大地丰富了人们的想象力，也为我们认识世界提供了哲学思考。本文将《你当像鸟飞往你的山》中的教育过程同“洞穴之喻”的内涵做对比分析，提出了当代教育所遇到的困境，由此引发相关思考。最后以“当代教育应该做的从来都不是为受教育者选择一座山，而是给予他飞翔的能力和选择的自由，让他飞往属于自己的那座山。”作为结尾，文章不长，但读来有趣，不妨一读。（物理科学与技术学院　桑建平）

摘　要：在2019年的最后几个月，一本书名为《你当像鸟飞往你的山》斩获了包括《纽约时报》《华尔街日报》、Goodreads等多个畅销榜及书单的榜首。起初你会被它那拗口难懂的书名所吸引，然而当你读到主人公17岁前没有上过学，后来凭借自学到杨百翰大学、剑桥大学和哈佛大学读书学习之后，难免不会把它当作一本“鸡汤”之类的励志书。事实上，这本书既没有单调地讲述励志的故事，也没有单纯地赞扬教育的伟大，倒是那跌宕起伏的故事情节折射出了该书作者的辩证思考。它不仅让人想起了柏拉图《理想国》中的“洞穴之喻”，同时也引发了人们对当代教育的辩证思考。

关键词：《你当像鸟飞往你的山》；洞穴之喻；当代教育

一、柏拉图“洞穴之喻”的内涵

柏拉图在《理想国》第七卷中为了论述“受过教育的人与没受过教育的人”的本质区别，

提出了“洞穴之喻”。他设想了这样一个场景：有一个深深的洞穴，通过一条狭长崎岖的小道与外界相连。在洞穴中有一群从出生起就一直待在洞穴里的“囚徒”，他们的四肢和头颈都被枷锁束缚着，不能走动也不能转身，只能背对小道而坐，一直看着洞穴的后壁。在“囚徒”们的身后更高处有燃烧的火把，在火把与“囚徒”的中间还有一堵矮墙和过道，有一群人举着各种各样的物件在过道上来回走动，火光将物件投影到洞穴后壁上。由于洞穴后壁是“囚徒们”能够看到的全部，所以他们自然会把物件的影子当作是真实的存在，即“无蔽”。直到有一天，由于某种原因，一位“囚徒”“被迫”摘掉枷锁转过身来，一下子映入眼帘的是燃烧着的火把，他会感到眼花缭乱、眼睛酸痛，但在适应后便明白了之前所看到的影子只是真实事物的投影。紧接着，他又被迫走出洞穴，由于通往外界的道路曲折狭长、斗折蛇行，不知道距离出口到底有多远，“囚徒”经历了身体与精神的双重折磨后最终走到了洞穴外的阳光下。而初见刺眼的太阳，他被晃得头晕目眩，短暂性地失明，但在适应了一段时间之后，他认识到一切事物的可视都是由于太阳的存在，太阳才是“最无蔽”。经此一行，他为认识到世界的“善”而喜悦，在看到真实的世界之后又返回洞穴，企图将其他的“囚徒”从虚假的世界中解救出来，但其他人却不相信他的话，还认为他出去把眼睛都搞坏了，决定处死他。①

在“洞穴之喻”中，所说的“囚徒”指的并不是某些特殊的群体，而是我们自己。因此，可以想象，我们每个人从出生起就生活在某个“洞穴”中，之后都有可能经历“洞穴”内外的两种生活。洞穴内的“囚徒”从出生起就被枷锁束缚着，这里的枷锁就是天生的能力和成长的环境的限制。有的人天生聪颖，有的人生来具有智力障碍；有的富裕人家的孩子从小就接受良好的教育和父母正确的引导，有的人缺少这样正面的影响。总的来说，我们可以将这些归纳为原生环境，在不同的洞穴内看到的影子是不同的，不同的原生环境也是对人格塑造的影响因素中极其重要的一点。然则无论是怎样的洞穴，必定带有“片面”“失真”的标签，因此需要走出去，这就是教育的过程。而当人走出洞穴，见到了真实的世界，才能够意识到以前的一切认知都不过是真实世界的一种降维形式，而将这些影子当作真实的存在是多么孤陋寡闻。柏拉图欲通过这样的比喻来诠释，我们对于所处的环境的认识是经过一系列感官的处理所得到的，与真实的理型世界相比存在着一定的扭曲。若想认识到理型世界，必须以理智做指导，实现“灵魂的转向”。而最后先行者悲惨的结局，一方面是在致敬恩师亚里士多德，一方面是在委婉却稍加悲观地表达哲学家实现理想之路“道阻且长”。

① ［古希腊］柏拉图：《理想国》，郭斌和，张竹明译，商务印书馆 1986 年版，第 272~276 页。

二、《你当像鸟飞往你的山》中的教育

书中的主角塔拉来自一个极端的家庭，她的父亲在家中拥有绝对权威，由于对于某个新闻中事件的错误理解，所有与“社会”“政府”相关的事件在这个家庭中都成为绝对的禁忌，一家人过着“原始人”般的生活。因此，塔拉是在满是破铜烂铁的垃圾场和那摇摇欲坠、轰鸣作响的起重机中长大的，她的童年没有学校，没有医疗，只有自学，生病时也只有硬撑和祈祷。其父在一次事故中严重烧伤无法就医，不过所幸她父亲还是活了下来，而他又将大难不死归功于上帝的神力，进而痛批医疗机构的无用。幸运的是，塔拉的外婆是一个受过教育的人，她无法忍受塔拉的家庭环境，要求送她去上大学，塔拉也通过自学被杨百翰大学录取，通过努力又获得了哈佛大学的硕士学位和剑桥大学的博士学位。

然而，当塔拉第一次接触到真正意义上的教育的时候，她并不是饱含热情、激动不已。由于父亲从小对“社会阴险”的灌输，进入到社会中，塔拉的内心满是怯懦、厌恶、背叛感和自我怀疑，一边在令人痛苦的情绪中挣扎，一边在潜意识中又想要留在外面的世界。最终，在多年与自我的反复纠缠和不断接受教育的过程中，塔拉最终选择逃离了大山。

塔拉的家庭环境是令人难以想象的，由于教育的缺失，他的父亲对这个世界产生了过于极端的认知，从而对她的身心都产生了不可磨灭的伤害。在现实中，虽不至如此极端，但由于父母教育的缺失而对孩子成长产生负面影响的例子不在少数。或许正是因为她来自一个极端的环境，因此不会理所应当地将新见到的世界当作“真实的世界”，进入社会后所受到的教育带给她的是同理心的深化、思想的拓展、视野的开阔和时刻保持怀疑的态度。在这本书的后记中，塔拉说道：“你可以用很多说法来称呼这个全新的我——转变、蜕变、虚伪、背叛，而我称之为‘教育’。”①

三、《你当像鸟飞往你的山》与“洞穴之喻”的对应内涵

洞穴，即原生家庭环境。糟糕的家庭环境是囚禁塔拉的“洞穴”，紧紧束缚她的镣铐是父亲不可侵犯的权威和拒绝怀疑的宗教信念。原生家庭环境对人的一生的影响并不亚于后天在社会中所接受到的教育，人最初对世界建立的认知以及对自我人格的塑造都是在家庭

① ［美］塔拉·韦斯特弗：《你当像鸟飞往你的山》，任爱红译，南海出版社 2019 年版，第 266 页。

教育中完成的，在现实生活中，人在社会中所接受到的教育都是对已有雏形的雕琢，而想要做到重塑是极其困难，甚至是不可能的。塔拉亦是如此。之所以在初入社会时内心会饱受煎熬，正是因为父亲在前十七年的人生中对她“洗脑式”的价值灌输与社会普遍价值产生了巨大的冲突。教育从来就不只是学校和教师的工作，家庭教育不该与社会教育脱节。

出走，即接受教育。接受教育的过程从来都不是轻松的。在柏拉图的“洞穴之喻”中，他两次写到，被拉出洞穴的人在第一次见到火把和太阳的时候，眼睛都刺痛无比，恨不得返回到原来的环境中，以此来比喻接受教育和“灵魂的转向”也是十分痛苦的过程，痛苦之处并不只是在于学习知识的过程是辛苦的，真正的痛苦之处在于接受了教育的人是在不断变化的，每天都在走向未来的自己，这就意味着他需要时刻对过去的自己进行批判与否定。一个人在这世界上并不是孤立的存在，否定过去的自己就需要否定一系列与过去的自己相关的元素，比如社会关系、信仰等。曾经所坚信不疑的信念被冲击时一定是痛苦的，但由此而看到更广阔的世界才是人类应当追求的目标。也正因如此，塔拉才会一次次地经历自我否定的痛苦，但最终还是选择不断地否定自我。较之“洞穴之喻”，塔拉并不似哲学家们一般，从洞穴中走出来以后就直接来到了“理型世界”，她更像是一次次地走向更接近“太阳”的新的“洞穴”，并且仍然走在愈加靠近“太阳”的路上。

回归，即统一价值观念。第一个走出去的“囚徒”回到洞穴以后并没有被其他的“囚徒”接受，类似地，塔拉每次回到山里都会伪装成以前的状态与家人相处，但内心感到十分别扭。即便如此，家人还经常指责她被外面的世界污染了。她意识到自己无法使过去的自己和现在的自己同时存在，所以最终选择彻底走出大山，不再回去。纵观人类的发展史，我们可以看到许多先行者的悲剧以及井底之蛙们的狂欢。历史上那些率先打破固有观念的人，那些指出我们身处深井之中的人，却为了我们难得的自由落得悲惨的结局。如此看来，塔拉是幸运的，逃离了糟糕的环境，但是逃离一定不是整个人类层面的解决办法，终究还是要回归。哲学上有一个名词叫做“价值前见”，与我们现在常说的“刻板印象”类似，而先行者们的悲剧正是由于其给“洞中人”所带去的价值认知无法超越“洞中人”的“价值前见”，阻碍了教育发挥其更大作用。因此，若想在整个人类层面达到“理性”的境界，需要在更大程度上对受教育者进行引导，从而实现不同“价值前见”的统一。正如马克思所说：“价值认同不是一个理论问题，而是一个实践问题。”“因此，重返洞穴并非下降，而是另一种形式的上升，是对真理的进一步贴近，有了黑暗的经验才更渴望光明，上升与下降是同一条路，只有重返才能找到真理，才能达成理想与现实的和解，才能实现真正的自由。”①

---

① 李世祥：《洞穴与哲人——海德格尔和施特劳斯对重返洞穴的解释》，《社会科学研究》2010 年第 2 期，第 34~40 页。

四、《你当像鸟飞往你的山》所呈现的当代教育困境

之所以选择塔拉这样极端的经历，是为了表明在经济发展极度不平衡的当代，在我们所看不到的地方，还有一群人，对他们来说“走出去”“留在外面”和“回归”都是十分困难的事情。资源分配不均导致这些人无法接受传统的正规教育，他们所持有的价值观念与我们相去甚远，几乎可以理解为是另一个世界，走出来对他们来说本就不易。而对于已经走出来的人来说，他面对的是两个无法共存的世界，无论选择哪一个，都会经历一番痛苦。这一痛苦或是身心的煎熬与折磨，或是伦理上的职责与非难。这些现象产生的根本原因在于资源分配不均，而这也只能通过资源的重新分配来解决。

从海德格尔到施特劳斯，历史上各学派关于“真之本质”的问题争论不休。暂且不论“真之本质”究竟为何，当代教育界的问题在于：教育者过于自信地以为了解真之本质，或至少是终会了解到的。在“洞穴之喻”中，以先行者为代表的哲学家们所见到的太阳代表着真实的“理型世界”。“我们的世界是一个四维的存在，每一刻的三维展示不过是思维世界在垂直于事件这一维的‘视界’下的‘投影’。”①

填鸭式的教育、单方面的知识灌输，不过是另外一种形式的“洞穴”罢了。真正的教育，应当是教会受教育者如何一步步地接近真正的理型世界，而不是造一个心目中的理型世界摆在他面前。正如塔拉在接受《福布斯》的采访时说道：“如果人们受过教育，他们应该变得不那么确定，而不是更确定。他们应该多听，少说，对差异满怀激情，热爱那些不同于他们的想法。”

五、关于书名的再思考

此书看似难以理解书名其实有着很好的寓意，它出自《圣经・诗篇》中的“Flee as a bird to your mountain”，这句话意味着“逃离”和“找到新的信仰”。当代教育应该做的从来都不是为受教育者选择一座山，而是给予他飞翔的能力和选择的自由，让他飞往属于自己的那座山。

① 闵繁盛：《“视界”与“影子”——由柏拉图“洞穴引喻”引发的“投影”思考》，《齐齐哈尔大学学报(哲学社会科学版)》2017年第8期，第42~44页。

从柏拉图“洞喻”角度解读“香港暴乱”中迷失的青年

张茂林　遥感信息工程学院（2019302130291）

【**指导老师评语**】该文从柏拉图《理想国》中的“洞喻”角度解读时事问题，提出了作为青年一代的观点和看法，论证清晰有力，论据充分。本文层次分明，行文流畅，格式准确。（城市设计学院　周　燕）

摘　要：香港暴乱问题一直占据舆论的中心，而在暴乱中扮演着打手角色的部分香港青年也令人惋惜与痛恨，他们的行为也引起了社会上的广泛思考。柏拉图的洞喻则对思想被囚禁的人有着深刻而透彻的思考，从柏拉图的洞喻分析这些青年的行为，有着重大的意义。

关键词：洞喻；青年；思想；香港

一、柏拉图的“洞喻”

“洞喻”是柏拉图在《理想国》一书中对人类认知的基本想象。设想在一个地穴中有一批囚徒，他们自小待在那里，被锁链束缚，不能转头，只能看面前洞壁上的影子。在他们后上方有一堆火，有一条横贯洞穴的小道，沿小道筑有一堵矮墙，人们扛着各种器具走过墙后的小道，而火光则把透出墙的器具投影到囚徒面前的洞壁上，囚徒自然地认为影子是惟一真实的事物。如果他们中的一个碰巧获释，转过头来看到了火光与物体，他最初会感到眩晕，但是他会慢慢适应。此时他看到有路可走，便会逐渐走出洞穴，到阳光下的真实世界。到那时他才处于真正的解放状态，意识到以前所看到的世界只不过是影像，是不真实的。此时，他选择了返回洞穴，并试图劝说他的同伴，也使他们走出洞穴，但他的同伴根本没有任何经验，故而认为他在胡言乱语，根本不会相信，并且会绑架他，甚至在可能的情况下杀死他。① 这就是洞喻的基本内容。

二、“外部枷锁”——某些幕后势力的教唆

一个在正常环境中成长的青年为何会走上街头手持武器，将血手伸向无辜的市民，又是什么原因让优秀的大学生完全丧失尊师重教的理念对着校长指手画脚……这一切都由于一些幕后势力的教唆，他们运用各种手段给青年们加上了“外部枷锁”，将他们强制地束缚在了一个黑暗的洞穴之中。

幕后组织处心积虑地策划反动活动，鼓励青年为所谓的自由而战，甚至提供了高额奖金。一场因修例风波而引起的香港问题在这些组织的参与下逐渐变了味道，他们以自由为名义却唆使青年限制城市交通，以法治为“目标”却无视法治当街行凶，以民主为保护伞却不容许支持香港的声音出现。

幕后组织邀请“港独”代表在国际舆论场散布“港独”言论、制造舆论声浪向政府施压、为暴徒提供现场急救、休息场所、水和食物等后勤保障……“反修例”暴乱持续期间，那些藏于幕后的组织机构不断挑唆示威者继续抗争，通过各种方式为暴徒呐喊助威，导致香港社会局势持续恶化。②

同时大量在幕后组织影响下具有双重标准的媒体报道也牢牢地限制了陷入其中的青年对自我做法的质疑，让身处黑暗洞穴的他们自以为看见了光明。由于混乱之中的青年内心本身已恐慌不安，而他们唯一接触的就是同样被困住的“同伴”、冰冷的“枷锁”和“枷锁”的制造者，于是自然而然地相信与自己朝夕相处的同伴，相信给他们提供所谓充足保障的组织者。即使偶尔有正确全面的报道流入“洞穴”或是有部分青年挣脱了“枷锁”，也阻碍不了他们继续在自己的洞穴中生活。对于前者他们视而不见，对于后者甚至可能因为他们的背叛而大打出手。

幕后组织的介入让青年们迷失了自我，是青年参与暴乱的直接因素。

三、“内部枷锁”——青年不完备的思想

通过柏拉图的“洞喻”我们知道，真正让洞穴中的囚徒沉陷于自己现有生活的原因并不

---

① ［古希腊］柏拉图：《理想国》，郭斌、张竹明译，商务印书馆 1986 年版，第 272 页。

② 《“挂羊头卖狗肉”的 NGO——香港乱局的幕后推手》，人民网：http：//hm. people. com. cn/n1/2019/1103/c42272-31434698. html，检索时间：2019 年 11 月 11 日。

是限制他们身体活动的外部锁链，而是他们的认知抑或说思想的限制。他们抱着固有的思想看待一切，停止了思考，放弃了探求，当然也切断了自身走向阳光的道路。

对于深陷于暴乱活动中的香港青年们，这个道理同样适用。大多数参与暴乱的青年缺少正确而完善的人生观、价值观与世界观。他们有的从未踏入社会，心中毫无警惕之意；有的刚刚步入社会，对前路充满迷茫；有的暂时被困难打倒，缺乏重新站起来的勇气。当思想不完备的他们遇上苦心经营的"陷阱"时自然容易陷入其中，可是他们为何不会努力挣脱它呢？原因在于他们思想上存在着一定的缺陷。

首先是爱国意识的缺失。在"一国两制"背景下成长起来的香港青年中，一部分人缺少了对祖国的热爱，这也是他们思想缺失最严重的部分。而这一缺失很大程度上源于香港的教育。由于历史原因，香港的教育体系延续着西方国家的自由思想。这本不是一件坏事，反而在一定程度上有助于学生的全面发展。可是在某些外部势力的影响下，这份延续逐渐变了味道，在教育过程中过分追求学生的个人想法，甚至致力于培养学生的个人中心主义。思想政治教育的缺乏和爱国主义思想教育的缺失，使部分香港青年想当然地认为祖国给香港的大力支持是理所当然的，对祖国毫无感激之心、热爱之情。中国近代屈辱史向复兴史的转变历程就很好地诠释了爱国思想在挣脱"枷锁"中的重要作用。广大有志青年在爱国思想的支持下，挣脱已有腐朽制度的"枷锁"，为中国的未来谋求出路，从洋务运动到戊戌变法、从辛亥革命到新文化运动，哪一个历程不是青年们挣脱思想枷锁而发起的，那一项成果不是"枷锁"挣断的结果？虽然伪装下的"洞穴"很诱人，但是骨子里内的那份爱国热血应该足以让他们挣脱束缚，走向阳光。正因为他们这份爱国思想的缺失，让暴乱之中的香港青年没有意识挣脱束缚，在洞穴中麻木地生活。

其次是责任意识的缺失。《孟子·告子下》中提到"故天将降大任于斯人也，必先苦其心志，劳其筋骨，饿其体肤，空乏其身，行拂乱其所为"，当今的一代是生活在前人奋斗的功劳簿上的，大多数年轻人是成长在父母的呵护之下的。由于"不当家不知柴米贵"，部分香港青年丧失了那份修身齐家治国平天下的责任心，当眼前有蝇头小利出现时，便抛开一切，不管不问，给自己加上一层又一层的锁链。面对着倒在血泊中的无辜市民，面对着大火燃烧着的美丽校园，面对着曾经敬仰的受伤警察……他们无动于衷，责任意识的缺失让他们成为了自私而又冷漠的人，自然无法挣脱那身上的锁链。他们抛开了国家的责任，抛开了家庭的责任，在外人的唆使下陷入了香港暴乱的"洞穴"之中，成为了别人手中的武器，破坏着自以为为其承担着责任的社会。他们自以为承担着恢复香港法治的重担，却从未了解过什么才是真正的法治；自以为承担着恢复香港自由的责任，却从未细查过香港曾经被殖民的屈辱史；自以为承担着恢复人民民主的责任，却从未回想过香港繁荣景象的由来。

最后是是非意识的缺失。何为是，何为非，正如"一千个读者眼中就有一千个哈姆雷特"一样，在每个人的眼中都是不尽相同的。但是每个人眼中都有一条不可逾越的红线，也就是人的底线，一线两侧是非分明。而部分香港青年却不知何为底线，将一条条无辜的生命、一个个受伤的警察、一件件惊人的恶行默认为"是"的范畴。是什么让这些年轻人的是非底线变成近乎不存在，原因就在于他们自身是非意识的缺失，刚入社会的他们所见所闻所知都太过浅薄，还没有形成正确的是非观念，而这成为了困住他们的最后一道枷锁。他们在幕后组织者的引导下形成了畸形的是非观，认为现状就是对的，生命的丧失是必要的，社会的混乱是正常的，这也导致他们深陷"洞穴"而不得出。

四、解开"枷锁"拥抱阳光的方法

在柏拉图的"洞喻"中，若想解救出那些囚徒，方法就是帮助他们解脱枷锁的束缚，让他们走出黑暗的洞穴，既得到身体的解放更要得到思想的解放。对于这些青年亦是如此，让他们主动走出暴乱的洞穴才是我们最终的目的，想要从根本上解开青年们身上的"枷锁"就要从外部和内部两方面入手，简单来说就是外防内控。

首先，要解除外部"枷锁"。在香港暴乱中那些幕后组织是墙壁的建立者，他们运用片面舆论和一定的金钱诱惑给初入社会的青年们建造了一个密不透风的墙。想要推倒这堵墙，让困在洞穴中的香港青年毫无顾虑地走出洞穴，就要对这些幕后组织进行限制与打击，并将他们列入重点监视对象，防止他们卷土重来，再次引诱香港青年走上不归路。同时也要以思想纯正的香港青年为桥梁，向沉陷暴乱囚笼中的青年传输正确的思想，在幕后组织建立的墙壁上制造出一些空洞，让外部的阳光照进黑暗的洞穴。当时机成熟时便以空洞为突破口，将墙壁推翻，揭露幕后组织的真正阴谋，让他们的恶毒计划暴露于阳光之下。

其次，要解除内部"枷锁"。想要让这些青年真正地摆脱束缚走出洞穴，就必须解决他们的内心枷锁，也就是要完备他们的思想。首先通过立法明确暴乱的定义、性质和参与暴乱的惩处措施，用法律红线警示这些迷失的青年。同时还要改进香港的教育体系，贴合实际改变其教育理念，注重对青年爱国意识、责任意识和是非意识的培养，引导青年形成正确的价值观。当然让所有的暴乱青年一起在思想上有所改变是不现实的，在这种天天被近乎于洗脑折磨的洞穴中待得久了，如果强行改变其认知可能会造成更严重的后果。唯有润物细无声、一点一点的浸润才能从根本上改变他们的思想。在那些被囚禁的青年中总有一些心存正义与质疑的人，可以以他们为过渡点，渗透正确的价值观念，逐渐地改变整个青年团体的思想意识。这会是一个漫长的过程，但是我们需要等也必须等，只有这样才能较为彻底地将香港暴乱中那些迷失的青年拯救出来，也能预防其后的青年再次陷入这黑暗的洞穴。

五、总　　结

从柏拉图“洞喻”的角度看待香港暴乱中迷失的青年问题可以让我们更加深刻地理解其中的原因并高效地找到解决办法。香港青年们从某种程度上讲，实际上是一场斗争的牺牲品，他们因为种种原因被套上了一层又一层的枷锁，终日不见光明，机械地做着令旁人惋惜与震惊的事。我们应该尽全力为他们破除枷锁，将阳光带给他们，温暖他们。

新媒体围筑的现代洞穴

张博涵　经济与管理学院（2019301050059）

【指导老师评语】联系现代生活实际，以“洞喻”理论所代表的教育理念为切入点对当前流行的网络论坛，教育新媒体所引发的问题进行了论述，作者对当代高等教育的模式和目标具有鲜明的观点和思考，论述新颖有趣并灵活运用了辩证的思想进行分析和阐述，结构合理，语言流畅。（电子信息学院　祁　昶）

摘　要：希腊哲学的“洞喻”形而上地阐释了教育的本质和任务：初始的人被世界表象所迷惑，而教育是人洞察世界本质、获得真正智慧的过程。时至今日，不能不说人类仍然处在山洞之中，解放思想的任务没有改变。随着无线通讯技术和智能终端进步，新媒体凭借自身大容量、交互性、即时性的特征，创造了一个无所不在的信息传播环境，也越来越影响人的受教育历程。其中新媒体由于自身机制的弊端，对人类思想造成一定的不利影响，反而成为了围筑现代人的“洞穴”。本文希望通过回顾以“洞喻”为代表的苏式教育理念，讨论教育应有的本质，批评现有新媒体资源对教育的作用机制和消极影响，反思如何发挥其先进作用帮助人们走出洞穴，获得灵魂飞升。

关键词：洞喻；教育；新媒体；苏格拉底

一、回顾“洞喻”：苏式教育理念是不是仍该被信奉？

“苏式教育理念”在这里代指苏格拉底的教育理念，也是本文分析教育本质的依托。毋庸置疑，当代教育理念以西方为主流；西方教育哲学植根于理性精神；理性精神发源于古希腊哲学；苏格拉底的思想是哲学的滥觞之水，追根溯源，苏式教育理念能够展示教育的纯粹本质。

苏格拉底没有著作，其主要思想被柏拉图记述在《理想国》中。其中著名的“洞喻”写道，初始的人类如同被绑缚的囚徒，接触到的仅限于幻影而不能洞察实质，生活在浑浑噩噩之中毫无尊严。要摆脱这一困境，只有一种办法，挣脱枷锁出到洞外，忍受对真相世界（即“理型世界”）的无知的恐惧，从接近幻影的倒影、反光开始，逐步认识到真实的世界。另一种办法就是相信并接受从洞外回来的、已经见过真实的人的指引，挣脱枷锁逃出山洞。

在《理想国》的描述中，我们能够明晰苏格拉底的三个教育观念：首先，无论自发还是被指引，教育的过程必然蕴含痛苦，这是由对新事物的无知和天生惰性导致的。第二，受限于人的认识能力，教育要循序渐进地引导受教育者自行启发。第三，教育真正作用在于“唤起”人的本性中的美德，它起到的是揭示、摧毁不和谐和去伪存真的批判创新作用。

苏式教育理念是教育学的发源。现代教育理论的开端是约翰、杜威教育理论的“三中心论”，这一理论强调儿童中心（学生中心）、活动中心、经验中心，关注以学生为主体自我启发，这一理论其实继承了苏式教育理念的精神。我国教育家冯友兰先生提出德智双修、培养创新能力，也深受苏式教育理念的影响。从现代理念来看，苏式教育理念的仍然活跃。因此笔者认为在今天，苏式教育理念仍然应当被重视和践行。

二、网络论坛在教育层面的异变——以“知乎”为例

在现有新媒体资源中，新闻资讯软件仅仅提供新闻、文本供人阅读；小猿搜题、作业帮等其他软件直接瞄准教育领域，但主要针对基础教育、应试教育。本文想要讨论的新媒体资源，是以知乎、慕课为代表的，其用户主要处于高等教育阶段，为获得知识而使用的新媒体教育资源。

知乎是当下用户最多、知识含量最高、最成功的网络论坛之一。知乎官方宣布，截至2018年11月底，知乎用户数突破2.2亿。根据艾瑞咨询发布的数据，截至2017年7月，80.1%的知乎用户是本科以上学历，且以名牌大学居多①。作为当今的主流网络论坛，知乎在知识交流方面起到了开辟性的作用。但近年来知乎的风评却一直下滑，因充满了虚构言论、网络喷子、杠精而被称为编乎、逼乎、杠乎，笔者看来，这主要是因为其自身机制，智能推送导致的成见强化、自由舆论造成的否定理性和缺乏把关导致的“柠檬”市场，

① 艾瑞咨询：《2018年中国知识营销白皮书——以知乎为例》，2018年04月20日，https：//www.iresearch.com.cn/Detail/report？id=3197&isfree=0，2019年12月1日。

使得知乎在教育方面的作用发生了异变。

不能否认的是知乎等新媒体有其社交属性，我们无意以教育软件的标准苛求网络论坛；但只要知乎仍坚持“有问题，上知乎”的品牌设定，我们就应当关注它在教育领域的责任。下面从两个方面论述网络论坛对人思想发展的不良作用。

（一）大数据推送导致的成见强化

和众多资讯软件一样，知乎拥有大数据推送机制，即具有根据用户最近的阅读记录分析用户的兴趣点，推送与用户兴趣一致的内容。但在实际中，如果用户持续收到相同观点、立场的推送，就会造成注意力陷阱，在视野被收窄的同时造成成见的强化。

知乎作为网络论坛，经常涉及有争议的话题。对于某一话题的意见不断重复就容易造成成见的强化。下面举一个例子：笔者在知乎中搜索“你为什么支持死刑？”并赞同了获赞同数排名前五的高赞答案。回到首页，再次刷新，推送第一页中出现了“全世界，支持死刑的六条理由”这条推送。

如果点击进入，退出后再次刷新首页，推送的第一页中还是包括“你为什么支持死刑呢？”内容如下：“我就奇了怪了，我做人老实本分，吃的、穿的、住的、用的都得我自己努力工作赚到钱买，而有些人杀人放火无恶不作，被抓到以后还能在监狱里住国家的、吃国家的、用国家的？”①依次循环，知乎会一直为我推荐支持死刑的理由。在对“死刑是否应该存在”这个问题的认识上，日益根深蒂固的成见就逐步扼杀了我的思想空间。这种强化成见、灌输立场的效果明显是与苏式教育理念的自行启发、去伪存真背道而驰的。

如果说在知识探讨中强化成见不利于思考，那么对日常生活中的问题强化成见，则易导致使用者情绪偏激，甚至激化矛盾。

举一个例子：近几年机场、地铁等公共场所的安检要求有所提高。对于行李中的液体，为了检验其是否存在安全隐患，大多数安检都会要求旅客开包试喝，在这一过程中一些工作人员的不良态度、工作作风引起了一些不满。在知乎上就有这么一个问题：“如何看待安检员要求乘客喝墨水？”同样是赞同五个答案后，我的首页刷新后同样充满了“如何看待安检员要求乘客喝墨水？”需要指出的是，这一问题下的回答绝大多数都是宣泄情绪的吐槽，比如：“如果你比较闲，而且演技比较好，可以如下操作：拿起墨水喝一口，然后把盖子拧好，接着在正准备过去的时候，你脸色突然剧变，整个人倒在地上疯狂抽搐（看

① 知乎用户“52Hertz”：《对“你为什么支持死刑？”的回答》，2018 年 9 月 17 日，https：//www.zhihu.com/question/25084350/answer/492886194，检索时间：2019 年 12 月 1 日。

演技)……等记者走了你也可以回家了，剩下的事情那些唯恐天下不乱的记者会帮你搞定的……"①该答案获得了26千个赞同。在持续阅读了五六条这个问题之后，笔者潜意识里对安检这一行为也产生了抵触心理——尽管我从没有被安检员强制喝过不能喝的东西。

在成见不断被强化后，人们对于相关问题的立场就会更加顽固、主观，这显然和我们倡导的理性批判是背道而驰的。

(二)否定理性的"柠檬知识市场"

"柠檬市场"是经济学的词汇，"柠檬"在美国俚语中表示"次品"或"不中用的东西"。柠檬市场效应则是指在信息不对称的情况下，好的商品往往遭受淘汰，而劣等品会逐渐占领市场，从而取代好的商品，导致市场中都是劣等品②。在网络论坛否定理性的风气下，优质的思考被排挤，缺乏理性的思考充斥网络，形成了思想上的"柠檬市场"。

尽管知乎平台有针对政治敏感话题、粗俗迷信话题的屏蔽删除机制，但绝大多数用户在上的评论是完全自由和未经审核的。原因包括以下两点：

第一，因为在网络的虚拟社会里，用户是匿名的(网络发言的身份代号只有昵称，用户也可以直接匿名)，用户无须对言论直接负责，言论会更激进地宣泄情感、表达立场。

第二，限于现在的技术手段和巨大成本，论坛也无法做到对数目浩大的发言的筛选和审核。事实证明，在多数有争议性地热点问题下，获得最多赞同的数个回答大都是支持同一观点，且带有明显情绪。代表其他观点的回答则被淹没了。接下来以知乎平台上就2019年发生的"乔碧罗殿下"事件的讨论为例。

"乔碧萝殿下"事件后数月的2019年12月8日，"乔碧萝殿下"本人首次接受了采访，这则新闻登上了知乎热搜榜的前三甲。这则采访的原文中只有约1/50的篇幅提到"'乔碧萝殿下'称自己十年抑郁症"，但在知乎热搜的问题里这句话被提上标题。据笔者浏览所见，高赞答案的前十位都是抨击"乔碧萝殿下"用抑郁做挡箭牌十分无耻③。他们的回答当然是自由的，但"乔碧萝殿下"是否真的抑郁，甚至没有人加以讨论；而"乔碧萝殿下"事件的最主要意义，其对网络直播产业生态的影响，却被忽视掉了。即使有人发表评论，其观点被看到的机会也微乎其微。

---

① 知乎用户"鲍鱼王"：《对"如何看待安检员要求乘客喝墨水?"的回答》，2019年8月23日，https：//www. zhihu. com/question/342129576/answer/1394921719，检索时间：2019年12月1日。

② [美]罗伯特·平狄克：《微观经济学(第七版)》，高远、朱海洋等译，中国人民大学出版社2009年版，第578页。

③ 知乎：《问题"如何评价游戏主播乔碧萝殿下首次露脸接受采访?"》，2019年12月8日，https：//zhihu. com/question/359857987/answer/927054829，2019年12月10日。

在网络论坛中，网民们可以通过点赞等方式，用脚投票，体现对该言论的态度；如果你不同意我的发言，你可以和我争论，尽管不会有什么实际影响；争论无法解决，就应该有一方退出——无论争论结果如何都不会影响相关言论的存在。由此，在今天的网络论坛里形成了一种网络的言论自由主义：无论言论的知识水平高低、观点是否正确、态度是否得当，它的存在都是合理的。在这种言论自由主义下，泥沙俱下的观点获得了绝对平等的地位。

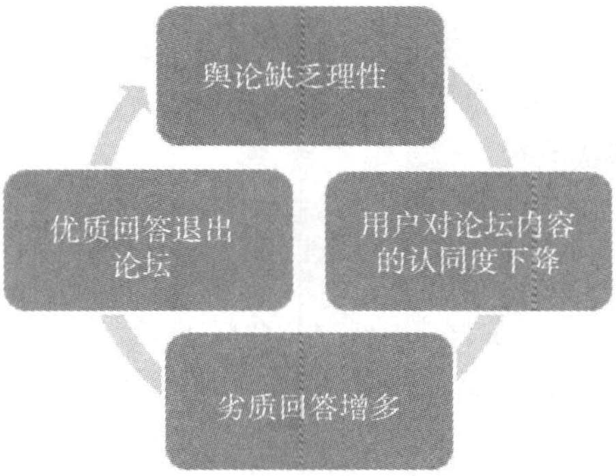

图 1 “知识柠檬市场”的形成

正如艾埃伦·布鲁姆谈道：“‘开放’本来是一种允许我们用理性去寻找善的美德，现在则……意味着接受一切事物而否定理性的力量……所有人、所有生活方式都获得了相同地位的现代民主方式……可以认真对待的不同目的和不同动机开始消失，选择的贫乏性最有效地把自由限制了起来。”①这种绝对开放对理性的否定构成了思想层面的暴民政治，使得人们对论坛中所有回答的总体看法下降，优质、理性的回答得不到人们的认可而逐渐退出论坛，缺乏理性的劣质回答反而占领论坛，理性不断被否定，整体的舆论环境偏向低质量、无理性。形成一个“知识的柠檬市场”。“柠檬市场”现象会不断循环，劣者更劣，最终导致整个论坛环境的崩坏，现代人更加深陷于新媒体围筑的洞穴之中。

三、慕课在教育中的两面作用

慕课(MOOC)，即大规模开放在线课程，是“互联网+教育”的产物。英文直译“大规模开放的在线课程(Massive Open Online Course)”，是新近涌现出来的一种在线课程开发

① 王晨:《现代洞穴的哲人之思与超越之途——艾伦·布鲁姆大学思想解读》,《清华大学教育研究》2012 年第 2 期，第 4 页。

模式。

传统教育中，教育过程有四个要素：教育资源(知识)、教育者、教育环境、受教育者。慕课利用网络技术手段，越过了教育环境、教育者，提供不限时间、不限地点、超低成本的高质量教育服务，几乎打通了教育资源和受教育者的所有障碍。但教育同样存在“最后一公里”的问题，笔者的疑问是：在新媒体把课程资源送货上门后，用户到底能利用多少？

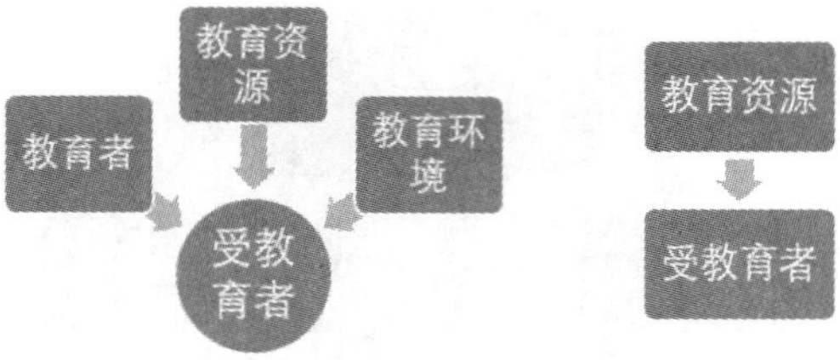

图 2　传统教育模型(左)和慕课教育模型(右)

正如慕课巨头 Udacity 公司的创始人 Sebastian Thrun 所说：“慕课对于前 5%的学生是一件好事，但对于后 95%的学生就不是什么好事。”对于大多数用户来说，MOOC 的效果远不如实地教学①，我们是否可以认为，在原本稀缺的教育资源唾手可得后，用户开始变得不再珍惜？也许如此，不过我们可以这样理解：新媒体让知识变得唾手可得，也割裂了课堂师生之间的交互性。原本来自教育者和教育环境的压力——可能是上课铃声对迟到者的震慑，是讲师的点名和课堂作业，是课堂里都在学习的氛围——都不见了。唯一剩余的就是受教育者的自控力，是自控力推动受教育者获得知识。对于拔尖的学生而言，他们往往有很好的自控力和自律性，足够推动他们进行学习；而对于普通学生而言，缺乏自控力会直接导致学习效果的崩溃。

苏格拉底在洞喻中强调教师的作用；同时，人是社会关系的总和，脱离教育环境会影响人们的受教育结果。从今日慕课让优生更优、普通人更普通的两面作用来看，传统教育仍然不可替代，不然人们就会陷入新媒体围筑的现代洞穴中。

四、结　　论

“柏拉图式的洞穴图景描述了人类的根本处境。人是其所处时代及场所中权威意见的

① Selingo J，“Demystifying the MOOC”，*The New York Times*，http：//www. nytimes. com/2014/11/02/education/edlife/demystifying-the-mooc. html，检索时间：2019 年 12 月 1 日。

囚徒，一切人由此开始，大多数人也在此结束。教育就是从这种束缚中获得解放，就是上升到某种立场，从那里能够看到洞穴”①。洞喻理论中所蕴含的教育理念为今天我们批判新媒体对教育的影响提供了本源参照。但新媒体在自身快速发展的过程中涌现的各种问题，也一步步地围筑起现代人的“洞穴”。

事实证明，无论历史条件如何发展、生产力和技术如何变化，人类的根本处境仍然是洞穴中的囚徒，只依靠先进技术获得灵魂的飞升是不可能的。人类必须发挥主观能动性，即应该认识到网络论坛、慕课等新媒体具有强化成见、造成“柠檬市场”、考验自控力等缺陷，趋利避害，才能逃离现代人自筑的洞穴。用户们完全可以卸载知乎、慕课，坚持传统的教育方式。虽然这种简单粗暴的方式在互联网上正大受追捧，但更重要的问题是，怎样运用自控力和理性思考，运用好新媒体这一工具，达到教育自我的目的。

① [美]阿兰·布鲁诺，《巨人与侏儒》，张辉等译，华夏出版社2011年版，第259页。

“洞喻”理论与原生家庭教育

夏先桦　测绘学院（2019302141076）

【指导教师评语】本文是《理想国》的阅读心得，通过将洞喻理论与原生家庭教育类比，讨论了原生家庭教育中不同角色在洞喻理论中的对应关系，并针对不同角色讨论了如何削弱原生家庭不良影响。行文流畅，格式规范。（水利水电学院　李　丹）

摘　要：“原生家庭”指子女成家前，与父母一起生活的家庭。“洞喻”理论是古希腊哲学家在其著作《理想国》中提出的一个理论体系，与原生家庭及其对子女的影响体系十分相似。本文将“洞喻”理论中的各个因素与原生家庭教育的因素相连，再综合“洞喻理论”的启示及现有资料讨论应当如何削弱原生家庭的不良影响。

关键词：原生家庭；“洞喻”理论；子女教育

一、柏拉图的“洞喻”理论

在《理想国》中，柏拉图将受过教育和缺乏教养的人的本质放在“洞喻”理论中解释。其内容大致如下。

从小生活在洞穴中的囚徒，他们脖子和手脚上的镣铐使他们无法感知其他事物，只能通过矮墙后面走过的人所拿之物的投影及彼此的低语来了解这个世界。个别囚徒的镣铐可以被打开，而他也将走出仅仅由火光照亮的洞穴，一睹投影外的事物。

柏拉图将世界分为“可见世界”与“可知世界”。在“洞喻”理论的故事背景下，囚徒被束缚在洞内时所见的投影构成的世界即为“可见世界”。而当他走出洞穴，到了被阳光照亮的外界后，他便能从外界的动物、植物和他们的倒影中探知“可知世界”。通过“洞喻”理论，柏拉图认为人类生活的物质世界即为“可见世界”。

柏拉图认为，所有人都是“可见世界”的囚徒，只有通过求知，才能实现从“可见世界”向“可知世界”的攀登。最高的知识是心灵的眼睛看到的“善的理型”，而“善的理型”是现世人类精神无法到达的。我们唯一能做到的，就是站在现世和理型世界的临界点上，在理智的迷狂状态“直观”到善的理型。理智的迷狂状态就如同囚徒初出洞穴，直视刺眼阳光时感到的晕眩一样。①

二、“洞喻”理论与原生家庭的角色配对

每一个新生儿在出生后，唯一了解外界的途径就是原生家庭中长辈的引导。长辈(往往是父母)们就相当于“洞喻”理论中行走在矮墙之后，手举人造物的人，而他们的行为对家庭中的新人有着至关重要的指导意义。所以他们传授给子女的知识，包括平时他们在子女面前的处事态度和方法，都成了投射在对面洞壁的阴影。通过对父母的观察，子女习得一些个人经验及感受，并逐渐内化成自己特有的沟通方式、应对机制等生存法则。在心理与行为问题治疗的临床研究上，关于原生家庭的研究是十分重要的一个方面。因为在不良环境的家庭中，孩子会被卷入父母的不良行为模式、沟通模式和情感模式里。他们在这样的三角关系中逐渐习得了这些不良的、僵化的模式，最后内化成自身应对外界环境的方式。②

正常情况下，原生家庭不可能永远包裹一个人。在离开原生家庭，接触同龄人，甚至是不同年龄阶段的人时，洞穴中的“囚徒”便暂时离开了洞穴。最早的例子是幼儿成群嬉戏，在游戏中，他们互相交流自己对这个新世界的看法，而这些看法就不同于父母给他们投影的认知了。当他们逐渐长大，进入学校，并开始拥有建立在原生家庭所给知识基础上的人格时，他们将进一步远离洞穴。因为他们开始质疑，不再单纯地相信投影在墙壁上的一切，而是通过观察相同事物的不同结果，理解观察角度以及过程对结果的重要性。

在“洞喻”理论中，有一个情况是：囚徒被人硬拉着走上陡峭崎岖的坡道，直至离开洞穴，进入阳光普照的外界。这种被动式的外界接触可以看成原生家庭的处事方法与孩子在原生家庭外所遇的套路产生摩擦。见到外面的阳光，则是目睹了更多不同的世界观。

“洞喻”理论中，善的理型是照亮万物的太阳。完全理解太阳的存在是走出洞穴的囚徒们无法做到的，但是他们可以通过对其他事物的认知和学习不断接近太阳本身。“洞喻”理

① 桑建平主编：《自然科学经典导引》，武汉大学出版社 2019 年版，第 5 页。

② 吴雨薇：《论原生家庭对个体发展的影响》，《泉州师范学院学报》2017 年第 3 期，第 87~92 页。

论之外的人，当他们通过学习，了解了人类社会的发展历史，能够理解大部分身边人的行为动机时，他便完全摆脱洞穴中投影的依赖，转而崇拜太阳的伟大了。

然而现实中事与愿违的是，不是每一个走出洞穴的囚徒的灵魂都“一直有一种向上飞升的冲动”。许多走出洞穴的囚徒并不能摆脱自己在洞穴中学习到的世界观，甚至在一睹阳光普照的室外后，只想回到洞穴内戴上镣铐。

三、原生家庭的不良影响及其削弱和规避

在许多与心理疾病有关的研究中，研究者发现，不同患者的原生家庭背景的不良影响极其相似。如，在对强迫症患者的原生家庭调查中发现，这些原生家庭往往亲密度较低、情感表达与文化娱乐活动严重不足并且具有高矛盾性和高控制性。父母对家庭、婚姻的完美主义以及个体的易感性也是造成强迫症的原因。① 而在有关抑郁的研究中，儿女患上抑郁症的原生家庭大多不积极参加社交及娱乐活动、关系疏远、矛盾丛生。②

原生家庭的，也就是洞穴中，日常生活的模式对孩子造成的影响往往最为深远——一种事物的投影永远没有一类事物的投影深刻。在孩童习得主动判断是非和规避身边环境影响能力之前，父母对问题时的解决方法将会一遍遍在孩子面前上演。即使日后的学习让孩子将父母的行为划入不正当的行列，这种映射还是难以被撼动。以家庭暴力为例，在解决伴侣之间的问题时，梳理思路和平静心情所需的时间比一方实施暴力迫使另一方接受多得多，但是后者对二者关系造成的裂痕往往是难以弥补的。而比起修复上一次暴力带来的不良后果，在问题出现时再次实施暴力能跳过更多繁杂的步骤。目睹了父母家庭暴力的孩子即使能够认清这种解决方法的不成熟，其日后家庭暴力的可能性及攻击性还是会强于没有家庭暴力历史的人。

偶尔，原生家庭中父母的行为习惯甚至会在成年子女身上表现出相反的效果。如因失业或疾病而无所事事的父母的子女在成年后成为无暇顾及自己及他人感受的工作狂。

父母无完人，偶尔的脾气爆发是可以被孩子原谅的。但是持续的暴力行为，甚至是施加负罪感或过度的宠爱，在成年子女身上都会表现为自尊心受损以及由此引发的自我毁灭式行为。③

由此看来，恶劣行为的受害者不仅是孩子，还有他们的家长。因此，若是想削弱或规

① 吴雨薇：《论原生家庭对个体发展的影响》，《泉州师范学院学报》2017 年第 3 期，第 87~92 页。

② 王君、张洪波、王莉娜等：《安徽省大学生抑郁症状与人格特征和家庭环境的关系》，《中国学校卫生》2009 年第 1 期，第 32~33 页。

③ [美]苏珊·福沃德：《原生家庭》，黄姝、王婷译，北京时代华文书局 2018 年版，第 6 页。

避不良影响，需要的是双方的努力。

子女首先要学会认识到父母的错误并且承认自己对父母的不良情绪——洞穴中的囚徒走出洞穴后见到非投影外的事物，需要认识到这才是事物原本的形象，而非来自矮墙后人造物的投影。做到这一点往往比较困难，但可以在心理医生的协助下完成。然而心理医生只能指出问题，真正解决问题需要成年子女在日常生活中的努力。承认问题后，成年子女应该主动做出有效的改变，包括向父母坦白自己生活障碍的来源，在家人朋友的陪同下隔断原生家庭的影响，以及跳出过去的行为套路。

作为矮墙后的人，父母的习惯也许已经根深蒂固，来不及改变。但是在这种情况下，他们也应该承认自己的错误——即使创造出了错误的投影，也可以通过加一个提示来警告孩子不要效仿自己。美国知名心理治疗师苏珊·福沃德曾列出五条称职父母必须履行的基本职责：(1)他们必须满足孩子物质上的需求；(2)他们必须保护孩子，使其免受身体上的伤害；(3)他们必须满足孩子对爱、关怀以及更深层次情感的需求；(4)他们必须保护孩子，使其免受感情上的伤害；(5)他们必须在道德伦理方面给予孩子正确的引导。在最好的情况下，父母的行为习惯若仍有改变的可能性，父母应该为了孩子的需求做出改变。再者，当孩子进入中年，开始为了父母的错误赎罪的时候，父母在孩子的治疗期应该积极配合，包括承认自己的错误和停止相关的有害行为。

“洞喻”理论中，真正走出到外界的囚徒是不愿意再回到昏暗的地下的，而成年子女之所以独立生活后还在被原生家庭的不良影响困扰，是因为原生家庭在他们的教育阶段展示了不正当的价值取舍，且父母也没有承认错误或者改过。扭转这个局面需要父母在家庭中营造良好的氛围，向孩子输入正确的观念，更正自己的不良行为。原生家庭对子女的不良影响也应该给尚未成家的年轻人敲响警钟——在不具备成为父母的思想觉悟、行为规范和经济实力前，不要不负责任地生育后代。

四、总　　结

“洞喻”理论原本就是描述教育对人产生的影响的理论，而原生家庭的教育又是人类最先接受的教育，其重要性不言而喻。抛开后天教育程度看，每一个人都曾是或仍然是洞穴中的“囚徒”。通过柏拉图的“洞喻”理论，读者应该意识到自身绝对的局限性，重新审视自己的特性，发现问题并积极寻求解决方法，勿将原生家庭的不良影响带入新生家庭中，注意营造良好的家庭氛围，培养健康的亲子关系，创造良性循环。面对孩子的问题，年长的父母也需要积极地自省，主动承认错误，并与儿女一起做出积极的改变。

向苏格拉底学辩论

——浅析“苏格拉底反诘法”在辩论中的应用

李肇基　遥感信息工程学院（2019302130039）

【指导教师评语】《理想国》是哲学著作中的经典读本，不同的读者，关注点不同，会获得不同的阅读体验，这也是这本名著的魅力之所在。本文作者则是通过阅读文本，对苏格拉底式的辩论艺术产生了共鸣。论文对苏格拉底式的辩论艺术进行了较深入的剖析。论文观点明确，论证过程中引用、类比适当，论据完整，表明作者对文本进行了仔细阅读和深入思考。论文逻辑清晰，用词准确，行文流畅，读完让人有意犹未尽之感。（测绘学院　邓洪涛）

摘　要：《理想国》一书中，苏格拉底使用独特的诘问法达到说服别人的教育目的。苏格拉底分四个步骤，将对话者带入自己的思维并将其说服。苏格拉底称自己的谈话方式为“助产术”，而后人将其归纳为“苏格拉底反诘法（Socratic irony）”。本文将结合《理想国》第一卷的例子详细分析苏格拉底法的几个步骤，并探究在现实生活中，如何用“苏格拉底法”，在辩论中取得优势。

关键词：辩论；苏格拉底；《理想国》；柏拉图

一、概　　述

《理想国》无疑是一本伟大的著作。在书中，柏拉图借其老师苏格拉底之口，阐述了自己对正义与邪恶，国家与个人等问题的看法。全书以哲学对话体的形式展开，在对话过程中，苏格拉底广泛运用了“苏格拉底法”①。此法分讥讽，助产术，归纳和定义四步，一步一步揭示谈话对象的无知，帮助其建立正确的观念，这也正是苏格拉底语言的独特魅力。

---

① “苏格拉底法”与“苏格拉底反诘法”同义。

苏格拉底反诘法不仅是一种极好的教育方法，亦是一种绝妙的辩论技巧。如果彻底了解并掌握这种方法，对我们的辩论能力提高将有不小的意义。

二、苏格拉底的四层套路

反诘法分四个步骤，依次是“讥讽”“助产术”“归纳”“定义”。四个步骤层层递进，即使是再精明的对手也将拜倒在苏格拉底的口才之下。

(一)讥讽

讥讽是苏格拉底反诘法的第一个步骤。其目的在于让对方说出自己对所谈论问题的看法然后揭露对方话语中的矛盾。在被揭露后，对方将发现自己对这一问题一无所知。

理想国的第一篇，苏格拉底在与玻勒马霍斯一家人谈论正义时，苏格拉底就用一句“正义究竟是什么呢”打开了对话。当克法洛斯、玻勒马霍斯、色拉叙马霍斯分别提出了自己对正义的看法：(1)正义就是有话实说有债照还；(2)正义是帮助朋友伤害敌人；(3)正义是强者的利益。然后，苏格拉底开始了讥讽。

苏格拉底反问：(1)如果原主人神志不清，把欠款或武器归还给他意味着更大的破坏，此时，归还这一行为本身，还称得上正义吗？(2)如果朋友是所谓“坏人”，而敌人却是“好人”。那么，帮助朋友伤害敌人，还是正义之举吗？(3)各国的统治者是一贯正确，还是时不时犯点错误？① 面对苏格拉底的讥讽，玻勒马霍斯认识到自己对问题的了解十分浅薄，于是退出谈话。

但诡辩家色拉叙马霍斯却提出了与苏格拉底大相径庭的正义观：正义是强者的利益，不正义有利，而正义有害。于是苏格拉底为了说服对方，开始了第二步：助产术。

(二)助产术

所谓助产术，正是像助产婆帮助产妇生产一样。苏格拉底运用类比，帮助对方思考，将色拉叙马霍斯引入自己的思路。因为要帮助对方回忆起知识，所以这一步对辩论者的知识积累要求最高。

苏格拉底说，医生不只是赚钱的人，还是治病的人，舵手为的不只是自己的利益，而

① ［古希腊］柏拉图：《理想国》，张竹明译，译林出版社 2009 年版，第 4 页。

是全船水手的利益。证明强者，或者说拥有技艺的人，寻求的不只是自己的利益，也是他人的利益。即证明了正义并不全是强者的利益，小到医生认真行医，舵手精确指挥，大到统治者治国有方，都不只是强者得利。

在苏格拉底的“助产”下，色拉叙马霍斯已经渐渐意识到自己观点中的漏洞，围观他们的观众虽然意识到色拉叙马霍斯已落于下风，但仍缺少一个明确的结论为这场辩论画下句点。这时，苏格拉底摆出了第三步：归纳。

(三)归纳

归纳，顾名思义，是指从事物的特征中，排除个别特殊的东西，从而揭示出事物的本质和普遍规律。也就是将之前“助产术”的成果固化，将概念凝聚为观念。

在对话中，苏格拉底层层类比，借用“聪明的好人不愿超过与自己同类的人，而愚蠢的坏人总是想超过与自己同类和不同类的所有人”归纳出了“正义是智慧与善的，不正义是愚昧和恶的”这一进阶观点，色拉叙马霍斯虽不情愿，但也只能屈服于苏格拉底的逻辑。之后，苏格拉底又得出了“任何事物都有其特有的功能，而心灵特有的功能就是指挥生命”。通过层层归纳，两人达成共识“正义的心灵让人生活的好，不正义的心灵使人生活的坏”。到这时，周围的人也已看出，色拉叙马霍斯即将输掉这场辩论。

(四)定义

苏格拉底常常运用定义给予对方最后一击。如果对象是学生，对方将获得教益和新知，如果对象是辩论的对手，对方将彻底输掉这次辩论。定义就是从归纳中得出最终结论。苏格拉底在这次辩论中得出：正义是心灵的美德，不正义是心灵的邪恶，心灵失去了美德的不正义者无法计划管理得好，正义者才能生活得快乐和幸福。

最终，色拉叙马霍斯只能感慨：苏格拉底呀，这个都可以被你当做朋迪斯节①的盛宴了！

三、苏格拉底在辩论中运用的主要技巧

从苏格拉底的四层套路中，我们可以看出这位思想家在辩论时运用了许多技巧。

---

① 此女神系指色雷斯地方的猎神朋迪斯。该节日在当地是一种盛大的节日。

(一)诘问

诘问是第一层套路——讥讽的核心所在。苏格拉底运用的诘问可分为两种：询问和设问。

所谓询问，就是从本次谈话的观点出发，向对方提出关于关键性定义的问题，譬如“什么是正义?”“什么是智慧?”探究这些疑问正是谈话的最终目的。这也是苏格拉底用于引发参与者的疑惑的方式。由于与苏格拉底对话的人一般是十分自信，认为自己观点绝对正确的人。放在我们的生活中，面对的就是坚信己方观点，拼命证明自己观点正确性的辩论者。这些人在被问到这些定义时，往往会自信地答出自己的观点，苏格拉底用询问的方式了解对方的观点，如此才能抓住对方论点中的矛盾。

询问看似十分简单，却也有其中的技巧。首先，问的问题一定要简单清晰，直入主题。比如，在进行关于正义观的辩论时，苏格拉底直接问克法洛斯“正义究竟是什么呢?”得到了“偿还债务就是正义”的回答，从而抓住了对方的弱点。当然，《理想国》的各类论述多针对基本定义开展，问题也十分简单。今天，当我们面对一些复杂的辩题时，就要格外注意设问的重点，不要因为问出了关联性较弱的问题而丧失了宝贵的提问机会。

而设问就需要艺术了。首先，设问的内容一定要是较为明确的事实，或者对方观点中的漏洞，而不是尚未被证明的观点。如果设问的内容本身就是错的，那只会如同搬起石头砸自己的脚，削弱自己的观点。苏格拉底就十分注意设问的内容，例如，他在向玻勒马霍斯证明“正义不是伤害别人”的观点时，就问道“当马受伤后，它们是变好呢，还是变坏了?”“音乐家能用他的音乐技术使人不懂音乐吗?”。当玻勒马霍斯对这些显而易见的问题进行回答时，却没有注意到，自己已经一步步被带入了苏格拉底的逻辑体系。

其次，设问应该是层层递进的。这就是设问的一个进阶技巧。苏格拉底在建立著名的“洞喻”体系中，运用的层层设问体系最为典型。但由于其不是辩论的形式，并不是本文讨论的重点。苏格拉底在说服色拉叙马霍斯时，也巧妙地进行了层层设问。在证明“生命是心灵的功能”时，苏格拉底进行 11 次设问，由浅入深，层层递进，最终证明了自己的观点。

在我们进行辩论时，亦应运用这种方法，巧妙的让对方说出自己的观点，使对方自己开始怀疑自己，大大提高了辩论的成功率。

(二)类比设喻

类比是基于不同事物间的相似性，使用让人容易理解的事物设喻，以使人了解更为复杂抽象的事物或道理。这种被现代人广泛应用的修辞手法，而早在千年以前就经常被苏格拉底作为辩论技巧来说服他人。

类比设喻的最大优势在于，它能使抽象的概念具象化，让难以接受的观点变得清晰，让对方原本反对的观点变得易于接受。在说服玻勒马霍斯时，苏格拉底以厨师，医生，舵手执行自己的职责比喻正义的人利友而害敌。使玻勒马霍斯深以为然，接受了这一观点。然而，苏格拉底得到的观点却能用来反驳玻勒马霍斯(下文将会详细论述苏格拉底的反驳方式)。

辩论时，我们也要注意选择类比的对象。苏格拉底选用的多是社会中广泛存在且为大家所熟知的事物。如果一个辩论者提出的类比对象令人费解或鲜为人知，那类比也就失去了本意。而如果运用得当，辩论对手在落入我方的“圈套”后，也只能感叹：我怎么就莫名其妙地接受了对方的观点呢？这正是类比的魅力。

(三)拆分

拆分就是把一个大问题拆成许多小部分，用简单的论点一点一点构筑起自己复杂的观点。而苏格拉底的套路更为复杂，他甚至能在逻辑上先把大观点先拆分为中观点，再细分为小观点，在论述时却从小观点出发，逐步论证自己的最终观点。

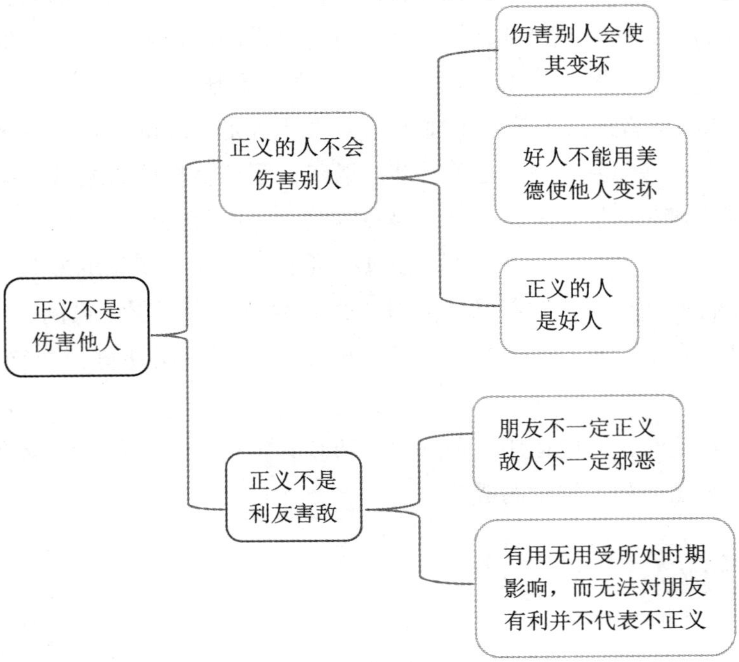

在论证“无论是伤害一个朋友，还是其他任何人都不是一个正义的人的功能，而是和正义者相反的人的功能，是不正义的人的功能”这一冗长且看似难以证明的观点时，苏格拉底就将拆分法发挥得淋漓尽致(上图详细给出了苏格拉底的拆分方式)。在千年后的今天，其严密的逻辑依然能够震撼人们的心灵。

当然，在我们辩论时，不可能像苏格拉底一样拥有如此强大的逻辑力量，在对话的过程中就构建出复杂的逻辑体系。但是我们可以预先做好准备，达到类似的效果。如果不把观点拆分，辩论者将面对的是过于困难而直接的问题和过于抽象的概念，辩论的难度将会大大增加。善用拆分的方法，我们将在辩论中取得巨大的优势。

四、苏格拉底的辩论心态

除了辩论技巧，当双方的实力相当时，心态就成了决胜的关键。当双方实力不相伯仲，技巧相当时，谁能处变不惊，沉着应对，谁就会成为最终的赢家；谁乱了阵脚，失去与对方针锋相对的勇气，谁就会落败。“人类的赞歌是勇气的赞歌，人类的伟大是勇气的伟大。”由是观之，苏格拉底无疑是辩论中沉着冷静的一方。

在他与色拉叙马霍斯辩论时，柏拉图如此描述后者的状态“他再也忍不住了，他抖擞精神，一个箭步冲上来，好像一只野兽要把我们撕成碎片似的，吓得我和玻勒马霍斯惊慌失措。”①色拉叙马霍斯在辩论前就已经失去理智，甚至吓得柏拉图“非常震惊，两眼看着他直觉着害怕”。这时，便显示出了苏格拉底的沉勇，“色拉叙马霍斯啊！你真是一个聪明的人啊！”面对疯狂的对手，苏格拉底毫不惊慌，还用反语回击。

沉着冷静不被对方打乱阵脚，这也是苏格拉底辩论时的魅力所在。除此之外，最重要的是，我们还应学习苏格拉底辩论时不站在任何一方立场，只追求真理的态度。“他明白争辩的双方通过一个辩证过程得到统一，并可上升到在对话中才能产生的‘逻各斯’层面。”②

从苏格拉底在辩论中表现的态度可以看出，执着胜负是辩论的小境界，追求真理才是讨论的真实目的。毫无疑问，将自身立场放在前者的人将会囿于视角的局限，遗漏很多问题。只有放下输赢立场，才能充分理解辩论双方的观点，找到争论背后的真相。

放下输赢不是让辩论者放弃自己的观点，而是让辩手能在聆听对方观点时，不带成见地理解问题，如是可以更好地把握对方的本意。这又何尝不是克敌制胜的法宝呢?

① [古希腊]柏拉图:《理想国》，张竹明译，译林出版社 2009 年版，第 22 页。

② [美]尼古拉斯·勒·热恩:《庄子与苏格拉底：对话的艺术》，《商丘师范学院学报》2017 年第 11 期，第 28 页。

思与知的力量

——以洞穴之喻来解析当代“娱乐至死”现象

李子璇　城市设计学院（2019302091015）

【指导老师评语】 本文通过对柏拉图的《理想国》的阅读和理解，用“洞喻理论”来剖析当代社会“娱乐至死”的现象。论文内容有对比、有思考、有讨论、有结论，层层递进，也举了很多现代的例子，最后得出自己的结论。有自己的独特见解。（遥感信息工程学院　李四维）

摘　要： 生活在信息爆炸的21世纪，物质文明日益发达，精神文明也日益丰富。娱乐向快餐文化迅速发展，人们更愿意沉浸在“娱乐至死”的泥淖中，在这种感官的愉悦中放弃了理性的思考。这与两千多年前，古希腊哲学家柏拉图在《理想国》提到的“洞穴之喻”中所谈到的囚徒不谋而合。他们只是愿意去看可见的世界，而不去思考可知的世界。本文希望借助柏拉图的洞穴之喻去解析缺乏思考对当代社会“娱乐至死”现象的影响，并给予一定启示。

关键词： 洞穴之喻；囚徒；娱乐至死；信息时代；思与知的力量

拿起手机，浏览网站，点开视频，满目的声名艳行，满耳的网络热词，斑驳陆离，架空虚构，欢笑过后，只剩一片寂静，那些令人欲罢不能的短视频与搞笑综艺，到底有何益处？21世纪是一个信息高度发达的时代，但吊诡的是这种信息化并没有带给人明断真相的优势，反而使人湮没在真假莫测的信息汪洋之中。“受到乌托邦声音的诱惑，他们拼命地挤进天堂的大门，但当大门在身后砰然关上时，他们发现自己是在地狱里。”①在这个“娱乐至死”的时代，我们真的还有足够的思维能力做到不被裹挟吗？当思与知的追求在人生中逐渐淡化，我们将如何去发现思与知的力量？

① ［捷］米兰·昆德拉：《玩笑》，蔡若明译，上海译文出版社2018年版，第2页。

一、洞穴之喻中的囚徒境遇

在柏拉图的《理想国》一书中，对囚徒做了以下的描述：他们从出生起就住在地洞底部，被捆绑住身体以致失去自由行动的能力。他们倚靠着矮墙而坐，背后有火把，火光可以把一些物体的影子投射到洞穴的后壁上，囚徒们每天只能看到物体的投影，而无法看到真实的物体，这也是他们唯一能看到的东西。久而久之，囚徒们就会把那些影子当作真实的物体。如果有一天，某个囚徒被松了绑，他环顾四周却被火光照射得眼花缭乱，他依然无法看清原来只能看见阴影的实物。即便有人把阴影的实物指给他看，他也还会认为他以前看到的东西比现在看到的实物更为真实，还会转身逃走，回到他能看得清的事物中去，并且不会改变他的认知与想法。①

柏拉图的洞穴之喻本意是用来区分受教育者和未受教育者之间的差别，笔者发现其用于解释现代社会也是完全适用的。虽然说柏拉图所提及的囚徒并没有接受过教育，被限制拥有获取其他信息的能力，只懂得接收那些虚拟的影像。相反，当下人们不乏受到了相对普遍的高等教育，对所处社会初窥门径，具有一定的独立思考、明辨是非的能力。虽然他们早已走出了柏拉图意义上的洞穴，但他们却又走进了娱乐世界诱惑的囚笼，沉浸于娱乐所带来的快感、沉迷于虚拟的世界，隔断了与现实世界的联系，成为另一种意义上的囚徒。②

二、“娱乐至死”的信息时代

乔治·奥威尔的《1984》和奥尔德斯·赫胥黎的《美丽新世界》问世均在当时引起了很大的轰动，两本书都对未来进行了大胆的预测，刻画出了令人窒息、毛骨悚然的恐怖世界。但他们的预言却截然不同。

奥威尔认为人们将在独裁者的绝对统治之下失去独立思考的能力，人性、自由被强权彻底扼杀和剥夺，奥威尔害怕的是人类文化成为受制文化。赫胥黎则认为，人们失去人性、自由、成功和历史并不是独裁者的过错，在他看来，人们自己会渐渐爱上压迫，沉浸

① ［古希腊］柏拉图：《柏拉图全集（第二卷）》，王晓朝译，人民出版社 2003 年版，第 515 页。

② 陆涛：《电子媒介时代的囚徒——柏拉图“洞穴之喻”的当代启示》，《兰州学刊》2017 年第 9 期，第 13~23 页。

于使他们丧失思考能力的娱乐世界中。赫胥黎担心的是经历多年流传下来的珍贵文化最终变为充满感官刺激的、无意义的、庸俗的糟粕文化。①

事实证明了，对于当下的世界，赫胥黎的预测似乎从某种意义上来看成真了。他在20多年后发表的《重访美丽新世界》中，回顾他一手建造的"美丽新世界"时阐释道：那些随时准备反抗独裁的自由意志论者，忽视了人们对于娱乐的无尽欲望。美国媒介理论家尼尔·波兹曼所著《娱乐至死》一书也赞同了他的观点。于是我们称呼这种现象为"娱乐至死"。

其实不难理解"娱乐至死"成为了社会现象。因为娱乐是一件没有门槛的事情，娱乐可以是紧张过后的放纵，可以是无所事事的体现，可以是闲来无事的消遣，亦可是文化传播的最好途径。尤其是在信息时代，人手一部手机为娱乐文化的发展提供了沃土，无年龄限制、无准入门槛使得娱乐文化的普及成为现实。

在探讨当下的"娱乐至死"现象之前，不妨先看看美剧《黑镜》里《一千五百万价值》对此的诠释。剧情设定在一个完全电子化的世界，每个人住在一个四面环绕的电视墙小格子里，底层人们靠踏自行车来挣取虚拟的货币。这时人们唯一的消遣，或者说生活除了正常的需要以外，一切时间就是在看电视，和在虚拟世界里打理自己的形象和升级系统。

《黑镜》里，未来世界的科技如此发达，人类被大大小小的屏幕包围，被洗脑、被代表、被奴役，真实性已经极度稀缺以至于没有人在乎，因为谈论真实似乎才是虚幻的。大量重复的、无意义的劳动，换来大量千奇百怪的、无意义的影像。笑声很大，却很刺耳；人数很多，意见很少。当笑声代替了思考，只要评委席有耸人听闻的言论，观众席讽刺的动画头像无条件喝彩支持，直到连主人公对屏幕体制的反抗都被完全消解，包装成又一档让人血脉贲张的作秀。收视率，不过是刺眼的反智指数。

《一千五百万的价值》其中探讨的一点就是，当人们生活被电视节目、广告及娱乐完全掌控的时候对人类有什么影响。这与当下的一些现象不谋而合。

人类扎进了互联网编织的信息世界，"如饥似渴"地吞噬着互联网从世界各地带给我们的五光十色的信息；失去与家人和朋友面对面交谈的乐趣，那则"爷爷在年夜饭掀桌只因家人均在低头玩手机"的新闻并不只是一则笑话；人们的情绪被应接不暇的信息流所控制，被炒作、反转事件牵着鼻子走，逐渐失去明辨是非的能力。手机上屏幕上人们十指翻飞，打字迅速，妙语连珠；而现实中连与他人准确清晰地表达自己的想法都有些困难。

视频网站的弹幕里，是大批迷妹日夜不分地前来为精致的演员明星贡献流量，对内容的质量忽略不谈。有只言片语涉及新闻伦理，也只是一闪而过，在泛滥成灾的电视信息里渺如沧海一粟，不兴波澜。这就是电视对一切话语的解构与重塑，即使偶有严肃内容也只

① ［美］尼尔·波兹曼：《娱乐至死》，章艳译，中信出版社2009年版，第5~6页。

是设定，而非内容本身。

如今是足不出户便能知天下的时代，从巴掌大小的闪烁着幽幽荧光的手机屏幕上即可收集无穷尽的信息。泛娱乐当道，深度思考却越来越奢侈。时代越是快，越是日新月异，人们似乎越是急于在短时间内获得更多信息与快感，用无数个短暂的快感掩盖长期没有深度思考的不安与空虚。

当下需要思考的问题是，在这个信息爆炸的时代，人们是否已经成为了娱乐与信息的奴隶？面对当今处处存在的强调快餐化、感官化、浅薄化及消解化的“娱乐至死”现象，是否曾反思过自己正在“娱乐至死”的洞穴中越陷越深，成为了囚徒？

三、思与知的力量

何为思？何为知？《菜根谭》有言：“静思之下，俾有悟；沉寂之中，方得真性情。”由此可见，唯有深层的挖掘、深度的思考、不懈的求知，才是真正的“思”与“知”。

在近代的革命历史中，人们一直在和无知作斗争，目前似乎也取得了可喜的效果。1977年恢复高考，九年义务教育的普及，留学深造的热潮，乡村支教的进步，教育的力量越来越受人重视，越来越多家长意识到教育的重要性，将用于衣食住行的资金转移到教育投资。畸形的教育投资使学区房价格持续走高，高考移民势头火热。《奇葩说》选手、哈佛女博士詹青云曾在父母支持下为留学贷款百万。每月一万的双语幼儿园价格高昂，一般家庭难以负担，却仍有数不清的家长(不乏普通的工薪阶层)挤破头也要进入此类幼儿园，使孩子获得更好的教育。

人们知道了“无知”的可怕，知道了要睁开眼睛去看，知道了应该要从“无知”迈向“有知”。事实上，在现代的人的身上所表露出来的盲目，并不是因为他们对这个世界的发展和运行状况一无所知，也不是他们毫不通晓人情世故，而是他们对所见所感都流于表面。当他们面对别人已然成型的思想、观点时，采取了无所谓的态度，囫囵吞枣地接受下来，任凭这些既成的思想在自己的大脑里堆积沉淀，进而成为自己思想的一部分。正如米兰·昆德拉在演讲《智慧是什么》中所说：“现代的傻不意味着无知，而是对既成思想的不思考。”人们似乎只是睁开了眼睛，摆脱了信息的匮乏，但面对或大或小的身边事，他们还是选择不思考。

思考很困难吗？并不是。显然，有人在接受很好的教育后具有了一定的知识储备，有人在经过社会和时间的打磨下获得了许多的生活经验。人们并不是没有思考能力、没有对某件客观事物的主观评判能力，只需要调动一下头脑、查询一下相关资料、结合实际推断，便成思考。即便如此，人们还是不愿去探寻、去挖掘，却转而投入光怪陆离的娱乐世界中，将时间投如成堆相似的综艺节目中，为流量时代的浮躁买单。

那么，教育的意义又在于何处呢？只是为了获得文凭、组建优质家庭、积累更多财富、结识优秀之人吗？答案使否定的。教育的意义在于，它能引导人去思考，真正帮助一个人成长，它能教会一个人学习知识的技能，让他拥有自主学习的能力。当今社会所强调的教育，或许更偏向于知识的传授，而忽略了培养学生思考与辩证这一最基本的能力。然而不思考，与困在洞穴里的囚徒又有什么区别呢？

陈丹青说："年轻人仍然所见极有限，又迷失在太多讯息中。"①没错的，信息爆炸时代，娱乐至死时代，我们目不暇接，我们走马观花，却没有用心体会这个社会。更可怕的，是我们总是用别人的眼睛看世界。人云亦云是社会的一大弱点，我们迷失在讯息中，迷失在花花世界中，已然失去了自己的思想与求知的欲望。

是这个时代错了吗？古往今来，有多少思考的火花在沉默的大地燃起，那个时候的人们自是一座孤岛，却能爆发出"于无声中听惊雷"这样振聋发聩的声音；那个时候物质条件不高，寒窗苦读是常事，却能有"读书之法，在循序渐进，熟读而精思"的精神。思考本身或许枯燥无味，但是它带来的财富不能用金钱衡量，它可以推动社会的发展。反观当下，有多少人囿于自身的怠惰，将过错推及信息时代。批判着短视频平台的算法，却一次次点开推送；厌恶着营销号的信口雌黄，却留下了一条条浏览记录；痛斥"娱乐至死"的败坏，却每天对着手机屏幕傻笑。一切优越的物质条件和安稳的生活环境皆因先人思考与求知而来，在享受这些的同时却还要反过来埋怨这个时代，这难道不是荒谬吗？

事实上，当今时代给予人们许多的学习机会，不只是"书中自有黄金屋"，信息来源的丰富轻易地了解世界各地的风土人情，了解各个领域的学习资源。整个世界包含的信息全被浓缩进巴掌大的屏幕中，只需扫一眼、翻阅一下就可轻而易举地得到信息，但是不能因为获取信息的便利而失去了思考与辨别真伪的能力。入目短暂，转瞬即忘，没有思考，更没有求知的渴望，这便是本末倒置了。思考为人们带来的收益不是平俗的现代化设备所能给予当代人的。有了思考、认识的过程，才能形成一种良性循环，带来求知的成果。因深入而发掘，因发掘才有求知欲，进而更深一步的思考。唯思，方可一览众山小，知人知己知天下。

四、总　　结

在当今飞速发展的信息时代，人类本身的外在价值被大大削减，但是人类最独特的价

① 陈丹青：《荒废集》，广西师范大学出版社 2009 年版，第 199 页。

值在于思考，在于感知，在于热爱。当人们惶惶于信息时代中“娱乐至死”现象可能毁掉人类的时候，应该寻找这种恐惧的来源。当思维被一方手机屏幕禁锢，人们应该停止对外界的埋怨，将目光放在自身。当对事物的见解始终被媒体和网友引领时人们应该及时发觉自己的思想已经停滞，甚至已经被侵蚀。人类睁开眼看世界，赤裸而来，接受教育、接触社会，为的就是在浩渺的时间里寻找生命的意义，体悟这人生逆旅的酸甜苦辣。只有思考留下的才是“吹尽黄沙始到金”的认知财富。当人类开始惰于思考，惰于求知，皆以娱乐代之，此时失去思考能力的人类与退化无异，社会才会真正面临危机。

在对人文精神的感知和理解上，人类已经走了很长的路，从洞穴的火光中踏歌而来，当下需要的是思考与求知的精神，以更谦逊的姿态走向光明富足的未来。

论《理想国》中的正义观及其对当今时代的启示

王润泽　生命科学学院（2019302040095）

【指导老师评语】 作者就《理想国》中的个人正义，即各司其职，国家正义，即节制对当今社会的启示意义进行了解读，并分析了柏拉图正义观的不足之处。在论述过程中，作者能够将历史经典与当今现象紧密结合，对相关问题进行了较为深入的思考与分析，有一定独立的见解。(测绘学院　温扬茂)

摘　要：《理想国》中的正义观是其核心内容，柏拉图以三个阶级间的和谐定义正义，并以此为根据构建理想城邦。本文从个人正义和国家正义两方面分析柏拉图的正义观对当今时代的启示，力求探索其对为人处世和国家治理的借鉴意义。

关键词：《理想国》；柏拉图；正义观

一、柏拉图的生活经历

无论我们想要理解哪一个理念，都不能抛开其提出者的生活时代。历史上每一种思想的出现，都与提出者的人生经历有着密不可分的关系。

柏拉图生于雅典城邦衰落的时期，那时疾病流行，大政治家伯里克利染疾去世后，群龙无首，伯罗奔尼撒战争爆发，危机四伏。① 青壮年时代，他亲眼见证了雅典政治的腐败与堕落，也目睹了雅典在伯罗奔尼撒战争中的惨败。如何振兴当时的雅典，成为柏拉图长久思考的问题。柏拉图《书札》第七章中有这样一段话："我当时年少天真，总以为新政权将以正义取代不正义，我极端注意他们先是怎么说的，后来又是怎么做的。这些绅士们的

① ［古希腊］柏拉图：《理想国》，郭斌和、张竹明译，商务印书馆 2018 年版，第 1 页。

一举一动，一下子把他们所毁坏的民主政权反而变得像黄金时代了！”正因如此，他在《理想国》的第一卷便对正义的标准进行了讨论，足见他对正义的渴望。

二、柏拉图的正义观

在《理想国》的第一卷中，柏拉图先对几种常见的正义标准进行了探讨。对于克法诺斯提出的“欠债还钱就是正义”，柏拉图用不能将武器还给发疯的朋友否定了它。而对玻勒马霍斯认为的“正义就是给每个人以恰如其分的报答”，柏拉图又以归谬法推出“一个正义的人既善于管钱，又善于偷钱”，并最终得出结论“正义的人不应伤害任何人”。之后，色拉叙马霍斯又说“正义是强者的利益”，柏拉图用强者犯错对弱者有利的事实进行反驳，并综合以上几点，最终得出“正义的人比不正义的人更幸福”。①

之后的三卷中，柏拉图、阿律曼托斯和格劳孔设想了一个“正义的”城邦，他们以自己对正义的理解对城邦治理、人民生活、反抗入侵等进行了比较全面的思考。他们将城邦的公民分为三个阶级：统治者(哲学家)、护卫者(军人)和生产者(农民和手工业者)。三个阶级分别有着三种美德：智慧、节制和勤劳。在柏拉图看来，一个正义的城邦，就是三个阶级的公民各司其职，维持城邦的稳定和繁荣。

柏拉图最初是用城邦正义来类比人的正义的。所以，从以上正义的城邦中可以看出，人的正义也是如此，不过公民的阶级变成了人的理智、激情和欲望。理智处于统治地位，负责谋划行动；而激情处于被统治地位，负责付诸实践。两者在自己的位置上做好本职工作，相互协调，才能管控好欲望，维持其合理限度，使人的灵魂和肉体达到和谐状态，就是个人的正义。

三、柏拉图个人正义观的现实意义

对于个人正义，我们可以将柏拉图的观点提炼为一个词：各司其职。也就是说，个人在自己的位置做好应做的事就是正义。我们可以从以下两个方面来理解它的现实意义。

一方面，柏拉图的个人正义与我们社会主义核心价值观中的“敬业”一条不谋而合。敬业，是个人价值实现的重要途径，也是社会正常运行的必要条件。敬业，并不仅指对待工

① ［古希腊］柏拉图：《理想国》，郭斌和、张竹明译，商务印书馆 2018 年版，330B～354C。

作尽心尽责，还代表对劳动的尊重。劳动，是人类进化的重要动力，也是人类社会的基石。[①] 对劳动的尊重，在本质上，也是对现行社会制度的尊重。在社会中，人们有自己各自的位置，如同一台机器上的不同零件，如果任何一个零件停止工作，那不仅是对它本身价值的否定，更是对社会运行的一种破坏。

另一方面，在目前的社会中，人人平等已经成为了我们的共识，我们有一个共同的身份，就是中国公民。而从柏拉图的政治哲学来看，只有城邦的正义得到维护，个人的正义才会真正到来。由此得出，柏拉图要求我们作为社会的一员，必须坚定维护社会共同的道德准则和法律底线。让任何未能达成内心和谐的人（即不正义的人）逾越二者，整个社会的正义必将遭受损害，最终接受社会不正义的后果的，也必定是每个公民。波兰诗人斯坦尼斯拉夫（Stanislaw）有言："雪崩之时，没有一片雪花觉得自己有责任。"近年来"流量至上"的风气也印证了这一点。如果人人都在网上大肆发表未加思考、易引发争论的言论，直接受伤的是网络社会的舆论环境，最终还是会对个人的网络生活造成各种各样的不快与烦恼。因此，维护个人利益的首要要求，就是从个人做起，成为一个正直的公民。

四、柏拉图城邦正义观的现实意义

城邦正义，在当今时代，可以理解为社会正义、国家正义两种存在形式。其中，社会正义主要指国家内部治理，而国家正义则指国家间的外交关系。

首先，对于一个国家，柏拉图认为"节制"是国家正常存在和发展的关键。正如我们前面提到，节制是理想城邦中护卫者的品质，他们执行哲学家统治者的意志，管控普通百姓的欲望，以期达到三阶级间平衡的目的。在一个节制的国家，理智才能占据统治地位，从而使得国家表现出协调一致的品性。如果一个国家缺少节制，那么这个国家的社会必定是动荡、混乱的。而对于公民而言，灵魂中的三个部分——理智、激情和欲望也应由理智占据上风，从而达到灵魂与肉体的和谐。对于统治者更是如此，只有统治者是一个理智的人，他才不会在自己的位置上有非分之想，也不会让自己的私欲过度膨胀，从而在个人利益与城邦利益之间达到平衡。

所以，在和谐社会的构建过程中，正义永远是不可避开的重要一环。各届领导人都十分重视社会正义的建设，始终将正义放在和谐社会建设的首位。中华人民共和国成立后，人民代表大会的最重大职责就是制定法律以维护社会公平正义；"文革"后，一大批冤案的

① 杨业华、沈雅琼、许林青：《社会主义核心价值观之敬业探析》，《思想理论教育导刊》2015 年第 10 期，第 62 页。

平反使人们再次感受到了公平正义的力量；新时代，对于审判流程和判决依据的改革大幅减少了冤假错案的发生。但是，我们的社会仍然没有达到柏拉图心中“节制”的最高要求。消费主义、拜金主义盛行；小学生的梦想从成为科学家、航天员变成了当网红、赚大钱；社交媒体上对生化环材等基础研究学科的劝退之声不绝于耳。这些现象都表明我们的社会中存在浮躁之风，而这种风气与节制是完全相悖的，需要公民和政府共同努力进行改变。

其次，对于外交关系的正义，柏拉图指出，他理想中“正义的城邦”的军人是护卫者而不是侵略者，军队只为了保护城邦的正常发展而与敌人作战，而不是通过侵略达到发展的目的。这一点对当今的国际关系也有启示性意义。早在20世纪50年代，我国就提出了和平共处五项原则，以处理与周边邻国的关系。此后，我国一直坚持积极防御的国防政策，并承诺不首先使用核武器且不用核武器攻击无核国家。进入新时代，我们更是提出了“一带一路”战略、加速了亚投行建设，以和平方式继续拓宽与其他国家沟通交流的道路。中国的发展道路，是和历史上绝大多数大国崛起的道路完全不同的。没有哪一个强国能像中国这样在发展的同时还为世界上众多的发展中国家提供如此多的机遇的。正因如此，我们在崛起的同时，才能收获与众多国家的良好关系，而这些良好关系，也会成为我们进一步发展的机遇。反观美国的崛起之路，总是伴随着血与火，可以说美国就是依靠着战争才能够成为当今世界的头号强国。但随着中国的崛起，美国的霸权主义开始受到更多国家的反感，正应了孟子的话：“得道者多助，失道者寡助。”美国正是因为未能遵循和平发展的道路，违反了一个国家理智、节制和勤劳三种品质间的平衡，从而成为了柏拉图眼中不正义的国家，在全球化的时代中逆流而动，导致其在发展道路上处处受阻。而中国时刻遵循着国家正义的原则，顺历史潮流而行，今后的发展空间必将更加广阔。

五、柏拉图正义观的不足之处

任何事物都不是完美无缺的。一种哲学观点更是这样，它的提出者必定会受到历史条件的限制，从而无法完全正确地指导之后时代人们的行为。

柏拉图正义观最主要的缺点是阶级性过强。他强调各司其职就是正义，但他把城邦公民分为三个等级，每个等级的人就应该干好本职工作，不要有“僭越”的想法出现。但事实上，生产者的后代中也可能存在天生具有成为统治者潜能的人，统治者的后代中也可能出现不那么“和谐”的个体。如果只是将公民固定在一个阶级中并代代相同，那么最终这个国家的治理能力一定会出现下降。根据历史来看，阶级停止流动的直接结果就是社会的腐败和昏庸统治者的出现，而在柏拉图的政治设想中，统治者居于最高地位，对整个国家发号施令，一旦统治者的能力不足，整个国家的运转必定会出现严重的问题。

此外，柏拉图对法律的作用也不够重视。他强调要达成个人和国家的正义，而并没有具体给出如何防止不正义行为的发生。“雪崩之时，没有一片雪花觉得自己有责任。”斯坦尼斯拉夫(Stanislaw)的话固然是揭露了群体的无意识行为，但让我们想一想，雪崩的发生，根本原因并不在雪花本身，而是重力和雪花之下的山坡共同作用的结果。如果我们将同样的雪花置于平地，雪崩无论如何也不会发生。这就启示我们要改变雪花的堆砌方式，也就是说，制定相关法律规范人际关系，从而彻底消除雪崩发生的可能性。

六、总　　结

柏拉图的正义观经过两千多年的洗礼，已经成为了人类思想的重要价值内核之一。虽然囿于时代，它的一些内容已经不再正确，但它对我们的为人处世和国家治理仍然有着重要的启示意义。希望柏拉图的正义观能够继续发挥经典的力量，成为当今社会正义观中的一部分，为建设和谐、公平、正义的社会继续贡献力量。

重回洞穴的人

赖金熠　土木建筑工程学院（2019302100084）

【指导教师评语】本文从洞喻的哲学视角入手，探讨了现代社会生活中的多种脱离现实，重回洞中的各种现象和人群，如虚拟游戏世界，肥宅的产生原因，手机成瘾现象等，并提出了使"重回洞穴"的人重新走出来的可能践行的方式，体现了作者对社会现象的思索和反思，有积极的社会意义。（基础医学院　陈　朗）

摘　要：柏拉图"洞喻"中那个重回洞穴的人，是为了唤醒洞中的同伴，不能活在虚假之中，而要去追寻真理和实在。而本文中所提"重回洞穴的人"，是指当今社会那些明明活在现实中的人，却更愿意待在由网络构成的虚拟世界中。如何避免虚拟世界对于现实世界的颠覆，是一个深刻的问题。

关键词：洞喻理论；虚拟现实；宅文化；巨婴；手机控

一、洞喻理论及其延伸

柏拉图在其《理想国》中提出了经典的洞喻理论：想象一个地洞，一些囚徒自小就住在洞里，脖子和腿脚都被捆绑着，不能走动也不能扭头。在这些人背后有东西被燃烧能发出火光，在火光和囚徒中间有一道矮墙，沿着矮墙有一条路，有另一些人搬着各种道具在矮墙后走过。像演木偶戏一样，火光照在这些道具上，囚徒就能看到这些道具的投影。但也只能看到这些投影，而看不到背后的道具。①

柏拉图因此合理地推断：囚徒会认为所看到的道具的投影就是真实的存在。如果演员们发出声音，囚徒也会理所当然的认为这些声音就是"这些阴影所发出的声音"。而如果有

① ［古希腊］柏拉图：《理想国》，郭斌、张竹明译，商务印书馆 1986 年版，第 272 页。

一个人解除了束缚，看到了火和演员，他才会明白之前所见的一切都是虚假的。柏拉图认为，如果这个人走出了洞穴，看到了真实的世界，他会为自己的看见了真实而感到庆幸，而为自己的同伴感到遗憾。

柏拉图表达的，即是了解了真相的人，会因自己活的更真实而感觉良好，而对于之前所解除的虚假的"存在"就不屑一顾了。柏拉图所隐喻的，就是了解了真相的哲学家、科学家们，不再会对世俗名利所感兴趣，因为他们不会去追逐那些本质上是虚假的事物。甚至即使受苦受难，也不会愿意再过之前那种沉浸在世俗中"虚假"的生活。

柏拉图认为，人们一旦了解了真实，便不能再接受虚假。他的隐喻，已经被历史上的无数哲学家和科学家们身体力行了。尽管如此，这个善意的观点在今日却显得无比讽刺。

"了解真相是否会让人感觉良好"这个论题就已经有人发表了相当有趣的反议。20 世纪的文学大师霍华德·菲利普·洛夫克拉夫特(Howard Phillips Lovecraft)就用他著名的、奇特的《克苏鲁神话》系列小说来反驳了这个观点。《克苏鲁神话》系列小说的主人公往往都在了解真相后发疯或死亡。洛夫克拉夫特笔下的真相，往往都包含着一些残酷的，令人恐惧的世界本源。了解这些真相只会让人觉得：在宇宙中人类的价值毫无意义，并且所有对神秘未知的探求都会招致灾难的结局。① 虽然这只是臆想的小说主题，但是不能否定，了解真相却会让人感觉糟糕的可能性。

而对"虚假"不屑一顾，显然也不是每个人都能做得到。暂且放下对历史上那些为了世俗名利主动放弃真相，逃避、自欺、掩耳盗铃之人的道德评判。因为对于这些人的评判其实隐含着一种对于"名利"的道德讨论，而这种道德讨论并不在本文讨论范围之内。本文仅从理念角度出发，去探究那些为了世俗名利放弃真相的人。本文认为，世俗名利其实就是"虚假"的一种相对"真理"更加美好的体现，是"虽然我接受了就能让我活得通透无比"的"真实"却给予不了的，是"我浸淫在其中就是一种蒙昧，就是自欺"的"虚假"却能给予的。如果虚假比真实更让人觉得美好，人们是痛苦的接受真实，还是自欺的接受虚假？这在以往也许只是一个针对少数人(如科学家，当权者)的问题。但在今天这个虚拟世界越来越丰富，越来越多人沉溺于微博和游戏的时代，却有了更广泛的社会意义。

二、既然现实如此丑陋，为何不生活于"美好"之中？

有一位《魔兽世界》的玩家曾经这样说："我其实是生活在魔兽世界里，我只是偶尔来

① [美]洛夫克拉夫特：《克苏鲁神话》，程闰闰、范娟、熊瑶译，重庆大学出版社 2012 年版，第 1~4 页。

这个无聊的地球出个差。"这个说法当然很荒缪，可是对于一些人来说，游戏世界确实比现实世界有趣的多，他们更愿意待在游戏里而不是面对无聊的现实。

试想一下，如果有一款游戏，可以使人们像电影《黑客帝国》里一样，完全沉溺于一个和现实世界一模一样，声色俱全的虚拟世界中；并且，人们可以在这个虚拟世界中获得和现实世界中所无法体验或无法企及的各种享受，而且还可以拥有现实世界中所无法拥有的各种能力。人们可以在虚拟世界中成为亿万富翁，也可以成为超级英雄，甚至可以成为神。而所有这些，带给人们的感觉，和在现实世界中完全相同。而人们只需要像电影里一样在脑脊连接处做个手术，让它与设备连接。就可以在虚拟世界中获得人们所想要的一切。

如果在十年前，这个想法还显得略微荒诞。但在"虚拟现实"这四个字频频冲击人们的眼球，热度居高不下的今天，人们却不再怀疑，构建完全模拟现实的"虚拟世界"的想法真有可能实现。

比起人们已经见怪不怪的 VR 眼镜，真正将虚拟现实成为可能的是脑机接口技术。这项技术可以通过使大脑和计算机连接，再从电脑端发送信号刺激神经元从而使人产生真实的感觉。随着技术不断进化，甚至最终能真正产生类似《黑客帝国》中"缸中之脑"的场景。①

既然理论上虚拟完全模拟现实真的可能，那么，当那一天到来的时候，人类社会又会变成什么模样？

三、虚拟与现实的界限逐渐模糊

电影《盗梦空间》给笔者留下最深的印象，是开始仅是迷醉在梦境中，最后却怀疑一切的男主角的前妻。由于在梦境中经历了过长的时间，她已经分不清现实与梦境的区别，最后为了回到自认为的"现实"而选择跳楼自杀。

笔者认为，由此可以在洞喻理论上做一个假设：如果那个走出洞穴的人突然眼前一黑，等他苏醒时，却发现自己是一个从出生开始大脑就连接着计算机的人，此前在洞穴中看到的影像，所走出洞穴所看到的"真实世界"，其实都只是计算机模拟的结果。那么，这个人会不会困惑呢？他难道不会怀疑，苏醒后所看到的一切也不过是另一个计算机模拟出来的结果？

① 黄璜：《现实还是科幻？解析脑机接口技术最新进展》，《人民邮电》2019 年 12 月 3 日，第 6 版。

四、虚拟世界正在把“肥宅们”变成巨婴

然而不用等到《黑客帝国》成真，现在，虚拟就已经渐渐在扭曲现实中的人了。如果要选择一个最具代表性的群体，那就是“肥宅”。

肥宅，一个被大多数年轻人用来调侃的词语。狭义上代指那些身体肥胖且浸淫在 ACG 文化中的人，广义上只是用来代指宅在家里的人。狭义上的肥宅，更能代表本文所指的“重回洞穴的人”。而 ACG 文化中无处不在的对男性幻想的满足，与肥宅生理上的低下和心理上的幼稚，形成和体现了巨大的反差与丑陋的病态。

在游戏中，肥宅可以拥有英俊的外表，以一敌百的战斗力，甚至经常领略各种奇幻风景。然而在现实中，肥宅可能是个超重，连跑步都吃力的胖子，连家门都不愿意出；肥宅痴迷于动漫中各种美丽的女性角色，可以和这些可爱的“纸片人老婆”在游戏中亲密互动。肥宅各种关于性的幻想可以在 ACG 文化中得到满足。然而在实际中，他们经常拥有不修篇幅的外表和肥胖的身躯，几乎很难与异性产生互动。

而病态的地方在于，正是因为这种反差，部分肥宅不愿接受糟糕的现实，从而越来越浸淫于虚拟之中，这导致了他们现实能力的极度弱化，更导致了他们对于人际关系，尤其是两性关系认知的扭曲。由于沟通词语的局限化(见各种梗)和沟通对象的局限化，肥宅其实越来越封闭，越来越无法与大多数人交流。而对于异性，肥宅经常会抱有各种不切实际的性幻想，而不会真正意义上理解异性，甚至合理的认为异性应该处于弱势的，迁就自己的位置。而造成这一观念的，则是更为病态的市场对肥宅心理的迎合。出于对这一心理的迎合，市场制造了大量产品(例如后宫漫，galgame)，通过让作品中的异性主动追求主角，迁就主角，几乎无条件满足主角的各种需求从而代入其中的肥宅产生满足感。事实上，现实世界中根本就不存在这样的异性。

肥宅所浸淫的虚拟世界正在把他们培育成一个又一个的巨婴。与现实中的巨婴一样，虚拟世界中的巨婴——肥宅，在虚拟世界中拥有强烈的自我中心意识，满足于自己的想象世界，脱离现实。但在现实世界中，他们却会经常感受到现实世界偏离想象所带来的挫折感(因为扭曲的虚拟世界给他们培养了不符合现实的价值观)。因此，他们又会更加浸淫于虚拟世界中，甚至厌恶现实世界，产生反社会倾向。如此，便构成了一个肥宅不断重回虚拟世界，心理不断畸形的恶性循环。

五、手机控与愈发被忽略的现实

越来越多的人边走路边玩手机。这些人不在乎身边发生了什么，而只是沉浸在面前一块小小的液晶屏中，哪怕这样做有可能被车摔到。相比之下，“打卡游”这一现象显得更加极端。面对像优美的旅游风景这样的现实场景，“打卡游”的人所考虑的却是社交网络上他人的点赞数。这些现象都表明：部分人，已经相当大程度的生活在虚拟世界中，而对现实世界不屑一顾了。笔者认为，手机，其实是一个相当大的原因。

手机不仅仅是个工具，它更是一个将我们与虚拟世界链接起来的连接器。和电脑，电视等以往的所有电子设备都不同，我们现在只要几秒钟，就可以随时随地地和虚拟世界链接起来。这种“链接的高速化”反过来意味着，如果我们对这种“与虚拟世界的链接”上瘾，我们摆脱它也变的越来越难。

事实上，手机是一种让人成瘾的工具。由于玩手机能调动人体内的内啡肽，所以5-羟色胺失衡(5-羟色胺是管理心理和情感最重要的物质)的人(比如压力大、过分忙碌的人)会本能地玩手机。①

因此，这似乎形成了一个令人们越陷越深的“虚拟沼泽”。手机使人上瘾，且使人们无法摆脱这种手机瘾。人们则更加忽略现实。

六、我们能做的事

本文题为《重回洞穴的人》，旨在和两千多年前柏拉图的洞喻理论形成呼应，从而解释当今不断恶劣异化的社会问题。柏拉图“洞喻”中那个重回洞穴的人，是为了唤醒洞中的同伴，不能活在虚假之中，而要去追寻真理和实在。而本文中所提“重回洞穴的人”，是指当今社会明明活在真实中的人，却更愿意待在由网络构成的虚假中，与其面对洞穴外无聊而残酷的现实，他们更愿意回到温暖的“洞穴”内，享受有趣但虚假的影像。

如果虚拟和现实的差异随着科技发展越来越小，人类还能分辨虚拟与现实吗？而如果虚拟和现实的界限湮灭了，现实世界的意义和价值难道不会变得无比荒谬吗？“走出洞穴”的人，不过也会认为，他所看到的真实无非就是另一个“洞穴”而已。届时，关于社会进步、科学进展、人类繁衍，这些现实世界的使命与任务，都将失去意义。

① 师建国：《手机依赖综合征》，《临床精神医学杂志》2009年第2期，第138~139页。

而虚拟取代现实，不仅仅是一个关于意义的哲学议题，它还是一个迫在眉睫的社会问题。虚拟蚕食现实，所带来的恶劣的副作用，是对人的心理的异化。对于那些心理不成熟的人(如"虚拟巨婴")，虚拟世界并不会去改善他们的心理，而是出于市场逐利等因素，生产出各种会导致认知偏差的产品，来使这些心智不成熟的人脱离现实。

另一个副作用是，人们对虚拟世界投入的时间越来越多，忽略了现实世界中很多值得或是应该受到重视的东西。

而为了避免现实被虚拟吞没，应当如何做?

一方面，正视虚拟世界的发展无法抑制的事实，但不能对其放松警惕；另一方面，对于更为具体的社会问题，要采用正确的方法应对。如果单纯地去用粗暴的方式强行断绝人们(尤其是孩子们)对于虚拟世界的连接，只会适得其反。例如，对于网瘾少年，他们之所以会陷入游戏无法自拔，恰恰是现实世界没有给他们足够的关怀、家长没有给予他们足够的关心。而家长们随意地把他们扔进一个戒网瘾机构，像"豫章书院""杨永信电疗"，难道不是一种更大的冷漠和懒惰吗?这样的悲剧不能再重演。让网瘾者不再沉溺于虚拟世界，靠的是在现实世界中温暖和紧密的人际关系，靠的是给予彼此更多的关怀。而对于像"虚拟巨婴"这样的人群，则需要更深入人心的教育，让他们明白，现实世界中的不完美与残酷也是现实世界之所以"现实"和宝贵的一部分。总之，意识到本文所讨论问题严重性的人们，应该付出更多的努力，来改造现实世界，来丰富现实世界，来温暖现实世界，并去唤醒那些沉溺于虚拟中的人们重回现实世界。

洞外的人们，是时候思考，如何让洞内的人们主动走出来了。

浅谈《理想国》中的“正义”

——闵尼老人之死

李新宇　电气与自动化学院（2019302070207）

【指导老师评语】论文阐述了《理想国》中对“正义”的讨论，介绍了一名极富正义感的南非警察追求正义之举，事迹生动、感人。文末点题，表达了对正义的追求。论文观点鲜明，结构合理，能结合原文进行深入探讨，有一定的感染力。（电气与自动化学院　王素青）

摘　要：闵尼老人是一位极富正义感的南非警察，年轻时怀着一腔热血，与恋童癖团伙勇敢斗争，因而受到了种种排挤、打压与威胁，最后疑点重重地死在了南非一个玫瑰种植园附近。本文就《理想国》中对正义的种种论述，来分析闵尼老人这一生中的正义坚守，并探讨何为正义。

关键词：正义感；闵尼；《理想国》

一、引子：一位南非老人对中国的热爱与信任

不知各位是否听过《非正式会谈》这档综艺节目，这是不少人心中的一档宝藏节目，有说有笑有故事，来自各国的青年人同居一室，畅谈古今。闵尼先生的儿子，一位名为宁大人的青年也是这档节目的嘉宾，但是宁大人留给我的印象却远不及闵尼先生深刻。在某一期节目中，节目组给每一位嘉宾的父母拍了一小段视频，希望父母们讲述一下嘉宾们曾经的生活趣事，但是闵尼先生却与众不同地赞美起了中国，表示相信宁大人会在中国有好的生活。由于闵尼先生讲的话偏离了主题，而且表情严肃得出奇，不像是在一档综艺节目中应出现的表情，在场的许多人都被逗得大笑。但在节目播出后，令人悲伤的事接踵而至：闵尼先生去世了。警方调查说他是自杀。但是在视频中看起来，闵尼老人是那么的阳光，为什么会自杀呢？这不禁让我们思考闵尼老人视频中所言的深意……

二、开始：热血青年的正义之举

三十多年前，那时的闵尼不过二十七岁，满腔热血的他做着满腔热血的工作——警察，并且长期出入于暴力事件频发的地区。一日闵尼接到举报，得知一名黑人男孩遭受性侵，正在医院接受治疗，于是他前往医院探视。自此之后，闵尼获得了越来越多的信息，且得知这一则性侵案绝非个例，而是一群有组织的人长期从事的非法活动。他更是了解到，参与犯罪者绝非等闲之辈，这些事件绝对牵动着更大的利益。但是，闵尼没有过多地考虑其中的利弊，他要做的只是他分内的事——扫除奸邪。于是，一场战役正式打响，只是，闵尼此刻还没意识到，自己是不可能获得胜利的。

闵尼的做法，在笔者看来，确乎是正义的一种体现。

在《理想国》中，苏格拉底与众人对“正义”的讨论看似无疾而终，但事实上，苏格拉底等人对正义的论断是极具启发性的，读者们心中已经有了一个大概的答案，再结合当下法治社会的种种观念，我们可以得到，就个人的品质而言，如下的人应当被称作正义：

(1)有技术上的能力，且兢兢业业，恪守本分，能克制自己欲望的人。

(2)不随意伤害他人，且为他人的道德成长助力的人。

(3)守法践约的人。这也是正义的本质与起源。

而年轻的闵尼作为一名警察无疑是合格的，本分的。他能从一起性侵案件，利用种种线索，顺藤摸瓜，一步一步走近事情的真相，由此牵涉出一个巨大的利益网络。更加令人钦佩的是，在意识到自己将会面临不可战胜的敌人之时，闵尼的第一反应是继续战斗。《理想国》中所说的正义，即智慧、勇敢、节制的统一，以及善的品行，在闵尼身上体现的淋漓尽致，无论是对弱者的同情，还是对警察操守的坚持，以及无畏强权，对法律的忠诚坚守，无一不是在说明着这点。事实上，我们也可以依据闵尼的行为对现代人的“正义”进行定义：正义即是在道德与法律的要求下做自己本分的事。这也恰是笔者对《理想国》中个人正义的认识。

三、发展：日益黑暗的斗争之路

一个个本应纯洁无知的孩童，说出的证词却是那样的肮脏难听，这深深地刺痛了闵尼的心，但与此同时事件也在不断有着新的进展。慢慢地，富商、环境部长等人一个接着一个浮出水面，形成了一个“巨大”的利益共同体——不仅人多，而且地位高、权力大。而此时的闵尼依然英勇地战斗着。直到涉及时任国防部长的政治强人马兰。马兰是犯罪团伙中手段最为残忍的一个，曾开枪射击男孩的肛门，同时又位高权重，将男孩们带往鸟岛的军用直升机都是由马兰授权。这样一个“体面”的人物自然是忍受不了来自一个小小警察的威胁，自闵尼刚调查开始，甚至还没采取任何实质手段，马兰便开始了反击。枪击、汽车爆炸等谍战暗杀的情节在闵尼的身上上演着，同时还有领导的针对，同事的排挤，甚至总统都在干涉此事。这期间虽然有位记者找到闵尼，表示希望联合闵尼曝光此事，但闵尼拒绝了她。因为闵尼深知，曝光之后自己与记者都会丧命，而曝光此事究竟能造成多大的影响是未知的，甚至曝光的途径都是个问题，一旦失败，这份事业很可能后继无人，这是让闵尼无法接受的。现实不是小说那样，主人公靠着一腔热血就能成功，现实是冷酷的。闵尼最终选择了辞职，他曾试图斗争，但他敌不过强权，他输了，输的一败涂地。后来他来到中国并在此生活，直到……

《理想国》中，柏拉图认为，统治者也应是正义的。统治者应是一位哲学家，是正义的化身。但是马兰等人，包括那位总统，都不具备这种美德。他们的做法更容易让人想起苏格拉底等人讨论时色拉叙马霍斯的论断：“我说正义不是别的，就是强者的利益。”①色拉叙马霍斯还将统治者比作牧人，将人民比作牛羊，说明了其中的利益观念。这些观点对上述事件中高官集团的描写得恰如其分。但是这些做法，从现代的角度来说，无论是道德上还是法律上都是与正义相悖的，是该为人所唾弃的。《理想国》中引用到荷马的诗句：“众人获罪莫担心，逢年过节来祭神，香烟缭绕牺牲供，诸神开颜保太平。”②或许就是讲的马兰等人的心态吧，“用钱消灾”的思想看来自古就有，而且经久不衰，这种奸邪怎能纵容其当道？但也正如色拉叙马霍斯所说：“个人不正义比起正义来是多么的有利。”③他甚至还假设出极端的情况：“最不正义的人就是最快乐的人。”④不正义所带来的诱惑，对于一些意志不坚定的人来说是无法抵挡的。这种利益无可否认，但却是以损害他人为前提，断然是不可取的，尤其是统治阶级，更应做出表率。这便是《理想国》中对统治者提出的要求，集知识、智慧、善于一身的正义之士。

四、尾声：英雄难忘本，热血经年再复燃

在中国的生活是漫长而和平的，尤其是有宁大人的陪伴。但是，闵尼从未忘记鸟岛上痛苦的黑人男孩。2011 年，马兰离世了，这让闵尼看到了一线希望，他联系到了一位同样

① ［古希腊］柏拉图：《理想国(第一卷)》，台海出版社 2016 年版，第 7 页。

② ［古希腊］柏拉图：《理想国(第一卷)》，台海出版社 2016 年版，第 5 页。此句本出自荷马《伊利亚特》Ⅸ497 以下，柏拉图引文与现行史诗有出入。

③ ［古希腊］柏拉图：《理想国(第一卷)》，台海出版社 2016 年版，第 12 页。

④ ［古希腊］柏拉图：《理想国(第一卷)》，台海出版社 2016 年版，第 12 页。

对此案感兴趣的记者，整合当年的材料，出版了一本书——《鸟岛上失踪的男孩》，书中不仅有马兰以及那位环境部长所犯下的罪行，还涉及一位仍在世的大人物(书中甚至不敢透露姓名)。因为那位大人物的存在，就当时的形势而言，出版这部书依然是不明智的，但闵尼说，他不能在等了。于是，《鸟岛上失踪的男孩》开始发行，不到十天，闵尼回国商量出版事宜，后被发现死亡。至此，一位正义的英雄陨落。

对于闵尼的死，我怀有最崇高的敬意。正如宁大人所说的，闵尼先生是一个"legend"。这迟来的正义是闵尼对警察事业的最后一次坚守，即便是他付出了生命的代价，在我看来他仍是赢家。柏拉图在《理想国》中写道："让我们永远坚持走向上的路，追求正义和智慧。这样我们才可以得到我们自己的和神的爱。"①闵尼到最后终是做到了。

五、总结：我的感触

从闵尼的斗争经历与心路历程，我们可以更为直观地理解《理想国》对于"正义"一词的解读，也能更真实地了解到何为正义。正义并非局限于日本热血动漫中的拯救世界，而是渗透在生活的一点一滴之中，是一种综合的美，是一种至高无上的美。但是在现代生活中，利己主义从未被消灭，也不可能被消灭，因此才有马兰一类人的出现。所以，我们必须得加把劲，从自己做起，兼顾他人，共同提高品德修养。同时，各个国家也应当加强法制建设与文化建设，譬如向公众开设一些普法课、文化修养课等，让更多的人形成正确的价值观、正义观，让正义之风吹拂在美丽的人间！

① [古希腊]柏拉图：《理想国(第十卷)》，台海出版社2016年版，第113页。

浅谈爱因斯坦何以免于《理想国》“洞喻”中的悲剧

梁柯柯　外国语言文学学院（2019301020056）

【指导教师评语】 论文从《理想国》“洞喻”中的悲剧展开讨论，对比分析了爱因斯坦创立相对论的过程与“洞喻”悲剧的关系；并从爱因斯坦所受“教化”和社会对其的认可两方面，分析爱因斯坦在突破固有束缚的同时，避免遭受“洞喻”中的悲剧的原因。论文很好地融合了《理想国》“洞喻”论和爱因斯坦创立相对论的科学探索过程，内容分析有自己的见解和深度，论文论述有条理，语言表达流畅。（动力与机械学院　郭　朝）

摘　要：《理想国》中，柏拉图以洞喻阐述了一个人看到真实世界后返回洞穴的过程。然而这个人最终被洞内的其他人质疑并杀死，成为洞喻中的一个悲剧。爱因斯坦创立狭义和广义相对论，革新了当时人们的时空观，与洞喻中人走出洞穴的情形十分相似。本文希望从爱因斯坦所受“教化”和社会对其的认可两方面，简要分析爱因斯坦何以在突破固有的束缚的同时避免遭受洞喻中的悲剧，并由此提出倡议。

关键词：洞喻；教化；爱因斯坦；狭义和广义相对论

一、《理想国》“洞喻”中的三重悲剧

柏拉图在《理想国》中描绘了这样一个场景：有一群人自出生起被手脚捆绑关押在一个洞穴里。他们的脖子没有办法转向，没有办法看到真实世界，只能时刻观看着由火光投射而来的外面世界的影子，他们因而把影子当作真实世界。直到某天，他们中的一个人挣脱自己的脚镣，窥见了洞穴外的光亮。这时候他很有可能会转身回到他熟悉的事物中。而若

他走出洞穴看到了那个全新的真实的世界。他慢慢适应后就会觉得自己很幸福，并回到洞穴想讲述自己在洞外看到的一切。但他的结局却将是被当作异类被洞穴里的人杀死。这一结局在原文中表述为“要是那些囚徒有可能抓住这个想要解救他们，把他们带出洞穴的人，他们难道不会杀了他吗？他说，他们一定会这样做。”①它是“洞喻”最主要的一重悲剧。

通读《理想国》第七卷，“洞喻”中的悲剧应当有三重：一是大部分人无法挣脱自己的脚镣，无法看到真实世界；二是少数人可能有幸挣脱了脚镣，却因为“太阳的光”过于刺眼，旋即返回洞穴，不愿相信真实世界；三是极个别看到了真实世界的人在回归洞穴后却被杀害。这样的悲剧反映在现实社会和人类历史中，则表现为：(1)大部分人墨守成规没有机会接触真理；(2)少数人窥见真理却逃离；(3)当终于有人发现真理后，社会却对其进行迫害。

对前两重悲剧，柏拉图认为要使人“走出洞穴”，就要使人接受“教化”——在肯定灵魂本身有视力的基础上，帮助它转至正确的方向上。其中，现代学者对于“教化”的定义大致可以分为有两种：(1)“教化”的力量仅仅来自于人的内心，因为《理想国》中阐述了灵魂应当是最不容易受外界影响扰乱和改动的；(2)“教化”的力量同时来自社会教育和个人修养，因为《理想国》同样论述了最有可能有所成就的人，经过教育学会如何做人后，就能成为最优良有用的人。以此为基础，《理想国》第七卷内容中以“教化”避免前两重悲剧的具体方法可以概括总结为：让哲人在被教化后走出洞穴，之后回到洞穴教化其他人，以此使得更多人有机会走出洞穴。

可是，如果先前所定义的“洞喻”第三重悲剧不断发生，即走出洞穴的人回来后没能教化他人却被无情杀害，那么柏拉图所提出的循环也没有办法实现。因而我们可以得出结论，解决第三重悲剧是解决“洞喻”中的悲剧的关键。要实现它不仅需要好的“教化”，还需要社会的对哲人的认可。

二、爱因斯坦创立相对论与“洞喻”悲剧的关系

阿尔伯特·爱因斯坦，被世界所公认的自伽利略、牛顿以来最伟大的科学家，1879年出生，1905年创立狭义相对论，1915年创立广义相对论。其中，他在狭义相对论创立过程中抛弃了当时社会所流行的“以太学说”和绝对时空观，大胆提出光速不变原理和相对性原理两条基本原理，认为“同时”可以是相对的、基本运动定律仅适用于相同惯性参考系。在此之后，爱因斯坦很快意识到狭义相对论的局限性，创立广义相对论，将时间、空间、

① ［古希腊］柏拉图：《柏拉图全卷（第二卷）》，王晓朝译，人民出版社2003年版，第514页。

物质三者统一，提出物质可以通过自身质量改变时空的曲率，时空因为弯曲产生的引力会影响物质的运动，革新了人们对于时间、空间、能量、光和物质等观念的基本认识。并且需要指出在当时的时代背景下，与狭义相对论相关的理论尚有庞加莱等人研究，而广义相对论则更像是爱因斯坦一个人的发明创造。恰如杨振宁所说："关于广义相对论，爱因斯坦没有抓住什么机遇，而是创造了这个机遇。他独自一人通过深邃的眼光，宏伟的设想，经过七八年孤独的奋斗，建立起一个难以想象的美妙体系。这是一次纯粹的创造。"①

因为相对论的颠覆性，其带来的深远影响近乎改变了整个基础物理的发展轨迹。相对论存在于现实社会中应当被认为是非常接近"真理"的发现。它的创造者爱因斯坦则应当被认作那个解脱了脚镣走出洞穴的人。并且，爱因斯坦提出狭义相对论时年仅 26 岁，是个默默无闻的专利局职员。当我们从他特定的个人身份进行分析，会认为他有极大可能遭受世俗偏见，成为"洞喻"悲剧中那个被杀害的人。但是，当我们纵观爱因斯坦的人生经历将会发现，他 30 岁出任理论物理副教授、34 岁当选普鲁士科学院院士、42 岁获得诺贝尔物理学奖，至死一直享誉于世。

由以上可以得出结论，爱因斯坦创立相对论并让其为世人所知的过程可以被理解为是"哲人通过教化走出洞穴，又回到洞穴教化他人"的过程。而在爱因斯坦死后，多位科学家通过研究相对论获得诺贝尔物理学奖，则是"使更多人有机会走出洞穴"的过程。爱因斯坦避免了"洞喻"的悲剧，因此从先前的论证出发，他应当具备两方面的条件：(1)好的"教化"；(2)社会对他的认可。

三、爱因斯坦所受到的内部和外部"教化"

最值得分析的显然是爱因斯坦对其自身的"教化"，也就是心灵的感悟。柏拉图认为灵魂主要由三部分构成：理性、激情和欲望。人对自身的"教化"是为了让理性得以引导灵魂。因此，结合爱因斯坦对自我的分析和后人对他人生经历的记载，我们可以将他的自身"教化"大致总结为三点：坚定的理想信念、独立的思考能力，以及深刻的自我反思。

第一，爱因斯坦很早就树立了要献身科学的坚定理想信念。早在上中学补习班时，16 岁的爱因斯坦就在一篇名为《我的未来计划》的课堂作业中表达了自己想要学习数学和物理学、从事自然科学研究的愿望。爱因斯坦在他的自述中也写道："我在少年时代就已经深

① [美]阿尔伯特·爱因斯坦：《我的世界观》，方在庆译，中信出版社 2018 年版，第 7~8 页。

切地意识到一个道理，即大多数人为追逐一些毫无价值的东西而花费了自己毕生的时间。”①他四五岁收到一支指南针，为它特殊的行动方式而惊奇。他由此隐约感觉到有一个不可知的世界存在着，而他被其所深深吸引就像“征求解放和自由对我们的吸引”。他对“真理”的这种向往为他未来打破牛顿经典力学体系构建狭义相对论、克服重重困难算出广义相对论数学公式的打下了非常重要的基础。

第二，爱因斯坦独立的思考能力使他避免了很多世俗的干扰。爱因斯坦在《我的世界观》一文中坦言自己确实时常和自己的国家、朋友、亲人保持着一种疏离感。这种疏离感来自爱因斯坦对孤独的需求。其中，孤独的需求并非天生，而是后天的想法转变使然。爱因斯坦理性的思维使他明白他不能把内心的平衡置于亲密人际关系这样一个不稳固的基础之上。独立的思考使他相较于同时期其他科学家拥有了更加自由的眼光。在爱因斯坦提出相对论之前，庞加莱率先提出相对性概念，洛伦兹率先算出了洛伦兹变换公式，但他们都没有继续深究自己既有的成果。其原因可能很大程度上在于他们受牛顿经典力学影响更深、受“以太学说”影响更深，所以没有想到或不愿质疑原有的时空观。孤持、距离、自由眼光被认为是科学创造活动中一个非常重要的因素。爱因斯坦很好地掌握了它们，并用其开拓出了自己的科学道路。

第三，爱因斯坦深刻的自我反省使他更能够深入地思考问题、正视自己的错误。在狭义相对论提出后，爱因斯坦在不到两年的时间里就发现了它的局限性是：(1)不能解决非惯性参考系中的问题；(2)没有涉及引力问题。爱因斯坦承认自己理论的不完美，并且很快投身广义相对论的创立之中。在此期间，他因为曾经的数学基础不扎实一度求助于同时期的数学家并开始重新学习数学。“我作为一个学生并不懂得获取物理学基本原理的深奥知识的方法是与最复杂的数学方法紧密相连的。在许多年独立的科学工作以后，我才渐渐明白了这一点。”②这样的承认看似简单，实际上是物理学家对自己曾经物理理念某种程度上的否认。正是爱因斯坦愿意改变的精神使他能够更加接近真理，创立广义相对论。

爱因斯坦对其自身的“教化”固然是其取得成功的一个重要因素。而19—20世纪的社会环境和爱因斯坦本人所受的教育同样在爱因斯坦探索真理的道路上产生了重大影响。

第一，就社会大环境而言，19世纪中期第二次工业革命极大地推动了社会生产力的发展，激发了人们对技术改变生活的追求，提高了社会对科学和科学家们的重视，改善了科学家的研究条件。在爱因斯坦创造相对论的同一时期涌现了庞加莱、洛伦兹、法拉第、麦克斯韦、居里夫人等众多为世界科学发展史做出杰出贡献的科学家。电磁学说在这一时

---

① ［美］阿尔伯特·爱因斯坦：《爱因斯坦自述》，崔金英、姬君译，华中科技大学出版社2013年版，第1页。

② ［美］阿尔伯特·爱因斯坦：《我的世界观》，方在庆译，中信出版社2018年版，第9页。

期得到迅速发展。迈克尔逊—莫雷实验的零结果又使科学界迫切需要一个对光速不变现象的合理解释。爱因斯坦从中学起一直思考人追上光的结果会是怎样。成长在这样一个对科学有足够推崇和发展条件、科学家人才辈出的时代，爱因斯坦归纳前人的经验、结合自己的思考终使狭义相对论横空出世，解决了科学界急需解决的难题。爱因斯坦能够创立狭义相对论离不开当时其他科学家的研究成果，离不开当时社会大背景对他潜移默化的“教化”。

第二，爱因斯坦有幸从德国移民瑞士，因而受到了更加良好的教育，这是他人生一个非常重要的转折点。爱因斯坦16岁随父母来到苏黎世时并没能通过苏黎世联邦工业大学的入学考试。他认为那次考试暴露了他以前所受教育的许多不足。此后他进入阿劳州立中学补学以前漏学的课程，被那里崇尚自由精神的氛围所吸引，对那里热情并能够坚持自己立场的老师们印象深刻。相比曾经在德国接受权威笼罩下的学习，爱因斯坦显然更愿意接受苏黎世自由和自我约束的学习方式。在进入大学之后，爱因斯坦遇到物理学家H. F. 韦伯教授，受到其教导和认可，热情而努力地工作于其实验室。他还结识了大学期间与他分享学习经验、日后还帮助他解开广义相对论中数学难题的好友格罗斯曼。在学校、老师、同学的共同帮助下，爱因斯坦，那个曾被认为性格内向、发育迟缓的少年，逐渐成长为了一位能够改变世界的物理学家。

四、爱因斯坦何以获得社会认可

1919年，爱因斯坦广义相对论在英国媒体上被竞相报道。1920年《科学美国人》杂志出资5000英镑奖励能够说明相对论的最佳作者。虽然公众大都并不真正懂得相对论的内涵，但是他们对科学的崇拜达到了一次高潮。这一切似乎应当归功于1919年5月25日，广义相对论的第一次被证实。当时，人们观测日全食，发现其现象符合由爱因斯坦理论推导出的结果，而不是牛顿所预言的结果。广义相对论起到了作为科学理论的一条重要效用：对未来进行预测。因此，被科学界以及整个社会提高到了神话的高度。由此得出结论，获得验证是爱因斯坦广义相对论获得社会认可最直接、最本质的原因。

广义相对论被认可的另外一个原因是，广义和狭义相对论的出现恰逢其时。广义和狭义相对论在已有的几位物理学家的理论基础上作出革新，解释了当时物理学界十分严峻的现实问题，即“以太学说”并不完美的问题。1900年开尔文勋爵提出物理学的大厦已经基本建成只差最后两朵“乌云”：黑体辐射和迈克尔逊莫雷实验。其中，迈克尔逊莫雷实验背后针对的问题就是“以太学说”的不完美：假如以太真实存在，那么实验不应该为“零结果”；假如以太不存在，那么在原有的理论体系下超距力（电磁力）就没有办法被解释。虽然之后洛伦茨提出洛伦茨变换，将电磁现象合理化，但是“以太学说”本身存在的问题仍旧被大家所怀疑。这时候爱因斯坦提出狭义相对论。他在洛伦兹变换基础上进行拓展、解决实验现象背后问题的同时，让人们意识到“以太”并不是一个必须存在的物质。于是，人们更加容易接受“以太”并不存在的事实。当人们了解了狭义相对论，面对更加震撼的广义相对论时，也就更加能够相信了。

当然，在1919年之前，爱因斯坦本人已经当选普鲁士科学院院士、获得了很高的声誉。广义相对论得到社会认可，并不是爱因斯坦得到社会认可的全部原因。爱因斯坦除了提出狭义和广义相对论之外，还为社会做出了很多其他方面的贡献。比如，爱因斯坦于1905年提出的光量子假说成功解释了光电效应，推动了光量子力学的发展。他的光量子假说因为较早地在实验中得到了验证并投入到了社会实践之中，因而也较早获得了人们的认可。他因此获得1921年的诺贝尔物理学奖。比如，爱因斯坦有着很强的社会责任感。除了在科学界做出杰出贡献外，他还积极投身教育事业，对当时的政治和宗教提出过自己非常宝贵的看法。他不仅是独孤的真理探索者，更是热情的社会参与者。

总的来说，爱因斯坦之所以能够获得社会的认可，是因为他生活在一个相信科学、需要科学的时代，而他的理论有现实价值，且可以被实际观测所证明。爱因斯坦自己也有着很强的社会责任感和科学研究使命感。他的人格魅力和伟大创造共同作用，使他可以永久地屹立于神坛，为世人所敬仰。

五、“洞喻”的破除及其启示

现在我们已经基本分析得出结论：爱因斯坦凭借自己坚定的理想信念、独立的思考能力、深刻的自我反思获得“真理”，并通过科学论证和“真理”本身的效用使其被大众接受。

回归《理想国》中的“洞喻”。假如所有洞穴中的人都隐约间明白自己所在的地方不是“真实世界”，而这时又有一个既能与洞中人相处融洽、又相信“真实世界”一定存在的人。他通过自己不懈地努力，排除外界的干扰，反思自己的缺陷，最终得以窥见“真实世界”。在此之后，他没有急于将自己对“真实世界”零散的记忆向洞中人呈现出来，也没有待在洞外不再回去，而是经过自己的整理使这种记忆上升为一种可以被证明的理论，随后回到洞穴将其向洞中人传播。这种理论虽然惊人，但很快得以被证实。它又恰好解决了洞内迫切需要被解决的问题。而他在这一理论之外还为社会做出了诸多令人瞩目的贡献。这时我们大抵可以认为，本就隐约相信“真实世界”的人们不会将这名先行者杀死，他们还可以在先行者的带领下越来越靠近“真实世界”，实现整个社会的进步。

一个人要突破“洞喻”的悲剧需要自身的强大、社会的培养和社会的认可。一个社会要前进需要一个又一个哲人的带领。爱因斯坦在年少时可能并不被周围的人所看好，他自己却默默坚持着自己的理想。直到青年时期移居瑞士，爱因斯坦在自由优良的学习氛围下迅速成长，在融入社会的同时保持着自己独立的思考，最终得以取得举世瞩目的成就。现代社会，我们所接受的良好的教育已经使我们大都获得了能够成为哲人的机遇，尊重科学的社会环境也使我们不必担忧最终的社会认可。因而，我们只需要像爱因斯坦一样朝着真理的方向不懈努力，怀有一个想要走到“洞外”的心，不断提升自我，就有可能窥见真理、为人类社会做出我们自己的贡献。在这样好的社会大环境下，我们每一个人都不应该只安居于洞穴内，期待着别人的归来或者对洞外世界不屑一顾。我们应当明白自己所看到的很有可能只是墙上幻影，而只要我们愿意转身就能突破枷锁，见到光明。

请给孩子一双"黑色的眼睛"

——从《理想国》看教育中的"善"与"恶"

王　彤　城市设计学院（2017300950028）

【指导教师评语】本文通过柏拉图《理想国》中的教育观，探讨了当代教育中的善恶，认为教育应当以美育、善育为主，但也要辅之以丑育、恶育，善恶的教育皆不可偏废。这样才能教会孩子什么是善，什么是恶。同时教育需要有直面"善恶"的勇气，还原世界的真实面貌，要让受教育者带着"黑色的眼睛"去追寻光明。本文观点鲜明，引用充分得当。描述清晰，格式规范。(基础医学院　赵　旻)

摘　要：化民成俗，其必由学。教育是传递知识以及引导社会风俗的重要手段，承载了社会的希望。东西方的思想家都对教育极为重视，也都提出过自己对教育的看法。本文首先回望柏拉图在《理想国》中的教育观，在结合当代现实的基础上，探讨了笔者心中善恶教育应有的面貌：善恶的教育皆不可偏废。教育需要直面真实的勇气，要让受教育者带着"黑色的眼睛"去追寻光明。

关键词：理想国；教育；善恶

一、无恶的世界——柏拉图的理想教育

一千多年前柏拉图在理想国中用言语建立了理念中的城邦，也用文字描绘了他心目中良好教育的模样：他提倡在教育中构建一个真善美的天堂，在教育描绘的无恶的世界中人心纯净澄澈如水晶，过分的欲望皆不存在。这种愿望集中体现在他对城邦护卫者的教育理想上。

在柏拉图眼中，护卫者作为守卫城邦安全的群体责任重大，应当具有爱好智慧、刚烈、敏捷、有力等品质。儿童时期是人类最为娇嫩的阶段，在这一时期人具有极强的可塑

性，最容易受到高尚的熏陶也最方便被卑劣侵蚀。因而为了避免年幼的护卫者习得恶习，帮助他们成长为合格的坚强勇毅的护卫者，城邦应当在文化层面给予他们这样的教育：用编造的“好的”故事陶冶孩童，以达致人心的纯净。经过加工的故事隐匿了世间所有的丑恶，史诗中难逃欲望桎梏的宙斯们摇身一变成为道义复刻的木偶，愤怒的阿喀琉斯收起了他指向阿伽门农的长矛。上古流传的爱恨纠葛被悄然封禁，唯有圣洁散发出它恒久的光芒。甚至于所有文艺都成为教化的附庸，诗人与歌者实时受城邦监控。

没有“恶”的教育或许能在孩子心中营造出一个纯净的天堂，然而它真的能承担的起成人的重担吗？

二、缺位的“恶”教育

两千多年后的今天，教育仿佛承继了先哲的高见，成年人乐此不疲地用纯净透明的水浇灌稚嫩的花朵，然而提纯后的水不仅没有了杂质，也没有了养分。现实世界远比理想中的国度复杂，人性也绝不是可以被肆意拆解的机器。心虽小，方寸之中风波日夜不息。多少年来，许多人都以为“人之初，性本善”，都以为“近朱者赤，近墨者黑”，却从来没有接受这样一个事实：无知往往会助长最令人触目惊心的恶。我们和我们最亲近的人既有可能因为无知成为恶意戕害的对象，也有可能因为无知成为面目狰狞的恶魔。无知者无畏，心智极其不成熟的孩童缺乏对恶的概念，也就难以产生畏惧之心。

缺乏对自身恶的自觉会放任无数孩子成为面目可憎的加害者。我们常常对年幼的孩童报以最大的宽容，甚至是最大的纵容。“孩子还小”仿佛成为了免死金牌。在孩童的教育过程中，我们总愿意相信他们的天性是好的，也总是把孩子当成自己的私有物，不愿意让他们接触到周边的罪恶，也不愿意承认他们身上所具有的卑劣。但是我们却忘记了，过街的“熊孩子”只会人人喊打，我们愿意包容孩子身上的恶意，却没人能够为他们犯下的过错埋单。缺乏正确引导的孩子所犯下的过错，会让无数无辜的人堕入悲痛的次元，也会让我们当时所尽力维护的纯真灰飞烟灭。

我们希望遵循先哲的教诲让成长中的孩童远离世间所有的罪恶，结局却总是适得其反。教育中让受教育者“认识恶”这一必要环节的缺失会让作恶者在恶的萌生的时候意识不到自己的罪恶，直到恶蔓延成燎原野火伤人伤己时才追悔莫及，更有甚者死不悔改。

从 2014 年的女童摔婴事件，再到四名少年绑杀同学却因未满 16 周岁逃过死刑，无数类似事件已经一次次的验证了“熊孩子”并不像我们想象中那般天性纯良。河南禹州小学女生眼睛内被塞纸片事件的曝光，再次引发了舆论对校园欺凌的讨论，而事后该小学校长的一句“孩子只是闹着玩，并没有恶意”更是令人震怒。难道这就是我们所尽力保护的未成年人？难道这就是我们希望所寄的祖国的花朵？难道无知就可以成为免死金牌？

任何人都不可以用好玩当作作恶的理由，也没有任何人有权利以年少无知作为惩罚的挡箭牌。《未成年人保护法》保护的是容易被现实的大风摧折的幼苗，给尚未彻底堕化的心灵一个机会，绝不是保护幼小却拥有毁灭世界冲动的恶魔。

对于被加害者而言，缺乏对恶的认知让他们在恶意侵犯自己时仍不自知，遑论给施暴者以适当的还击。2013 年福建漳州女童遭幼儿园负责人的丈夫性侵，孩童的天真让她们没有意识到发生在自己身上的洪水猛兽般的罪恶，若非家长及时发现后果可能不堪设想。阴雨天好心为叔叔撑起善意的黄伞的素媛如天使一般明媚，然而对恶的毫无防备却让她从天堂坠落。我们希望让孩童远离污浊，却有别有用心之人利用天真。

还有一些并不能被称之为“恶”的东西也因其在我们的文化背景中不够“高尚”导致成年人在教育中对其讳莫如深。或许是因为“万恶淫为首”的文化认知，性教育在中国一直是一片荒漠。长久以来我国仅有的性教育，其目的不是让人正确认知自己的身体，去正确处理两性关系，而是为了阻止性行为的发生。人非圣人，青春懵懂欲望总是伴随着成长悄然萌发。冰冷的生物课本教不会孩子如何正确接纳自己的身心变化。1891 年弗兰克·韦德金德创作了《春之觉醒》，这部以“孩子们的悲剧”为副标题的戏剧，在对性话题讳莫如深的 19 世纪的德国大胆谈论了自慰、性虐待、堕胎等“敏感”话题，借用戏剧描绘了父母缺乏正视“性”的态度所带来的恶果。其中最发人深省也最能体现戏剧主题的莫过于以下三句：

Mama who born me(妈妈，你生下了我)

Mama who gave me(妈妈 你带我来到这个世界)

No way to handle thing(却没有教导我如何与人相处)

三、《理想国》追求的纯善教育的局限

综上所述，理想国中对纯善的教育世界的构建有其价值，但是也存在着巨大的局限性，导致其在现实操作中只能成为一种可以借鉴的幻想，而非能够实际应用的行动指南。

首先他要求在给予孩童的教育文本中不能出现任何描绘丑陋事物的内容。在这种“恶”的教育缺乏的状况下，我们的孩子或许能够不在心中建立恶的概念，却也容易因此无法辨别善恶：无法认识自己身上原始的丑恶，也无法及时抵抗他人恶意的毒害。理想国的教育观是一种建立在“性善论”的前提下做出的构想。在我们无法真正保证人生性纯良的现实世界中，这种构想只能沦为虚幻。

其次《理想国》中的教育观中对“恶”的排斥不仅仅局限于恶行，还扩大到了对人正常欲望和情感的排斥。柏拉图期望教育中去除私欲，宣扬高度奉献精神，以塑造护卫者甘愿

为城邦献身的品质。除此之外他还借苏格拉底之口表达出应当删去史诗中描写英雄人物嚎啕痛哭、唉声叹气、纵情狂笑等描述他们激烈的情感的情节的愿望。然而对更好生活的欲望与情感是人生来所具有的，即使欲望可以通过个人修身养性克服，人的喜怒哀乐也绝不是单纯的教育便可消除的东西。情感是人的一种天性，而非后天习得的东西，过分要求节制感情无异于“存天理，灭人欲”。

另外在这种理想的教化中，所有的文艺工作都受到严格的监控。柏拉图希望文艺工作者只在作品中培植良好品格的形象，不让任何描绘邪恶、放荡、卑鄙、龌龊的“坏”精神的形象出现。但是历史告诉我们这种样板戏式的文艺作品注定只能成为高大全的教化工具，难以真正满足人民的精神文化需求。

四、直面“善恶”的教育

理想国中教育应传递善的意见在对不谙世事的孩童进行教育时仍具有极高价值。教育应当以美育、善育为主，但也要辅之以丑育、恶育。王蒙在《幼稚的成熟与成熟的老道》中指出：成熟的标志之一就是对恶有所认识。能够让人真正成人的教育不是制造回避所有不甚高雅的话题的幻想乡，不是用格调高尚却空洞的无物的文本洗脑，而是以让人在饱经世故之后不改初心。没有恶的理想国终究只能在理想之中，无知的危害远比看见丑恶大得多。借理想国的教育观反思现实，我们应当做到是在教育中直面“善恶”，还原世界的真实面貌，在这个过程中教会孩子什么是善，什么是恶。我们要引导孩童正视大千世界中的种种，让他们逐渐摒弃自身的恶的同时不让他人的魔爪伤害自己。

“黑夜给了我黑色的眼睛，我却用它寻找光明。”①教育要能够给予受教育者一双黑色的眼睛，这双眼睛中有着通晓世事的深沉，也有着单纯善良的澄澈。带着这双眼睛的人便可以用直面一切的勇气，坚定不移地追寻光明。

① 顾城：《一代人》，https：//baike. baidu. com/item/一代人/63812？fr = aladdin，检索时间：2020年8月5日。

从柏拉图“洞喻论”角度浅析人类的认知局限性

程　晨　印刷与包装系（2019302170046）

【指导教师评语】论文从柏拉图的“洞喻论”谈到了人类认知的局限性，从而用严密逻辑进一步分析了人类认知的局限性与突破。论文观点鲜明、论证充分、言之有物、内容丰富，层次鲜明，能联系实际，将书本和现实结合起来，融会贯通。（印刷与包装系　叶双莉）

摘　要：柏拉图作为古希腊最伟大的三位哲学家之一，其思想与理论为后世哲学研究奠定了坚实的基础。在其著作《理想国》中，他提出了著名的“洞喻论”，该理论是柏拉图阐释“灵魂转向”——即他所认为的教育终极意义的重要一环。而“洞喻论”所展现的内容，本质上是人类认知局限存在的必然性。本文由“洞喻论”切入，从二者的联系中探讨人类认知局限的存在原因、体现以及尝试突破认知局限具有的意义和价值。

关键词：“洞喻论”；认知局限；突破认知局限

一、“洞喻论”体现出的人类认知局限性

柏拉图的“洞喻论”中构想了这样的情境：在暗无天日的洞穴中，有一些被沉重的铁链牢牢束缚、不得动弹的囚徒，他们所倚靠的矮墙后有燃烧的东西发出火光，将矮墙后的人所举物体投影在囚徒面前的石壁上，他们只能看见阴影、以及听见过路者说话的回声，那么他们一定会认为阴影是真实存在的且声音也是阴影发出的。如果其中一个囚徒被松绑并活动身体见到了耀眼的火光，于是眼花缭乱，无法看清现在呈现在他面前的原先投射阴影的实物，那么他一定不会相信这实物比阴影更真实；如果他被人硬拉着走出洞穴，见到外

面尚且刺眼的阳光，最终经过一段时间的适应，开始对真实世界有所观察、探求与推测，继而颠覆原有认知，那么他必然会庆幸自己对这崭新的可谓之“真理”的发现，然后他会回到洞穴中，期望将这种认知传达给原来的同伴。可想而知，无论他怎样讲解演示，思想长期遭受禁锢的同伴都不可能接受他的言论，而他的同伴甚至极有可能将他当作异类而处死。

柏拉图将穴中世界与穴外世界分别称为可感世界和可知世界，由内而出就意味着灵魂的跨界上升。无论是将阴影看作真实、还是将洞穴看作整个世界，都是出于囚徒的认知局限性；而束缚他们的铁链、局限的洞穴，以及火光，都是造成原有错误认知的原因；由洞内走向洞外，最终认识到真实世界便是突破认知局限的过程。基于此，我们来做进一步的分析。

二、人类认知局限性存在的原因

西方著名的哲学家卡尔·波普尔说：“任何时候，我们都是被关进自己认知框架的囚徒。”人类的认知局限性是不可避免、必然存在的，这种局限体现在人类社会与生活的方方面面，而万事万物皆有因由，造成此局限的原因也是多方面的。我们从以下三个方面原因入手，解读认知局限的形成与存在。

（一）人类生存时间的有限性

如果我们假设洞穴中觉醒的那些囚徒拥有无穷的生命力，那么，觉醒的唯一囚徒一定能够凭借他对真实世界的不断探索与研究，最终找到救赎其同伴的方法，进而使得所有囚徒“灵魂转向”。

时间局限首先体现在人类所出生的时代，历史、哲学探索的终极问题之一“我从哪里来”便是如此。在人类、甚至说地球、宇宙的浩瀚历史长河中，个人的存在或许连一个微小的数点都算不上，“前不见古人，后不见来者”，又如何促得他们拥有认知事物全部的强大能力呢？古代与今代的天壤之别是他们无论如何也不会想到的，然而今代与未来的差别谁又可说是完全能够预料的呢？从原始社会的茹毛饮血到奴隶社会的残酷黑暗，从封建社会的蒙昧无知到当今时代的繁荣兴盛，文化、政治、经济、生态以及社会生活的方方面面，无一不是惊天巨变；而在遥远的未来，机器人时代可否来临，太空移民能否实现，星际战争会否爆发……人类“要到哪里去”，我们不是预言家，不是洞见者，也没有上帝视角，一切疑问，谁也无法得知。因而，历史进程在一定程度上决定着人类认知局限性的必然存在。

其次，时间局限体现在人的年龄阶段上。瑞士儿童心理学家皮亚杰提出的认知发展阶段理论认为，人的初期认知可分为四个阶段，即感知运动阶段、前运算阶段、具体运算阶段和形式运算阶段。人的认知形成过程是不可跳跃的、不间断的、循序渐进且连续的。在人从出生到成熟，乃至衰老，再迈向死亡的过程中，人的认知能力、认知速度都千差万别。然而，不可否认的又是，人就是这样通过不断的学习、不断的获取经历经验使得自身的认知不断扩增的。人在其成长历程中，总会在认识新事物的同时完善或颠覆原有认知，正如被释放的那个洞穴人。所谓“后悔”一说即可看作人的认知改变。因而，年龄阶段也限制着人的认知水平。

(二)人类生存空间的有限性

首先，我们谈“具体空间”，在此处它指的是，人类所生存的“地域”，所行经的“地方”。洞中人和洞外人的认知差异，即是如此。空间的划分具有多重维度，宇宙星系、太空天体、国家、水陆……大小无差，无穷无尽。异域差异，是不可能全然为人所知的。一个人终其一生，也不可能将这世界的每一寸土地踏足，不可能将这世界的每一抹踪迹探寻，更何况，已知世界是如此的渺小，未知世界又是多么的浩瀚。“井蛙不可语海”，那些无法抵达的“空间”永远存在着无尽未知的奥秘，正如洞穴中囚徒无法得知外面的“别有洞天”。

其次，我们讲“抽象空间”，在这里它指的是，人各自所处的“领域”，所从事的“方向”。如果说时间局限是一个“闻道有先后”的问题，那么，此处所谈的“领域”就是“术业有专攻”的问题。当今时代所涌现的无数“专家”“大咖”其实都只是在某一领域取得了无比辉煌的成就而已。当然，我们并不是强调“全能者”比“专能者”更精明，事实上，也并不存在所谓的“全能者”。我们只是强调，“专能者”的强大认知仅仅局限在某一方面，他对其他“领域”的认知大概率上是错误的、不精准的。美团外卖的王新曾经断言程维的打车构想是“垃圾”，而“滴滴”的成功证明，他的认知绝对是不准确的。许多学术天才甚至不懂生活的基本常识，科学与文学的界限似乎不可跨越……由此可见，“领域”对认知的局限不容小觑。

(三)人类社会关系的有限性

人是社会性动物，由于自身的不足而聚集成为团体，构建社会。每个人都处在某种社会关系之中，因而不可避免地受到这种关系的影响。我们以心理学上的一种认知偏差来分析这种影响。

从众心理。它指的是：在情境不确定的情况下，个人的观念、认识、判断及行为，会由于群体的引导和压力，而自觉与群体保持一致的普遍心理现象。某种程度上说，各个领域的“时尚”风潮就是从众心理的主导，而从众心理在消费选择、谣言传播、学习、恋爱、偶像崇拜等等多个方面都有不可小视的影响。从这个角度来说，群体对个体的限制会导致人的认知局限性，就是毋庸置疑的了。“洞喻论”中也体现出了这一点，我们可以想象，为什么被绑者不可能接受觉醒者的言论？那就是因为，余下的囚徒普遍都是蒙昧的，所以，即使其中的个别人有所动摇，迫于群体的压力，那也是无济于事。

因此我们说，社会关系也促成了人类认知的局限性。

三、人类在突破认知局限的路途上不断前进

(一)突破认知局限的前提——怀疑

我们可以这样说，当洞穴中的囚徒看见石壁上的阴影时，他们确实极大可能把它看作实物，但也不排除一种可能，他们可以怀疑这阴影只是假象，因为，毫无依据、天马行空的想象是可存在的。故此，他们也许能够想象到所有的真实认知，这正如当今我们对未知的预料也并非一定会全然失算一样。人类首先就要从此处入手，敢于怀疑，意识到自我认知的局限确确实实存在着，于是他才能保持一种谦卑、开放、富于弹性的态度，吐旧纳新，突破认知局限。

(二)突破认知局限的动力——求知

求知是人类的天性。猎豹移动公司 CEO 傅盛将人的认知分为四个层级：不知道自己不知道、知道自己不知道、知道自己知道、不知道自己知道。当囚徒爬出洞穴时，他就由“不知道自己不知道”上升到了“知道自己不知道”的阶段，于是他的好奇会激起他的求知欲，他会想尽一切办法认识到“河流”“树”“太阳”这些他从未见到的事物，最终他才能够形成新的认知。

(三)突破认知局限的过程必无比艰辛

每一次突破性的成就，都要历经艰苦卓绝的斗争；每一项跨世纪的成果，都是排除万难的结果。要想洞中囚徒不经释放就改变其固有认知几乎是不可能实现的，而且，我们也可以看到，即使那个挣脱束缚的囚徒亲眼见到外面的世界，“刺眼的阳光”造成的痛苦也是无穷的，而当意识到“自己所认知的世界全是假象”之时，他的茫然与恐惧又何尝不会成为对他致命的打击？又何尝不会成为他突破认知局限的巨大绊脚石呢？故而，这一适应过程必然极其漫长。个中艰辛，可想而知。

(四)突破认知局限的挣扎将永不终止

爱因斯坦曾说：“人类已知的是有限的一个圆，未知的是圆外的世界，它是无限的。”我们研究柏拉图的“洞喻论”，也应本能地想到，当囚徒走出洞穴时，他依旧不能认知到世界的全部。因为，谁又能说外面的真实世界不会也是一个封闭“洞穴”呢？从某种程度上说，“天外有天”，“可知世界”是无穷多的。因此，未知永远不会全然揭晓，突破认知局限的挣扎也将永不终止，这就是不断走出洞穴的过程。

四、总　　结

综上所述，“洞喻论”即是人类突破认知局限并形成新认识这一过程的诠释。由于人类自身生存时间、生存空间以及社会关系等局限，人类认知局限必然存在。这众多枷锁，阻碍着人类的认知突破。但只要我们怀疑的态度不变、求知的心不变，就必然能够走出重重“洞穴”，见到层层“阳光”。

分析轴心时代东西方"理想国"差异及原因

韩欣格　经济与管理学院（2019301051006）

【**指导教师评语**】本文立意新颖，在理解《理想国》内容的基础上进行了思考和延伸，结合诞生于同一时期的东方儒家文化的"大同论"，从多个方面进行了比较论证，并分析了东西方理想社会产生差异的原因，有助于多维度理解哲学思想产生的根源。但是，在差异产生原因的分析上，如果能结合时代特色，包括人文、科技及同时期其他哲学思想来综合剖析，会更加全面和深刻。（医学研究院　蒋　卫）

摘　要：公元前800—前200年间，人类文明产生了重大的向前跨越，这个时代也被称为轴心时代。在古希腊与古中国，两片拥有悠久文明历程的土地上，诞生了苏格拉底、柏拉图、孔子、老子等思想巨人，奠定了这两个社会后来的思想、教育、习俗等方面的基础。他们的思想对于现世中西方文化仍有不可磨灭的影响，而通过对柏拉图《理想国》与孔子"大同社会"的两相比较，对了解中西方理想社会形态、思维方式、文化心理等有重要意义。

关键词：理想社会；东西方文化；柏拉图；孔子；理想国；大同社会

一、《理想国》：西方缩影

柏拉图作为古希腊早期代表型哲学家，具有唯心主义倾向，而他所设计的理想国被称为人类最早的乌托邦，深深体现了他的美好理想。

在柏拉图的理想国中，人有三种快乐、三种欲望和三种统治，于是自由民可以被分为三类人，又对应三个等级，分别是：金——统治者，智慧而理性；银——军人，勇敢而激情；铜——生产者，被统治阶级。

“理想”的城邦最高追求是“正义”，如何正义？第一步，柏拉图认为需要让统治者正义，即让哲学家成为统治者或者让政治家学习哲学，因为在他心目中，哲学家最高尚、最具有智慧，也只有哲学家才能正确理解国家的最高理念，掌握治国的知识。第二步，拥有智慧的哲学家统治者能令所有人各司其职，每个人根据自己的禀赋确定自己的职业，只做自己分内的事，互不干扰，绝不过问。第三步，对于国家，柏拉图提出了更高的要求。他认为国家、政治、法律要朝向真正的存在并与人的灵魂相关才有意义。这就不仅是关乎国家治理，更是上升到精神层面了。这里他提出了著名的洞喻理论，人所看到的，从洞壁上的阴影，到火光下的实物，再到夜空中的星光月光，最后到太阳本身①。“太阳”代表着“善”，他希望人能够通过辩证法的推理，而不是感官的知觉，去了解事物的本质，乃至达到“善”的本质，这样才算达到了可知事物的顶峰。

“理想国”中所描绘的有美好的愿景，但其本质，也是最不能为现世社会所接受的，是奴隶主贵族统治。其中人人生而不平等、独裁统治等注定了“理想国”不会实现，历史的进程不断推进、不会选择回头。以辩证的眼光看“理想国”，它对智慧、理性、正义的绝对追求一直鼓舞着我们改良与前进。

二、“大同社会”：东方缩影

“大同社会”出自西汉戴圣《礼记・礼运》②中所记载的孔子所言，孔子作为古代主流思想——儒家的创始人，奠定了儒家思想的基石。因此，可以说“大同”代表了中国传统观念中的理想乌托邦。

大同社会的核心，是“天下为公”。整个社会，整个国家是天底下所有百姓所公有的。如何公有呢？最重要的是权力的公有，通过“选贤举能”，即由全社会所有人，一起选举出能人贤者作为管理者。管理者的权力由民众赋予，自然也可以由民众收回或改变，这样从根本上就防止了国家权力的垄断，也达到了鞭策管理者的作用。其思想竟然与现代民主选举、社会契约有所重合。而权力的公有就进一步保护了全社会其他方面的公有。可以说，“天下为公”的口号在根本上是反对王权的，在大同社会里，不存在绝对的权威。

以“天下为公”为基础，从而形成良好的社会关系，可以分为人与人间关系，和人与社会间关系。人与人之间，要“讲信修睦”，因为地位十分平等，不存在压迫，不存在依附，所以和睦相处，其乐融融。人与社会之间，“故人不独亲其亲，不独子其子”，把所有的老

① ［古希腊］柏拉图：《理想国》，王铮译，重庆出版社 2016 年版，第 220~223 页。

② （西汉）戴圣：《礼记・礼运》，西安交通大学出版社 2013 年版，第 87 页。

人当做自己的父母爱戴，把所有的孩子当作自己的孩子照顾，社会处处充满了关爱；“鳏、寡、孤、独者皆有所养，男有分，女有归”，任何人都能得到社会的关怀，任何人都主动关爱社会，任何人都有合适的归宿，这有些类似于理想化的社会保障制度。

而对于社会财富的分配，也坚持了绝对平等的思想。“货恶其弃于地也，不必藏于己；力恶其不出于身也，不必为己。”财产浪费是可耻的，财产私藏也是可耻的，每个人都有高度的社会责任心，反对浪费和自私自利的行为。这样财富的平均下，自然不会有盗贼作乱、谋财害命，社会风气良好并且十分安全，以至于“外户而不闭”。

“大同社会”中包含了许多今天来看也很先进的理念，它靠近于共产主义，又加入了极高的道德要求，在生产力无法达到的时期，我们依然“虽不能至，然心向往之”。

三、两种理想社会之间的差异

理想国与“大同社会”间有许多惊人的相似之处，但也有许多差异。本文选择了三点笔者认为最根本、最重要或对现世文化理念差异影响最大的观点加以阐述。

（一）人性论：性恶论 VS 性善论

对人性论的看法是对所有事物看法的基础，也是对所有制度构建的基础。

柏拉图《理想国》中，能体现出人性本恶的观念。正因为相信大部分人都是“被绑在洞穴里的，愚昧无知的人”，因此对于教育学习，对于通过知识得到智慧的哲学家十分重视；正是由于相信人“在任何场合下，一个人只要能干坏事，他总会去干的”①，“那些做正义之事的人并不是出于心甘情愿，而仅仅是因为没有本领作恶，或为了博得一个正义的好名声所得到的许多好处”②，因此需要设立法律，需要追求正义，需要强调正义之人的快乐一定比不正义之人的快乐更加快乐，更加幸福。或许因为相信“神”的原因，宗教性的崇拜之中“神”代表了绝对的正义，而人背负了类似“原罪”的东西，因为相信灵魂不灭，人们所努力达到的正义、善，在柏拉图看来是对神的美德的模仿，为了得到神的喜爱与重视，无论是生前还是死后，总会有所回报。

孔子虽然没有留下明确的“性善论”的论证，但从其流传的话语中，尤其是其后儒学传承大家孟轲是明确的性善论的拥护者，可以推测出性本善的思想。大同社会中，人与人之

① ［古希腊］柏拉图：《理想国》，王铮译，重庆出版社 2016 年版，第 41 页。
② ［古希腊］柏拉图：《理想国》，王铮译，重庆出版社 2016 年版，第 44 页。

间的关爱与和谐，也是不需要特别督促与约束的，处处体现出了一种自由与平等的和谐感。大同社会中也并未提到法律条文，而是通过民众本身的高尚道德，自然而然的达到和谐友善。

性善与性恶在国家治理方面所造成的最突出的表现之一就是维系社会稳定的工具的不同，性本恶自然需要强制武器，统治者、法律等严格要求，需要不断教育得到提高；性本善则更依赖于道德的感化，更强调人的社会责任感。

(二)最高追求：善 VS 仁

柏拉图所说的“善”与今天所理解的善的含义有所出入，我们今天所理解的善，与“仁”基本为同义词，解释为善良、仁爱，这就足以体现中国文化的源远流长与一脉相承，及受儒家文化的影响之深。

柏拉图把“善”比喻为太阳，“善”的具体化详细化为真理，就像太阳的光线。而在真理光线的照耀下，所有的事物：知识、正义、美等等得到哺育而生长。而如何认识事物？不能靠肉眼，需要靠人的灵魂去“看”到正义，“看”到真理，甚至“看”到善。

柏拉图所指的“善”更像一种绝对的正确与完美，尤其是绝对的理智。因为在他认为，辩证法是最高的科学，引导人去达到事物的本质。“当一个人企图靠辩证法通过推理而不管感官的知觉，以求达到每一事物的本质，并且一直坚持到靠思想本身理解到善的本质时，他就达到了可知事物的顶峰了。”①可以看出，他对于理智有绝对的追求，而相对的，对于感官感知是否定的。另外，从理想国中的政策中去推理，以他特别提到的共妻共子制度②为例：婚姻由国家安排，使最好的男人与最好的女人结合在一起，最坏的男人与最坏的女人结合在一起；女人和儿童是成年男性所公有的，父母不知子女，子女也不知父母；生下来有缺陷的孩子会被秘密处理掉。柏拉图对于“完美”有偏执又绝对的追求，为了达到理论上城邦的最优化组合，他是不在意人性的本能与伦理的，只追求理智上的最完美。我想，他的“善”就是以这种观念为基础，保持着哲学家的绝对理智，及其凝结出的完美主义。

孔子的“仁”在《论语》中给出了明确的解释，“克己复礼为仁”③。指的是通过自我的道德，约束克制，净化自己的内心，符合礼仪规范(当时指周礼)。“仁”是一种对社会礼仪的遵守，但这种遵守不是靠法律强制要求的，是通过内心反省教化，由内而外达到的。

---

① [古希腊]柏拉图：《理想国》，王铮译，重庆出版社 2016 年版，第 224 页。
② [古希腊]柏拉图：《理想国》，王铮译，重庆出版社 2016 年版，第 156 页。
③ 常谦和：《论语诠释》，复旦大学出版社 2016 年版，第 231 页。

可以想象，在孔子的脑海中有怎样的画面：人人儒雅随和，温文尔雅，言行举止文质彬彬，有君子之风。是多么和谐又难以达到的景象啊！

可以看出，柏拉图关注的重点是个人，针对统治者，通过统治者达到绝对的理性，有效治理国家；而孔子关注的重点在于社会，只要人人有“礼”，不去破坏扰乱他人，就能形成和谐的社会氛围，并不对个人的精神觉悟有多高的要求，只是不影响社会秩序就行了。

特别要提的是，在我的感受中，柏拉图的“善”像一位严格又一丝不苟的法官，追求绝对的真理，保持绝对的理智；孔子的“仁”像一位慈祥的老者，循循善诱的教化，给人更多的人情味。

(三)天人论

天人论简单来说指对神的看法，影响着人对世界的关注角度。我认为这也是现世中西方文化心理差异的一个重要原因之一。

显然，柏拉图相信神的存在，并且神拥有绝对正义与美德，从而相信灵魂的存在与灵魂不灭。这样一来，他自然就可以追求绝对的正义，因为即使现下并没有因正义得到好处，但灵魂不灭，正义将得到神的喜爱，在死后也会得到报酬。与之相对，以孔子为首的儒家学者，大部分对鬼神之事避之不谈。孔子说：“敬鬼神而远之”①就是指无法说清鬼神之事是否存在，在内心里尊重它，然后不去管它就罢了。因此，儒家一直是入世主张，重视人在现世的生活。于是儒家的大同社会里也是人人和谐快乐，用现在的话说是注重人民的“幸福感”的，它所要遵守的“礼”也绝不是像清教徒一样的禁欲主义，而是不伤害别人，不威胁社会，安安分分，享受和谐的快乐。不会对个人的精神觉悟要求上升到理性思考的哲学程度，只提出他所认为基本的道德。

在现实社会，宗教信仰是否占主流是中西方文化的重要差异之一。也有人对于中国人缺乏信仰，缺乏敬畏产生质疑与诟病，我想，千年前圣人已经提出的方案，或许能有所启迪。

四、对差异原因的分析猜想

首先，按照唯物史观，经济基础决定上层建筑。中西方不同的经济模式、客观自然条件必定会催生出不同的观点理念。以商业为主的海洋文明、小国寡民的城邦形态强化了对

① 常谦和：《论语诠释》，复旦大学出版社2016年版，第121页。

个人的重视，理性精神的觉醒；以农耕为主的农业文明、地大物博人口繁多的国家形态，也造成对社会整体、和谐稳定的更加重视。

其次，每一种思想都包含了对前人的总结经验和对社会现状的反思。古希腊的古典时代是文明的顶峰，随即由盛而衰。柏拉图在经历过城邦的民主制度后，深刻反思了由民主导致的愚民统治与暴民统治之下的种种问题，于是坚定地认为应让有智慧有能力的少数人治理国家，各司其职，其他人不应参与国家治理。孔子则经历了分封的瓦解，认为应该重建“礼”的秩序，大家安分守己，不造反作乱，这就需要人人平等，以此达到社会和谐稳定。

可能的原因还有很多，包括个人因素、社会环境等，此处限于篇幅无法一一具体解释。

五、总　　结

在阅读《理想国》的过程中，联系思考，横向比较同时期东方文明里孔子的大同思想，对两位先贤的思想都有了更为深入的思考。中西方文化差异是巨大复杂而又精细微妙的，通过探究两方文化源头处对理想社会的看法，以小见大，可以感受到不同的文化心理。无论如何，“理想国”与“大同社会”都如同乌托邦，在我们仰望星空时，鼓舞我们在追求美好生活的道路上前进。

自由还是秩序

——《冰汽时代》里的中西方理想国理念冲突

樊　浩　数学与统计学院（2019302010152）

【指导老师评语】本文立意新颖有趣，通过中西方玩家在《冰汽时代》游戏中构建末日恶劣环境下的社会的方式及社会后期发展的对比，结合理想国中的理念，比较中西方思想文化的差异。受限于游戏数据来源的可靠性及全面性，文中部分观点有失偏颇及稚嫩之处，不过瑕不掩瑜，作者的分析与讨论逻辑清晰，论证比较充分，在论文的最后若能以引人思考的问题或总结自己的立场的文字进行观点的升华则更理想。(计算机学院　王玲玲)

摘　要：《冰汽时代》游戏背景设定——1886年喀拉喀托和坦博拉的火山相继喷发，同时其他未知因素引起了全球火山冬天，导致了普遍的农作物歉收，进而造成了数百万人的死亡(该事件与1883年历史的喀拉喀托火山爆发大致相符，火山爆发导致全球变冷)。在游戏中，为了延续人类的火种，当局在煤炭资源丰富的北部建造了几套称为“发电机”的设施，这些设施被设计为城市中心，对城市实现热能供应。在此情况下，玩家作为“发电机”周围城市的领导者，必须做出正确选择以确保人类的生存，而中西方玩家选择的不同游戏策略，反映了中西方文明对于理想国的不同认知。

关键词：自由；生存；信仰；秩序；《理想国》

一、公平正义——西方柏拉图式的理想城邦

在柏拉图的《理想国》中，苏格拉底表达了自己对于至善至美的理想城邦的看法：聪明智慧，勇敢刚毅，明睿克制，平等公正。

聪明智慧是对领导者的要求，在于采用城邦事务的最好决断；勇敢刚毅是对守卫者的

要求，在于守卫者对于命令的执行，以确保城邦的稳定；明睿克制是对于普通的被统治者的要求，在于定义整顿的秩序以及对于欲望的节制。而对于最后一项公平正义，苏格拉底给出了自己确切的答案，即：每个人从事自己天性适合的事情，而心无旁骛。在这四个特点中，最后一项的公平正义得以与其他三项区分开来，原因在于公平正义不局限于规范某一特定群体，而是针对于城邦群体下的所有人。

苏格拉底认为，在理想国中，被统治者对于统治者和守卫者的情绪应该是崇敬，崇敬他们的能力强大，而不是敬畏与恐惧，统治者和守卫者对于被统治者也不应感到鄙夷或是不屑，而是感激，感激他们的劳动和税收。由此看来，在柏拉图的《理想国》观念中，城邦中的各个阶级的关系应该是平等的，因而公平正义才可以在同一尺度下适用于所有人。

二、生存希望——近代中国对理想国家的普遍追求

在近代历史中，以英国、西班牙、法国为代表的欧洲国家，凭借着庞大的航海贸易规模和美洲大陆的发现并殖民活动，在积累了财富以及劳动力的资本后，率先于中国之前完成了工业革命，逐步在科学，人文，技术，生产力上全面领先中国。直至十九世纪初叶，英国通过向中国输送大量鸦片，并通过外交干涉强制中国政府对于鸦片的抵制，正式拉开了中国逐步沦为半封建半殖民化国家的序幕。

可以说，中国的近代史，既可以认为是半部战争史，也可以看作是半部屈辱史，在列强入侵的大背景环境下，本国人的生活可谓是水深火热，安居乐业已经是一种奢望，生存下来并延续下去已经变成最重要的目标。同时，因为教育对于历史的普及以及引导，中国人对于“生存”这一生物的基本目的的渴望并没有因为历史的缘故而逐渐衰减，相反，得益于此，中国人对于“生存”的需求甚至高于“自由”之上，因而中国建立了一整套监管暴力的法律秩序，成为了世界上对于暴力管制最为严格的国家之一。

三、文化差异下的不同抉择

“我们制作这款游戏的初衷，是为了宣扬人类在自然面前的渺小，统治者的道德抉择以及对于人性的拷问”——11 bit studios

(一)资源分配

在《冰汽时代》的背景中，游戏的最终目的只有一个，就是撑过最后一场暴风雪并且确

保最后一批人类可以生存下来。在-150℃下，生存的必要条件就是矿物资源以及食物的充裕。在游戏的设定中，矿物资源与食物均不会凭空而来，而是需要玩家指挥居民(游戏NPC)进行种植，采矿，狩猎等各种方式获得。

在游戏进行的过程中，玩家需要对食物以及矿物资源进行合理的供应，以满足城邦中居民的正常生存需求。游戏中不同的居民身份需要不同份额的食物以及供暖，譬如猎人因为需要外出狩猎，因此需要的供暖较少而食物的分配份额较多，而城邦内部的工作人员则与之相反，需要更多的供暖而非食物。

在游戏中上，资源的掌控与分配成为了城邦中最为重要的事宜。在游戏初期，所有玩家基本都会遵守每个人的按需求进行均等分配。按此进行，大部分对于人员工作分配不均的玩家将会出现矿物资源与食物很快匮乏的情况，分歧点便就此产生：(1)是选择坚持现有分配制度直至资源匮乏还是选择减少供给以达到储存资源的目的；(2)是选择坚持原有的8小时工作制还是选择进行10小时工作制；(3)是否需要降低工作年龄，即将部分工作分配给儿童以增加劳动力数目。

针对以上三个选项，两方玩家作为城邦的领导者做出的选择大体上分为两类。

大部分西方玩家仍然侧重于原有的生产及分配制度：对于每个人仍然实施均等分配，不延长工时，不降低工龄。然而不久之后便因资源的匮乏导致人类城邦的灭亡。

中国玩家则选择了另一条路，对于原有的生产分配制度进行改革：对于猎人，科学家等重要生产人员进行充分分配，而对于普通平民，则进行基本分配，保证个人的基本生存，对于病人则保持原有供给，保证人口数目稳定；通过降低工龄，延长工时来增强劳动产出，囤积资源。最后硬生生将末日生存变成了生产自救、社会主义大生产。在NGA中，甚至于有一些玩家探索出了“童工+延时+工作站+科技发展+机器人”的高效率生产模式，使得在游戏初期就产生大量的物资盈余，在无尽模式中也能随意的进行物资供给。

(二)情绪处理

在末日求生的背景环境下，严酷的外界环境和对于外来人口的收留导致城邦总人口不断增多的内部矛盾，使得部分居民对于能够生存下来的信心不足，因而在一段特定的时间内城邦的犯罪率迅速上升，劳动效率降低，自杀人口数量迅速增加。

实际情况下，大部分玩家在熟悉了游戏的规律后，都选择开启政府高强度宣传中心，增加警察以及监狱人员配比，鼓励市民相互监视，从而稳定城邦内部秩序。然而，在接下来的事宜处理过程中，即使玩家完美无缺地处理了余下的任何一个争端，处理好了各种意想不到的突发事件，让城邦中的所有人都能撑过最后一场暴风雪并迎接崭新人类纪元的到来，他们也无法逃避来自最后的，制作组在程序上为他们准备的道德审判：这样做，真的值得吗？这场道德审判不关乎最后多少人生存，资源盈余有多少，修建了多少房屋供给。只要玩家在秩序与信仰中选择了任意最后三条法典，就会被系统贴上“独裁者”的标签，并给以伪善的道德质问：“值得吗”？

四、从《理想国》理想城邦要求分析双方理念冲突

由苏格拉底对于理想城邦的定义不难看出，在《冰汽时代》中中国玩家所建设的城邦对于苏格拉底理想城邦的定义已经满足前三点，即：聪明智慧的领导者，勇敢刚毅的守卫者，明睿克制的被统治者。而最后一项“公平正义”在不同的文化背景下有着截然不同的要求前提。

在西方价值观的影响下，个体本位成为西方文化的主流思想，个体平等的观念早已深入人心，进而发展成为自由主义思想，并且渗透到西方的政治，工作，经济和社会生活的方方面面①。正如美国《独立宣言》第一条所指出的：人人生来平等，神赋予了人类与生俱来的权利，生命权、自由权、追求幸福的权力。因此，在面对食物，矿物的分配选择上西方玩家侧重于均等分配，以统治者的权力强制要求人人平等；在面对有个别人士扰乱城邦秩序的情形下，也同样地只是做出了安抚等柔性措施。抛去偏见不谈，以上措施确实保证了个体的相对平等，同时也保证了个人行使自己生命权和自由权的权利。但是在《冰汽时代》的背景条件下，为了公平正义所付出的代价便是逐步上升城邦灭亡概率，即以人类种族的延续作为抵押来实现所谓的公平正义。这与生物的追求生存延续的本质显然背道而驰，在生死存亡的绝境关头还要讨论人权显然是荒谬的。

受中国近代历史和中国传统的农耕族群文化的影响，重整体而轻个体是中国传统道德伦理观的一个基本价值取向。中国封建宗法社会的先民长期扎根于土地上，形成了日出而作、日落而息、凿井而饮、形成了安土重迁、眷恋家园的国土情怀，其社会是家国一体模式，即家是国的缩影，国是大家的家②。儒家思想对人的成就分为四等：修身，齐家，治国，平天下。由此不难得出，国家天下的利益是远高于个人利益的，正是因为这种传统的家国情怀道德观念，使得中华民族对于灾难环境的韧性格外强大。站在中国人的价值观上分析，生存延续是一切的根本。而个体的利益不能与整体的利益相抵触，在极端环境下，放弃一部分人的利益而选择让整体能够延续下去，这一点在中国的当代道德观念上是可以

① 任秀芹、张仁福：《群体本位和个体本位——中西文化价值观比较》，《云南财贸学院学报》2006年第3期，第147~150页。

② 任秀芹、张仁福：《群体本位和个体本位——中西文化价值观比较》，《云南财贸学院学报》2006年第3期，第147~150页。

接受的。因此，在资源即将匮乏时，中方玩家选择了加班加点、不均等分配、降低工龄等手段，通过违背个体或考少部分人的利益从而尽可能的增大族群的生存概率。

中西方对于理想国中公平正义的认知，即个体与集体是否平等，正是双方生存理念的冲突点，而在《冰汽时代》的极端环境下，双方在游戏中的抉择所产生的道德观念上的差别被无限地放大。西方社会在宗教背景的影响下逐步形成的“天命人为”的消极理念则为个体主义穿上一层简单的“遮羞布”——个体的力量总是渺小的，人只需要行使上天赋予的命令即可，上帝会派遣神使来解决人类无法解决的天灾。受家国文化以及集体制度的影响，中国发展出的“人定胜天”的积极思想，不能一味的接受现实，而要选择去改变现实。集体的力量总是强于个人的，因而在面对天灾时，中国人更倾向于抱团取暖，借助集体的力量。

在文化背景的冲突与碰撞之下，中西方玩家的选择导致游戏走向了截然不同的道路。西方玩家选择了信仰，在冰天雪地的夹缝中艰苦求存，期待着虚无缥缈的上帝的拯救；而中方玩家选择了秩序，在法典秩序的维护下于荒凉冰原中生存，度过一次又一次暴风雪的侵袭。

论　无　用

尹萌璐　经济与管理学院（2019301051207）

【指导教师评语】 本文从《形而上学》出发，结合中国古代哲学思想和近代西方科学的发展，论述了“无用”的才是真正有大用的。最后得出结论：“无用，方得从容；无用，灵魂方得到栖息。正是这份从容，足以抵挡讽刺，足以包含功利。”行文流畅，逻辑性较强，观点明确。（动力与机械学院　金振齐）

摘　要： 亚里士多德在对知识的分类中将附有无用色彩的智慧单独提取出来，与功利性的经验、技艺相区别。以无用为目的，能开辟出一条通往智慧与善的道路。虽然这种探索的初衷是无功利的，但若采取一种更深远、更全面的眼光，就能发现这种探索或可产生有用的效果。追求无用以生存与闲暇为前提，但追求生存与闲暇未必需要牺牲智慧与善，二者有可能兼得。我们应当摒弃、排斥、教育功利之心、包容合理的求用之心，从而守正无用之心。

关键词： 无用；智慧；亚里士多德；形而上学

笔者读到《形而上学》中“他们是为了认识而追求科学，而不是为了任何实用的目的”①时，不禁惊叹，东西方的指明星竟然同时闪耀于一处——其与庄子的“无用之用，方为大用”都聚焦于无用。至上哲人的思维仿佛穿越时空，让人醍醐灌顶，指引人向更深处探寻。

一、无用乃目的

亚里士多德在《形而上学》中将知识分为经验、技艺和智慧：经验，由感觉和记忆积

① ［古希腊］亚里士多德：《形而上学》，李真译，上海人民出版社 2005 年版，第 19 页。

累，是关于个别事物的知识，知其然不知其所以然；经验炉火纯青可以造就技艺，技艺是知其所以然的普遍知识；智慧是“关于原理和原因的知识”，最高的智慧是关于第一原理、第一原因的知识。当然，他没有歧视匠人的经验和技艺，更没有贬低那些不能将自己的知识传授给他人的技艺家，但只有追求智慧才是他所认可的矢志追求和无上荣光。将知识分成三个层次，则容易解释无用乃圣人的目的了。获取经验和技艺来谋求生存往往蕴含追求功用的目的，蕴藏着主观愿望的实现。不论是为了谋求生存，还是为了愉悦或娱乐，某些技艺的发明往往以解决现实问题为导向。而成为智慧的知识关于原理，关于原因，似乎很难应用和转化为现实物质和利益追求，则可以推测其主体的无功利性。

那么以无用为目的的行为主体又有着怎样的心理呢？是内心深处坚信此事现在无用而将来有用，还是承认尽管无用还要“虽千万人吾往矣”呢……对此，则不必苛求完全、纯粹的无用。怀着有用的心态追求内心智慧，无疑会为追求无用的旅途提供强大的精神动力和指引。当时的经院哲学以唯心主义为圭臬，将亚里士多德的哲学视为异端、邪说，违反了教义，下令将其禁止，直至其去世300多年后才有著作的正式版本流传。那些被视为无用的哲学思想是如何被传承的，那些不被认可的研究是怎样被坚持的，笔者不能想象，更不敢想象。素来哲学被标榜无用，而亚里士多德大胆承认自己的朝圣之路是无用的，无功利的。不必说他在医学、植物学、化学、心理学上的光辉成就和累累硕果，单说其在哲学上散发的绚烂光芒，就足以明晰，其追求智慧、满足好奇而非功用的纯净心灵。在我眼中，比“许多科学的创始人”更能代表他的，是追求惊奇和智、善的赤诚。

当然，在“用”的定义上，也需要进一步阐明。这里的用，是实际功用，是满足某种低层次或者物质的需要，是仅仅为我、为自身的功用，而不代表对他人、对整个人类、对自然、对世界的用处。亚里士多德在《尼各马可伦理学》中提到了著名的利他主义原则，“当然，公道的人常常为朋友或他的祖国的利益而做事情，为了这些他在必要时甚至不惜牺牲自己的生命。他可以放弃钱财、荣誉和人们奋力获得的所有东西，而只为自己保留高尚。”①这正是对无用的最生动诠释。圣人的无用与为他人、为人类、为自然提供益处是可以并行不悖的。那么，无用并不排斥无私的奉献，对于更深意义的用处的包容始终存在。

将目的纯洁地无用化后，就引至行为的终极目标——追求智慧或者善的理型了。亚里士多德号称百科全书式学者，在广泛的学科中涉猎的目的不是具体功用，而是满足惊奇、探寻知识、获取智慧、达到善的终极。那么，暂且可以说无用和追求智慧、达到善的终极是一个问题的两个方面。人们常听到学习数学是无用的，然而欧几里得则用宏篇著作《几

① ［古希腊］亚里士多德：《尼各马可伦理学》，廖申白译注，商务印书馆2003年版，第277页。

何原本》向世人证明，那充满逻辑与理智的思维过程是多么引人入胜，那在好奇心驱使下的演绎与整理是多么令人敬佩。数学如果只考虑其功用性，又何来其伟大的跨越与发展？由此可见，没有先辈们对基础科学的无功利性追寻，就没有人类史上对自然界的丰厚认知和壮丽成就。自然科学如此，哲学也异曲同工。爱智慧是哲人的信条，追求智慧是哲学亘古的箴言，追求至善的哲学家们对人们灵魂的洗礼和思想的升华不必赘言。

二、效果或有用

庄周在《庄子·人间训》中讲了个小故事：一棵树干有百围粗的栎树，被匠人视作无用之树，只因其造船则会沉，做用具易毁坏，做棺材易腐烂，而树则托梦告诉匠人说，它正是因为没有实际功用，而得以生存，不受世俗之人的敲打和砍伐，最终成长高大并长寿。看似无用之树，实则有着大用，想必世间万物均是如此。阴阳相生，福祸相依的辩证法在国人心中从小生根发芽。无用与有用、小用与大用的桥梁和沟壑或许只是主观臆想，联结与转化往往需要我们不断求索和追寻。的确，栎树是无用的，它不能转化为实际的世俗的功效，然而未发现的，是对一个生命的保存和延续之用；未被探求的，是对自然的保护和发展之用。

从历史维度上看，无用之用可能在未来得以发扬。再将目光聚焦至《几何原本》，其公理化方法泽被后世，试想又有几人能知其推崇简洁的精神影响到西塞罗，让其提出了微言大义的自然法精神？又有几人能知其公理化方法能推动千年后牛顿《自然哲学之数学原理》的体系构建？又有几人能知其思维逻辑方式至今仍印刻于人们心中？将思绪拉至现今，钟扬博士在雪域高原上克服高原反应，不畏坎坷风霜，坚持收集无数植物种子，看似无用，然其前瞻性正在于植物基因的保存，可能穿越时间，“拯救一个国家，造福万千苍生”。由此可见，经过时间的淘洗，用处益处或许逐步显现，对人类、对自然的福泽也许隐藏在时光之中。

从逻辑维度上看，无用之用或许成为同一研究领域的基石。罗马不是一日建成的，巨人也需站在前人之肩上。被视无用的亚里士多德哲学和科学研究，尽管在现今看来存在着朴素和谬误，甚至极端和激进，但其对唯物主义、对科学的奠基作用不可泯灭。聚沙成塔，集腋成裘，没有前人的铺路，后世发展举步维艰。《自然哲学之数学原理》更是物理殿堂的地基，其中科学的理论体系成为了物理学研究的经典范式，无论是卫星发射还是建构大厦，都得益于其破解的基本规律。原理性的知识虽然晦涩，不具有很大当代现实功用，但对人类共同体的同一研究进程来说则是攀登顶峰的基础。

三、无用之前提

“当所有那样的发明都已建立起来时，那种并不为了提供愉悦或为了生活必需的科学就被发现了，而且是在那些人们最先有了闲暇的地方。”①“那是在几乎所有的生活必需品以及提供舒适和娱乐的事物都已得到保障时，才开始寻求那样的知识的。”②亚里士多德认为追求智慧和以无用为目的是以生存与闲暇已经得以保障为基础的。对此，笔者深以为然。只有免于匮乏，得以自由生存，人们才有可能追求更高层次的无用之旅。这充满了唯物的神圣之光，只有物质的大厦岿然耸立，精神的家园才可能具备存在之基，进而达至丰盈。仓廪实而知礼节，衣食足而知荣辱，这也正是最佳印证。

那么，仓廪未实时是否可以抛弃对无用的崇高理想了呢？不敢苟同，对暂时追求生存的包容并不意味着鼓励对神圣追求的停止。相反，在处理生活的苟且的同时，可以不忘心中的皎洁月光。“针对这两种已经提到的好的东西，对身体好的和外在好的，或者是财富，亚里士多德又提出第三种。这些好东西被亚里士多德称为精神益处。”③亚里士多德也将对身体好的东西和财富，放在了精神益处之前。思想家泰勒斯即是鲜明注脚。在预测了某年天气和橄榄的丰收后，他果断买下了米利都所有的橄榄榨油机器，进而成功获得了大笔利润，缓解了做哲学研究带来的窘困。不管是为了追求商业利益，还是为了向同胞证明智慧能够带来财富，其对哲学永恒的信仰与探寻不曾改变。他虽是商人，却无意专注经商，反而研究“无用”的东西，将精力花在更值得的位置，给天文、数学、哲学留下丰厚“大用”。

四、致求用之心

人非圣贤，人人都并非有追求无用之心。对待追求功用的心理，应采取什么态度呢？

首先，应摒弃、排斥、教育功利之心。正如洞穴之喻中走出黑暗洞穴的人，在看到太阳象征的善，也就是明白真正的目的是无用和追求智慧后，应勇敢地回到洞穴，积极解说，努力说服被阴影蒙蔽双眼的同伴们。同伴们为了追求利益，不顾一切手段，并将之视为生命的意义与价值。在功利给人们带来的欲望满足下，在阴影的欺骗中，他们的功利之

① ［古希腊］亚里士多德：《形而上学》，李真译，上海人民出版社 2005 年版，第 17 页。

② ［古希腊］亚里士多德：《形而上学》，李真译，上海人民出版社 2005 年版，第 19 页。

③ ［美］莫提默·艾德勒：《每个人的亚里士多德》，刘洋译，中信出版社 2019 年版，第 106 页。

心已经超乎正常，失去了对智慧和理的追求和向往。这时，走出洞穴的勇敢者昂首站出，拨开层层迷雾，拂去无穷欲望带来的麻痹，用自身行动摒弃、排斥过度追求功用之心，号召、感染同伴们追求无用，通过教育这一人类最高洁的恩赐带领同伴走出洞穴，共同迎来真正的理性之光。

其次，应包容合理的求用之心。前面已经提到，人们只有在免于匮乏，只有在物质生存得到保障，只有获得自由和闲暇，才有追求无用的可能，这意味着追求无用的道路上必然伴随着追求物质满足，追求功用的过程。另外，不能否认的是，追求功用的心理蕴藏着巨大精神力量，指引激励人们不断前行。正是亚里士多德渴望给学生留下知识之用，给人类留下精神瑰宝之用，才断然离开亚历山大，建立学园，教授哲学；正是牛顿盼望帮助人类了解宇宙体系，为他人揭开物理世界奥秘之用，才在科学海洋中燃烧激情，打破宗教禁锢，毫不畏惧。为他人、为社会、为自然、为世界谋求有益的奉献精神，当然值得推崇。这与讽刺无用之人形成鲜明对比：有人讽刺无用之事，排斥、孤立做所谓无用功的人，视之另类、异端。我想，亚里士多德的一句话则是最佳反击："他们活着是为了吃饭，而我吃饭是为了活着。"无用，方得从容；无用，灵魂方得到栖息。正是这份从容，足以抵挡讽刺，足以包容功利。

望你我守正无用之心。

以亚里士多德“四因说”解读短视频文化的流行

邹　博　水利水电学院（2019302060250）

【指导老师评语】本文依托“四因说”对短视频文化的流行进行了分析阐述。本文最大的特点在于将亚里士多德的“四因说”与时下流行文化结合，将课程所学、所思灵活融入到人们日常关心的话题，有一定的新意，并能引发读者的兴趣；本文叙述清晰，分析层层递进，语言流畅。（水利水电学院　杨威嘉）

摘　要： 随着时代的发展，以抖音、快手为首的短视频软件横空出世并迅速发展，仅仅三年就获得高达数亿的活跃用户，这标志着短视频文化的流行。本文以亚里士多德的“四因说”——即形式因、质料因、始动因和目的因解读短视频文化的流行。

关键词： 四因说；短视频；流量

一、背　　景

随着时代的发展，短视频文化开始流行，越来越多的网民开始倾向于观看短视频，在公共场合如商场、地铁等地点，随处可见低头刷短视频的市民。

比较具有代表性的《短视频用户价值研究报告 2019H1》中有一调查问卷：在结束一天所有任务之后，你愿意选择哪种方式进行娱乐？结果表明，有将近 40%的网民选择了通过观看短视频进行娱乐，其中，观看时间超过一小时的网民约占 30%，观看时间在十分钟到半个小时的网民也占 30%。分地区来看，观看时间超过半小时的农村用户占 70%，观看时间超过半小时的城镇用户占 52%。足以看出短视频的流行。

再观具体软件，快手于 2013 年出现，从 2017 年开始用户数快速增长；而抖音于 2016

年首次出现，2018年便火遍全国。至今，快手每月活跃用户突破3亿，抖音的每月活跃用户突破5亿，短视频已经深入人们的日常生活，并获得了一定的影响力。

二、亚里士多德的“四因说”

亚里士多德认为，想要真正了解一个事物，就必须研究其原因和组成元素①。在通过总结古希腊学者的一些观点后，他得到了一些关于“本原”与“原因”的结论，于是，他提出了“四因说”。

“四因说”中，亚里士多德认为第一原因可以在四个意义上表达：形式因、质料因、始动因和目的因。其中，形式因表现出事物的特征或形式，质料因指组成事物的基本材料，始动因体现事物发生变化的原因，目的因则代表事物生成与发生变化的原因。

三、短视频文化的形式因

短视频的时长在几秒钟到几分钟不等，通常在社交平台(如QQ)或短视频平台(如抖音)上传播。

起初，短视频内容的分化十分明显，主流内容较为单一，多为美食、美妆和宠物。而当各大有影响力的博主加入到短视频大军之后，平台与短视频制作者开始推动短视频内容的区分化，最初只顾分享简单快乐的博主逐渐向着多方面、多领域发展，视频制作者也开始逐渐明确自己的定位，向着某一领域逐渐转变，直至成型。

至今，最受欢迎的内容基本分为四大类：

(1)技能分享：在十几秒的时间内分享一项技能或技巧的短视频，分享的多为实用的生活小技巧。

(2)搞怪型：追随某一时期的事物热度，大量草根借助短视频风口在新媒体上输出搞笑内容，内容相似且多具夸张效果。

(3)情景短剧：情景短剧借助短时间内具有较大起伏的剧本，以及人物的夸张行为，可以达到较强的搞笑效果，以此获得观众的青睐。

(4)创意剪辑类：利用创意和剪辑技巧，通过PS、PR制作出唯美煽情或搞笑鬼畜的短视频，有些短视频中也会加入解说等元素。

---

① 赵悦然：《简论亚里士多德的四因说》，《文学教育(下)》2019年第7期，第26~27页。

而以近年来最热门的抖音为例，该软件中短视频长度通常在15秒左右。由于长度的限制，短视频不能表达太多的内容，通常只能包含几个动作：类似于剧烈地挥舞手臂或摇晃身体，手机录屏，对口型唱歌等搞笑行为，亦或是帅哥美女给观众带来视觉上的冲击。

四、短视频文化的质料因

从内容上看，短视频文化的质料因大致为二：碎片性与娱乐性。

1. 碎片性

短视频中，较长的只有几分钟，较短的甚至只有几秒钟，观看者可以在任意地点、任意休息时间进行观看，十分符合当今快节奏的生活方式。

2. 娱乐性

短视频大多具有较强的娱乐性，它可以刺激人们的神经：俊男靓女的互动、煽情的音乐、句句直击人心的脱口秀、高危险性的刺激动作，让人不需要思考就可以有深刻的印象。

将两者合而为一，则得到短视频文化真正的质料因——毒品似的快感。十几秒的短视频充斥着极端的节奏感与无脑的笑点，刺激着人们的神经，让其不需要思考就可以在短时间内获得快感。已较为极端的比喻来看，这种快感就像吸食毒品一样，具有刺激性并给我们带来感官上的享受，而失去时也像失去毒品一样空虚。而随着时间的推移，短视频则需要提供更刺激的画面与更挑逗的情绪，才能给观众带来如之前一般的快感。

从传播上看，短视频的质料因则体现在低门槛与多平台性。

1. 低门槛

随着信息时代科技的高速发展，平板、手机、笔记本电脑等软硬件的性能不断升级与更新，手机变得越来越强大。在一系列短视频软件不断涌现之后，视频编辑软件也开始逐渐出现。至今，仅使用手机便可以完成视频录制—视频剪辑—视频修饰的过程，大幅降低了视频制作的门槛。因此，短视频增加了用户的主动性和提高用户的参与度，实现了用户从被动转向主动接受的过程①。此外，短视频简单易懂的内容也为观众创造了一个极低的观看门槛。

① 邢军：《新媒体时代短视频传播的特点及应用启示》，《传媒论坛》2020年第11期，第40~42页。

2. 多平台性

短视频的传播是碎片化的，它可以在短视频软件上传播，也可以在社交平台上传播。此外，短视频软件上的短视频也可通过分享的方式传播至社交平台(如抖音分享至QQ)，实现跨平台、跨设备的传播。

五、短视频文化的始动因

一方面看来，推动短视频文化发展的，是全体网民。他们既可以是视频的制作者，也可以是视频的观看者。从视频制作者的角度看，他们在短视频中分享着自己的快乐，为观众带来观感上的享受，为自己带来一定的收入，这是一个双赢的局面。从视频观看者的角度来看，短视频能填补上广大群众的碎片化时间，同时在短时间内给予观众快感。

另一方面，科技水平的提升同样推动了短视频文化的发展。从人们进入信息时代以来，互联网与移动设备的结合便使数据流量的成本越来越低，也使短视频的制作成本越来越低。与此同时，制作与观看短视频也不再受任何时间与空间的限制，极大提高了人们的体验，满足了人们越来越高的需求，从而实现了更好的传播。此外，人们还可以在短视频平台上进行互动交流，观众与观众的交流、观众与视频制作者的交流在一定程度上促进了优质视频的制作，实现了短视频的互动性发展①。

可以看出，短视频的迅速发展是新时代发展的趋势。

六、短视频文化的目的因

起初，人们制作短视频的目的多为记录生活，以供多年后回顾品味；或是分享快乐，与亲朋好友一起体验生活的精彩之处。而随着时间的推移，这类非营利性的短视频变得越来越少，取而代之的是注重流量的短视频。每一次播放，每一个点赞，都可以为视频制作者带来收益，也可以为短视频平台带来流量。于是，视频制作者的重心便开始逐渐向着“如何成为网红”“如何为自己带来更多流量”与“如何赚更多的钱”上偏移。

网红带货现象便是其体现之一。在通过精彩的短视频吸引到一大批忠实粉丝后，网红

① 王晓东：《浅谈新媒体时代短视频传播的特点及应用启示》，《中国传媒科技》2018年第9期，第37~38页。

便可通过在视频中使用并推荐某产品的方式进行推销。粉丝看到自己喜欢的网红推荐该产品时，则会更容易相信该产品实用，并去购买该产品。这些网红带货的产品有的质量好有的质量差，但无论质量好坏，都能为网红和其背后的团队带来一定的利益。

如今，有的视频制作者制作短视频只是为了博人一笑，有的只是为了赚钱。大多数视频制作者则同时怀有上述两种目的——功利化目的与非功利化目的。

七、结　　论

短视频的迅速发展是新时代发展的趋势与潮流，以亚里士多德的“四因说”分析看来，从形式因与质料因中可以看出：当今社会是一个快节奏社会，也是一个浮躁的社会，越来越多的人倾向于利用碎片化时间获取短暂的快感，而不是整合碎片化的时间做更加有意义的事，如静下心来看一本书。长此以往可能会导致一个人注意力的保持时间逐渐缩短，变得越来越浮躁，越来越粗浅。

而从始动因与目的因则可以看出：当今社会的科技技术发展十分迅速，各式各样的新技术可以为人们带来各种便利，5G 时代的到来又将为我们带来更多的便利。但随之而来的是充斥整个世界的流量文化，短视频的兴起便是流量文化在视频文化中的最好体现，流量代表着影响力，流量代表着利益。如何对待流量文化将成为我们今后的一大课题。

浅谈“四因说”对自然科学经典导引课程的启示

刘姝骊　城市设计学院（2019302095044）

【指导教师评语】 本文用亚里士多德的“质料因、形式因、动力因和目的因”对自然科学经典导引课程的教学过程进行了整体而系统的探究分析，站在学生的角度浅谈了自己对这门课程学习的感想，明确了学生和老师在这门课程中所扮演的角色，同时为自然科学经典导引课程持续改进发表了自己的看法。论文逻辑结构清晰、观点新颖、见解独特。（水利水电学院　王高辉）

摘　要： 自然科学经典导引是武汉大学为了提升本科教育质量，改善当下基础教育文理分科模式所导致学生知识储备片面而设置的通识教育课程，其目标在于实现跨学科、跨专业的知识融合，以期能使学生文理兼修、德才兼备，最终培养出博雅弘毅、四通六识的适应现代社会发展的复合型人才。为了使自然科学经典导引课程能更好地实现和发挥其价值功能，笔者从一名学生的立场出发，以亚里士多德的“四因说”为理论方法，浅谈了对自然科学经典导引课程的感想，并发表了自己对这门课程今后发展的一些粗略看法。

关键词： 通识教育；四因说；自然科学经典导引；教学研究

一、绪　　论

习近平总书记曾说：“青年一代有理想、有本领、有担当，国家就有前途，民族就有希望。”而大学生作为青年一代的中坚力量，理应提升自己的各项能力，将个人命运与中国的发展紧密结合。为了适应新时代的社会需求，武汉大学秉持着：人才培养为本，本科教育为根，以成“人”统领成“才”的教育理念①，于 2016 年正式开始实施“武大通识 3. 0”课

① 桑建平主编：《自然科学经典导引》，武汉大学出版社 2019 年版，第 1 页。

程体系。这一体系是对大学生人生道路的导引，也是对其思想升华的导引。耶鲁大学于1828年推出的《耶鲁报告》是世界公认的通识教育第一次尝试，它提出通识教育应起到拓宽学生思想广度、不以从事既定职业为目的提升学生综合素质及能力的作用。而在此之后百余年间，各大世界名校都相继提出了自己的通识教育培养方案。或是强调对经典名著的研读和思辨，或是重视通识教育与专业教育的相互融合，观点林立、方法各异。毫无疑问，通识教育已成为高等教育中愈发重要的一环。本文通过亚里士多德整体化的思考方式——“四因说”对武汉大学自然科学经典导引课程的现状进行梳理并探索其未来的发展方向。

二、对“四因说”的思想解读

(一)四因说

亚里士多德(Aristotle，公元前384—前322)是著名的古希腊哲学家柏拉图的高足，其本人也是人类文明史上最为杰出的哲学家、教育家和科学家之一。而“四因说”是他在《形而上学》一书中所提出的一种探究事物本源的方法，适用于自然界中有规律可循的具有目的性的万事万物，是对早期的古希腊四大自然哲学流派思想精髓的提炼总结。“四因说”认为事物的第一原因可以从四种意义上表达：形式因(又称“本因”，即事物的现实本质)；质料因(又称“物因”，即事物的基质)；动力因(又称“动因”，即事物变化的源泉)；目的因(又称“极因”，即事物生成与变化的目的)。这四因相互联系、相互交融，从总体上探察了事物完整的生成过程。以雕塑为例，其形式因是该雕塑所刻画形象的原形；质料因是雕刻所用的原材料；动力因是雕刻者塑造雕塑的过程；目的因就是雕刻者心中想展现美的欲望。

(二)“四因”之间的关系

在亚里士多德出现之前，古希腊哲学界普遍认为“质料因”是自然的本原和事物形成及发展最重要的原因。他们认为世界是由水、火、气、土等各类基础元素所组成的，简言之，世界是一个物质的世界。而亚里士多德追随其老师柏拉图的观点，认为“形式”比“质料”更为重要。他在其著作《物理学》一书中写道：“自然是事物的定义所规定的它的形状或形式。因为‘自然’这个词用于按照自然或自然的事物，就像‘技艺’这个词用于按照技艺的事物或技艺的产品一样。”①

仍以雕塑为例，当它还是一块石头或一段木材的时候，它的“质料因”便已被确定了，但此时它还不能被称为雕塑，因为他还不是一件有“技艺”的产品。因此可以认定，“质料因”只是说明一个事物有发展为更高级的形态的可能，但仅能说明这一事物具有这种潜力，而不能说明这种潜能一定可以顺利发展。例如，一颗种子有成长为参天大树的潜质。可若是在它长大之前出现了旱涝灾害、人为破坏等天灾人祸使其发育不良甚至枯萎死亡呢？很显然，在这种情况下它便不能完成从种子成长为大树的生长过程。通这个案例可以明确的一点是——潜能并不代表现实，它是充满不确定性的，但“形式因”却是现实中确已发生的既定事实，是潜能的最终结果。所以在笔者看来，亚里士多德认为“形式因”才是事物的本原是正确的观点。

三、用“四因说”探究自然科学经典导引课程的内涵

（一）质料因

中国民间俗语常说“朽木不可雕也”，由此可以看出“质料因”的重要性。“质料因”虽不是事物的本原，但却是事物的“目的因”能否实现的基础。自然科学经典导引这门课程的“质料因”自然是其所针对的教学对象——学生。只有建立起良好的师生关系，营造和谐的课堂氛围，才能更好的发挥“质料因”的功效。目前教师在小班研讨课堂上主要起到指导、监督和促进学生解决问题的作用，将课堂主导权交还给学生，便是一种很理想的状态。但学生与石头毕竟不同，石头是没有思想的物质，可以任雕刻者随心所欲地改造。而学生若对教学内容产生抵触心理，即使教师再如何推动，“目的因”也无法完全达成。所以，作为“雕刻者”的教师还应掌握改造“质料因”的方法，即诱发学生的积极性，提升其对于课程的重视程度。细化阶段性任务、增加课堂参与度在考核中的占比，改变学生“非专业课程无用论”的错误观念。

（二）形式因

“形式因”是事物的本因，是潜能的实现。在笔者看来，自然科学经典导引这一课程的

① 宋斌：《人类物理学——亚里士多德物理学研究》，第二届中国科技哲学及交叉学科研究论坛，2008年12月1日，第77页。

"形式因"应是该门课程由策划落地后所呈现出的最终结果，包括授课形式和教学内容两部分。目前武汉大学对通识教育课采用了大课教学与小班研讨相结合的授课方式，其教学内容主要是教材中精选出的经典名著片段。同学们自行阅读后辅以老师的讲解和配套的思考题激发其对名著的阅读兴趣，同时定期的PPT汇报也锻炼了学生小组协作、口头表达、辩证思考的能力。这一教学内容结合了前人通识教育的精华，并在实践中得到了很好的践行，使"形式因"起到了应有的效果。

(三)动力因

在上文中提到的雕塑的例子中我们已经论证了：因为雕刻者是掌握"技艺"的人，并使用技艺对材料进行雕刻，最终石头才能够变为精美的雕塑作品，所以雕塑的动力因是雕刻者。同理，教育并不是一个会自然发生的过程，它是需要人为推动的，而它的推动者便是教师，也就是说——教学的"动力因"是教师。学生自身的能动性固然重要，但如同石头无法依靠自己的力量变为雕塑一样，学生也无法成为自己的第一推动力。而想要加强教师这一"动力因"对学生的影响则要从其对"质料因"(受教育者)和"形式因"(教学活动的设计和实施)的理解和认知能力两方面着手。教师应摒弃传统"填鸭式"的教学方法，以引导者的身份参与教学。

(四)目的因

教育是人类特有的传承文化的能动性活动，教育最终的目的都是为了产出受过教育的人。具体到本文来说，武汉大学开设自然科学经典导引这门通识课程的"目的因"就是使学生能够不局限于本专业的专业技能和知识的学习，兼修文理，在提升人文情怀和美学素养的同时加强理性思考能力和逻辑思维能力，使同学们能够在完成本科阶段的学习后达到博雅弘毅、文明以止、四通六识、成人成才这一终极目标，成为一个适应未来社会复杂发展形势的复合型人才，为中国特色社会主义建设贡献力量。而从学生的角度来说，接受通识教育是一次难得的学习跨专业知识和接受系统科学的思维训练的机会。对待此门课程的学习不应怀有功利心，而应借此机会回归学习的本真，提升自己的综合素质。

四、总　　结

只有厘清事物的本质后才能更好地发挥其价值。综上所述，本文在充分理解了亚里士多德“四因说”的内涵后使用这一框架对自然科学经典导引课程的教学进行了整体而系统的探究分析。在未来的发展中，本文认为在“形式因”这一环节还可以继续精进。比如在课程的授课形式上除了现有的方式外还能加入网络慕课等现代化、信息化的新方法。自然科学经典导引中所选取的名著都有较大的广度和深度，涉及领域很多很杂，对学生的知识储备要求较高，多数学生都无法在现有阶段达到这一水准，因而阅读经典原本有一定的困难，无法完全理解课程内容。而在大班授课的短短几小时内老师的引导和知识补充也是不全面的，使得该课程的“目的因”不能很好的实现。但慕课作为一种打破了时空限制的线上教育模式，可以很好地解决这一问题。学校组织老师录制补充课本知识的慕课视频，可以视为未来武汉大学自然科学经典导引课程的发展方向。老师在线下教学的过程中也应明确自己“引导者”的身份，将课堂的主导权放还给学生，鼓励学生提出自己独特的见解，而不是一味地照本宣科。只允许出现相同的声音，通识课程将会失去其存在的意义。

从亚里士多德的认识论解读第七艺术的真实性

乔夏楠　艺术学院（2019301143005）

【指导老师评语】本文以貌似天马行空的电影艺术为研究对象，运用亚里士多德的认识论结合实例深刻剖析了电影的起源、发展及创作等多方面的真实性基础，提出电影具有真实性这一观点，同时也指出真实性才是电影艺术常青的源动力。文章角度新颖，行文流畅，层层递进且清晰地阐述了自己对经典名著和本专业知识的理解，完美契合了本通识课程提出的“认知不同学科，并将知识融会贯通”的教育理念。（生命科学学院　罗　婕）

摘　要：电影自1985年诞生并逐步成长为独立的第七艺术以来，对电影是否反映真实的争议一直不断。作者从亚里士多德批判地继承柏拉图的形式理论和摹仿说出发，对亚里士多德的认识论进行了阐释和剖析，并运用亚里士多德的认识论解读了第七艺术。这种探讨对厘清第七艺术的起源，把握第七艺术的创作与感通双环节，以及明确第七艺术的真实性本质，均具有重要意义。

关键词：第七艺术；亚里士多德；电影史观；真实性

一、亚里士多德的认识论与艺术观

在用亚里士多德的认知解读第七艺术的真实性之前，首先要阐明亚里士多德认识论与艺术观，并分析在亚里士多德认识论体系下探索本问题的意义。在历史上，对艺术起源的讨论通常会追溯到亚里士多德的老师柏拉图。柏拉图认为，现实世界的一切不过是对理型世界的摹仿①，而这种摹仿往往因为难以完全复制理型而成为不完美的存在。根据理型

① 杨丽华：《浅析柏拉图建立在“理式”之上的教育思想》，《大众文艺》2015年第15期，第1页。

论，柏拉图指出三种世界的存在：理型世界、现实世界和艺术世界。下一级的世界是对上一级的摹仿。在这种世界观下，艺术天然成为“影子的影子”，和真理隔两层，也就无法具有至高无上的地位。

亚里士多德作为柏拉图的学生，在《诗学》中指出艺术创作的基础同样是摹仿，但是这种摹仿应该依据事物应有的样子而非柏拉图所谓完美的理型①。亚里士多德断言第一性的实在是具体的个别事物，他提倡探求关于真实存在事物的知识，把目光从永恒不变的形式转向自然变化着的、为感官所感知的物质世界。在他看来，艺术是把至善的道德实践意义当做目标。正是由于可感事物可以独立存在，艺术才具有反映真实的可能性。

亚里士多德的艺术观对解决现实生活中的艺术问题具有很强的指导意义。在艺术是对客观存在的反映的语境下，它可以是对真实的再处理，亦可是对真实的直接揭露。艺术具有反映真实的能力正是追求艺术的价值所在，而在亚里士多德艺术观的指导下进行的价值倡导则对追求艺术的道路意义深远。将真实性赋予艺术、使其如实地、正确地反映社会生活有助于扭转一味追求感官刺激而肆意编织虚假幻象的艺术倾向，从而当下流媒体时代艺术形态的多元平衡与发展。

二、第七艺术起源与发展的真实性

电影艺术肇始于真实的存在。电影是20世纪科技的产物，电影的发明来自于三大科学依据：摄影术、放映术以及视觉暂留原理。其中摄影术与放映术属于技术手段，来源于由客观存在的社会经济发展；视觉暂留原理则是人体的一种特殊原理，为人们所验证并真实感知。

就电影的诞生来看，摄影和放映技术的成熟作为物质世界中可感可知的事物为电影提供了发迹的条件，这些技术手段使得我们可以透过影像看到真实客观的存在。此外，法国人普拉托通过一系列组合和分解运动的实验，证得人体固有的视觉暂留原理。他制造了一个名为“诡盘”的视觉玩具，这个可旋转的圆盘外缘标有物体的运动分解图示，当圆盘滚动时，一系列位置不同形状稍异的静态图案被人眼识别为运动图像，而不再是单个的图案。这种视觉暂留原理真实存在于人的知觉，扣住了电影艺术为人所接受的关键一环。因此，我们不难想象第一批电影观众看到滚动胶带所呈现的运动影像而激动高呼“卢米埃尔兄弟”的情景。电影的诞生不仅标志了技术可以应用于拍摄活动影像，证明了视觉的固有原理，也揭示了受众的无限潜在性，为其独立为一门艺术奠定基础。

---

① 胡月：《艺术再现的危机论：从模仿到再现》，南京大学（硕士学位论文），2019年，第2页。

在电影艺术的发展中，应用于电影的技术手段同样作为客观存在真实地发展了这门艺术。以数字技术的应用为例，继声音技术、色彩技术之后，数字技术被称为电影艺术史上第三次重要的技术革命①。它的出现改变了固有的电影制作方式，创造出新的电影表现手法，为电影艺术的发展提供强大的空间和无限的可能。

综上所述，电影的起源与发展之路具有客观真实的技术和原理支持。

三、第七艺术创作的真实性

达·芬奇在《达·芬奇谈艺录》中提出理性和现实相结合的镜子说，强调艺术要像镜子一样，忠实地反映现实生活。一部好的影片需要扎根实际，反映真实。从电影史观角度来看，理想电影艺术的创作内容和创作主题都具有真实性内核。

在创作内容上，早在19世纪末卢米埃尔兄弟拍摄《工厂大门》《火车进站》《婴儿喝汤》时就已经体现出电影反映真实的能力。固定视点单镜头下的火车徐徐开进车站、下班的工人轻松愉快地谈笑、三三两两地走出大门各自回家、父母在午餐时用小银匙为婴儿喂汤喝……凡此种种，不一而足，都是对现实生活简单的记录，不知不觉地开创了电影现实主义美学风格。而在卢米埃尔兄弟之后的乔治·梅里埃则将镜头从广阔田野拉回到奇丽华美的戏剧舞台，其代表作《月球旅行记》被称为科幻电影的开山鼻祖。诚然，月球不会如影片里的那般拥有五官和表情，但科幻电影正是“科学幻想”这一类故事题材的影像化呈现②。所以表现科学幻想的影片也是建立在真实想象的基础之上的合理表达，不存在失去真实依托的幻想电影。就如影片中月球坑坑洼洼的“皮肤”也在一定程度上契合了月球的表面形态这一部分的真实。

在创作主题上，电影所表达的主题无一不反映了电影人的真情实感与时代之声。就拿中国电影来说，第五代导演多出生于乡村，生逢“文革”，所以他们的电影作品主题往往是在乡村大背景下对时代问题的思考；而第六代导演多出生于城市，受西方现代主义美学风潮的影响，电影作品中饱含着对世纪之交的现实生活变迁的困惑。在西方电影中，诞生于20世纪20年代的德国表现主义电影之作《卡里加里博士的小屋》真实地表现了二战后德国民众集体惊怖的心理状态。影片以凌厉怪诞的美学风格见长，创造了一系列苍白奇诡的意象引起人的心理不适，契合了那个时期德国人的心理意识，从而引发有关战争对人们造成心理创伤的思考。因此，无论是哪个时期的中外电影，都建立在真实时代背景的基础之上。

---

① 罗莉：《技术与电影艺术的发展》，湖南师范大学（博士学位论文），2016年，第7页。

② 杨志伟：《科幻电影空间造型表现研究》，重庆大学（硕士学位论文），2014年，绪论1.1。

四、第七艺术感通的真实性

电影艺术是一门感通人心的艺术。所谓感通，意即一方的行为打动另一方，从而导致相应的反应。此时电影是制作者传递情感与思考给观众的媒介，尽管观众可能没有与电影人物相同的体验，但这部分体验感受可以通过电影被观众真实感知。电影有引起真实感通的能力，而影片之间的区别是感通人心真实程度的差异。通常来说，一部好的电影能通过恰当地运用蒙太奇手法等表现手法，带给观众以强烈的心理震撼和思考空间。

以经典电影《肖申克的救赎》为例，主人公安迪从受冤入狱到惨遭欺凌，再到重获自由的一系列过程，也或多或少地引起一部分观众的代入感，让观众的心理情绪跟随着安迪境遇的改变而改变。观众的情绪一边随着安迪受到"姐妹花"胁迫而产生紧张，一边随着安迪越狱成功后面对疾风暴雨的大笑而升入高潮。当观众听到"有一种鸟儿是关不住的，它的每一片羽毛都闪烁着自由的光辉"时，内心产生的共鸣和思索也是使得这一句台词成为经典广泛流传的主要原因。

电影感通的真实性不仅仅反映于观众真实的心理体验，还反映于由喜好的不同所产生不同受众群体。电影的魅力很大程度上来自观众从影片中的感情汲取，而观众由于家庭背景、性格、年龄、知识文化水平等因素的差异，不同个体间对影片的感通程度与方向有差异，因而对一部电影的解读常常各有侧重，也正是因为受众差异性，不同风格和主题的电影拥有不同的受众群体。这种差异也来自于感通的真实。正如蒲柏所说，自然界的所有差异，换来了整个自然界的平静。正是电影引发的真实感通下的种种差别讨论促进了电影的多元发展。

五、总　　结

杨超导演强调："电影是一门真实的艺术。"不能反映真实、"离群索居"的"影片"是不被包含在整个电影概念的讨论范围内的。亚里士多德认为艺术要向事物本身模仿和再创造，艺术是把至善的道德实践意义当做目标，其中对现实实践的强调意味不言自明。将亚里士多德的艺术观念应用于第七艺术，既可以佐证亚里士多德的认识论，又可以加强证明第七艺术的真实性，从而促进当下第七艺术发展。车尔尼雪夫斯基提到："艺术来源于生活，又高于生活。"对生活原型的再创造和生活感触的再表现，从而予人美的感受，这恰恰是艺术的魅力与意义。从亚里士多德的认识论入手进行分析比较，无论是从电影的起源与发展层面、电影的创作层面还是电影的感通层面，都证实了第七艺术的真实性。

回归到电影本身来说，每一个电影人都应当看到，生活之树长青，创作时要向下扎根，汲取广袤生活土地里的养分，才能向天上伸出繁茂的枝条，结出甜美的艺术花果。电影人要永远怀抱“抱朴守真”式信念，牢牢抓住真实，制作反映真实生活、带给人真实感动的电影是电影行业永恒的追求。对第七艺术真实性的把握是电影行业不变的初心和强大的驱动力。

从西方哲学发展出发辨析西方疫情治理

林健锋　动力与机械学院（2019302080089）

【指导教师评语】 本文从中西方哲学思想的角度探讨了西方疫情治理问题。本文的最大特点在于其当下的时效性，将课程所学、所思很快地融入到当前社会的重要问题。本文观点有一定新意、深度及启发意义，逻辑清晰，语言流畅。（水利水电学院　杨威嘉）

摘　要： 面对新冠疫情的爆发，西方采取了与我国较为不同的应对策略，例如西方媒体对于舆论的控制、美国政府对于提前复工的呼吁。本文将从苏格拉底的"洞喻理论"与欧几里得的《几何原本》出发，对这两种现象进行分析及深层次原因辨析。

关键词： 疫情治理；洞喻理论；《几何原本》；后真相

一、引　　言

2019年末新冠疫情对中国甚至世界的经济、文化造成了十分巨大的冲击，不同国家的疫情治理方针与策略均有所不同。在疫情期间也衍生出了一系列较为严峻的问题。早期西方哲学的发展，从一定程度上暗示或者揭示了部分现象的必然性或者衍生出信息时代特有的属性。对于美国来说，从疫情开始至今，美国失业率逐渐攀升，截至2020年5月，失业率已接近20%。在相应背景下，美国国内矛盾激增，为解决相应矛盾，美国政府采取了一系列补救措施，但仍然衍生出了许多问题。比如，西方政府对于复工的呼吁、西方媒体对于中国的"三论断"批判。笔者认为，从特定的西方哲学发展对这些现象进行明晰、溯源，对于理解、接纳、评判西方疫情应对措施均有十分重要的意义。

二、“洞喻理论”与西方媒体“三论断”

（一）西方媒体宣扬的三个论断

西方媒体在报道中国抗疫真相，突出媒体“价值诉求”，主要有三种言论：

1. 中国负责论。西方媒体在报道上，戴着种族主义的有色眼镜，有意将“新冠病毒”矛头指向中国，大力宣传丑化中华民族。“中国病毒”“共产主义病毒”“共产党病毒”等论调此起彼伏。在西方主流报刊上，甚至公然宣扬“新冠病毒——中国制造”（德国《明镜》）。

2. 中国阴谋论。西方媒体在报道上以“阴谋论”攻击中国，宣扬病毒起源于“中国生化武器泄露”“中国生物战计划”。甚至有美国议员公然宣扬“新冠病毒”是中国武汉实验室泄露的生物武器。

3. 偏袒中国论。以特朗普为首的西方政客，宣扬世卫组织在中国疫情期间对中国抗疫功劳赞扬系“取悦中国”“偏袒中国”。

（二）“后真相”时代的“洞喻理论”

“后真相”一词曾在2016年作为年度热词被牛津字典收入，该词多被用来形容政客或者媒体通过特定的辞藻、宣传、对事件的渲染，而控制民众对于事情真相的选择倾向。通过“后真相”式的宣扬价值、贬低某些事实来构建信息时代下的“洞喻”。同样在信息时代，不只是传统媒体拥有“后真相”式宣扬的权利，对于主流社交媒体，诸如微博、推特等，通过对于信息传播的筛选，形成“信息茧房”，形成新的“洞穴”。并且“后真相”式的宣传，相较于传统“洞喻理论”中的洞穴相比，衍生出了洞穴的“传播性”。“后真相”式的宣传，其一，鼓吹价值、利益，贬低事实；其二，抓住舆论视觉爆点，宣扬煽动群众情绪，引导大众情绪偏向；其三，忽略对媒体方利益有害的事实，过度强调对媒体方利益相关的事实，夹带价值观“私货”①。就此而言，在信息时代中，已经形成了一种政客、媒体“打灯造影子”的现象，普通民众为囚犯看到的只是影子，并且还会有新的民众被被迫关进洞穴，这样的具备时代特点的“洞喻理论”。

① 侯耀文：《“后真相”语境下中国抗疫的话语维护》，《中国矿业大学学报（社会科学版）》2020年第2期，第31~40页。

很显然，西方媒体与政客在对待中国抗疫成果的报道上具有十足的“后真相”语境。不论是中国负责论、中国阴谋论，还是偏袒中国论，西方政客与媒体均忽略了明显的事实，而是用推断加上价值引导加以论断，在西方民众中形成了“中国是美国经济的罪魁祸首”的“洞穴”。再加上社交媒体算法对于消息的推送控制，囚徒越发相信所见、洞穴越发吸引囚徒。而形成此类洞穴的目的十分明显，一可以分散民众对高失业率的消极情绪；二可以宣扬种族主义的价值观念，激化零和思维，增强反华策略；三可以限制民众思想，是民众成为较为容易操控的政治选票。

通过分析西方媒体对于中国抗疫结果的抹黑我们不难发现，西方媒体构造“洞穴”的最终手段均是让抗疫真相破产。然而谬误是成不了真理的，无论“后真相”构建的“洞穴”多么庞大，一定会有松动镣铐的囚徒走出洞穴。同样柏拉图哲学的“洞喻理论”也为我们击破这种片面的“后真相”式宣传提供了一定的思路。

1. 全方面的呈现抗疫真相和抗疫结果。为“囚徒”展现真相是化解“后真相”式的洞穴十分关键的一环。一方面，我们要保持对外舆论通道的打开；另一方面要保证信息提供的及时、充分和全面。我们可以邀请国际上权威的专家、学者等相关从业人员参与中国抗疫过程，并且积极引导国内外人士发声，引导“囚徒”走出困境。

2. 广泛寻求国际合作。同西方媒体人员谋求共识，潜移默化地参与利用洞穴中的投影引导“囚徒”逐步迈出洞穴，接近真相。与西方部分盲目反华的媒体不同，世界上仍然有许多媒体秉承着公平、正义的价值立场在进行相关报道。抗击疫情是全体人类的共同责任和挑战，广泛寻求国际合作，击破“后真相”式的“洞喻理论”，形成抗疫统一战线，对解决疫情带来的挑战具有十分重要的意义。

三、《几何原本》与美国复工决策

(一)西方政府的复工决策

疫情爆发后，美国失业人数飙升，甚至超过美国二战前经济大萧条时期失业率。迫于公民复工情绪高涨的压力下，美国部分州在新冠高传染性的威胁下，仍然开启了复工。四月底，美国佐治亚州已经开放了文身、水疗和酒吧等场所，并且进一步准备开放电影院等高危场所。而截至5月10日，美国累积确诊1365308人，死亡人数甚至达到80717人。甚至早期，在部分西方国家，对于疫情的整体政策偏向保守防治，采取以保证经济运行为中心的对策，而不是对于疫情主动积极地切断。从整体来看，仍然是疫情对于经济影响过大，且美国又面临大选，疫情防控成为一张政治手牌。

（二）中国政府抗疫模式

从2019年末新冠疫情爆发开始，虽然在早期政府对于新冠疫情的情况报备有一些不及时，但在后续的决策中，很明显体现出中国政府对于抗击疫情的决心和毅力。在抗疫过程中，中国体制的优势也体现的十分明显。从早期“雷神山”“火神山”超快速地建成，全国医护人员出动对湖北实行“一省包一市”的救助方式，到基层党员对乡镇疫情的监控和防治，以及中国抗疫以人民生命优先的指导方针，均与西方政策思想产生了一定的差异。

（三）从《几何原本》与《九章算术》出发辨析抗疫模式区别

《几何原本》是古希腊时期的数学著作，被视为欧洲数学的开端。而《几何原本》不仅为欧洲带来了数学的开端，同时其体现的中心思想亦具有重大意义。第一，《几何原本》实对西方哲学本体论和还原论的继承。在《几何原本》中，体现早期古希腊哲学家对于事物本质的追求，欧几里得试图用数学去描绘世界、探寻本源，并尝试将复杂的世界，还原为可逻辑推导的几何学本质①。第二，《几何原本》对于公理化思想的奠定。《几何原本》对于公理系统的建立，奠定了解决问题、发展西方科学的中心思维的基础，构建了一套严密的推理逻辑②。

而《九章算术》被视为中国数学的开端，与《几何原本》存在一定程度的不同。《九章算术》是一个问题集，是对于中国古代劳动实证经验的积累和记载。更重视于服务社会，追求实用、易用效益。

正是由于这些不同，《几何原本》与《九章算术》在社会文化的发展中，走向不同的道路。从西方哲学发展来看，《几何原本》是对早期柏拉图哲学思想的继承，也是对西方哲学理性逻辑的发扬。在此类传统哲学思想的指导下，欧氏几何使得人们仅从物质成就、理性思考来理解科学，而逐渐忽视人文意义、生命意义，这就造成了科学文化与人文文化之间隔阂持续扩大，逐渐衍生出以利益为上的功利主义思想③。也一定程度揭示了疫情期间，部分西方国家以经济利益发展为重的决策方案的根本原因。而以《九章算术》为止的传统东方数学，虽然一定程度上忽视数学的哲学意义，缺乏严密的公理化思想，但却依靠与百姓

① 熊易文：《〈几何原本〉产生的社会文化影响分析》，《现代交际》2019年第1期，第215~216页。

② 李升绪：《〈几何原本〉意义综述》，《赤子》2019年第5期，第72~73页。

③ 闫成海：《浅论东西方数学文化形成的差异——基于〈九章算术〉与〈几何原本〉的比较》，《西安文理学院学报（社会科学版）》2016年第2期，第101~104页。

生活的实用性联系紧密推动着东方数学的发展，与中华传统小农经济结合。加之中华传统儒学的影响，决定了中西方应对疫情决策中心思想的差异。

四、小　　结

早期西方哲学与科学的发展，在一定程度上奠定了后续发展的思潮。中西方思想的差异，不存在绝对的对错之分，只是不同社会环境下形成的不同的意识形态。接纳、学习、反思不同的文化，是任何时期都十分重要的一件事。正如“洞喻理论”，在信息时代衍生出了新的应用，公理化的思想现在已经成为科学发展不可分割的一部分。传统书籍的意义，不仅仅在于结论或者书本本身，更在于其带来的思想变化和传承，书页可能会破损，但思想永远对现实具有指导、反思、警示作用。

饭圈中的粉丝是洞穴中的囚徒吗？

——“洞穴之喻”与饭圈文化的碰撞

周灵淏　弘毅学堂（2019301020091）

【指导教师评语】本文立意新颖有趣，通过古今对比，共性个性分析，提出观点和建议，内容完整，逻辑结构清晰，层层递进，语言流畅。话题虽具有普适性和通识性，但不乏深刻的思想，是一篇值得分享的好文。（国家网络安全学院　滕　冲）

摘　要：两千多年前，柏拉图提出著名的“洞穴之喻”。本文围绕“饭圈中的粉丝是洞穴中的囚徒吗?”这一问题，从三个部分展开对于“洞穴之喻”与饭圈文化碰撞的思考。第一个部分探析洞穴与饭圈在环境、结构上的相似性；第二个部分探析洞穴中囚徒与饭圈中粉丝的异同；第三个部分笔者基于“洞穴之喻”，对饭圈生态的整治提出建议。

关键词：洞穴之喻；囚徒；饭圈文化

一、洞穴与饭圈

柏拉图在《理想国》的《国家篇》中提出了著名的“洞穴之喻”。一群脖子、手脚被捆绑住的囚徒，从小就生活在一个地洞里，这个洞穴中有一条长长的通道通向地面，与洞穴等宽的光线可以照进洞底。囚徒的背后有一道矮墙，矮墙后的火光照在一些人手中的各类东西上，在囚徒眼前的墙壁处，形成投影。就好比表演木偶戏的时候，演员们将木偶举到屏障上去表演。囚徒们从未怀疑过洞壁上阴影的真实性，认为这些阴影就是真实的物体，他们一直活在这个地下洞穴之中。

两千多年前的古希腊哲学家柏拉图，用这个洞穴比喻愚昧、非真的可见世界。而两千多年之后，随着偶像经济的不断发展，人类社会出现了一个由娱乐圈催生的新名词——饭圈①。洞穴与饭圈，似乎风马牛不相及，一个是古代严肃深奥的哲学概念，一个是现代娱乐化、大众化的产物。但是，通过思考和比较，笔者发现两者之间存在着一些“惊人的相似”。

第一，洞穴与饭圈的环境相似。“洞穴之喻”中的洞穴是封闭的，仅有一条又长又窄的通道通向外面，鲜有人能够从这条通道走到外面。饭圈之中，虽不时有老粉“脱粉”，路人被“圈粉”，但其核心、主要的群体是相对稳定且封闭的。这些群体有自己在形形色色的网络平台上建立起来的组织、有自己制定的规则和纪律，有由资深老粉和明星经纪人组成且固定的策划、管理、领导团体。处于最核心、最有话语权、领导力粉丝群体之中的人不会轻易脱粉，也很少大量吸纳新粉进入。而且，以现在追星趋势的发展来看，粉丝对于偶像的黏性正变得越来越强。同样封闭的环境，便会造成同质内容在环境内循环不断地被传播、被消化、被吸收，最终形成粉丝脑海中根深蒂固的“真实”。在封闭的饭圈里，粉丝相信可以看见、听见的偶像是绝对真切的，就如同囚徒在封闭的洞穴里，相信可视的阴影是唯一的真实。一旦有人发出反对和质疑的声音，便会成为“满口谎言”“眼睛坏了”的众矢之的。

第二，洞穴与饭圈的内部结构相似。不妨设想一下，洞穴之中燃烧的东西就是偶像身上潜在拥有的、有巨大引流潜力的“卖点”“炒作点”，举着道具的人们是明星、偶像的运营团队和各路媒体，而他们手里拿着的各种道具是用以挖掘、突出、渲染、炒作这些卖点的手段与传播媒介。这样，我们所看到的，尤其是对此密切关注的饭圈粉丝所看到的，便是经由团队和媒体一手精心打造好的人设。在人气和热度导向利益和商机的现代娱乐市场，偶像与粉丝成为供需关系的组合体。团队预判受众的喜好倾向，再依据需求提供给受众一个理想化的偶像，这里的“理想化”并不是指偶像“人设” 的完美无缺，相反，是有缺点和“接地气”的“人设”。②这些人设以文字、图片、视频等五花八门的形式充斥微博、豆瓣、贴吧等公众网络平台之中，一如投射在整面洞壁上的阴影。

可见，虽然洞穴与饭圈这两个概念产生的背景，所属的范畴都大相径庭，但两者在环境与内部结构上有极大的相似之处，今之“饭圈”恰似古之“洞穴”。

二、囚徒与粉丝

洞穴与饭圈有其相似之处，那么生活在其中的人呢？

---

① 粉丝群体名叫“饭”，由庞大粉丝群体组成的圈子便叫“饭圈”。

② 李孟名：《社交网络传播环境中媒介对偶像“人设”的影响及其伦理审视》，《文化与传播》2019年第8卷第2期，第21~25页。

囚徒与粉丝有不同程度的自由。洞穴里的囚徒因为身绑锁链行动受限，没有自由。饭圈中的一些粉丝虽然享受着国家法律赋予的充分的人身自由、网络时代带来的最大化言论自由，双眼却被偶像的完美人设蒙蔽，看似享有了更大的自由，实则也自愿“圈地囚禁”了自己。他们之中，有沉迷追星，荒废学业的；有不惜花重金、甚至借高额贷款为偶像打榜、应援①的；有破坏网络健康生态，扮演键盘侠②、黑子③在网络平台上控评④、引战⑤的；有一心为了维护偶像的形象自发大规模举报公共平台的……凡对其偶像有利的，便趋之若鹜；凡是对其偶像不利的，即大加鞭挞。他们使用各种方法想让自己的偶像更红。这一举动实质上是被自己对那个人设的喜爱、偏执与痴狂冲昏头脑。分不清人设与偶像本人的区别，混淆追星与生活的边界，相信电子媒体中精心营造过的“可视世界”，就算知道背后是营销、利益、资本的“木偶”，也不愿回头看。这样自我欺骗式与灌输式的深信，何异于洞穴中愚昧的囚徒？甚至更甚于囚徒。因为囚徒首先是身体遭到囚禁，然后心智受到破坏；但饭圈中的他们，是自愿居住在人设与媒介构筑下的洞穴之中。

囚徒与粉丝有不同的受教育水平。囚徒是没有受过启蒙和教育的人。反观饭圈粉丝，尽管有低龄化的趋势，但绝大多数人正在接受或者已经接受过国家九年义务教育，部分甚至接受了高等教育。虽然他们早已走出了柏拉图意义的洞穴，但却因自己的感性、冲动性、盲目性和媒体的煽动性，进入了由人设和大众媒体编织的牢笼，成为另外一种囚徒。

“如果说柏拉图笔下的囚徒是其虚构的，并且距今已经两千多年，那么在当今的电子媒介时代，依然存在着这样的囚徒，也就是当前影视文化的沉迷者，柏拉图的寓言更是预言，已然成为现实。”⑥如果说囚徒是被自己的无知与愚昧而囚禁，那么狂热的饭圈粉丝便是被偶像在电子媒介下所展示出亮丽光鲜、精心经营的人设而套牢。

那么，饭圈中的粉丝一定是洞穴中的囚徒吗？答案是否定的。固然有些粉丝痴恋、狂热于偶像人设无法自拔，认为可视的、可听的、可感受到的就是“真实”，宛如洞穴中的囚徒。但同样存在一些粉丝，清楚人设与人的区别，划分追星与学习、工作、生活的边界，在娱乐与放松的界限内量力而行、适可而止。他们通过自己对自己，或者别人对自己的正

① 粉丝为喜爱的偶像加油助威。线下的应援包括为偶像接机送机，在偶像的演唱会上发放物品、挥舞统一的荧光棒、举灯牌等活动；线上的应援包括在网上刷相关话题，给偶像投票等活动。

② 指部分在现实生活中胆小怕事，而在网上占据道德高点发表“个人正义感”和“个人评论”的人群。

③ 在网络上恶意攻击、侮辱、诋毁他人的人群。

④ 控制评论。在一些提及明星新闻的微博中，该明星的粉丝迅速通过点赞评论将好的评论顶上热门评论，也称为控场。

⑤ 在社交平台上灵活使用军法中的挑拨离间计，让各路网友互相掐架。

⑥ 陆涛：《电子媒介时代的囚徒》，《兰州学刊》2017 年第 9 期，第 14~15 页。

面引导，不盲目痴迷于人设、狂热于饭圈；不是用感官，而是用大脑“看见”了偶像上真正的榜样力量，甚至获得了更多的知识。例如，我有一个朋友特别喜欢一名韩国偶像，但她并没有肤浅地停留于欣赏他帅气的外形，更加打动她的是偶像练习舞蹈数十年如一日的不懈怠与放弃。于是她激励着自己更加认真，努力，并学习韩语。现在，她已经是一名优秀的韩语翻译。这些人并不仅昧于虚影，而是激励自己向上走、向外走，他们是自我的主宰，而非任何一人的囚徒。

三、囚禁到主宰

有人说：“网络苦饭圈久矣。”近年来，由于网络不断普及，网络用户低龄化趋势的增强和一些网络监管平台的不作为，饭圈生态实属糟糕。一连串的恶性网络事件频发，造成了极大的社会影响：一名男艺人的粉丝群体因抵制一篇同人作品举报同人创作平台 Ao3，引起网友愤怒，导致该偶像也遭受网络暴力，事件至今未得以平息；一名小学老师组织全班学生为某艺人跳舞应援，还录下视频发布到网络平台，该老师被举报停职，对此，中国历史研究院发文批评：在教室内公然引导幼小学生为明星艺人应援，折射的是教育管理的漏洞，更是盛世警钟。①

在这个“娱乐至死”的时代，应当好好反思如今已经畸形、“出圈”的饭圈文化。如何让饭圈的粉丝，尤其是一大批青少年人，避免成为偶像人设的“囚徒”，理性地做自我主宰？“洞穴之喻”中已经给出了答案。

“教化是人的心灵、精神从自然状态向普遍性状态的可体验的提升，在这个意义上说，教化是一种合乎理性的素质的获得。”②在柏拉图的眼里，最先走出洞穴的是教育家和哲学家，他们也勇敢地回到洞穴之中，去拯救其他的伙伴。通过教育与教化，才能在青少年的心上真正培养起理性之花，引导他们甄别事实，独立思考，文明上网，理智追星，让道德教育外化于行，内化于心，从而实现“灵魂的转向”。与教育相比，教化是一个更加隐性、长期，且潜移默化的过程。整治饭圈生态，让更多的人从被套牢、被囚禁到自我主宰、自我解放，需要社会各方协同努力，营造一个风清气正的网络环境。

---

① 中国历史研究院：《立言：青少年价值观培养关乎民族未来》，2020 年 5 月 10 日，https：//weibo. com/u/7060281712，2020 年 5 月 25 日。

② 于梦婕：《从洞喻理论看当代高校教育教学》，《戏剧之家》2020 年第 10 期，第 177 页。

四、总　　结

由此观之，饭圈中的粉丝，有人是别人的囚徒，有人是自己的主宰。是被囚禁还是自我主宰，关键在于自己是否能用审慎的目光辨别，理性的思维看待。同时，对于饭圈、网络文化生态的整治，对于青少年的教化与正确引导，离不开社会各方的共同努力。《理想国》至今闪烁着哲人之思，智慧之光，感谢与它在《自然科学经典导引》中的邂逅，让我在"洞穴之喻"与饭圈文化的碰撞之间，得到了全新而独特的思考体验。

重返洞穴

范明浩　电子信息学院（2019302120217）

【指导教师评语】本文作者受到柏拉图洞喻理论的启发，为我们讲述了一个引人入胜的拯救地球计划，从平行宇宙到进京赶考，作者对现代科技与历史文明的熟稔让人有意犹未尽之感。作者提出了编写影子剧本的第四类人，其实也可以看做是掌握了先进科学技术的人，这一部分人有能力也有责任担当“拯救”人类的使者。当代的大学生就是这样第四类人的代表，心怀理想，手握利器，他们不甘庸庸碌碌地生活，而是要思考如何引领时代的风潮。如果说以基本物质保障和基础科学为主的前三次科技革命已经让我们过上了古代人无法想象的生活，那么在以人工智能、量子计算、清洁能源以及航天科技为代表的第四次工业革命中，作为新时代的大学生又应该掌握什么样的技能？发挥什么样的作用？我想这是值得当代大学生和大学教师深入思考的问题。(计算机学院　陈艳姣)

一、特别联大

公元 2333 年 10 月 13 日 纽约联合国总部

“难道就没有其他的办法了吗?”英国代表有气无力地问道。

“恐怕是的，先生。”萨伊平静地回答道，这位联合国历史上最年轻的女秘书长拥有着超乎大家意料的镇静。

“我们有氢弹，超过两万枚的氢弹，难道不能让它偏移轨道吗?”美国代表还是抱着最后一丝的希望。

“这是无法阻止一颗直径 1280 公里，正以 0.1 倍光速向我们飞来的庞然大物的，先生。”萨伊依然平静地回答道，“就在三天前，当NASA发现这颗编号为2333TA13的小行星时，我们就已经启动了联合国的紧急法案，召集全球最顶尖的科学家，组建了行星防御特别研究小组。通过这三天的研究，我们已经确认，以目前人类的能力，我们没有任何办法来阻止这场灾难的发生，也没有能力进行星际逃亡。”

“所以，女士们，先生们，我们不得不接受这个残酷的现实，人类文明将在7天后彻底终结。”虽然萨伊还在尽量使自己保持平静，但当她说到最后一句话时声音还是忍不住地颤动。这句话仿佛是宇宙给人类文明最后的判决，整个会场陷入了死一般的沉寂。

沉默过后，萨伊平复了心情继续主持会议，“虽然末日即将到来，但联合国所有机构的全体成员都会坚守自己的职责，直至最后一刻。现在让我们进行本次特别联大的最后一项，关于行星防御特别研究小组组长，诺贝尔物理学奖获得者吴桐博士所提出的‘洞外人’计划的讨论。”

“这计划不确定性太大了，即使成功也无法拯救我们即将被毁灭的世界，为何要花费如此多的资源去拯救一个与我们毫不相干的世界？”美国代表听完吴桐博士对计划的介绍后表示质疑。

“我同意这个计划，虽然这并不能改变我们文明将被毁灭的事实，但任何一个文明都是值得尊重的。既然我们有机会去挽救一个文明，还是要去尝试一下，纵使希望渺茫，但至少我们努力过。”中国代表反驳道。

……

“最后宣布大会表决结果，107票赞同，72票弃权，14票反对，本提案通过。”

二、“洞外人”计划

公元2333年10月19日 格陵兰岛“虫洞”秘密实验中心

“吴桐博士，会议马上就要开始了。”

“知道了，我这就过去。”吴桐漫不经心地回答道。这位24世纪最伟大的物理学家正站在位于地下3km的实验室内，向空荡荡的巨大玻璃罩内看去，但他知道这里面并不是空无一物，而是他的团队在1个月前发现的一个微型虫洞，经过这一个月的研究，他们发现在微弱的引力干扰下，这个虫洞可以通向1500多年前地球的某个地方。

“吴桐博士，会议马上就要开始了，大家都在等着您呢。”助手再一次提醒道。

吴桐这才从沉思中回过神来，“好的，我们这就去会议室。”会议室内坐着的是这次“洞外人计划”所选出的20位执行者，这二十位都是来自各国的顶尖青年人才，其中也包括吴桐最得意的学生魏来。吴桐走上了主席台，坐到了最中间留给他的空位上，然后从助手那里要了一包烟不慌不忙地抽了起来。自从一年前被诊为肺癌后，医生便不让吴桐再抽烟了，而他也早已将抽了40多年的烟给戒掉了，但现在这些都已经不重要了，因为到了明天所有的一切都会结束。

“大家都知道我们的文明在明天就要被毁灭了，很遗憾我们还没有掌握能够移动行星或者星际航行的力量，我们距拥有这样的力量大概还要300多年。但就因为差这宝贵的300年，人类自诞生以来的300多万年里所做的所有努力，创造的所有成果都将化为泡影。虽然我们这个世界的文明即将灭亡，但人类不该就此终结，人类值得拥有更好的未来。因此，我们决定施行‘洞外人’计划，你们将穿越到1500多年前的过去，去改变另外一个世界，让那里的文明不重蹈我们的覆辙。虽然这并不会改变我们文明即将灭亡的现实，但这至少可以在另一个平行宇宙中留下人类文明的火种。想必大家都知道柏拉图的‘洞穴之喻’吧，你们所要前往的地方其实就是一个柏拉图在《理想国》中所描述的洞穴，遗憾的是你们再也不可能回到洞外，但你们依然要设法让洞内的‘囚徒’们自己脱去镣铐，走出洞穴。这是一场一对数千万的博弈，你们所肩负的是一个文明的未来，而你们所能依靠的只有你们自己。你们要靠自己的力量让那里的文明至少进步三百年。”

在短暂的会议之后，“洞外人”计划正式开始施行，第一个进入虫洞的便是吴桐的学生魏来，他凭借着超乎常人的学习能力与适应能力通过了层层选拔，从数千名候选人中脱颖而出。

魏来穿上特制的装备，进入到巨大的玻璃罩内，然后便神奇般的消失在了众人的视线之中。紧接着第二位队员也跟着进入玻璃罩中，但他却并没有像魏来一样消失。

“吴桐博士，我们检测不到虫洞的引力场了，它好像突然消失了。”助手反映道。

“就这样吧，我们已经做了我们所能做的一切。”吴桐丢掉手中的烟头，换了一根新的继续抽了起来，“计划到此为止，大家都散了吧。”

三、重返洞穴

M朝 沿海村庄

“小伙子，你醒了。”坐在床边的老婆婆看到魏来醒来，“是我儿子在海边打鱼时发现了你。”

魏来刚刚从昏迷中醒来，尚不知道自己身在何地，但能穿越到有人的地方便是万幸了，又听到了这位老婆婆口中说的是汉语，便更是心中暗喜。

“你是不知道啊，你已经昏睡了好几天了，怎么都唤不醒，还好有一位得道高人路经此地，一眼就瞧出你是被海妖给附体了，于是就给你做了法，驱走了海妖，你这才醒来，等你休养好了，可得好好去感谢一下那位道长。”

“等我好了，定要去感谢一下。”魏来应承道。海妖附体一说让魏来刚刚心中的喜悦顿时少了大半，虽然他早已做好了充足的心理准备，但直到他真正面对时，他才真正感受到作为一个洞外人的无力感，他所进入的是一个5.1亿平方公里①的巨大洞穴，而里面有着数千万带着脚镣，只相信墙壁上的投影世界的“囚徒”们，让他们去相信洞外的世界谈何容易啊。

“对了，小伙子，你是从哪里来的啊？又怎么会只身掉到海里呢？”老婆婆问道。

“我是山东蓬莱人氏，在前些日子出海捕鱼，偶遇风浪，不幸坠入海中，幸得令郎搭救。”可能是因为刚刚苏醒，大脑尚未反应过来，魏来便将自己在现实中的籍贯顺口说了出来，但这话刚一出口，魏来便知自己讲错了话，于是心里盘算着待会儿该如何把话给圆回来。

“蓬莱？是那个仙山以东的仙岛蓬莱吗？莫非你就是那岛上的神仙？怪不得你身上的服饰如此奇怪。”原来这个老婆婆一生从未出过这个渔村，从小便听传闻在海的那边有一座仙岛名为蓬莱，岛上住的都是神仙。

听闻此言，魏来心想：“假扮成神仙倒是一个不错的办法，似乎有利于我将跨时代的技术传递给这个世界，不过这还是有些冒险，一不小心便会被认为是在妖言惑众，最后落得和洞喻中那个返回洞穴的人一样的结局，我还是稳妥些比较好，先融入这个时代，再从长计议。”

“大婶，我并不是什么神仙，我只是那岛上的一个凡人，从小在那里长大。”

“那仙岛究竟长什么样呢？岛上可真的有神仙？”老婆婆追问道。

“不瞒您说，那岛上的确住有神仙，他们皆有千里眼顺风耳之神通，凭借一个名为‘互联网’的法器可以足不出户便知天下之事。仙岛上还有神鸟，名为‘灰鸡’，可乘百人，翱翔九天之上，千里之距，半日可至；亦有神鱼，名为‘蛟龙’，可载人潜至九海之下……”魏来将现代的生活场景添油加醋地描述了一遍。

“只可惜啊，那仙岛极远，我恐怕是再也回不去了。”一想到自己再也回不到那个熟悉的世界了，魏来的内心也是十分悲伤。

“小伙子，你先别难过，这样吧，先在这里把身体养好，以后的事以后再说。”老婆婆安慰他道。

“那真是麻烦你们了。”魏来谢道。

---

① 地球的表面积约为5.1亿平方公里。

海边宁静的夜晚给魏来提供了一个绝佳的思考环境，这是“洞外人”计划施行以来，魏来第一次具体地思考自己究竟该如何来拯救这个文明：“作为一个洞外人，要想让洞内的囚徒相信洞外的世界是真实的，最简单最直接的方法便是带他们走出洞穴，让他们去亲眼看看洞外真实的世界，然而这条路已经被一条长达一千余年的时空长河所阻断。但要是直接告诉他们事实真相的话，那我肯定会被认为是一个疯子，搞不好就会有性命之忧。唉，洞喻中的人尚可选择去隐瞒事实，继续在洞中无忧无虑地度过此生，而我却有使命在身，我不能因为自己而葬送这个文明的未来。我究竟该怎么办呢?”魏来躺在床上翻来覆去，难以入眠。但就在这时，一个灵感突然闪现在魏来的脑海之中，“在洞内并不只有这两类人，还有第三类人——制造影子的人！只要成为了制造影子的人，我就可以通过墙壁上的影子来引导他们自己解开脚镣，从而走出洞穴。而在这个时代中对应制造影子的人便是那些当朝权贵们了，他们拥有这至高无上的话语权。而想要成为这样的人，在这个时代恐怕只有一条路可走——科举。”

四、进京赶考

M朝京城

有了目标便就有了动力，于是魏来便立刻开始着手科举的事情，恰好老婆婆的小儿子也正在准备今年的会试，于是二人便结伴赴京赶考。魏来作为当年的高考状元，加以具有超强的记忆力，自认为区区科举考试应该不在话下。于是在赴京途中，魏来抽空将四书五经背的滚瓜烂熟。一切看上去都十分顺利，考场之上，魏来是文思泉涌，笔下生花，考后更是春风得意，自觉一切尽在掌握之中，而这种感觉一直持续到放榜的那天。

放榜之日，魏来觉得自己至少会位于前三之列，但谁知魏来从头到尾反反复复检查了三遍也没有在榜上发现自己的名字，而入榜之人尽是一些官宦权贵子弟。魏来顿时心如死灰，真是出师未捷身先死，未曾想过科举之路竟是如此艰难，自己只身来到这个世界，既无背景也无依靠，日后宦海无涯，又会剩多少时间留给他来改变这个世界呢。这时，同伴看到魏来面色灰白，便前来安慰道：“魏兄不必伤心，胜败乃兵家常事，你我不如就留京一年，相信以魏兄才华，来年必可金榜题名，这样吧，你我去喝上一杯，咱们以酒解忧。”

魏来心中自是无限苦闷，便也想去喝个大醉以忘掉这些烦心之事。于是二人便进入了一家酒馆，各点了两斤最烈的酒，但魏来刚喝了一口便全吐了出来，“这酒是兑了水了吗?味道竟如此之淡。”

同伴一脸惊讶，“难道不都是这个味吗？这个已经是最烈的酒了。”

魏来似乎明白古人千杯不醉的原因了，原来是因为酒的度数低，于是他对同伴说道：“在我的故乡蓬莱，有一款仙酒，名为蓬莱醉，此酒香醇浓烈，比这酒要好喝千倍万倍，而我恰好知道制法，不如我做与你尝尝。”

魏来便将酒带回住处，用蒸馏之法将酒的度数提高，酒的味道果然好了不少。于是魏来便提议道，“不如你我二人开个酒馆，咱们一边备考，一边还能补贴开支。”同伴认为此法甚好，于是二人便盘下了一家酒馆，命名为逸仙堂，专门来卖他们自制的仙酒“蓬莱醉”。

五、第四类人

M朝 京城

正所谓好酒不怕巷子深，外加是来自蓬莱的仙酒，于是在短短数月之内，蓬莱醉的名声便响遍整个京城。发现科举之路无望的魏来便将自己的精力全放在了逸仙堂的经营上了，除了仙酒以外，魏来更是推出了蓬莱皂荚(香皂)、蓬莱水晶(玻璃)等各种新式产品，每一种都得到了大家的追捧。此外，魏来还利用了一些现代的管理经验，并花重金请一些著名的才子名角进行广告宣传，将逸仙堂打造成一个闻名全国的品牌。于是数年之后，逸仙堂便揽尽天下财富，分店遍布全国，产品更是远销海外。

但就在逸仙堂风光无限之时，魏来却做出了一个出人意料的决定，他将自己的“秘方”全部公之于众，一时之间，引得无数人的效仿，甚至还有一些权贵不惜花重金来向魏来购置一些新的仙岛秘方，而魏来便趁机将一些现代的技术与工艺加以包装，然后卖与他们。权贵们得到秘方后则是如获至宝，立刻雇佣人手进行大量生产。于是资本主义的萌芽便在这片古老的大地上产生了，这比 14 世纪欧洲资本主义萌芽的产生足足提前了 700 多年。

至此，洞穴之喻的谜题终于被解开了，魏来没有成为那个被当作疯子的“回洞之人”，也没有成为那些“造影之人”，而是成为了洞穴中的隐藏的第四类人——编写影子剧本的人。虽然每天墙壁上的影子世界仍在继续，但“囚徒”们却在影子的指导下打开了自己的脚镣，然后一步一步地向洞外走去……

六、002号平行宇宙

公元2333年10月13日 纽约联合国总部

“三天之前NASA发现了一颗编号为2333TA13的小行星正在以0.1倍的光速向地球飞来，预计将在7天后抵达太阳系。”萨伊还是和往常一样平静地主持着联合国的例会，“经过行星防御理事会的研究，建议将该小行星引导至火星附近的日环发电机中，将小行星的巨大动能转化为电能，以暂时解决火星移民的能源短缺问题。”

“下面进行大会的最后一项，近日，著名的物理学家吴桐博士的团队发现水星附近的一个虫洞可以通至一个与我们相邻的平行宇宙，而在该宇宙中的人类文明并没有能力去阻止7天后的小行星撞击，于是吴桐博士就此提出了‘拯救者’计划来拯救该文明，现在大会将对这一提案进行讨论表决。”

“其他平行宇宙的事情又与我们无关，每个文明都有属于他们自己的命运，我们还是不要干预为好。”美国代表表态道。

“虽然那个宇宙的人类文明的生存与毁灭与我们无关，但他们也经历从直立行走到拥有先进文明这三百余万年漫长而又曲折的发展，其中的每一步都实属不易。既然我们有机会去改变他们的命运，我们就应该竭尽所能。”中国代表反驳道。

……

“最后宣布大会表决结果，107票赞同，72票弃权，14票反对，本提案通过。”

梦回古希腊，领悟真智慧

陶思瑜　测绘学院（2019302141150）

【指导教师评语】通过柏拉图的洞喻理论再现了少年成长的心路历程，展示了作者独特丰富的想象力。全文语言平实简洁、通俗易懂，在论述过程中较好的将经典论著与现实问题相结合，逐层递进地来给出自己的观点。（测绘学院　温扬茂）

记得那是刚结束第一堂自然科学经典导引大课后的下午，我安静地坐在图书馆里认真翻阅起自然科学经典导引的教材。早上的大课我听得一头雾水，努力想要跟上老师的节奏和思路，却心有余而力不足。《理想国》中所提到的洞喻理论给我留下的最深刻的印象就是“抽象”，柏拉图晦涩难懂的表达方式把我的思绪绕成了一堆乱麻。正值夏日，天气闷热得要命，一丝风也没有，稠乎乎的空气好像凝住了一般，那种热如影随形，总是缠绕在我周围，令人好生厌烦又心生倦意！都说书是梦开始的地方，可到了我这，书却成了“梦”开始的地方。书上的文字仿佛都是一条条瞌睡虫，争先恐后地往我的脑子里钻。渐渐地，我的上眼皮终于触碰到了它心心念念的下眼皮……

“咦？怎么突然变得这么冷啊？”我猛地睁开双眼，眼前的一幕把我吓得够呛——我看到了一个洞穴式的地下室，一条长长的通道通往地面，和洞穴等宽的光恰可以照进来，一些人被囚禁在这洞穴里面，他们的脖子和腿脚都被牢牢捆绑住，无法走动，也无法转头，只能向前看着墙壁。在他们背后的远处，更高些的地方有东西燃烧着发出火光。火光和这些被囚禁的人之间存在一道稍矮的墙，沿着矮墙还有一条路。矮墙后有一群木偶戏演员，他们把木偶举过矮墙表演，经过火光的照射，在囚徒面前的墙壁投射出精彩绝伦的皮影戏。我大吃一惊，这不正是苦苦困扰我的洞喻理论所描绘的画面吗？

被囚禁的人们津津有味地看着面前的木偶戏，一边看还一边热火朝天的讨论不停，乐不可支。我迷惑极了，心想，这些人怎么这么愚蠢呢？于是我悄悄地躲到一旁，等到木偶戏演员分神的瞬间我快速捡起地上的石头把他们给敲晕了。然后从他们身上找到钥匙并赶快打开了囚徒身上的枷锁。

可令我更为诧异的事情发生了，他们全都惊恐地望着我，全然没有重获自由后的兴奋感。我说："你们现在自由啦，可以走出去看真实的蓝天白云了，不必整天活在虚妄之中了。"我把手指向通向外界的通道，向他们投去期待的眼神。可他们仍像木头一样待在原地。有一个人甚至还露出了非常痛苦的表情，我顺着他的视线望过去才发现他是看到了原先一直在他们的身后燃烧的那团火。火光刺激到了他早已退化的视觉神经，一阵头晕目眩后几近失明。

我心头一紧，仿佛理解到了一点东西——由于长期生活环境所致，他们并不能在短时间内理解我所说的真实与自由究竟是何种含义，在他们的眼中，可能还是以前看到的东西真实一些。想到这里，之前一直困扰我的问题——为什么封建制度下的人民大都不懂得反抗，甘做帝王的棋子——仿佛也有了答案。害怕源于未知，而人类本质上是趋利的，人类害怕在未知中会有什么潜在的不确定因素夺去自己的利益。所以很多人在未知面前总是显得畏畏缩缩，宁愿在熟悉的地方苟且偷生，也不愿在陌生的领域迈出哪怕一步。这是人的劣根性之一，听起来有点可悲。但这确确实实是对人类的生存和繁衍生息有利的，只不过在求知的路上却不幸成了绊脚石。作为新时代的新青年，我们还是得有强烈的创新精神，在科学路上做好"开拓者"的角色，在新的领域拓荒，找寻更有价值、更有高度的"珍宝"。

言归正传，当我站在囚徒的立场上思考过后，我开始理解他们对我的敌意，当然更多还是对他们大半辈子都生活在无知当中的同情。我开始用很委婉的语气向他们解释他们前半生所经历的不幸，这个过程持续了很久。最后我和他们说："朋友们，我还是希望你们能够鼓起勇气和我到外面的世界去看一看。外面真的很美！最重要的是，外面的世界才是真实的，你们难道就不想看看到底什么才算得上是真实吗？"

我的话显然触动了他们的心弦，我看到他们的眼中闪过一丝光芒。没错，那光就是求知之光，就是指引人类在科学探索中奋然前行的光。

他们同意和我一起到外面的世界看看。他们走得非常慢，每一步都小心翼翼地试探，可却始终相互搀扶着一起往外走。许久，我们方才到了洞口。往外看，洞外的景色像是一幅绝美的水墨画，别说他们了，连我都被眼前的美景所惊呆了。此时已近傍晚，空气柔和至极，温暖的微风不知从何处酝酿而来，令人心醉。风抚弄着绿得出油的青草，草顺势摆动，一派生机勃勃的景象。眼前的美景显然对囚徒们造成了极大的冲击，突如其来的狂喜如同悲伤，同样叫人不知所措。① 过了好一会儿，他们渐渐缓过来了，开始适应外面的世界。

是啊！人类在科学探索的途中何尝不是这样呢？总在不断发现颠覆现有理论和人类认

---

① ［英］丹尼尔·笛福：《鲁滨逊漂流记》，金长蔚译，长江文艺出版社 2012 年版，第 37 页。

知的新事物。比如量子理论就是一个极为复杂难解的谜题。她就像一个少女，我们常常相见，却始终猜不透她的内心。以至于量子论的奠基人之一玻尔都说："如果谁不为量子理论而感到困惑，那他就是没有理解量子理论。"①

晃过神后，他们开始好奇地四处乱逛，期盼一天就将这个世界看个够。当他们走到湖边，看到自己在水中的倒影，突然兴奋起来。因为他们看到了自己最"熟悉"的东西，他们很快就将水中的倒影与自己前半生的经历关联起来。接下来，他们又看到了各种花花草草、飞禽走兽在水中的倒影，而这些正是他们以前所在墙壁上看到的东西。如今他们同时看到了这些事物的实体和倒影，终于恍然大悟，理解了过去在洞穴中所看到的不过是真实世界的影子罢了。

对啊！实践是真理的唯一源泉，别人怎么解释都不如自己的亲身经历来得实在。这同时也使我明白了，以自己最熟悉的东西为根基，可以推演出未知的、更接近事实的真理。爱因斯坦就是以牛顿定律为分析的起点，加上自己天才的思维，才提出了颠覆人们常理的相对论。科学研究就是这样，先从小处、简单处、熟悉处着手，之后才一步步往外丰富理论的适用范围，相信终有一天，新的理论会和世人见面。

囚徒们开心得像孩子一样，四处乱窜，不一会儿就不见踪影了。我很担心他们会在光怪陆离的新世界中迷路，就像牛顿晚期竟然在科学探索中迷失了自我，沉迷于神学一般。想到这，我不禁扼腕叹息："科学探索真的好艰难，连牛顿那样的学术大拿都会误入歧途，我只是一个普普通通的大学生，在学习中时刻保持一颗清醒的头脑不被虚妄的事物所迷惑，又谈何容易啊！"

想着想着，我又开始有点倦了，毕竟也忙活了一整天了。渐渐地，我再次合上了我的双眼……

"咦，刚才下雨了吗？"我一边拍打着身上的水珠，一边站起来。发现自己又闪现到了一个新地方，有了先前的经历，我倒也不太慌乱，起身举目远眺。只见远处的悬崖边上站着一位老人，是一位慈祥的老人，一根根银丝般的白发随着微风拂动，悄悄下陷的眼窝里有一双深褐色的眼眸，仿佛诉说着岁月的沧桑。布满沟壑般皱纹的左手上拿了一本书，右手指着天，一副若有所思的样子。

"我的天！这不是柏拉图吗？"

他似乎没注意到我，我猫着步子悄悄接近他。发现他盯着天空中一抹彩虹出神，嘴里嘟囔着："难道真如亚里士多德所说，彩虹是阳光经由云层的一种特别的反射？可他并没有给出理由啊，他甚至都解释不了为什么彩虹会有颜色。他所看到的不过是物质世界的影子罢了，我必须得用心灵之眼去看到理型世界的实在。"

---

① 曹天元：《上帝掷骰子吗？》，北京联合出版公司 2005 年版，第 4 页。

我在一旁乐不可支，心想，终于有机会在伟人面前秀一秀了。我拍了拍他的肩膀，说："我知道彩虹的成因。"

他急忙转过身来，用期盼地眼神看着我，倒也不在乎我是谁，没有因为自己是一个博学大师而对我这个毛头小子的话不屑一顾。

"快说快说。"他急切地问道。

于是，我给柏拉图简单地解释了彩虹的成因。他一直在低头沉思，我猜想可能是一时难以消化这么多新知识的缘故。

许久，他抬头问我："那为什么彩虹是这几种颜色而不是其他的呢？"

我一时语塞。

"哎！我还以为你是来自理型世界的圣人，抑或是你熟知理型世界里那些完美的、永恒不变的东西。原来也不过如此。"

遭到质疑令我很不服气，我掏出自己的手机，打开了短视频软件。一边划着小视频一边神气地对他说："不，我就是来自理型世界，你看我手中这物件所呈现出来的，难道不是丰富多彩的世界吗？这可是你从来没见过的。"

柏拉图并没有像我想象中的对我佩服得五体投地，反而很冷静地对我说："你这物件我确实没见过，可我不觉得那有什么可稀罕的，那种暂时的、变化的、不完美的东西并不能带给我任何的智慧，我想要的是永恒的、不变的、完美的真理。"

他的话使我的心灵受到了震撼，我第一次深切地感受到自己平时最喜欢的休闲活动竟是如此的无用，我还天真地以为刷短视频能让我更好地了解这个花花世界，却未曾想到正是此等荒诞的娱乐方式吞噬掉了我大部分宝贵的学习时间，我羞愧万分，无言以对。

"大师，那我要如何才能到达你所谓的理型世界呢？"我想了想，决定放下骄傲的丑态，虚心向智者求教。

可他却对我给了我一个玄妙的答案，"想必你应该知道我的洞喻理论，如果你认为从洞穴中上升到地面看到那里的事物就是灵魂上升到可知世界，那么你便没有误解我的意思。"①

我百思不得其解。他看我一副茫然的样子，继续对我说："肉眼往往会使我们产生一些迷惑，唯有理智值得信赖。理念才是万物之源。"

"麻烦你再说得直白一点。"我还是不解。

"最有效的教育不是告诉人们答案而是向他们提问。我这么和你说吧，你觉得自己是否认识圆？"

这有何难，我指着自己的一个眼球说，"喏，这不就是圆的。"

---

① 桑建平主编：《自然科学经典导引》，武汉大学出版社 2018 年版，第 15 页。

“你确定吗？你怎么敢于说它就是一个完美的圆呢？”

“你还真是个杠精，近似嘛。”

“可如果对待万物都带着这样的态度去看，又怎么能够保证在现实世界中确实存在内角和为360度的亘古不变的圆呢？”

我惊了，这么浅显易懂的道理我之前怎么就没参透呢？但凡我对待问题的态度更认真一点，追根溯源的话，结果都不会是这样的。我这么一思量，突然就联想到了非欧几何。我们以前都是想当然的认可欧几里得几何学的正确性，可在科学巨匠们的刨根问底下，创造性地提出了新的第五公设，从而构建了非欧几何的大厦。确实啊，对待科学，我们还真得有“杠精精神”才行！

他见我有所感悟的样子，于是接着说：“不要试图在俗世中找到那个完美的圆，其实它就在你的心里。在可见的物质世界里，太阳照亮了世界，让我们看见万物，可每个人的所思所想终归各不相同，对同一事物的认知也可能会大相径庭，这是因为物质世界的变化性所致；相应地，在可知的理型世界里，是‘善’的理念照亮了人们的心灵，让人们认识万物，那里有着绝对的实在，因为理型世界是永恒的。”

我继续追问：“可是‘善’看不见也摸不着，我该如何才能得到他呢？”

柏拉图答道：“每个阶段认识事物的真实程度是不同的。让我们从下向上看，最底层的是想象，那是对事物影像的认识；接着是信念，具有了更多的确定性，可这些都只能被称作对客观世界的意见；再往上是理智，主要是数理方面的知识，它能使人明智；最高的层次是理性，这是一种纯粹的理念，是一种科学的分析精神，摆脱了感性的束缚。由此看来，你想要进入理型世界唯一的途径就是受教育，只有教育才能使你自下而上攀登，最后获得解放。”

我惊呼：“大师，我悟到了！突然想到之前我带着那帮囚徒走出地洞的场景，我更加深切地体会到了他们当时转身离开为什么会显得如此艰难。因为转身代表了告别过去、告别虚妄、告别习惯、告别曾经无知的自己。”

柏拉图悠悠地继续地说：“我想你已经懂了，教育在根本上就是灵魂的转向，它引领你通向理型世界。但心灵的上生之旅往往是历尽艰辛的，你要经得起磨难，欲戴皇冠必先承其重。”

是啊！我打开了囚犯们的枷锁，还以为自己就是给他们带来自由之光的救世主。可未曾想过自己身上也有着一个无形的枷锁，只有教育才能为我松绑，最美的世界并不是世外桃源，而是能用心灵的眼睛看到“善的理念”的理型世界。

我自信地说：“大师，我会的。我会永生铭记你今天给我上的这节课。可是大师，我的这个梦怎么才会醒啊，我被困在里面很久了。我回不去了该怎么办？”

柏拉图微笑着，说道：“傻孩子，这怎么会是梦呢？这正是思考引领你到达的理型世界啊！你现在便可以回去了，一定要记住今天我所对你说的一切，这将对你终生受益。”说完，便把手放到我的头上摸了一下，我突然间意识全无……

再醒来时，自己仍坐在图书馆里，只是此时已是次日清晨，天气正凉爽。于是，我走出图书馆，迎着朝阳奔去，仍是在探求“心灵的上升之旅”的那个少年。

从“洞喻”理论看《惊人的假说》的出版

倪雯婷　新闻与传播学院（2019301030148）

【指导教师评语】 作者抓住了《惊人的假说》出版历程的曲折性，其研究的问题具有深刻性、复杂性的特点，引入“洞喻”理论来分析这一历程以及背后弗朗西斯·克里克付出的努力，其推进科学的方式，立意新颖，开启了一个良好的视角，有益于大家阅读和理解“洞喻”理论和《惊人的假说》。（物理科学与技术学院 江先阳）

摘　要：《惊人的假说》的出版让人们对神经科学以及意识本源有了更深层次的理解，它的出版历程从一定程度上反映了科学前进道路的曲折性，而《理想国》中的“洞喻”理论在一定程度上可以解释科学发展演进的复杂性，把两者结合起来将有助于理解科学的局限性和先进性。

关键词：“洞喻”理论；《惊人的假说》；《理想国》；科学演进

柏拉图在《理想国》中描述了“洞喻”理论，这个理论本身的描述看似并不复杂，但是其中蕴含的哲理却极具普适性，也非常耐人寻味。

那么把“洞喻”理论运用到《惊人的假说》的出版历程中会碰撞出什么样的火花呢？

一、《惊人的假说》的出版背景

首先让我们来关注一下《惊人的假说》的出版背景。

在弗朗西斯·克里克提出对意识的生物学本质的研究之前，人们对于意识的研究和认识的发展经历了比较曲折的过程。首先，关于意识载体的认识上，柏拉图和亚里士多德对于心脑之争或许并没有羁绊很久，但对意识存在的具体位置这一问题的探讨还是让古往今来的科学家困扰许久：盖伦提出意识在脑室里，因为脑室充满了“通灵液体”，也被称为“灵魂的第一个器具”；笛卡儿则认为意识同松果体与脑结构相联系，接受感觉并指挥运动。而在当时，因为研究意识的实验具有极大的难操作性，在神经生物学中，意识似乎并未受到足够的关注，就如《惊人的假说》书中所说“生理学家们至今还不大关心意识问题”。其次，意识作为一个具有鲜明哲学意味的词语，让相关神经领域的研究者难以得到充足的研究资助；类似地，意识在当时理学研究的境况也不好，虽然心理学的许多研究都涉及意识，但是受行为主义运动等因素的影响，意识问题大多都被回避，即使有对意识的相关了解，他们也忽视神经细胞或者说对它们缺少兴趣，这些都无助于对意识神经生物学本质的讨论。

对意识本质问题的研究在当时受到无形力量的左右，那么让我们引入“洞喻”理论中的可见世界来对此进行进一步分析。

在可见世界中，一群人从小就生活在一个地洞里，他们的脖子和腿脚都被捆绑着，他们也因此被称为囚徒，这些囚徒不能走动，也不能扭过头来，于是便把只能看见的影子和只能听见的回声当成是真实事物。作为对比，虽然神经生物学以及心理学研究者的知识水平都已然高于一般人，但是在对意识的研究中，相较于弗朗西斯·克里克来说，他们俨然是被困在洞中的“囚徒”，对意识的生物学本质不感兴趣，而仅仅局限于他们所认为有价值的研究领域。他们安于自己固有的研究领域，就像那些囚徒不挣脱束缚，安于他们以为的那个真实世界中。对于这些科学家来说，墙壁上被投射的影子，就是他们所要关注的研究领域，至于洞外的那些景象，他们或许没有能力去探寻，又或许他们未曾想要去探寻，于是他们就被困于一个相对的“洞内”，而这个“洞内”因为没有与外界的交流，“洞内”即是“洞内”，难以有所突破。

而弗朗西斯·克里克在对意识的研究则从一定程度上挣脱了原有的束缚，相较于那些未对意识做进一步了解和研究的科学家来说，克里克按照“洞喻”理论的角色应是那个被松绑、挣扎着站起来的人。对于这样的人，《理想国》如此描述：“在这样做的时候，他一定很痛苦，并且由于眼花缭乱而无法看清他原来只能看见其阴影的实物。这时候如果有人告诉他，说他过去看到的东西全部都是虚假的，是对他的一种欺骗，而现在他接近了实在，转向比较真实的东西，看到比较真实的东西，那么你认为他听了这话会怎么回答?”①

那么弗朗西斯·克里克的回答会是什么呢?

① 桑建平主编：《自然科学经典导引》，武汉大学出版社 2019 年版，第 9 页。

二、《惊人的假说》的出版契机、动力

第二次世界大战的爆发可谓是克里克生命中的一个重要转折导引，即让他接连完成了从一名理论物理学家到一名物理工程师，再到一名分子生物学家的转变。“洞喻”理论中对那些有机会走出洞穴的人是这样描述的：“假定有一个人被松了绑，他挣扎着站了起来，转动脖子环顾四周，开始走动，而且抬头看到了那堆火。”①可见，要想走出“洞穴”，“被松绑”的外在条件和“挣扎着站起来”的主观能动性缺一不可，如果说第二次世界大战的爆发就是克里克“被松绑”的重要外部条件，那么克里克自身对科学的探索精神便是支撑他在艰难的环境中“挣扎着站起来”的强大动力。在当时，虽然科学发展已取得了较大突破，但是仍有两个重大问题科学无法回答：生物如何与非生物世界相区别和意识的生物学本质究竟是什么。在对第一个问题的探索中克里克和沃森发现了 DNA 的双螺旋结构，把人类对生命的了解水平提升到一个新的高度；而对第二个问题的探索虽然克里克直至生命的终结也并没有完全解决意识的神经生物学本质问题，但其《惊人的假说》的出版，向后世提供了一个可从神经生物学角度研究意识的思路和基本范式。更重要的是，克里克勇于“挣扎着站起来”的不懈探索精神将启迪一个个被束缚于“洞穴”里的人们学会主动挣脱桎梏，主动走出“洞穴”，去探索外面更加广阔的“可知世界”。

在《理想国》的“洞喻”理论中，在被解放的囚徒犹豫逃避的时候，作者假设“要是有人硬拉着他走上那条陡峭崎岖的坡道，直到把他拉出洞穴，见到了外面的阳光”，其中，这个硬拉他的人也是一个非常重要的推动因素。那么，在《惊人的假说》的出版过程当中，这个推动克里克踏出这一步的“人”是谁呢？

首先，当时脑电图、X 射线断层照相以及磁共振成像等技术的发明和成熟为克里克的科学研究提供了可能性和支持力；其次，仔细研读《惊人的假说》原著，可以发现在书中作者提及了很多相关领域的科学家以及他们的相关理念。例如，克里克在指出部分心理学家的共同点是“忽视神经细胞或者说对它们缺少兴趣”之后，对比引出伯纳德·巴尔德和他所著的《意识的认知理论》，并向人们展示了他的部分思想，这些思想可以说是克里克思想的坚实基础；最后，克里克也在书中提及自己的大多数想法是在与他的同事克里斯托弗·科赫的合作研究中形成的。

具体看看《惊人的假说》中的案例。在《脑损伤》这一章中，作者考虑到视觉意识研究的比较优点，列举了脑损伤与视觉障碍相关的案例。例如：脑损伤造成的盲视和视觉颜色

① 桑建平主编：《自然科学经典导引》，武汉大学出版社 2019 年版，第 9 页。

部分或全部丧失症状，以及“裂脑人”的视觉缺陷，在此基础上阐释意识研究的思路和框架；而在第十四章《视觉觉知》中克里克提出了“捆绑”理论来探索感觉统一性的机制，提出的三类捆绑为“基因决定”“反复学习”和“短时刺激”，其中每个特定的物体由一个神经元集团的发放来表达，这一发放又分为关联同频和顺序同频。在对这一机制的理论模型建构中，作者提及杰肯道夫的理论，并认为“心理学理论对我们有若干启示”，为了解神经元、它们的连接方式以及发放方式提供了一个新的角度……

如此种种被提及的技术支持和研究理论，即使是与克里克研究思想相悖的理论，都从一定程度上担当了推动克里克踏出对意识深层研究步伐的“有人”的角色，他们为克里克的研究提供实验基础、理论基础，或者是为他的研究提供可行的研究思路和角度，这些都是促进科学发展的重要推动力。

三、《惊人的假说》的出版影响

继续沿着“洞喻”理论的推理思路，我们可以在书中看到对被解绑的囚徒去到“可知世界”后还有这样一种假设：如果这个见过外面真正光亮的人选择回到洞中，并坐回到他原来的位置，但是这时他的眼睛突然由光亮转向黑暗，他难道不会因为不适应而什么也看不见吗？去过可知世界的“囚徒”又再次返回到洞穴，可这时他获取的知识已远远多于仍被困在洞中的其他“囚徒”，思想境界或许与他们已不在一个高度上了，传达出自己的思想难免会遭致别人的不理解甚至是反对，但是时代的进步离不开这些去到“可知世界”又返回“可见世界”的人，是他们向那些不能或还没有机会去到“可知世界”的人传达信息，起到桥梁作用。虽然这种行为在一定程度上看起来“吃力不讨好”，但是对于时代发展来说，这是一种社会和历史的责任。不难发现，弗朗西斯·克里克就是那个去到“可知世界”后又回到“可见世界”的人，他在“可知世界”里见到了许多自己认同的思想，只是当他回到“可见世界”后却难以找到和他同样同意这种思想的人，于是，他撰写了《惊人的假说》这本书，在书中，他借由现存的一些实验，并结合自己对某些现象提出的假设和理论，为我们提供了一个可从神经生物学角度研究意识的思路和基本范式，为更多的“囚徒”走出洞穴中的“可见世界”去探索“可知世界”增强了外部动力。

但是，也许你会有这样的疑惑：洞穴之外的“可知世界”的外面难道就没有一个新的世界了吗？对于这个疑问或许没有人能给出一个准确的回答，但是我想绝对否定的回答肯定是不明智的，而克里克也在意识研究的“世界”里保持着这种态度，他在书中这样写道：“关于什么是意识，每个人都有一个粗略的想法。因此，最好先不要给它下精确的定义，因为过早下定义是危险的，在对这一问题有较深入的了解之前，任何正式的定义都有可能引起误解或过分的限制。”①可见克里克在走出了相对的“洞穴”之后，对外面的世界仍保持着理智的认识，在他看来“意识的许多方面，如可感知的特性，完全有可能是科学所不能解释的”，人类“已经学会了生活在认知的局限之中，这种局限将常伴人类的生活”②，所以在某种程度上或在对某些事物的认知上我们可能一直都是“洞中之人”，但是正是有了像弗朗西斯·克里克这样勇于挣扎着探索更外层世界的人，我们才可以渐渐远离最开始的那个最“原始”的“洞穴”，逐渐看到不一定全面但是始终更加广阔的世界，而我们的世界尤其是科学领域也需要更多这样的人来向不断接近事物本质的方向不断努力，以一种不怕被误解的精神造福他所处的社会，这是一种奉献，也是一种牺牲，这种牺牲也许会被一时误解，但是却会被时代铭记，这也是现如今我们如此肯定《惊人的假说》的原因之一。

四、总　　结

借由柏拉图的“洞喻”理论，我们可以对《惊人的假说》这一科学著作的出版历程有较为清晰的认识，也能够对它的出版影响有一个比较性和深刻性的理解。进一步地，我们把“洞喻”理论运用其中，不仅仅只为单纯探究《惊人的假说》的出版历程和意义，更多的是希望可以透过《惊人的假说》来窥见其背后科学发展的曲折性和时代性，学习和掌握历史和时代的发展规律，助推科学的不断前进和发展。

① 桑建平主编：《自然科学经典导引》，武汉大学出版社 2019 年版，第 331 页。

② 桑建平主编：《自然科学经典导引》，武汉大学出版社 2019 年版，第 308 页。

浅析智慧的限制

孙隆博　物理科学与技术学院（2019302020223）

【指导老师评语】 现今社会广泛关注“智慧”。什么是“智慧”，“智慧”的边界在哪里？作者勇于进行思考，提出关于对智慧的理解、探讨其本质特点，以此推论智慧存在的限制，并探讨了智慧未来可能的发展方向。虽是一家之言，但作者的勇敢和创新值得鼓励，也有较好的参考价值。（遥感信息工程学院　李晓雷）

摘　要： 本文以人类智慧的限制为探索点，从对人类智慧概念的理解开始，探讨人类智慧所能达到的境地，根据智慧发展的基础条件，分物质基础和发展基础方面进行了初步的分析，认为人类智慧是存在边界的，并展望了未来智慧可能的发展方向。

关键词： 智慧；智慧本质；人类智慧极限

一、关于智慧的基本概念

在探索智慧的限制之前，首先需要明确智慧的概念。初步定义智慧是“关于原理和原因的知识”①，它是基于神经系统的一种复杂的高级能力的综合。而最高的智慧是关于第一原理、第一原因的知识，体现在科学、文学、哲学等等探索生命宇宙社会秩序的学科上，同时这些学科本身就是智慧传递的一种媒介工具。基于此，智慧就是我们对于世界整体的建立在客观基础上的主观认识。由于智慧的广度和深度都建立在这个世界客观性的基础上，同时又是我们个人对于世界的主观认识，所以这些部分不一定必须建立在严谨的科学基础上，人文基础也有着自己独特而富有意义的部分。我们称赞柏拉图、亚里士多德、

① ［古希腊］亚里士多德：《形而上学》，商务印书馆 1995 年版，第 5~6 页。

孔子、庄子等人的智慧，而他们的智慧体现最突出的部分更多是在他们的独特而又影响深远的思想中，并且这一部分受到的推崇多于他们所做出的科学发现、推想的社会形式等等他们的相对实际的成果所受到的。他们的科学成果虽然大多已经过时，我们现在学习知识时绝对不会把他们的科学理论和观点模型作为我们学习的重点，反而是他们的思想创造更具有学习意义，但是我们必须承认这一部分对人类文明和社会的影响同样不可忽视。

同时，引述一个假设的问题：假如历史上做出巨大科学发现的人来到现代，那么他们还能做出改变世界的发现吗？还能够成为伟人吗？我认为答案是，很可能会的，原因一部分在于他们拥有他们那个时代下我们难以想象的毅力、刻苦、勤奋和对真理的纯真追求，而最重要的一点，他们具有超越任何时代的人、即使处于不同时代但同样卓越的智慧。这是一种不局限于所学知识的智慧，尽管现代人学习的知识要比他们学的更加先进、全面、系统，从课本上学习知识需要的是智力，从自然中探索锤炼出知识要的是智慧。法拉第的数学基础并不出色，甚至可以说是对于物理研究是不充分可用的，但是最先做出物理中场的假设的并不是那些数学上的专家，而是他。尽管后来是由麦克斯韦完成了场的数学描述，但在坚实数学基础上完成这份创造同样需要一份不同寻常的智慧。知识本身是智慧的一大支撑，但知识绝不代表智慧本身，它更像智慧的一个产物。

智慧有着很多产物，诸如各色学科和各门类技术，它们构成了这个世界的重要进步力量，但掌握了这些产物绝不意味着掌握了智慧本身，同时也有着很多表现，譬如智商、情商、逻辑等，它们构成一个人智慧的外在表象，但这些方面的优秀也不意味一个人的智慧的卓越。可以碰到上千位学者，不定碰上一位智者。

智慧的本质绝不局限于一切的简单的事物，它是一种形而上的事物，包括的事物极为广泛。智慧思考的或许是更多的未曾解释的合理，即“令人好奇”的东西，他们关注的是现实解释，甚至是某些其他人认为毫无意义之事。与之相对，智力更像形而下的器具，有着相对固定的范式，高效且实用，而其中也包含着发明其智慧的一定启发，智力和智慧有所关联，从不同方面看其重要性也不同。对于现代科学社会研究，智慧的发现往往需要一定智力的支撑。

社会中运用智慧这个词语的一个有趣的现象就是我们偶尔会谈及到人类和其他动物的智力，却很少将智慧用于描述人类之外的动物，反而经常将智慧用在自然上，诸如“大自然的智慧”“进化的智慧”等之类。这些事例的相同之处，就在于这些事物相关的特性具有前所未有或超越想象的特点。从中我们就可以对智慧的本质有一个大致的了解了——创造出另一个难以想象的光景，并具有某种特殊的意义。这也就是智慧的意义所在，也是探索下面问题的基础。

在以上对于智慧的粗浅描述后，那么我们就进入主题，来到对智慧的限制问题进行探讨。

二、问题的产生

一直以来我们都对人类的智慧有着极高的评价，智慧及其相关产物也毫无疑问是改变世界的最大动力之一。同时我们也在或有或无地认可一个现实：人类的智慧具有无穷的创造力。这一部分的观点在我们或许难以现实直接感触到，但是面对波澜壮阔的历史和伟人杰作，这一部分感触也是存在的。

以柏拉图洞喻假想①为基础，进行扩展，在假想中被解放的人见识到了"外面"的世界，了解到了"世外"的世界，但同时我们也可以自然地想到：这个"世外"应该也不过是一个更大世界的投影而已。被解放的人免于被最初的世界蒙蔽，但在进入更大的世界也无法避免被更大的假象蒙蔽，在摆脱更大世界的蒙蔽时，又无可避免地进入另一个更大世界的投影，如此重复。在这份似乎无止境的循环中，智者不断前进，不断创造，我们也就自然地认为这一部分的智慧创造将永无止境。然而在这个向越来越远的世界冲击的过程中，我们的智慧所能到达的境地真的永无止境吗？这是个无法证明的命题：因为还没有一个停滞被绝对证明是永恒的，同样也没有一个前进被实践到永远。

思考这个问题或许有着对人类智慧的启发意义。人类靠智慧所取得的成就斐然，但是我们还是要思考更多关于智慧的问题，正如人们掌握实践技术后仍然要探索理论科学一样，我们不可能停留在知其然，而不知其所以然的境界上。所以一个问题也就随之出现了：智慧有极限吗？假如有个确定的答案，我们又该何去何从。

如果有的话，如何面对存在的智慧极限，并如何最大地加以利用，如果没有的话，如何在实际中无限地扩展智慧的边界，创造更多的智慧成果？这些问题是既富有意义而又难以解决的。

三、从物质基础的解释

从现实中探究，人类大脑中的细胞组成的方方面面制约着智慧：大脑的大小、神经冲动的传播速度、神经元的数量及其连接方式、后天开发和学习影响后的大脑开发情况，可以认为智慧是大脑有限活动的产物，大脑本身的物质局限很难说不会局限智慧的极限和平均水平。

---

① [古希腊]柏拉图：《理想国(第七卷)》，商务印书馆 1986 年版，第 272~276 页。

直接用现有的科学成果来探究智慧也是一件难事，尽管我们有着较为完善的测试实验等措施来测试出一个人的智商、情商，但似乎还没有现成的可行的事物或方法能够来探索智慧的水平，换句话说，智慧难以量化。所以我们只好从智慧密切相关的其他的方面来探索。

先以智力为例：智力是解决问题的能力，属于客观范畴；而是人类用各种方法来测定智力的结果，虽然有着有片面性和主观性。但是综合多种智商测定的结果，在一定程度上可以反映智力的高低，让我们姑且先不严谨地以智力为代表先探索一下智慧的物质基础。

人类进化过程中，智力在相对稳步的上升中进化到今天，今天的进化速度部分学者认为还在加速。而在这个过程中，一个较大的特点也在于大脑容量的退化：在过去30000年中脑容量退化了约10%①，可人类的智力水平可以认为是在逐步进步的。但是由于客观科学发展水平以及教育水平提高，我们不能排除这种缩小反而是智力乃至智慧进化的一种表现。小鼠的脑容量虽小，但其学习能力比一些大型哺乳动物还要出色。我们的大脑至今仍在进化过程中，可能是向更广博化或专一化的方向发展，那么也就是在表示原有的大脑还有演化以创造更多的可能的条件，说明作为智力基础、智慧载体的大脑还有进一步进化可能。虽然并没有证据表明高级形态的大脑的进化水平和智慧的有明显的直接关系，但是假想没有至今不断进化的大脑作为物质基础，假设我们的大脑还处于黑猩猩阶段，在语言发展还不完备的时候，运用符号语言探索一个概念是什么的问题都是困难的，智慧的表现无法产生过大的影响。

在对意识的探索过程中，人类也了解了大脑对于意识的极为重要的物质基础作用，大脑的部分缺失很有可能导致一部分意识的丧失，诸如语言文字能力，即没有大脑的物质基础支持，正常人平常轻松便可完成的任务到了他们那里也成为了无法完成的任务。人类在进化过程中，进化出的性状优先考虑的是人类的生存，而不是探索研究。所以有着人类无法客观认识的事物也是情理之中。这样的例子并不是没有，可见光外的电磁波、引力波等，人类虽然无法直接观测到，但还是可以通过各种设备和措施实现观测的效果，在这些方面的“缺陷”并没有阻止人类探索研究更多。但是过多方面的意识丧失必定是很容易影响到个人智慧的水平发展的。一个极端的例子：一个植物人，意识已经几乎完全丧失，再谈及他(她)的智慧也没有意义了。没有部分感觉的刺激输入和相应的刺激输出，部分大脑成长不充分，与之相关的部分问题也会变得困难乃至不可实现。

我们现在引以为傲的大脑也许正是限制我们智慧进一步发展的一个限制，我们没有证据说明大脑的开发和进化是充分而又完善的，这也许就从一个方面暗示了我们智慧的可能极限存在。

---

① K. McAuliffe, “The incredible shrinking brain”, *Discover*, 31 (2010), pp. 54-59.

四、从发展基础层面的探究

智慧的本身存在就是最大的一个谜。探究智慧时，从智慧建立的思想上进行探究也可能会有的意外的发现。

纵观人类历史的重大科学成就，极少数是凭空建立的，更多是在前人的基础上一步步地发展起来的，几乎没有出现极大跨越性发展的事物。这与时代的需求相关，同时反映了人类的智慧成果大体上遵循客观发展、循序渐进的规律。虽然超越时代的重大创造并非个例，但这些成果也是当时时代客观实际和理论条件允许的事物。牛顿时代微积分诞生的理论基础虽然并不完善，但是当时对微积分诞生的重要需求仍促成了人们去探索能够进一步解决复杂数学问题的事物，这也是微积分诞生的土壤，几乎同时诞生于牛顿和莱布尼茨身上的微积分就不能简单地认为是一个偶然①。智慧的发现有着时代特点。

考虑人类的记忆和思维的方式：人类的记忆方式并不是完全地记忆一个事物的方方面面，这样既困难又无必要。记忆更多是以多方面印象为主的记忆，在记忆中事物大多以生动形象的模样出现。我们能够轻松地在大脑中想象一个矿泉水瓶，也能够想象到如果用手用力去扭曲它，瓶身会发生的变化的具体情况和视觉效果，这整个过程如果用计算机来模拟，那么不仅需要计算机有极强的计算能力，同时也难以避免外来数据的输入和补充②。轻松地模拟一个或者多个事物及其变化过程或许是人类的一大思维特点，这一部分抽象的模拟对于简化部分智慧创造过程是有着重要意义的。但同时我们还需注意到：这一部分的思考还必须建立在“见识”的基础上，即人类思维建立的基础是在现实和经验的基础上的，换句话说：没有见识，就难以想象。我们不可能期望没有见过或观察过的某事物或类似事物的人去完成某些思想过程，诸如事物扭曲、爆炸，但也可以通过类比的方式去想象一些没见过的事物或过程。人类生活在三维空间中，只能通过类比和数学推理的方法想象四维空间乃至更高维空间的情况。《三体》中，人类即使进入四维空间，也没有办法目睹四维空间的全貌，这是三维世界的身体和感受器官决定的；《二维国》中生活在二维世界中的图形进入到三维世界后同样也没有办法体会其中的奥秘。本文本身也是最大的一个例子：笔者只能够举出在现实基础上的可能无法想象的事物，没有办法举出人类完全没有办法，不管是直接还是间接地都无法见识的事物。虽然大脑这个器官有着超乎想象的能力，但是它同

① N. Kollerstrom, “The Birth of Calculus: Towards a More Leibnizian View”, arXiv preprint arXiv: 1212.2666, 2012.

② 卢明：《模拟思维与人脑思维的比较》，《辽宁大学学报(哲学社会科学版)》，1987年第3期，第91~92页。

样也是绝对受到客观自然环境、生活环境和社会环境等种种环境的限制的。这些限制包括生活的社会、学习过的知识、人类本身接受的生活等多种因素。同时太过复杂或抽象的事物人类本身也是难以想象的，过于复杂的计算、模型的精确表示，对人类来说都是难以完成的任务。人类能够抽象而轻松地想象，但是会丢失细节部分。

这里做一个有机组合的假设，如果将人类的可以用来使用的记忆和思维量化，那么有机组合的量是有限数，从理论上探究这个问题，做出以下进一步的假设：假设人类的单种思维方式所能达到的极限大小是 A，一个人类经过一生的训练所能掌握的思维方式有 B 种，智慧直接反映在智商上，人类个体所能达到的最大智商为 C，每两种思维方式可以产生一个复合的新的思维方式 D，人类的分工合作可以产生额外智慧 E……这样的假设可以做到永远，在通过其中参数 A、B 等的数学组合，或许很简单就能够达到无限，即使排除想不到的部分，余下的也已经难以一一列举。从一个方面解释了人们的创造力和思想为何我们感觉有一种无限的可能。

但是，这份理论上的无限并不是真正的无限。譬如数学上的极限概念，在自变量未达到极限时，因变量也不能算是真正的极限。人类运用达到几乎无限的事物本身就是一个假想和难以完成的任务，运用无限的能力即使是量子计算机也无法掌握。具体体现在最根本的限制在于智慧建立在一定的基础上。过去智慧的成果或许大多是由一个人或少数几人完成的，但是他们有着自己能够创造智慧的基础。而社会的发展一直都是分散到了每个个体上，在每个领域都存在合作、竞争、单打独斗等诸多情况。社会发展虽然不取决于最慢的领域，但绝对不取决于最快的领域。智慧作为成长于社会中的成果，难以突破客观的限制。在达到生理的极限之前，或许智慧会被困在发展的极限上。即使技术爆炸，也可以用速度衡量。同时伴随着智慧作用的基础和运用事物的逐渐增大，其使用难度也是在不断增大，那么智慧的作用也就受到了这份理论上的限制，又从一个侧面反映了有一个无法避免的智慧极限挡在人类的智慧前面的道路。

五、总　　结

综合上述，我们的智慧的发展并不是无往不利的，它也有着一份现实冰冷的限制摆在面前。但是这一切的限制从来都不是限制我们利用人类智慧的因素，智慧的一大本质特点就在于化腐朽为神奇。面对某些极限，我们限于某些因素可能难以突破。可极限的存在并非无法逼近，所以这一部分限制我们智慧的事物目前还难以想象。只要人类继续发展思维，仍然会有令人惊喜的智慧创造出现。随着社会的发展，未来智慧可能不单单是个人的独角戏，而更多归属于社会大众，成为所有人都能参与并促进的事业，与社会同在。

物理世界

浅析古希腊哲学中的理性精神的诞生及对近代西方自然科学的影响

于笑竹　计算机学院（2019302110406）

【指导教师评语】 作者综合多本著作，阐述自己对理性精神和近代西方自然科学的联系的看法。文章论述从定义到溯源到发展总结，脉络清晰相互联系，每一部分都饱含自身思辨。论据详实且贴合论点，引经据典，横贯中西。观点鲜明，虽乍一看"乾纲独断"，但紧随其后的详实论述令人不由为之信服。语言通畅，文笔优美，实为佳作。(计算机学院　赵　玥)

摘　要： 古希腊哲学中最核心的思想就是理性精神，这种精神也是近代西方启蒙运动的直接思想来源，是人类依靠工业革命所创造的现代社会与现代科技的精神源头。这种理性精神从诞生到流传的全历程，仍旧对科技迅猛发展的当下有值得借鉴的现实意义。

关键词： 古希腊；哲学；理性精神；自然科学

人类迈进工业化、信息化时代后所拥有的一切可以与自然抗衡的能力，都来源于近代以来飞速发展的现代科学技术。现代科学技术的体系框架与基本方法论源起于启蒙运动之后的西欧，而欧洲近代科学乃至于启蒙运动的理性精神，追根溯源是建立在古希腊哲学的基石上。从古希腊哲学的理性精神开始按图索骥，了解现代科学发迹的真正缘由与本质精神，才能真正了解在这个科技兴国、科技强国的时代，我们要培养更多优秀的科学家、实现尖端科技领先，以至于建立有中国特色的科学理论体系，到底需要什么。

一、理性与理性精神

理性可以概括为人类用已有的知识在看待一类现象时所表达出的思想方法，而不是凭借自己的自觉和主观臆断来解决问题①。理性精神则可以阐释为执着于理性的方法来探索的精神。理性精神与直觉经验最经典的对冲应该就是自由落体定律的揭示。亚里士多德并没有进行理论证明或实验分析就提出了质量轻的物体要比重的下落慢。多年后一次偶然的经历中，伽利略发现物体下落速度与质量无关，又通过大量实验数据与精密计算、分析，揭示了自由落体定律。伽利略表现出的对待事物规律的态度，可以抽象地概括为“理性精神”②。迄今为止，理性精神最大的意义可以说是为人类建立一种独立而有力的世界观。理性精神成为自觉之前，人类借助于各种超现实的假设思考并解释这个世界，世界上著名的三大神话体系的创立，实质是为了解释古代人们眼中一切宏大又神秘的自然现象。而理性精神成为自觉后，这种无法被证实的假设就成为值得怀疑的一个命题，而非出于直觉的结论。尤其是经过现代科学对种种自然现象的解释甚至改变，人类就彻底走出了对神灵的崇拜，我们的世界观因而彻底改观。正像当年拉普拉斯解释太阳系运动时与拿破仑的一段对话。拿破仑问他：“那么，上帝如何发挥作用呢?”拉普拉斯回答：“陛下，我不需要这一假设。”③

二、浅析理性精神诞生因素之一

在古希腊哲学家的眼中，哲学的开端由一种主观因素决定——人们的惊奇。

柏拉图曾说：“惊奇(thauma)是哲学家的标志，是哲学的开端。”亚里士多德也曾有相关论述：“求知是所有人的本性，人都是由于惊奇而开始哲学思维的，一开始是对身边不解的东西而感到惊奇，继而逐步前进，而对更重大的事情发生疑问，例如关于月相的变化，关于太阳和星辰的变化，以及关于万物的生成。一个感到困惑和惊奇的人，便自觉其无知。”④在此，他们虽在讨论哲学的开端，但论述的主体实质蕴涵着哲学的内核——理性精神。

对比中西方在轴心时代对个人品质的提倡，以及中西方自然科学的发展特点，我们可以明白所谓“惊奇”，类似于今天“好奇心”的概念，对自然科学诞生、发展的作用。春秋战国时期争相出现的百家思想中，老庄哲学主张顺应自然，天人合一；墨子提倡“兼爱”“非攻”；孔子的思想认为“仁”与“礼”是修身治国的核心；孟子旨在提供强国争霸策略，

---

① 王思然：《试析古希腊哲学中的理性精神》，《神州》2018年第2期，第288页。

② 黄术杰：《试论古希腊哲学中的理性精神》，《山西青年》2019年第6期，第249页。

③ [英]弗朗西斯·克里克：《惊人的假说》，汪云九等译，湖南科学技术出版社2007年版，第7页。

④ [古希腊]亚里士多德：《形而上学》，郭聪译，重庆出版社2019年版，第32页。

提出“民贵君轻”……春秋战国时期的思想家对“惊奇”的品质或人的“好奇心”几乎无从谈及。而细数古代中国的著名科学典籍或重大科技成就，它们大多有极强的实用性与经验性，却缺少上升到理论阶段的演绎推理：李冰父子主持都江堰水利工程，张衡创制地动仪，造纸术，火药、指南针的发明、活字印刷术等都是以日常生活实际应用为主要导向而取得的成就；《九章算术》《本草纲目》《梦溪笔谈》《齐民要术》等宏篇巨著强于叙事，注重对前人经验的归纳总结，用以便利后人。正如哲学家罗班所说：“东方科学在它存在的许多世纪之中，甚而至于和希腊科学接触之后，都从来没有超出实用的目标……以提高到纯粹的思辨和决定原理的阶段。”①

形成对比的是，从亚里士多德的《物理学》《尼格玛克伦理学》等科学人文方面的专著，到欧几里得《几何原本》横空出世，提倡“惊奇”品质的古希腊哲学家对于实际生活中无法立即应用的理论知识也喜闻乐见，并愿意上升到原理层面揣摩事物的普遍规律：《物理学》研究自然界的总原则和物质世界的运动变化总规律，亚里士多德本人也宣称他的哲学是“研究真实宇宙原因的科学”②。成书于约公元前300年的《几何原本》提出了公理化体系，使用逻辑证明，奠定了后世数学的严密基础。这种寻找出思维方法来看待事物的研究，正是理性精神的体现。而事实上，研究物体是否受迫运动或平面上的各种几何图形，并不能对古希腊城邦的农业生产与战争胜败起到显见的推动作用。甚至，古希腊某些哲学家是厌恶实用导向的哲学的，就像亚里士多德对泰勒斯轶事的评论：“只要哲学家们愿意，他们很容易致富；只不过这并不是他们的追求。”③

需要说明的是，这种差异并不意味着好奇心从根本上决定理性精神是否诞生，但无法否认好奇心的不断激发与哲学中的理性精神有密切联系。因为只有对“万物的生成感到困惑与无知”，才会用已有知识构建一种思维框架，来理解各种事物的真实原因，从而诞生了“形而上”层面的对原理的突破性的思辨和阐释，成为理性精神的发端。如果没有这种强烈的“惊奇”，我们便很难自发地探寻一切事物发生背后的真正规律，更多地是被现实的强大需求推动从而进行应用层面的发明创造，旨在改善社会的生产生活；体现出的就是具有极强经验性与应用性的技术发展，而不是致力于为怎样看待事物、提供思维框架。

对万物有“惊奇”之感，进而萌生求知之心可谓人类本能。轴心时代中，两地在自然哲学发展方向的分流，看似是古希腊和古代中国知识分子好奇心与求知欲的差异，实质上产生差异的是社会的主流价值观与学界的普遍认知是否对这种天性加以提倡或遏止：我们是

① ［法］L. 罗班：《希腊思想和科学精神的起源》，陈修斋译，广西师范大学出版社2003年版，第52~53页。

② ［古希腊］亚里士多德：《形而上学》，郭聪译，重庆出版社2019年版，第34页。

③ ［古希腊］亚里士多德：《政治学》，吴寿彭译，商务印书馆1965年版，第25页。

否认为对于宇宙万物感到“惊奇”这种想法是必要而可贵的？学界是否提倡对宇宙中自然事物的观察并怀有好奇？学生出于“惊奇”的发问是否被鼓励？“惊奇”的好奇心与求知欲是不是教育过程中应当积极引导的？士人应当凭借自己的“惊奇”所在去治学，还是更多地遵循先贤的教诲？关于“惊奇”的种种不同态度，正是轴心时代古希腊与中国社会在科学发展方面分流的原因之一。

三、浅析理性精神如何影响近代西方自然科学发展

中世纪后，使欧洲摆脱宗教桎梏、重现生命力的启蒙运动与文艺复兴都深深扎根于古希腊的传统。黑格尔将希腊看作西方人的精神家园，认为西方现世的科学、艺术以及一切使精神生活有价值、有光辉的东西，都是从希腊世界中直接或间接传承而来的①。因此，可以认为西方近代科学的开端与发展，在很大程度上继承了古希腊的理性精神并从中汲取营养，主要可以概括为以下几个方面。

(一)学科的创立

古希腊各流派的哲学家由“惊奇”与理性精神的推动，不断思考世界的本质，以至于对各领域的知识几乎都有集大成之作。近代西方自然科学中的大多数基础学科由古希腊学者从哲学中分支并创立，如毕达哥拉斯学派的哲学家及欧几里得编著《几何原本》就已经奠定了数学作为哲学中重要分支的地位，这影响了16世纪科学家们在数论与几何方面继续发展理论，从而让数学成为看待物质世界的完整模型与必要工具。又如亚里士多德创立了物理学这门学科的名称。他编著《自然哲学》一书，将研究自然界的统一原则与事物运动变化的总规律作为哲学高度的目的，阐明了这种自然科学存在的意义，至今仍是现代物理学研究的宗旨。逻辑学、心理学、以及生物学也被认为由亚里士多德单独创立。

(二)研究方法与理性传统的继承

西方近代科技发展深深根植于古希腊人治学时的实践方法论及其中蕴涵的理性精神。从宏观角度看，近代科学史存在着经验传统与数学传统、逻辑理性传统与实验传统之间的

① 罗玉萍：《古希腊科学理性精神的萌芽探微》，《郑州航空工业管理学报(社会科学版)》2013年第32卷第3期，第17~21页。

相互融合，共同促进科学发展的历史画面①。这些经验与方法论的传承体现在，古希腊学者们采用的实验观测、演绎推理、类比、归纳等科学方法为近代西方科学家充分继承并发扬。这些经验中的方法论可谓是古希腊理性精神的结晶，不仅为近代科学大厦奠定了研究方法的框架，更将这种“惊奇”的力量无形中赋予后人。

（三）论断的启发

科学的进步之所以存在漫长的时间进程，是因为灵光乍现的时刻十分稀少，而更多的突破来源于前人研究带来的启发式思考。站在巨人的肩膀上，意味着那是灵感的缪斯。司空见惯的事物中很难生发哲理性的思考，但古希腊学者们在理性探求精神的推动中提出的一个又一个论断，犹如苏格拉底抛给学生的提问，无论是否正确完美，他们对后世科学家的启发作用难以小觑。比如，亚里士多德提出的“物体的运动由力的作用保持”被伽利略、牛顿等人看到了缺陷与改进的可能，促成了牛顿三大运动定律的揭示；《几何原本》中五大公设引发当代数学家的质疑，促成了非欧几何体系的发展。古希腊学者留下的论断，正是“问渠哪得清如许，为有源头活水来”，他们探求本质的理性精神是这条漫长科学道路的开凿者与引路人。

四、结　　语

改革开放以来，中国的科学技术取得了举世瞩目的迅猛突破。但我们仍要意识到，理性精神相比于家国、修身、仁礼等思想，是中华传统文化中较为薄弱甚至缺失的一部分。在当今社会，一个民族要取得全球领先的科学技术成就，政策倾斜、资金投入固然重要，但理性精神在学界、在整个社会、在人们心中的沉淀和底蕴同样必不可少。纵观古希腊理性精神诞生以至对近代西方科学的影响，有些发展规律仍值得当代中国社会借鉴：我们是否仍在重蹈历史上只关注实用性技术而忽视原理层面的基础科学进展的覆辙？在工业强国的时代，应该怎样摆正基础学科和新兴工科的地位？面对基础学科、人文学科遇冷的现状，我们要采取措施还是顺应时代发展？同样地，古希腊哲学家所提倡的对宇宙万物生发“惊奇”的心理，在当代中国的教育过程中是否得到重视？我们当前的教育模式对学生的好

① 罗玉萍：《古希腊科学理性精神的萌芽探微》，《郑州航空工业管理学报（社会科学版）》2013 年第 32 卷第 3 期，第 17~21 页。

奇心、求知欲是在激发还是在压制？是否有改进的空间？这些两千多年前的学者们的学识与论断，在今天依旧不可忽视；而现实发出的种种叩问，也需要今天的我们运用先人和自己的智慧一步步回答。

近现代自然科学与古希腊形而上学的渊源与联系

肖择冕　哲学学院（2019301130023）

【指导教师评语】论文在对古希腊形而上学哲学思想的发展背景进行回顾的基础上，对近代自然科学的发展所受到形而上学思想的影响进行了深入分析，进一步对当代科学发展面临的新的挑战进行了讨论。论文观点独特、论据充分、结构合理、语言幽默。（测绘学院　徐晓华）

摘　要：古希腊的形而上学对近代自然科学的产生起了很大的作用，但后来也阻碍了科学的进一步发展。直到20世纪以后科学才逐步从形而上学中解放出来，获得了新生，同时也遇到了新的挑战。

关键词：形而上学；近代自然科学；现代自然科学；科学实在论

一、古希腊形而上学的形成与发展

古代希腊形而上学的产生要追溯到一位叫巴门尼德的哲人，他在其师克塞诺芬尼关于“万物本原是不生不灭、不变不动的一”的学说的基础上，把“存在”和“非存在”做了一个严格的区分。这实际上就把世界分成了两部分，一部分是世界的表象，即我们所能见到的一切；另一部分则是世界的本质，即不生不灭、不变不动、终极唯一的最终本原。

把这一传统发扬光大的是后来的苏格拉底和柏拉图。柏拉图在他的《会饮篇》《国家篇》《理想国》等著作中阐释了他的形而上学思想：我们所见到的世界是虚假的、暂时的，真实的世界是表象背后使表象所以然的理念世界。“一方面我们说有多个的东西存在，并且说这些东西是美的，是善的……另一方面，我们又说有一个美本身，善本身等，相应于每一组这些多个的东西，我们都假定一个单一的理念。假定它是一个统一体而称它为真正的实在。"①这样，柏拉图通过设立一个"共相"，把真实的世界拖入到了理念当中。而因为我们的肉体也是世界表象的一种，所以我们是无法用肉体来认识真实的世界的。因此，要认识这样的世界，就只有用"理性的灵魂"。

柏拉图在《国家篇》中提出了一个十分有趣的比喻，这个被称作"洞喻"的比喻至今也在广为流传，用来提醒人们不要为表象所迷惑，要去探索真相和本质。这个比喻是这样的：有一群囚徒被关在山洞中，他们没有接触过外界，不知道外界事物是什么样子。他们的所见都是墙壁上的影子。有一天，一个囚徒偶然之间走出了山洞，外界的风景让他心生恐惧，于是他逃到了河边，看到水中的倒影，惊讶之余稍稍感到安心。他又鼓起勇气去看洞外的万物，终于认识到了这个世界的原貌。最终他再抬起头，看到了一切光芒的源头——金灿灿的太阳，于是他终于认识到了这世界的真实。这个比喻其实很好理解，我们就是洞中的囚徒，我们所见到的世界就是洞中的影子，真实的世界在洞外，太阳则是"道理的道理，真实的真实，所以然之所以然"。"上帝"是其在中世纪被位格化后的称谓。而我们所要做的就是用我们的理性去认识真实的理念世界。

柏拉图的学生亚里士多德对这一学说有了更进一步的发展，把实体与形式、共相与殊相等做了一个更精细的划分。从此，一个完整而系统的形而上学体系就这样被建立起来，并且被中世纪的神学家们所沿用。

二、形而上学与近代自然科学的渊源

这是两千多年前发生在巴尔干半岛的事，站在渺小而短命的人的角度上，于时间于空间都距今天十分遥远了。在现今社会，只要不是脑袋特别不灵光，或是对某种宗教信仰特别坚定的人，都不会相信"世界由土、火、水、气四种元素组成""在可感世界之外存在一个引导着万物变化的理性""在桌子出现之前世界上就已经有桌子的理型了"这些听起来像是奇幻小说中的设定一样的话。自小接受科学教育的人们站在牛顿、爱因斯坦这些新巨人的肩膀上看世界，万事万物运行的法则早已被他们尽收眼底。科学与伪科学、非科学之间有着明确的界限与巨大的鸿沟，科学与宗教是对立且水火不容的，科学理论代表了世界的真理，我们可以准确地认识它们，这是很多人持有的信条。

然而事实并非如此。17 世纪的佛罗伦萨，一位名叫伽利略的青年因为支持哥白尼的

① 北京大学外国哲学史教研室：《古希腊罗马哲学》，商务印书馆 1961 年版，第 178~179 页。

日心说而遭到了教皇的软禁。他的故事一直被后来的人所传诵，在这个科学战胜宗教的时代，人们把他当作追求真理不畏强权的人而对他加以赞美。然而通过考察当年的宗教审判不难发现，伽利略的罪名是“异端”，而非“异教徒”或“无神论者”。当时的教廷并不是要强迫伽利略放弃日心说，而是要他承认“日心说的模型和相关公式只是一个计算和预言的工具，并不是对这个世界的真实描述，对世界的真实描述仍然是以《圣经》为准的。”这是很耐人寻味的，这表明教会并不排斥伽利略的学说。相反，只要伽利略仍然站在天主教会的立场上，教会十分欢迎伽利略的研究。在历史上，很多天文台都是由教会出资建造的，教皇本人也资助了很多科学家，后来历法的修订也在很大程度上参照了日心说，甚至当时那位审判伽利略的教皇在事发之前也十分尊敬伽利略。

至于伽利略即使被强权胁迫也要坚持的到底是什么，又该如何看待伽利略所坚持的东西，这需要我们对伽利略、牛顿以来的科学传统进行考察。关于相对运动的相关理论，伽利略和牛顿实际上早已提出。不同的观测者在不同的惯性系中所见到的世界也有所不同，这一点早已被意识到了。把地球作为太阳系的中心除了会让运算变得更复杂之外并不会失去它解释现实世界的能力。既然如此，他们又为什么会去坚持自己的理论呢？除去“奥卡姆剃刀”所规定的简单性原则之外，还有更重要的一点：近代的自然科学家们深受形而上学的影响，坚信现象世界之外必然存在一个绝对的惯性系和绝对的观测者。换言之，地球围绕太阳转也好，太阳围绕地球转也罢，总要有一个天体去围绕另一个天体运动。就算以现有的知识，再加上一个“太阳围绕银河系中心的大黑洞转动”，也和前几种说法并没有什么区别。总有一个绝对的坐标系存在于天国，总有一个绝对理性、不变不动的观测者上帝作为衡量与规定一切的基准。对于人而言，选取的参考系不同，得出的宇宙模型不同；相比之下，不受有限感官和器材制约的上帝一定会选取最正确的参考系，得到最真实的结论。因此最接近上帝的，就是最真实的真理。持实在论的近代科学家的真理观就由此得以明了：不同观测者所选取的参考系的差异会导致理论上的不同。虽然这些理论都能解释现象，但世界上存在上帝这个绝对的真理标准，上帝是创造者、规定者，也是观测者。接近上帝作为观测者所得出的科学理论就是实在的真理，反之则是谬误。后来的一部分自然神论者与无神论者不过是把上帝改了一个名字而已。牛顿本人也直言不讳，把自己的学说称为“自然哲学”。他创造了“引力”这一可以解释物体运动的概念，却不能弄清引力的来历，这与亚里士多德所规定的“重物会下落”实际上如出一辙。与亚里士多德的学说相比，其优越性仅在于它能以数学形式表达、能得到更多经验的支持、能更简单地解释世界、更精确地预测未来而已。于是我们发现，抛开表达形式，超越上帝观念，是很难区分近代观念里的自然科学和形而上学的。

三、20世纪以来科学观念的崩塌与重构

出于牛顿宇宙观对世界的很多现象的正确解释，自提出以来，经典物理学理论一直被当作是宇宙的真理，也就是隐藏在现象背后的本质。在这一前提下，摆在科学家与哲学家面前的就是这样一个问题：我们认识这个世界的真理何以成为可能？我们为什么能从瞬息万变的表象世界中把握世界的真理？为此，坚持感官是正确认识来源的经验派与坚持理性是认识来源的唯理派之间展开了长达数百年的论争——直到不可知论的出现。

在一开始，怀疑论和不可知论还只是哲学家的文字游戏，除了这些人之外没有人会去怀疑经典物理学体系的正确性。这样的情况在19、20世纪出现了扭转。电磁学与经典力学出现矛盾是其先兆，相对论和量子力学的出现则彻底摧毁了古典科学大厦的基础——即传统科学家所持有的认识论，让古典的科学实在论就此崩溃。如果说这只是一种新的、更能解释世界、能得到更多经验支持的物理学体系的话，倒不至于引起这么大的争议。这些理论真正的革命性在于：它们移除了上帝这个观测者，彻底使观测者成为尘世的从属，真正把为自然立法的权利交还到了人的手中。这也对大部分科学家们所坚信的科学实在论发起了挑战，让怀疑论从哲学的天空重重砸到了科学的大地上。

科学实在论受到的挑战是这样的：第一，既然没有上帝这个观测者——或者说上帝是个懒汉，没有时时刻刻去观察世间万物，那么先前的真理标准便不复存在了，那么先前所认为的科学的实在——为自然立法的上帝或自然的理性也就无从谈起了。而脱离了上帝的人所建构的宇宙模型真的能够完全与自然相符吗？不要说是现代，就是在古代也已经有不少人给出否定的答案了。

第二，就是作为科学基础的归纳推理本身所存在的问题。早在十八世纪，休谟就提出，一切科学理论之所以能够成立，都依赖于一个假说：自然的齐一性。基于对自然的齐一性的相信或是轻信，一个人才能相信各种各样的科学理论。因为见到历史上(如果自己出生前的历史和自己的记忆真的可信的话)和现实中(如果我们的所见所闻真的可信的话)的人都会死亡，我们有了死亡的忧虑；因为见到太阳每天东升西落，我们有了对昼夜的认知。然而事实真的是这样吗？我们并不敢信誓旦旦地保证所有人都会死或是太阳每天都是东升西落的。一个人可以说根据某些科学理论，事实是这样并且会这样。然而科学理论也未尝不是由此得出的。即便是假设观测数据全部属实，也没有人可以保证实验室的实验与观察结果、所总结出的规律具有普遍必然性，也没有人可以保证今天的物理规律依然适用于明天，此处的物理规律依然适用于彼处。如果说总结、推测出的物理法则不过是建立在对自然的齐一性这种本身不能被证明的猜想的相信之上的话，又怎能将它们上升到宇宙真

理的层面上来呢？

此外，还有诸如电子与夸克等微粒的不可观察、存在多种可解释同一现象的理论这些问题在挑战着实在论，也有实在论违背了奥卡姆剃刀原则、本质世界与现象世界联系起来的方式无从得知、实在的规律与其他描述性语言的难以区分这些问题在质疑着实在论。无法回答这些问题，我们就无法为坚持伽利略以来的传统提供一个合适的理由。

这一认识革命的影响一直持续到现在，人们不断尝试在废墟上重建认识的基座。这样的努力是有成效的，在现代，出现了这样几种新的理论：

工具主义：即认为科学理论不过是计算和预言的工具，并不是世界的真理，其真正的意义在于“有用”。这其实是回归了当年迫害伽利略的那位教皇的观点。毫无疑问，这确实能够有效地应对我们对科学的迷茫，然而缺少了终极追问和真理追求的科学真的还能被称为科学吗？还能让人保持对宇宙的敬畏吗？还能让人有不带功利之心的探索精神吗？这是工具主义所不能回答的。

证伪主义：由卡尔·波普尔提出的观点，认为科学之所以是科学在于它的可证伪性。一个科学理论需要能够被证伪，才能将其视为科学。我们可以通过排除伪命题与假命题而得到真知。这样的观点扬弃了关于科学即真理的观念，同时也为科学性做了新的定义。然而可证伪性并不能涵盖所有科学，社会科学就是其中的一个例子。用简单的“可证伪”来解释科学也存在把复杂问题简单化的错误。

人择原理：宇宙之所以是这样，是因为只有在这样的宇宙中才会诞生人类，我们才会思考关于宇宙为什么这样的问题。可能还存在其他不是这样的宇宙，但这些宇宙不适合人类生存，也无法演化出人类，所以就没有人思考那些宇宙的法则。这种说法看似取巧，实际上也是不无道理的。

依赖于模型的实在论：宇宙之所以是这样，实际上是现象进入我们的感官后经过我们脑中的模型处理之后的结果。套入不同的模型，我们就有不同的解释宇宙的方法。在这种观点下，宇宙的规律是由真实存在的宇宙与我们头脑中的宇宙模型共同作用的结果。而想要更真实地认识这个宇宙，我们就要像用墨卡托投影通过不同的角度绘制很多张地图一样，去创建很多个从不同角度解释世界的模型。这种理论得到了包括霍金在内的很多人的支持。

此外还有不可知论等很多的观点，关于宇宙究竟有没有一个真理存在，我们该如何认识宇宙的争论直到现在还没有结束，在未来也将持续很长时间。

四、总　　结

关于形而上学对科学的影响是好是坏，我们很难下定论。好的影响很明显，形而上学预设了一个现象之上的真理世界，从而让人们意识到可能有普遍必然的规律在支配着宇宙，激励了人们去认识、探索它们，促进了近代自然科学的产生。坏的影响在于，对宇宙真理的预设抹杀了进一步探索的可能性，这样所建立起来的机械的世界推到最后就必须要搬出来一个万能的上帝作为第一推动者和最初设计者。以至于牛顿的绝对时空观竟几百年来都很少有人去怀疑。现代科学从形而上学中被解放出来，也遇到了新的困境。但我们相信，只要不停止求索，科学的发展永无止境。

论中西方科学发展的差异

王　睿　口腔医学院（2019303042021）

【指导教师评语】评语：本篇论文主要是论述中西方科学发展的异同，论文格式规范，内容层次分明，条理清晰，语言流畅，说明充分。文中论点比较突出，论述能较好地服务于论点，对《自然科学经典导引》中所涉及的学者及著作引用分析的也很到位，可见对中西科学的发展进行了独立的思考。（基础医学院 熊亚洁）

摘　要：如果把科学的发展之路比作大树，那么西方科学就是一棵被修剪得笔直、粗壮、庄重而严肃的好木材；而中国科学就是一棵呈放射状、不断长出新枝条、美丽而优雅的古木。本文主要从中西方的科学起源，发展动力，发展形式及至今的科学现状等不同方面阐述两者之间的差异。求同存异，崇尚科学，才能促进更好的发展。

关键词：古代科学；中西差异；发展

一、识中西科学

爱因斯坦曾经说："我们推崇古代希腊是西方科学的摇篮。"①有许多勤奋好学、思想活跃、意志坚定的名人出现于古希腊，他们在各自的领域积极探索，为后人留下宝贵的科学文明财富。西方科学的母体是古希腊哲学，古希腊最伟大的三位哲学家苏格拉底、柏拉图和亚里士多德通过他们深刻而独到的思考，奠定了古希腊哲学的坚实基础，而后才有了

① ［美］阿尔伯特·爱因斯坦：《爱因斯坦文集（第一卷）》，许良英、范岱年编译，商务印书馆1976年版，第313页。

西方灿烂的科学文明。欧几里得、泰勒斯、泰阿泰德、毕达哥拉斯、阿基米德等人对数学领域进行了开创性的研究，他们在数学上的造诣影响了整个西方科学界。此外，古希腊人在天文学、医学、物理学等方面也有许多起源式的研究，一定程度上，古代西方科学其实就是古希腊科学文明的发展。西方的科学家们喜欢追根朔源，热衷于探究事物的本质，他们会为了一个抽象的概念争论个不停，直到得出一个所有人都接受的解释。

中国，作为四大文明古国之一，其科学文明相对独立而个性鲜明。中国古代文明以农业为主，在此基础上发展出了丰富多彩而又相互交融的众多科学。中国的科学历来以实用性和技术性为主，最典型的成就就是我们所熟悉的四大发明、三大技术以及四大学科。即使是四大学科中比较抽象的天文学和数学，也是偏向于应用。古代中国天文学的观测、历法，数学的十进制计数法、位值法，医药学的神奇疗效，直至农具的灵活轻巧可以说是家户喻晓、举世皆知的。中国的科学家们善于观察生活从而获得经验，注重将自己的知识转化为具体应用。古代中国的科学没有一个确切统一的理论体系，大多是实践所得，一代代人将那些实践总结出的经验传承下去，所以现今，我们仍然有句谚语：实践出真知。

二、品思维之美

探寻自然现象背后的缘由是西方科学的主要目的，而西方科学家希望通过深刻的思考去理解世界的本质。他们有强烈的好奇心和孜孜不倦的探索心理，他们通常会对学科的概念进行严格的定义，在概念基础上进行一系列严密的推理，最后得出无懈可击的结论。科学家们坚信世界的本质是简单的、有序的，世界一直以某些规律运行着，为此，他们会针对一种或一类事实提出一些猜测，并把所观察到的事实用抽象的概念加以解释，找出共同点，进而得出大部分人都认可的“真理”。《几何原本》所使用的公理化方法是比较有代表性的西方科学方法论。欧几里得以 23 条世人都认可的定义为起点，根据五个公设和五个公理，通过一个又一个严密的逻辑推理，最终得到关于初等几何的 467 个命题，构建了一个十分完备的几何世界。这种探索科学的方法一直被西方人沿用至今。西方人认为，科学是世界最真实的样子，研究科学就是为了探寻世界的本质。

对于中国科学，最贴切的形容词就是百花齐放。在古代中国，科学显得不是那么神圣。人们一般是通过重复多次地观察现实，从而找到一定规律，然后加以利用，最终目的无非是改善生活。即使是同一学问，也会因为地区不同而有所差异。科学在中国人心中是五彩斑斓的，而不是统一的。并且，不是上层社会才会去思考科学，任何一个人都能为科学的发展贡献智慧，科学的成就往往来源于无数人的经验积累。中国科学通过技术、工艺等形式代代相传，并没有对其原理有详细的记载。比如农学著作《齐民要术》对农牧业生产经验，食品加工贮藏，野生植物利用等进行了方法层面的详细记载，却没有说出为什么。现代，在西方科学的渗透影响下，许多行之有效的中医方法却被认为是不科学的。在古代中国人的观念中，科学是事物运行的客观规律，对科学的研究就是找出规律，以便更好地生活。我们最终的目的，就是要融入自然，利用规律让自己的生活和平安定。

三、观发展之道

西方人的科学交流十分频繁，这使得他们有一套统一且认可度极高的科学理论。同一领域同时代的科学家几乎都在做着同样的事情，一个人的突破相当于整个领域的进步。如果研究结果出现分歧，他们大多数人会拿出手中的研究，去说服别人或者被别人说服，直到争论出一个最合理的方向。西方的科学家坚信，真理是唯一的，只有大家朝统一的方向努力，才能以最快的速度接近真理。

中国的科学基本是以地区为单位独立发展的，中国一直没有统一的基本理论体系，不同学科来源不同，甚至同一学科的起点也相差甚远。中国的科学发展有强烈的时间差，同一成就可能在不同时间不同地区出现，却相互不知。历史上，中国对某一学科进行记载的书籍一直尝试在各种不同的体系中寻找共同点，试图为中国科学建立一个统一的体系，但这依然无法改变中国科学纷繁复杂的局面。

如果把科学的发展之路比作大树，那么西方的科学就是一棵被修剪得笔直、粗壮、庄重严肃的好木材；而中国科学就是一棵呈放射状、不断长出新枝条、美丽而优雅的古木。

四、探古之渊源

科学的产生原因、发展动力是产生不同科学理念，引导科学发展方向的重要原因。

西方的科学工作者，大都是衣食无忧，又不屑于参与政治斗争的那一类人，他们在保证自己有一定的经济基础和社会地位的情况下，还有许多闲余的时间，不追求世俗极致的他们，自然就产生了探究世界真实模样的想法。他们首先把科学看作高于一切世俗的存在，而后才有了对科学的研究，因此，科学在西方科学家的眼中是至高的。西方人看待科学，就如同洞喻理论所暗示的那样，我们人类不过是被囚禁在黑暗洞穴里的犯人，只有好奇而勇敢的人才能去看到外面的真理，而看到真理的人中，只有那些不惧世俗，真正无我且伟大的人，才会选择将真理传播出去，让科学得以发展。科学的发展是一段艰难且残酷的历程，从一开始，西方人就把科学看得无比神圣，科学的研究是无私的，是非功利性的。正因为这种先进的理念，即使始终战乱不断，西方科学也发展得十分迅速。

而中国的科学是由无数人的智慧累积而成的，他们或受好奇心驱使、或想要建功立业、或渴望改变自己命运等。当然也有一心探索世界者，但并不在多数。中国科学技术是惠及大众的。中国的科学以发展生产力为主，是为了集体生活质量的提高，其中比较发达的是建筑业、农业、手工业、医药业等与民生息息相关的行业。

古希腊的城邦制、航海贸易等生活方式造就了他们看着个人价值、思想开放、求知欲强、善于表达、喜欢竞争、追求享乐的性格，也使得他们的生活必须通过多方合作才能得以继续。在这样的背景下，西方科学形成了其独特的发展形式——追求共同的真理。

中国土地面积宽广，民族文化多姿多彩，不同地区以不同的形式维持着繁衍生息。再加上中国地形复杂多样，以古代有限的交通水平，大规模的文化交流受到了很多因素的限制。因此，中国的科学偏向于自成体系、区域化、独立和排它。中国科学不是为了追求真理，而是改善生活，不同地区面对不一样的境况，自然形成了不一样的局面。其发展受地理条件制约，形式各异。

五、论今之影响

如今，在全球化的大背景下，全球的科学研究理念，科学研究方法，以及科学发展方向都趋于融合。大家都在互相取长补短，中西方孰优孰劣已无法争论。过去的科学文化在我们身上留下的最具区分度的印记，就是我们看待世界、看待自己、看待他人的不同理念。

西方人有一种强烈的征服欲，他们认为，人类的生存依赖于从自然界获取物质资源。征服自然、改造自然成为了他们改善生存条件的办法。了解自然成为征服自然的一个重要方面。研究自然世界的种种现象和问题导致了西方科学迅速发展。他们在自然科学方面的成就远超以天人合一思想为主导的中国人。这不仅仅提高了人们的生活水平，也使人类对宇宙世界的认识更为深刻。

西方人还崇尚理性。西方人的思想独立而丰富，从事科学工作的人更是保持高度理智，不轻易被个人情感所左右。西方科学就是以绝对的理性思考为前提，才能不断突破，高速发展。科学方面的先进理念，在很多方面西方的科学研究水平始终高于中国。

中国人团结友爱。集体的力量始终大于个人，想要走得更远，民族凝聚力是必不可少的。从全世界范围来看，中国的阶级矛盾是相对较少的，中国人的团结也是独一无二的。从历史的角度来看，我们有着世界上最长的和平时期，却没有成为世界上科学最为发达的国家，在某些方面中国无疑是发展较为缓慢的。但漫长的发展带给我们最大的财富，不是现有的科学技术，而是扎根于我们骨子里的集体精神，社会主义也在中国发扬光大。在全球化的影响下，西方在科学研究方面的先进理念，我们可以学为己用，但我们用漫长时间沉淀出的民族精神，是他们难以复制的。如今，西方社会的阶级矛盾仍然突出，科学研究也多偏向于精英阶层，个人主义下的发展不均已经成为西方难以解决的问题。而中国虽然落后于西方，但我们的发展是均衡的、有序的，相信中国整体科学的发展也有着强大的未来。

六、展　望

在各方面的分析下，我们已经较为清晰地认识到中西方科学发展的差异。《自然科学经典导引》一书所选经典基本是西方著作，中国古代的科学著作少有涉及，难免让人心生遗憾。我们不得不承认：西方的科学理念、科研成果是高于我们的。现今虽然是全球化时代，但民族内涵不同，由科学衍生的科技必然有国界，我们应该大方承认自己的不足，尊重差异，学习西方先进的科学理念，加快中华民族伟大复兴和科学发展的进程。

中西科学发展缘何殊途异道

——以半球思维风格为视角

陈思衡　信息管理学院（2019301040066）

【指导教师评语】 论文格式规范、结构完整，文笔流畅，内容非常饱满。论文的选题和分析角度都非常新颖独到。文中引用经典居多，很有深度。论文首先介绍了半球思维理论；然后重点分析了中西方对杨辉三角问题的思考的方法，讨论了中西方思维的异同：东方采用的是场依存的思维方式，思维过程的每一部分依赖于整体得以进行下去，这种具象性思维是一种经验思维，抽象性弱；相反，西方采用场独立思维，西方数学中定理和证明的给出，均经由言必有定义、言必有逻辑的推理，思维过程是环环相扣的逻辑链条，西方思维抽象且注重逻辑性；作者最后强调：研究中西科学史的不同走向，不应当成为一种清算与批判，不应当过分强调孰优孰劣，而应当成为一种指导和镜鉴。这也正是《自然科学经典导引》课程学习的一个主要目的。（动力与机械学院　余亮英）

摘　要：《西方科学的起源》阐述了在中世纪之前的欧洲和伊斯兰世界，原始科学体系是如何为文艺复兴以来西欧的科技进步奠定基础的。西方科学技术在湮没千年后，得以回归理性，发展了塑造当今世界的科学体系；而中国却陷入了贯穿整个封建社会的科学停滞期、陷入了长期以来有技术而无科学的境地。这不禁让人思考：东西方科学发展的两种截然不同的走向是由什么造成的？本文从东西方半球思维风格模式差异的角度入手，力图在思维科学层面洞见该现象的内在原因，并探究应当如何取得当代科学思维方法的最优解。

关键词：半球思维风格；中西对比；科学史

公元前6世纪，希腊世界经由殖民、征服等方式的极大扩张，使得希腊文化在泛地中海地区影响力急剧扩大。在民族、文化、思想、商业的碰撞和融合下，一种全新的思维模式独立、崛起于一众奇诡瑰丽的神话叙事之中。这种被我们称为“哲学”的新型思维模式，可以由当时一批具代表性的思想家的交谈方式来定义：即一种严肃的、批判的研究。他们追问世界的本质和运作方式，并反思在这一追问的过程中的论证规则。早期哲学的各个流派中，关注自然万物的本质的流派发展出自然哲学，形成并固定了理性(nous)的思维方式，在观察和实验的基础上建立了可检验的理论体系，这就是西方科学的起源。近代西方三大思想运动之后，科学势压神学而进步，不断发展出新的成果并逐步形成了更加完善的学科体系，在几百年的时间里深刻改变了世界的面貌。

相反，尽管中国古代历朝历代基本都能涌现出一批实用技术的优秀成果，但与西方科学的进展相比完全是一种原地踏步，直到当代这一局面才被改变。显然，东西方思想传统的不同，是两者各行其是的深层次原因。深入分析这种不同，以史为鉴，庶几能使我们对东西方的文化差异、人文内核了解更加深刻，并为今后我国的科学技术发展指明道路。

一、半球思维风格理论

20世纪以来，认知风格的个体差异从科学家和哲学家们的讨论中“出圈”，认知科学、认知风格(cognitive style)理论受到了许多心理学家、教育学家的关注。人们更多地发现，理性的思维活动和知识体系并不是冷酷的、排斥感性的，它们也能体现个体风格。心理学家提出了对信息处理的个体差异的总体描述：认知风格构念(cognitive style constructs)，并给出了“场依存—场独立”“收敛—发散思维”和“反思—冲动”等几种模型。其中，“场依存—场独立”模型得到了更广泛的认可和应用。场依存，即在认识过程中依赖参照物或以外部环境线索为指导；场独立则相反，这种人倾向于凭借内部感知线索加工信息。据此，一些研究者针对个体的认知习惯，提出了半球认知风格维度(hemispheric cognitive style dimension)。这个维度的一极是言语—分析认知风格，另一极是视觉整体风格，分别与大脑左、右半球的活动有关。大多数人的认知风格都在这两个极端之间，一少部分人的思维方式则明确地归左脑或右脑主导①。

① Jeremy E. C. Genovese：Hemispheric Cognitive Style：A Comparison of Three Instruments，*The Journal of Genetic Psychology：Research and Theory on Human Development*，Volume 166，2005-Issue 4，pp. 467-481.

二、基于半球思维风格理论对东西方数学家关于杨辉三角形的研究方式分析

藉由认知风格理论的场依存—场独立模型进行分析，我们可以从东西方数学家对杨辉三角形发现与证明的不同路径，略窥两种不同的认知风格。在数学史上，杨辉三角形(或称贾宪三角形，西方称帕斯卡三角形；下文依便利原则灵活使用这三个代称)的发现和应用，是由欧亚多地、不同时期的数学家各自既独立、又借鉴前人的成果做出的。这是一个较复杂的话题，我们暂且着重探讨中国数学家贾宪和法国数学家帕斯卡。

(一)贾宪、杨辉与贾宪(杨辉)三角形

据《宋史·方技志》记载，贾宪生活在北宋中期，早年师从开封府胙城(今河南延津)著名历算家楚衍，学习天文、历算，擅长数学，著有《释锁算书》等书。其中，《释锁算书》即被南宋数学家杨辉在《详解九章算术》之《开方作法本元》一章中引用，杨辉称《释锁算书》为该三角形数表最初出现的著作。贾宪引入贾宪三角形，目的是通过确定四次及更高次二项式展开式的各项系数，来取得解高次方程的通法。他在研究《九章算术》开平方和

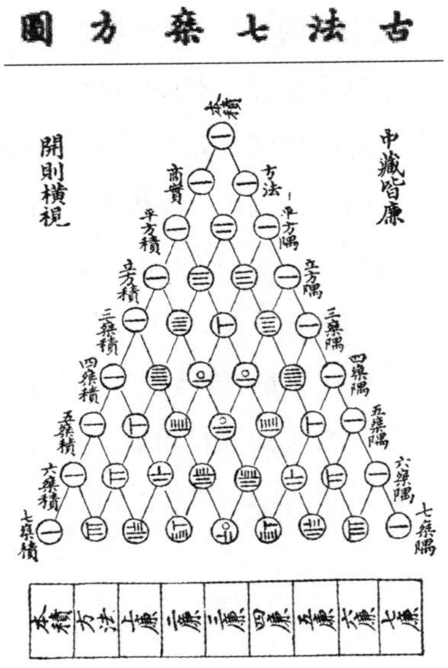

图1　朱世杰《四元玉鉴》中的贾宪三角形，称为“古法七乘方图”

开立方的方法时，发现了二次和三次二项式展开式系数的这种奇妙的加和关系，并绘制了相当于贾宪三角形前四行的一个初步图表，用于计算开平方和开立方；他把这种开方法称为“立成释锁法”。“释锁”形象地将开方比喻为打开一把锁；“立成”是唐宋历算家对于他们所使用的计算常数的算表的称呼；因此，立成释锁法就是借助于算表进行开方的方法。

研究出“立成释锁法”后，贾宪在解方程实际中发现该三角形还可以进一步扩展，适用于更高次开方方程。于是他提出这个三角形是可扩大的，并将该方法推广到任意高次开方方程，经过进一步优化形成了“增乘开方法”。我们今天说的杨辉三角形，就是“增乘开方法”所用的三角形①。可见，贾宪(杨辉)三角形的给出，来自解方程、基于数表画图，从始至终是一种直观具象的图画式推理。

(二)帕斯卡与帕斯卡三角形

事实上，帕斯卡并没有独立发现帕斯卡三角形，古希腊、印度和阿拉伯世界的一些数学家早于他几百年就发现了该三角形和它的一些性质，但作为西方数学史上取得为这个三角形冠名殊荣的数学家，帕斯卡的成就在于对该三角形的深入研究和有效应用。1654 年，帕斯卡在研究博弈游戏中的概率时，发现了这个古老的三角形数表在概率分析中的一些作用。他在名为《论算术三角形》(Traité du triangle arithmétique)的论文中，先从纯数学的角度给出了这个当时还被称为“算术三角形”的三角形数表的准确定义和性质描述，之后从二项式系数、组合数等四个方面讨论了帕斯卡三角形的应用价值。他不是第一个发现组合数的数学家，却通过在组合数问题中引入帕斯卡三角形、定义数学期望的概念，完美解决了历史悠久的“点数分配问题”②，使得概率论得以在高度形式化的基础上建立，真正成为数学的一门分支。帕斯卡因此赢得了“概率论之父”的美称。

帕斯卡对帕斯卡三角形的研究起于概率问题，经由标准的公式化推理原则，产生了推动数学史前进一大步的重要成果。在这个过程中，帕斯卡三角形与二项式系数有关的这一事实仅仅为帕斯卡的研究提供了一些可以忽略的便利，帕斯卡完全没有拘泥于解高次方程的问题，尽管这也导向一个唾手可得、具有一定价值的结论。

同样的图形，同样的数表方法，中西方数学家在对杨辉三角形的研究上却走出了两条截然不同的道路。在中国，古人为增乘开方法配表，杨辉三角形从解方程中来，到解方程中去，画出图来是为了将方程中的系数直观化；在西方，帕斯卡关于帕斯卡三角形的论证

① 梅荣照：《贾宪的增乘开方法：高次方程数值解的关键一步》，《自然科学史研究》1989 年第 1 期，第 1~8 页。

② Peter Dear：Review：The Cambridge Companion to Pascal by Nicholas Hammond，*The British Journal for the History of Science*，2005-Issue 1，pp. 131-133.

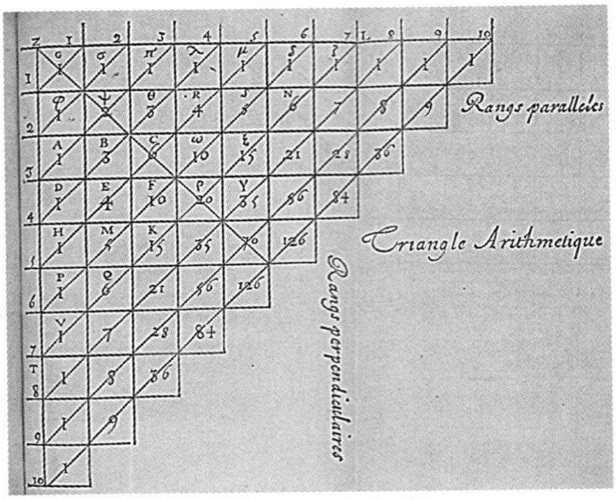

图 2　帕斯卡绘制的帕斯卡三角形，排列方式与杨辉三角形有所不同

尽管也借助了图形化方法，但是一经深入研究，图形立即被抽象化，替换为公式方法：

$f_{i,\ j}=f_{i-1,\ j}+f_{i,\ j-1}$，$i$，$j=2$，3，4，…

$f_{i,\ 1}=f_{1,\ j}=1$，i，$j=1$，2，3，…

（其中 i 和 j 代表行和列序号）

也就是说，对西方数学家来说，图形和线条只作为协助思考工作的一种手段。许多时候，这些直观的载体甚至可有可无。如果没有这些载体，依靠严密的逻辑规则、公理化体系，依然可以做出相应的证明、得到同样的甚至更加可靠的结论。

三、半球思维风格与东西方科学思维方式差异

审视中国古代数学家，就可以发现他们的研究一般是依托于相互联系而开展的。解方程的过程必须可视化，以与视觉产生直观联系。而当方程越来越复杂、步骤越来越多，乃至很难处理时，又要引入新的图表去解决新的问题。依据半球思维风格理论，这是一种典型的场依存的思维方式，思维过程的每一部分依赖于整体得以进行下去。与之相反的是西方数学家的场独立思维。西方数学中定理和证明的给出，均经由言必有定义、言必有逻辑的推理，思维过程是环环相扣的逻辑链条。尽管在必要时也会给出图表以形象地表达作者意图、协助读者思考，但并非主要的推理工具。

杨辉三角形的不同研究路径，折射出东西方数学研究的一个侧面；而东西方数学研究的方法差别，则又体现出东西方科学思维的相异之处。东方具象性思维是一种经验思维，

抽象性弱。中国古代的哲学家们不太关注概念和逻辑推理，而是依赖比喻和故事，这往往造成一种缺乏理论探讨的倾向，与西方哲学家、科学家的抽象讨论习惯大相径庭。

东方哲学的世界概念是浑然一体的，是直觉、感性的。为此，东方哲学非常反对对世界的解构。其对世界的描述，或是永恒的秩序、或是有机的关系，但绝不会为世界去寻找一个物质的、实在的本原①。西方哲学则与此不同，西方哲学家们从一开始就热衷于寻找事物的本质，并扩而大之去探求世界的本质。《西方科学的起源》里，我们看到泰勒斯主张世界的本原是水，阿那克西米尼主张世界的本原是气，赫拉克利特主张世界是一团永恒的火；柏拉图提出宇宙是一位巨匠造物主完全比照自己的理性创造出的完美之物，亚里士多德则以四元素和以太解释整个世界。今天我们当然可以把这些归结为非常初级的世界观，受过教育的现代人有充足的理由将他们的观点付之一笑；然而正如作者戴维·林德伯格所说的，这些问题不仅有趣、而且重要，因为正是在这些童蒙般的认识中，真正的理性得以萌芽。例如，我们今天可能会觉得自然与超自然的区分显而易见；但在认真作出这种区分之前，对自然的研究根本不可能开始。古代中国之所以没有从繁荣的技术发展出成体系的科学，正是由于缺乏场独立的分析型思维。

四、总结与思考：场依存思维方式的现实意义

场依存的思维方式在科学中真的一无是处吗？当然不是这样。爱因斯坦说：“西方科学的发展是以两个伟大的成就为基础的，那就是：希腊哲学家发明形式逻辑体系(在欧几里得几何学中)，以及通过系统的实验发现有可能找出因果关系(在文艺复兴时期)。在我看来，中国的贤哲没有走上这两步上那是用不着惊奇的，令人惊奇的倒是这些发现在中国全都做出来了。”丹麦近代物理学家玻尔为自己设计骑士爵位的纹章时，挑选了中国的太极图作为徽章图案。他认为，太极图是对波粒二象性的一个“醒目的传统描绘”。两位伟大的物理学家的看法表明，中国传统场依存的思维方式不仅凭借其务实性做出了许多举世瞩目的成就，而且在直觉、概括方面具有西方场独立的思维方式无法匹敌的优势。

---

① 王前：《李约瑟对中国传统科学思维方式研究的贡献》，《自然辩证法通讯》1996年第2期，第52~57页。

浅析西方的自然科学精神

杨淏程　电子信息学院（2019302120124）

【指导教师评语】 论文较好地把握了《自然科学经典导引》课程所选经典文献所传达的西方自然科学精神，从逻辑严密性、知识客观性与思想突破性三个方面进行了简要归纳，并结合部分科学史实和当代科研需要进行了论证分析。论文选题得当，观点明确；逻辑严密，结构清晰；叙议得当，行文简洁；不仅显示出作者对课程内容的熟练掌握，也反映了作者对自然科学精神的努力思考与恰当理解。（计算机学院　怀　念）

摘　要： 自然科学起源于西方，从古希腊时期发展至今，体系已经十分完善。西方自然科学在发展的过程中，有一系列具有代表性的著作问世，这些著作都体现了宝贵的科学精神，呈现出逻辑严密性、知识客观性、思想突破性等特点，对当时的科学进步，乃至今天的科研都是大有裨益的。充分理解和学习这种科学精神，是当代科研人员应当做到的。

关键词： 西方；自然科学；科学精神

一、引　　言

自然科学，是运用定量方法，对有机自然界和无机自然界进行研究的科学。自然科学起源于西方，发展至今，体系已经十分完善，但是仍有相当多的自然科学问题没有得到合理的解答。重新审视近代及更早的西方自然科学的发展史，对西方自然科学的特点与思想方法进行重新认识与归纳概括，可以为我们的科研提供指引与启示，这也正是本文旨在解决的问题。

二、西方自然科学的起源与发展

西方自然科学的历史是相当漫长的，其起源于古希腊哲学，历经漫长的发展并逐渐成型。在此，笔者选取了几个有代表性的时期的自然科学经典著作，来简要梳理西方自然科学的发展历程。

（一）古希腊时期：《几何原本》

古希腊孕育了早期的西方哲学，而正是这早期的哲学孕育了西方早期的科学，形成了原初的科学思想、科学精神、科学方法。①

古希腊时期的经典著作中，对自然科学影响最大的无疑是欧几里得的《几何原本》。《几何原本》建立了公理演绎体系，即用公理、公设（现代科学已不再使用“公设”一词，而是将不证自明的论述统称为“公理”）和定义的推证方法。同时建立了严密的形式逻辑，将逻辑证明系统地引入数学之中，确立了逻辑学的基本方法，以及几何证明的三大方法：分析法、综合法和归谬法。② 这是西方自然科学的萌芽。

（二）工业革命前夕：《自然哲学的数学原理》（以下简称《原理》）

《原理》全面总结了近代力学的成就，确定了经典力学的基本概念，形成了相对完整的经典力学体系。更重要的是，《原理》一书发展了《几何原本》的公理化方法，给出了科学理论体系的经典研究范式，为近代自然科学的发展奠定了方法基础。这标志着西方自然科学正式形成。

（三）工业革命时期：《物种起源》

19 世纪无疑是自然科学发展相当迅速的时期，著名的“三大自然科学发现”（指细胞学说、能量守恒定律与生物进化论，最早由恩格斯提出）即是这一时期的成果。在此，我们以《物种起源》为例。

---

① 桑建平：《自然科学经典导引》，武汉大学出版社 2019 年版，第 3 页。

② ［古希腊］欧几里得：《几何原本》，燕晓东译，江苏人民出版社 2011 年版，第 3 页。

《物种起源》提出了“物竞天择，适者生存”的观点，阐述了生物进化的理论：生物并非一成不变，而是在遗传变异与自然选择中，从简单到复杂、从低等到高等不断变化的。暂不谈对生物学的贡献，《物种起源》的重大意义在于第一次使自然科学彻底脱离神学的范畴，引起了人类思想的巨大革命，为自然科学的发展扫清了思想上的障碍。这标志着西方自然科学的兴盛。

(四)近现代：《狭义与广义相对论浅说》(以下简称《相对论》)

近现代是西方自然科学的兴盛时期，各种惊人的自然科学发现层出不穷。其中最负盛名的当数爱因斯坦的《相对论》。即使对当代人而言，相对论的内容终究是晦涩的，是违背直观感觉的，但是其正确性却是不容置疑的。相对论从基本的物理规律出发，对物质的存在和运动提出了全新的解释，颠覆了人类对时间和空间的看法。这标志着西方自然科学走向巅峰。

三、西方自然科学精神有哪些特点

结合西方自然科学的发展历程，以及诸多著作中体现的科学精神，笔者将西方自然科学的精神归纳为以下三点：

(一)逻辑严密性

逻辑严密是西方科学的传统，其始于《几何原本》，盛于《原理》。

《几何原本》的命题Ⅰ.3是这样描述的“给定两条不等线段，可以在较长的线段上截取一条线段等于较短的线段”①。这个似乎相当显然的结论的证明用到了：公理Ⅰ.1、公理Ⅰ.3、定义Ⅰ.5、定义Ⅰ.15、公设Ⅰ.1、公设Ⅰ.2、公设Ⅰ.3，总共七条原理。目前这个命题被公认源于数学积累的直观理解。但是古代人的直观数学理解终究略差于当代人，况且欧几里得的工作是从零开始建立“宇宙基本元素的数量关系”体系，倘若他用直观理解的方式来撰写本书，那么书中命题的论证和体系的构建必然是千疮百孔的，不仅不会给后世提供公理化方法的范式，更可能会阻碍自然科学的成型。

《原理》严格继承和发展了公理化方法，但是其内容却并没有《几何原本》那么“显然”，

① [古希腊]欧几里得：《几何原本》，燕晓东译，江苏人民出版社2011年版，第7页。

甚至书中的“定义”都会让我们困惑许久。如果说《几何原本》形成了公理化方法，那么《原理》则是真正将公理化方法的威力展现了出来。凭借公理化方法严密的逻辑性，西方自然科学的体系得以建立。

(二)知识客观性

知识客观性指任何理论必须建立在有力的事实论据与理论基础之上，不容许主观臆断现象的出现。

《天体运行论》和《物种起源》是不错的例子，前者虽然尊重客观事实，但是却抱着一种消极的态度：哥白尼在序言中声称将本书奉献给教皇保罗三世，希望得到他的庇护。此外还在序言中声称本书的理论并不一定代表天体运行的实际情况，仅仅是一种为了简化计算的人为设计①。这与《物种起源》所表现的精神大相径庭。

《物种起源》中达尔文写道“对我得出的一般结论，只援引了少数事例进行说明；我想在大多数情况下，这样做就够了……本书中所讨论的任一点都必须用事实来支撑，否则便会引出与我的学说完全相反的结论来”②。这样的文字足以表明达尔文对自然科学的绝对客观性的坚持。后来在著名的“牛津大辩论”中，进化论拥护者赫胥黎公开宣称他“准备接受火刑，如果有必要的话”，严厉驳斥了“凡是与《圣经》相违背的观点必须被制止”的荒谬论断，最终赢得了广大民众的认同。③ 可以说，正是《物种起源》的提出，让科学彻底脱离神学范畴，让科学真正向着追求绝对客观真理的方向发展。

(三)思想突破性

用《相对论》来论证这一点应该最合适不过了。突破甚至颠覆陈旧观点往往是相当危险的，唯有极高才智与魄力者方可为之。

对狭义相对论而言，不妨做一个假设，在100多年前，爱因斯坦需要让人们信服这样的一个事实：在列车上，人向列车运动的方向走动，那么人相对于地面的速度并非人相对于列车的速度和列车相对于地面的速度的简单相加。即使在今天，可能大多数人也是对此深信不疑的——这似乎是不容置疑的直觉。

---

① [英]尼古拉·哥白尼：《天体运行论》，叶式煇译，武汉出版社1992年版，第2页。

② [英]查尔斯·达尔文：《物种起源》，舒德干等译，陕西人民出版社2006年版，第16页。

③ 王京：《试论达尔文〈物种起源〉一书观点的形成及社会影响》，《河北大学学报(自然科学版)》1989年第3~4期，第178页。

前文曾经提到过《几何原本》中的相当“显然”的命题也需要严格的证明，甚至连圆规可以截取等长的线段都要进行证明。对于《几何原本》，我们用直观感受就能“论证”其中许多命题的正确性。但是对于速度叠加这同样“显然”的事情，我们的直观感受却恰恰是错误的。毫无疑问，将“显然”引入严谨的科学论证将是极端错误甚至十分危险的一件事情。

与狭义相对论相比，广义相对论的颠覆性则更为明显：广义相对论在完全没有事实验证的情形下，所有的结论都是来自于爱因斯坦的推导，而且结果也是相当反直觉：物质告诉时空如何弯曲，时空告诉物质如何运动。可以说爱因斯坦并不是发现了一个新岛屿，也不是创造了一个岛屿，而是将现有的整个大陆给翻了过来。

四、西方自然科学精神对当代科研的启示

首先，科研必须要遵守严密的逻辑性，任何步骤的得出必须要有严格的论证，决不能“跳变”式下结论。诸如17世纪风靡一时的“燃素说”，理论解释得非常到位，但是缺乏严密的逻辑推导，理论仅仅停留在简单的现象层面，终究只是主观臆断的看法，摆脱不了被证伪的结局。英国著名化学家普利斯特利，利用氧化汞分解首次收集到了“脱燃素空气”(就是氧气)，也发现了其能维持燃烧这一特性，但是由于他对“燃素说”的拥护，让他把“真正发现氧气”这一殊荣拱手让与拉瓦锡。正是他对“燃素说”这个缺乏逻辑性的错误结论的信奉造成了其科研悲剧。

其次，科研必须要尊重客观事实，不能凭空捏造，更不能弄虚作假。曾经震惊全国的“汉芯事件”至今仍然是中国电子领域无法抹去的一道伤疤，如今的学术领域造假事件也是层出不穷。究其原因是某些人过度追求利益，而置科学道德于事外。这样的行径实在没有任何意义。相反，我们更应该学习一下曾经的西方科学精神，将自己的研究落到实处，务实的同时也要沉心静气，因为往往是那些最“无用”的、最不为名利的研究最终成就了最为“大用”的结果。

最后，科研者应当要有突破性和颠覆性的思维。采取正确的方法，通过正确的逻辑演绎得出的结论，即使与我们的直觉相悖，我们也不应否定其正确性，而是应当深入探索以窥究竟。假如爱因斯坦因为相对论过于反直觉而放弃这个理论，可能自然科学的发展会因此倒退半个世纪之久。能经得起验证的理论，无论其内容有多么奇异，都应当被科学所接受。

五、总　　结

回顾西方自然科学的发展历程，细细品味西方自然科学精神，我们不禁感慨万千。有感于欧几里得的规范严谨，有感于牛顿的绝伦逸群，有感于达尔文的坚定不移，有感于爱因斯坦的旷古绝今，有感于这些人类奇才为科学做出的不朽贡献。

“行致远不忘来时路”，承前人之志向，继先人之精神，实现科学的伟大进步，开创科学的辉煌未来，是当代所有科研人员的重任。作为大学生的我们，更应该为此做好准备！

浅谈如何正确探索未知的科学世界

黄玮琪　计算机学院（2019302110409）

【指导教师评语】 该生从如何科学有效的探索未知世界出发，将《自然科学导引》各个章节串联起来。从《理想国》的洞喻理论了解到了对未知的探索需要打破常规的勇气，从《科学与假设》和《惊人的假说》中学习了如何科学的提出假设，再到《DNA的生命意义》和《物种起源》明白以事实为基础的观察和实验对检验假设和真理的重要性，最后从《几何原本》一书中提炼出了规范的体系化对科学理论发展的重要性。学生从对这一系列经典书籍和名人事例的学习过程中自己归纳和总结出了自身探索未知的科学世界的方法，在我看来已经是他成功开启对科学领域科学体系探索的证明。（健康学院　刘　婧）

摘　要： 学习《自然科学导引》这门课，是我们学校对博雅教育的贯彻，也是对我们成为新时代全方面人才的期望。而相较于因为同样目的开设的《人文社科经典导引》更着重于对我们人生意义的指导，《自然科学经典导引》则更着重于对我们今后的科学探索精神与方法的引导和培养。从《理想国》洞喻理论解释对未知的探索，到《科学与假设》和《惊人的假说》对未知现象的大胆假设，再到《DNA的生命意义》与《物种起源》对假设的小心求证，以及《几何原本》一书对科学理论的体系化，这一切连在一起揭示了人类面对未知时，是如何一步步脚踏实地通过科学的方法探索未知，最终揭示终级奥秘的。而这种一步步探索未知的过程，是值得我们学习，并将其运用到我们今后的科学探索过程中的。这种探索未知科学的方法也正是我们这门课教会我们的重点内容。

关键词： 科学探索；面对未知；大胆假设；小心求证；规范体系

探索科学过程，其本质就是探索未知事物的过程。正确、有效的对未知采取措施进行探索，将直接影响后续科学理论的发现。因为这些探索未知的过程值得我们去留意和学习。通过对课程的学习，我认为正确探索未知的过程应该包含以下几个部分。

一、敢于正视未知是探索科学的基石

在《理想国》的洞喻理论中，面对那变化莫测、前人未知的外部世界，世世代代困在洞穴中的人们有两种截然不同的态度。第一类人占大多数，他们固守陈规，对自己未知事物充满敬畏和恐惧，妄图将自己观察到的外界用“自己的幻觉”强行解释，宁可待在破旧贫瘠的洞穴中，也不肯向外界迈出自己的脚步。第二类人则截然不同，他们同样观察到了未知的奇异景象，却从未因陈旧的理论限制自己的头脑；相反，他们勇敢的做出了属于自己的探索，即使最后受到众人的冷嘲热讽。现实中又何尝不是如此。正所谓“科学探索是无止境的”。我们必须意识到现有的科学理论体系还不够完善，前方仍有许多未知的地带等待我们去发掘。

为什么苹果数千年来都是往地上掉，在牛顿以前从未有人对此内在的未知进行科学的探索？为什么考夫曼在测量运动电子质量时，坚持认为测量到的质量变化属于测量误差而对相对论熟视无睹？又为什么面对生物化石上的铁证时，教会仍然坚持上帝造人而否定生物进化理论？那是因为他们面对未知事物时拘泥于所谓的“常识”而忽视内在的未知领域；也是因为他们面对未知时固执己见不知变通；更是因为他们内心深处对自己未知事物的一种天然恐惧感。正如著名科幻小说家阿西莫夫所说：“人类总是再内心对自己的未知事物充满恐惧，潜意识里想要去用已知强行解释它或去摧毁它的存在。”或许在我们前人的时代，因为宗教，信仰，家庭，社会风俗等各方面的影响而产生对未知的一种抵触，从而制约了那个时代的科学探索和科技的进步。而在当今，我们作为五四精神“进步”“科学”的传承者，应当彻底摒弃对未知的抵触心理，勇敢用科学研究方法作为助力，在探索未知的大道上迈出自己的步伐。如此我们方可从前车之鉴中，完善自己的科学探索精神，将来在研究领域为祖国做出属于我们的贡献。

二、一个好的假设能让科学研究赢在起跑线上

未知的事物将暴露出一系列的疑问，而一个好的假设能为问题的后续研究铺好大道。要研究一个新出现的问题，首先要通过科学的假设来确定研究方向。庞加莱在《科学与假设》一书中对科学研究与假设的关系进行了系统性的阐述。庞加莱认为科学理论并不完全

是现实世界的反映，而是一种科学意义上的假设。同一组现象可以用基于不同假设的理论进行同样有效的解释。人们之所以选择这种理论而不选择别种理论，完全是一种协议或约定，不是考虑是否真实。选择的根据主要看是否方便和简单明了。这就是约定主义的由来。① 由此可见，假设会对后续的进一步深入研究将产生巨大的影响，直接或间接的决定的后续研究方向，从而影响了最终科学结论的得出。同一个问题，大家提出的假设可能不尽相同，比如历史上爱因斯坦等人用相对论为基础对许多物理问题做出相关的假设来研究，而玻尔等人则更青睐于量子力学，最终二人在微观粒子领域的许多问题的解释上不同，但他们的假设各有优劣，为他们在各自领域取得出色的成就埋下了伏笔。由此观之，我们在研究问题之前，要科学地做好假设，方能好好迈出走进真理大门的第一步。纵观历史，仅仅因为假设时的一念之差而错失真理的例子比比皆是。究其根本，是因为这些错误的假设往往是从人们的主观臆断出发，先入为主的排除了其他的可能，让人们在后续的研究中有意识或者无意识的向错误的假设靠拢，造成了与真理的失之交臂，属实让人惋惜不已。

三、经过科学求证的假设才足够可靠

相信“大胆假设，小心求证”这句话我们已近耳熟能详。这句话说起来可能很容易，但在真正的科学研究中做起来却需要克服常人难以逾越的困难。假设只是确定了一个未知问题的可能答案，而不一定百分之百正确。人无完人，孰能无过？假设毕竟是一种推断，存在一些不足与错误也是情理之中。这个时候，科学求证作为连接假设与结论的桥梁，其重要性暴露无遗。对假设的求证方式大致有以下两种。

(一)用实验观察来求证假设的合理性

发表日心说的哥白尼和发表生物进化理论的达尔文就是这类方法的典型代表。哥白尼通过对太阳系行星运动轨迹的观察发现地心说的假设不足以完全解释现有的现象，继而提出日心说，在大量手稿上记录相关数据证明日心说的合理性。达尔文则是在对古生物化石的观察中发现了生物体结构的规律性变化，基于大量的化石开掘和对比证实了生物进化理论的科学性。他们基于现实中的观察，用科学的统计方法和计算方式进行推算，从而发现既有假设的不足并将其更正，最后跨入真理的大门。

① [法]庞加莱：《科学与假设》，李醒民译，商务印书馆2006年版，第23页。

(二)用辩证思维来求证假设的合理性

有一些科学现象可能在某种程度上颠覆了我们以往的认知，甚至可能现有的条件水平不足以支持对这些假设的科学实验论证。最经典的例子就是爱因斯坦提出的相对论。爱因斯坦的相对论涉及了微观、高速(相对于光速而言)的物理情形，提出了“速度增加，质量增加，长度缩短”等一些列的相对论理论。即使是在科技水平较为发达的现代想获得高速(相对于光速)物体是极为困难的，更不用说在当时那个实验条件较差的年代了。但爱因斯坦却凭借自己聪慧过人的大脑，通过辩证思维借助一系列的逻辑推理得出了相对论，彻底颠覆了我们过去基于牛顿力学的旧物理世界的认知，为人类打开了一扇新世界的大门。这也告诉了我们，这类无法通过实验直接证明的科学规律可以通过强大的思维风暴去理解和论证。

后世的引力波、粒子加速器实验等现象还是间接的证明了相对论的正确性。这也提醒了我们假设仍然不能脱离实际，在逻辑推理过后还是需要通过实验观察去间接的验证推理过程的正确与否。我们要做到逻辑推理和现象观察的有机结合，通往未知科学世界的大门才会在我们面前浮现。

四、只有规范的体系才能为科学研究铺平道路

读完了《几何原本》，个人认为，相较于书中提到的公式定理，规范的知识体系和严密的逻辑结构更令人印象深刻。《几何原本》中不少公式定理是欧几里德对前人结论的一个归纳和整理。在欧几里德之前，欧洲的数学研究是“各自为政”，每一个人研究的方向可能不尽相同，导致最后各种各样的数学结论杂乱无章的呈现在众人面前，让其他接触到这些知识的人感到无从下手。但欧几里德改变了这点，他把人们公认的一些事实列成定义和公理，以形式逻辑的方法，用这些定义和公理来研究各种几何图形的性质，从而建立了一套从公理、定义出发，论证命题得到定理的几何学论证方法，用开创性的系统整理和完整阐述，使这些远古的数学思想发扬光大，形成了一个严密的科学逻辑体系——几何学①。

科学探索道路上，得到最终正确的结论并不意味着某一领域的终点，我们应该把目光放到更深远的地方——形成规范的科学理论体系结构。为什么我们要去研究科学探索未知？因为我们要去发现未知中的奥秘，并将它流传给我们的后代，让它一直为人类的福祉

① 欧几里得:《几何原本》，燕晓东译，江苏人民出版社 2011 年版，第 12 页。

工作下去。而这其中关键的一步就是要整合我们前面通过探索、假设、论证等一系列过程得到的科学结论形成完善的理论体系。

五、结　　论

科学就是探索未知的历程。学会如何科学、有效的对未知的进行探索，其实是我们对科学探索、求实拓新精神的贯彻落实。《自然科学导引》这本书中的作品其实浓缩了人类探索未知时一步步从迷茫，到最终豁然开朗的探索过程，展示了如何才能有效、科学地在未知中探寻真理。我们要学会这些探索未知科学的正确方式，并将其运用到实际的科研工作中，通过借助前人的探索经验，在科学的殿堂中潜心钻研。当我们真正将直视未知、大胆假设、小心求证、规范体系一系列步骤严格落实时，我们才能跨进未知科学世界大门的门槛，向着科学的终级奥秘大步向前，为人类探索未知科学世界贡献属于自己的一份力量。

宇兮，宙兮

房庭轩　遥感信息工程学院（2019302130113）

【指导教师评语】该文采用文言文的方式将“自然科学经典导引”课程内容融汇于对宇宙这一概念的认知和感悟。文中所涉及的内容由宏观的时空观延伸到微观的细胞生物，从物种起源到自然与人的和谐相处，从物质到精神，从生命到无穷。论文体现了作者较扎实的国学功底和对人生的思考，具有一定的深度。(测绘学院　徐晓华)

摘　要： 古人云：“知天之所为知人之所为者，至矣。”物质者，天之大也，求学问道，不可不知；生命者，物之华也，行于世上，不可不察；精神者，人所成也，生而为人，不可不辨。此三者，皆当世之大问题也。

关键词： 宇宙；物质；生命；精神

《淮南子》有云：“往古来今谓之宙，四方上下谓之宇。”①

宇者，古往今来之时也；宙者，上下四方之地也。物之所在，时之所行，吾所能见，吾所未见，皆谓之宇宙。

今之所见宇宙者，平于其表，曲于其内。其表者，物贡行于其斯，谓之天体。天体者，有恒星，有星云，有行星。恒星星云聚之，则曰星系；星系聚之，则曰星群；星群再聚，则为星团。星团者，宇宙引力之所束缚最大天体也。恒星者，虽曰恒，然有寿，待其风烛残年之际，则膨胀，大之又大，亮之又亮，遂成红巨星，然则皆其回光返照矣，后则坍缩，缩之又缩，其质大者，缩则为星曰黑洞；其质中者，缩则为星曰中子；其质小者，缩则为星曰白矮。黑洞者，缚光之所在，幽幽乎待人之所寻也。②

---

① （西汉）刘安：《淮南子》，二十一世纪出版社 2015 年版，第 142 页。

② ［美］纽康著：《通俗天文学》，金克木译，北京联合出版公司 2012 年版，第 228~238 页。

其里者，时空扭曲于斯。宇宙者，似方布，物掷于其上则曲，曲则变物之运行。光之所动，时之运行，皆受曲之所缚，谓之引力。若物变，则布动，则成波，谓之引力波。宇宙之大，无时不变，变则生动，动则成波，于是宇宙之万象，皆可由波之所动而得。然宏观物质之大，引力波之微，则察波之事，其难也。① 此当为吾辈之志，吾辈之责也。

浩瀚夜空，抬头相望，星光熠熠，令人不饮自醉。然则天体之变，美之甚矣。当其流星滑空，飘飘然失其踪；彗星重逢，翩翩少年变老翁；月相变幻，窈窕少女思归人；北斗指路，迷途游子念回途。诗与歌与话与心，式与数与形与理，皆似真似幻，如实如虚，徜徉其中，美不胜收。

宇宙源于何？宇宙所源为一，曰奇点。奇点为何？时空之起始，则为奇点。奇点之真容，人所未见，人所不可见也，然何以知之？宇宙之嘈杂背景，无分寒暑，无分西东，寰宇之热辐射，存且未可去，谓之微波背景辐射也。时空之形似一球，热所不能出之所处，物质能量交融之所在，于是压之又压，缩之又缩，其温愈高，其物愈集，然后可知其必存一奇点也。奇点之势既成，倏忽爆炸以散其势。今之微波乃爆炸冷却之结果也。于是宇宙之成，始于奇点，成于爆炸，一毫一厘，则能量释，则粒子生，则元素全，则物质成，闪于一瞬之间，则宇宙完矣。然则奇点源于何？目前所知，源于无也。爆炸源于何？目前所知，源于不平也。② 此仍存疑，待吾辈待后人共发掘，共明辨矣，当共勉之。

继前之所述，宇宙者，万物皆不可出也，故无交换，故无溢出，于是遂有物质守恒，能量守恒也。物质之态，乃为粒子，是故又有粒子之守恒也。此三者之守恒，目前所识，乃宇宙之不变之真理也。

于是又有问曰：宇宙归于何？或开放，或封闭。其开放者，加速膨胀也，则宇宙之大，无穷无尽也。然则物质之数，能量之和有尽，则其分布之稀，近似于无，可想见也。其封闭者，胀之有限，过限则缩，缩之又缩，则趋于无矣。又有黑洞之论，似时空之逆流，宇滞于斯，宙曲于斯，万物毁于斯。即或寰宇不归于一黑洞，亦必将逝于亿万黑洞之洪流中。

此之谓，宇宙生于无，归于无也。③ 古人云："况修短随化，终期于尽。"岂不相契哉！

宇宙苍茫，繁星浩荡，地球之于宇宙，似一微尘。然生命存，万物生，目之能及，思所能见，唯此星也，此不可不谓一大奇迹，一大幸事也。于是欲明生命，于是欲辨万物，所以乃有博物，所以乃有生物学也。

生物之学，乃究生命之本质，自然之规律也。生命为何？物质之精妙组合也。有多

---

① ［美］爱因斯坦著：《狭义与广义相对论浅说》，麦芒译，天津人民出版社 2018 年版，第 17～19 页。

② 周智证：《当代世界科学三大任务》，南方日报出版社 2007 年版，第 27～30 页。

③ 周智证：《当代世界科学三大任务》，南方日报出版社 2007 年版，第 63～67 页。

糖，有蛋白，有核酸，有万千之物质，构为细胞；细胞聚之，则为组织；组织合之，则为器官；器官构之，则为个体；个体类之，则为种群；种群共之，则为群落；群落处之，则为系统；万千系统，乃有地球。故曰：极致之生态系统乃为地球。于是欲究生命，先辨构造；构造不清，则机理不明；机理不明，则物质不辨也。故，构造、机理、物质，此三者，缺一则生命不可析矣。规律为何？物竞天择，适者生存也①。于是有繁殖，有进化，有遗传，有变异，有灭绝，有适应，自然之规律②，无穷无尽，需则其主剖析，则其末明辨也。

人源于自然，存于自然，以何方式，不可不思也。

回首天地初开，混沌茫茫，人行荒野，兽行莽林。电闪雷鸣，流星坠落，皆为自然之伟力也。时人思而不可解，唯俯首跪拜，行祭主祀，唯恭敬而已。然后神论四生，皆有造天之伟力，成万千之变化。然于宇宙之貌，自然之理，人当顺之，未能改之，其至一也。及至工业革命，动力生，引力立，起源论，自此始人明晰世界矣，遂生征服世界之心也。于是广伐木，多建厂，煤炭烧，遂有雾都之城，万千之疾也。③ 十年复十年，人所受环境之危害，深矣。于是《寂静》出，协调立，环保重，人与自然，非对立，当共处也。

共处者，则与自然相协调也。利用自然，保护自然，此亦为当代之要务也，吾辈不可不重视之。若自然失常，则人类失常；若自然不存，则人类不存也。于是欲合理利用自然，则必先辨自然之真源，明自然之规律也。然自然受人之所害，已深矣；人之受自然所害，亦已深矣。于是人必明保护自然之重要意义，之重要责任也。若有人伤，其伤愈深，愈难弥合，更有甚者，永世不能弥也，自然类之。由是保护自然之事，刻不容缓也。

此所谓，宇宙奇迹之学也。

不限于人，生命亦或皆有精神。精神不存，则生命之路，求生之难，何以解也，故精神亦为宇宙之部分也。生命始，精神存，思想在。然则仍有大疑团未可解也。精神为何？精神源于何？精神为何存？此实难之又难也。究其本质，意义重大，责任重大也。吾为何？吾往何？吾作何？此之类，则亦可解也。于是遂有哲学之理论，心理学之研究，东方西方，百家之论，各执所说，唯求公认。故关于精神之研究，道阻且长，待人所寻，当牢记“路漫漫其修远兮，吾将上下而求索”。吾终坚信，精神之大发现，将不久现于人间矣。

思矣，目所能见，耳所能闻，鼻所能嗅，其真乎？其不真乎？其可信乎？其不可信乎？再思矣，吾终日所学，其真乎？其不真乎？其可信乎？其不可信乎？然，无所能见，无所能闻，无所能嗅，则无以能感知世界也；无所能学，则无所能认识世界也。然其全真

① ［英］托马斯·亨利·赫胥黎，约翰·穆勒著：《天演论·论自由》，严复译，江西教育出版社2018年版，第94~95页。

② ［英］达尔文著：《物种起源》，文舒译，中国华侨出版社2019年版，第1~6页。

③ ［美］蕾切尔·卡森著：《寂静的春天》，马绍博译，天津人民出版社2017年版，第67~79页。

乎？否也。是故，吾思之，必学之；吾学之，必思之。不学则思难入理，不思则学必受缚。古人云："学而不思则罔，思而不学则殆。"①学思之辨，大抵如此。

无论山川，无论烟尘，无论归寂，无论鲜活，其构成之粒子，永动而未静，永相嬉戏也。大水不可淹，大火不可烧，无谓生死，无谓人之时空，唯有变化运动矣。人，又有何权力自以为是乎？是故愈知世界，愈知谦卑；愈明自然，愈辩是非。人有生即有逝，物有生即有灭，时空似流水，黑洞即倒流，是故宇宙生于无，亦将归于无矣。

繁星若尘，时空浩荡，宇宙万物之研究，可归于精神、生命、物质矣。精神赋予物质则成生命，生命失却精神则为物质，生命失却物质唯存精神，故此三者，密不可分也。②时空之论，宇宙之学，奥妙无穷，一生追寻，一生无憾。

宇宙之外，又有何乎？为另一宇宙，亦或唯有虚无？其能知乎？其不能知乎？然宇宙之创，生命之出，其有意义乎？其巧合乎？予不知也。宇宙之外，若有宇宙，其生于虚无，亦必将归于虚无，此予之所思也。宇宙之初，生命之始，必有其所任。故断言，宇宙，人可知也。此予之浅见也，冀有所感者，不可不察也。

宇兮，宙兮，始于空兮，归于空兮，永恒存于无，及至人，唯变而已。

① 《论语》，中华书局 2016 年版，第 16~17 页。

② 周智证：《当代世界科学三大任务》，南方日报出版社 2007 年版，第 176~178 页。

从西方科学起源看中国古代“科学”底色

许琼艺　弘毅学堂（2019300001072）

【指导教师评语】作者通过论述《西方科学的起源》的相关观点，将西方科学起源的关键环节与中国古代的状况进行了比较，重点论述墨子的原始科学体系，并对名家思辨方法、封建时代的科学概况进行分析，从西方科学起源、发展历史等角度论述了中国古代科学思维与科学认识、科学技术的萌芽和发展。论文逻辑清晰、层次鲜明、论据充分。（水利水电学院　王高辉）

摘　要：西方科学萌芽于古希腊，孕育于文艺复兴，发展于工业革命，造福于当今。那么，类似的科学萌芽是否曾经存在于中国历史上？中国古代是否有类似柏拉图和亚里士多德的科学启蒙者？中国古代为何没有发展出西方那样的近现代科学？笔者将通过浅薄的分析，重点论述墨子的原始科学体系，并对名家思辨方法、封建时代的科学概况进行分析，进而回答以上三个问题。

关键词：西方科学；古希腊哲学；先秦哲学；中国古代科学技术

一、戴维·林德伯格对西方科学的定义与论述

《西方科学的起源》作为一部探讨科学的发展历史——尤其是其西方世界的科学萌芽与发展的论著，在林德伯格教授深入浅出的分析中尽显西方科学的独特魅力。戴维·林德伯格在《西方科学的起源》一书中首先探讨了“科学”的定义问题。他认为对科学下定义是一件困难的事情——事实上，一切对科学史的探讨，都离不开科学的准确定义这一前提条件。“手艺传统和技术算科学吗”，“占星术和超心理学中都充斥着理论，它们算科学吗”，为解决这个棘手的问题，林德伯格认为：在讨论古代科学史时，应当尽可能采取宽泛的科

学定义，从而使得讨论的对象既不因其与现代科学的差异而被排除或否定，也不至于因定义模糊而被过度解读①。

《自然科学经典导引》一书选取了该论著第一章《希腊人之前的科学》与第三章《亚里士多德的自然哲学》的部分片段。前者首先定义了科学的概念，随后阐述了柏拉图的理型世界理念，并重点强调了柏拉图的"两个世界"思想(可见世界和可知世界)的重要作用；后者则由亚里士多德的生平和著作入手，着重分析了亚里士多德形而上学中的"四因说"和其认识论，也对其宇宙观进行了论证。虽然不论是柏拉图的《理想国》还是亚里士多德的《形而上学》，都还远不能被称作科学论著，但所选篇目阐明了一个基本事实：西方科学的雏形即为自然哲学，而自然哲学的思想强烈依赖于古希腊哲学。

二、百家争鸣中的理性之声——墨家思想与古希腊哲学的比较

公元前776年，古希腊举办了第一次奥林匹克运动会，这标志着古希腊的黄金时期揭开了帷幕；六年后的公元前770年，周平王宣布将首都东迁洛邑，春秋时期在这一年开始。历史总是惊人的相似，古希腊哲学家开始兴办学园时，远在东方的春秋诸国也兴起了讲学的风气。诸子百家中影响较大的有儒家、道家、墨家等，前两者在社会学与哲学方面光辉璀璨，但若究其蕴含的科学萌芽思想却似乎乏善可陈。相较之下，以墨子为代表的墨家学派在科学方面的研究大类于古希腊同时期先哲，这在诸多方面均有体现。对应于《西方科学的起源》节选部分所提到的部分，墨家至少从西方科学的研究对象、认识论方面与西方有类通之处。

首先，墨子对物理学与几何学方面的研究颇有造诣，其中尤其在光学方面深有造诣，这和古希腊哲学家热衷的探讨方向是重合的。以几何学为例，《墨子》中对空间、点、长度、直、高度、圆等几何要素首次给出了较完善的定义。比如：《墨子》中对"端"这一概念的定义是：经上："端，体之无厚而最前者也②。"意思是说，一个物体由很多的组成元素构成，而"端"是其中不能量度而又处在最边缘的部分。经说上又说："端，是无同也"，"那么，'端'究竟是什么呢?"有人把"同"字训为"间"，有人解读为："端"最小不能再细分的东西，而另外一些学者则解释为：所有的"端"都是一样的。其实，墨子定义的"端"和欧几里德几何学上的"点"、德谟克利特所谓的"原子"都很类似。类似地，墨子说：

① ［美］戴维·林德伯格著：《西方科学的起源》，张卜天译，商务印书馆2019年版，第1~3页。

② (战国)墨翟：《墨子·经》，中华书局2007年版，第175页。

“圆，一中同长也①。”意即：所谓圆，就是到给定一个点距离相同的图形。他又说：“圆，规写交也。”意即：圆规画圆时的起点和终点相同。这和欧几里德定义的“圆是由一条线围成的平面图形，其内有一点与这条线上的所有的点连接成的所有线段均相等”几乎相同。

其次，在物理学方面，墨子也有超前的成就。墨子给“力”这一物理学的基本概念下了定义：“力，形之所以奋也”。有学者认为，相较于亚里士多德的“力是物体维持运动的原因”，墨子的定义要胜过许多，原因就在于“奋”字包含的力使速度变化的意味使之更接近于牛顿第一定律的表述。此外，光学方面的如“小孔成像”原理、光的传播等方面，墨子可谓是超过西方千余年。

在认识论上，墨子批判了孔子的“生而知之者”论，强调所有的知识只能通过后天的“耳目之实”的实践与经验来学习得到，这与亚里士多德“知识是经验的”这一表述有着惊人的雷同。墨子还提出了著名的逻辑学方法“三表”，其现代语言表述为：一种认识的衡量应以古人的历史记载、人民的切身经验和实际运用的利益为三大标准，其中“经验”是最为重要的一条。而亚里士多德的观点亦与其有一定相似。

总的来说，对照古希腊哲学的特点，墨子在认识论和逻辑学方面的研究在事实上奠定了中国古代科学的根基，这和古希腊是类似的。墨子的成就对于东方古代科学的发生和启蒙有着不可磨灭的作用和极其重要的地位，不愧为我国“科圣”。作为中国科学源流之滥觞的著作《墨子》虽有约 1/3 部分已散佚，但其残卷依然闪耀着中华文明史上不可多得的理性之光。

三、怪异的思辨家——名家思想的“洋特质”

先秦虽有百家争鸣之象，但涌现出的学者大多数为以社会为研究对象的实用主义者和以人生为探讨对象的思维艺术家，而绝少有人热衷于探究物质纯粹本质和纯粹的逻辑学问题，因此以逻辑学命题和认识论为研究对象的名家学派在诸子百家中便显得鹤立鸡群了。名家学派的代表人物有公孙龙、邓析、惠施等人，其中，公孙龙有著名的“别同异，离坚白”理论，而惠施（即惠子）则提出了著名的“合同异”理论。前者以“名”的不变性为理论支撑而主张将物质的所有属性割裂开来，后者却认为“名”是变化的，强调将世间万物的特性合为一体。

公孙龙提出过很多著名的逻辑学命题，例如“白马非马”“离坚白”等，这里仅举一例以窥一斑。在《公孙龙子·通变论》记述有一则著名的诡辩“飞鸟不动”，公孙龙说：“飞鸟

① （战国）墨翟：《墨子·经》，中华书局 2007 年版，第 180 页。

之景，未尝动也。”意思是说：正在飞行的鸟是静止不动的，这是因为在每一个瞬间，飞鸟的影像都是完全静止的。

在大致相同的历史时期，远在地中海沿岸的古希腊也存在名为“智者学派”的古希腊哲学流派，而令人惊讶的是，智者派的一个同样著名的说法便是“飞矢不动”，这个命题仅仅是将公孙龙的“飞鸟”换成了“飞矢”而已，而其中包涵的形而上学的思辨方法和其唯心主义的思想几乎相同。这说明我国古代在思想萌芽时期，名家与古希腊智者派在某些方面颇有相通之处。

除了公孙龙以外，名家还有一个重要人物——惠施。惠施一生也在探究着本体论和认识论的问题，与公孙龙割裂万性的思想相反，惠施倾向于“合同异”，虽然惠施的哲学著作《惠子》在战国晚期就已经散佚了，但是其基本哲学思想还保留在《庄子》的《天下篇》中。惠子提出过十个哲学命题——“历物十论”，其中惠施说：“大同而与小同异，此之谓小同异；万物毕同毕异，此之谓大同异。”①惠施对“大同异”“小同异”概念的内涵以及外延进行了分析，认识到了万物变化的规律，他认为只有用这种区别同异而又能合同异的思维看待世界，才能如实反映客观事物，而概念的内涵与外延又是不可分割的，二者缺一不可。

总的来说，公孙龙和惠子对于中国古代逻辑学的贡献也是不可磨灭的，他们二人为我国古代逻辑学方面的思想添上了一层独特的底色，使之能够与当时古希腊哲学相比较而并不逊色。他们富有哲思意趣的主张与诡辩，使今天的读者也依然迷醉于两千年前的争鸣时代。

四、笔记式科学著作《梦溪笔谈》与技术总论《天工开物》中的科学萌芽

自秦统一六国以后，即便价值体系随历史条件的不同偶尔发生过变化，但以儒家思想为核心的、混杂道家、法家乃至外来的佛教的主流哲学体系已经确立，中国历史上再也不曾有一个时期像先秦那样出现百家争鸣的景象了。因此，秦汉以后的有关科学思想或者经验技术方面的著作，就主要以技术方法为主，而很少谈及科学思维方面的内容。这里面最重要的两部著作便是记录自然科学知识的《梦溪笔谈》和记述经验技术的《天工开物》。

《西方科学的起源》中讲到，亚里士多德认为“获得知识的过程始于经验”，因此科学的诞生必须建立在一定的观察和实践得到的经验积累的基础上。从这一观点来看，沈括的《梦溪笔谈》作为一部集数学、物理、化学、生物、天文等各个门类学科知识的总集，其科

① (战国)庄周：《庄子・天下》，中华书局2007年版，第330页。

学价值是非凡的。《梦溪笔谈》记载了很多关于自然现象的知识。在天文学方面，沈括着重讲述了天文现象和历法方面的内容，尤其改进了当时的历法体系。在地理学的认识上，沈括考察了浙江温州雁荡山的独特地形地貌并分析其成因之后指出：“原其理，当是为谷中大水冲激，沙土尽去，唯巨石岿然挺立耳。”而西方提出流水侵蚀作用的理论是在七百多年以后的英国；无独有偶，当时北宋的西北出产石油，沈括对这种看似无穷无尽的可燃液体大有兴趣，他还预言“此物后必大行于世也”，对比现在各国对石油资源的争夺，其高瞻远瞩可见一斑。由此可见，《梦溪笔谈》中蕴含的科学思想已经初具锋芒，它在重视观察的同时也注重分析与思考，这正是西方科学之所以发展为现代科学的一个关键。

与《梦溪笔谈》不同，宋应星的《天工开物》则更多倾向于实用的技术，尤其是有关冶炼、制造等方面。《天工开物》全书收录了农业、手工业，诸如古代机械、某些冶炼方法等技术，它被外国学者称为“十七世纪中国的工艺百科全书”；与其他的书籍不同，它更多地着眼于手工业，反映了中国明朝末年资本主义萌芽时的生产力情况①。《天工开物》详细叙述了各种农作物和手工业原料的品种门类、产地情况、生产方法和工艺设备等经验，不愧为中国科技集大成之作。

对比相近时期的西方，资本的积累和技术经验的记录也成为科学产生的一个重要推力。“量变产生质变”，西方在文艺复兴时期将从古希腊以来的各种科学哲学思想和实践结合起来，慢慢地发展出来近现代科学体系。而宋朝、明朝不仅是哲学家辈出的时代，同时也是生产力高度发展的时代，其出现的诸如本文提到的《梦溪笔谈》《天工开物》等其实可以说是科学产生的关键节点。

五、分析与总结

普遍认为：中国古代有技术，却没有真正意义上的科学。从西方科学的诞生里程来分析，科学产生的三要素可以概括为哲学思维、逻辑方法、经验积累。西方科学基于以上三点，环环相扣进而演化出科学体系。而中国古代同样具备以上三点，为何没有诞生科学？原因主要有下面几点：(1)儒学等哲学思想沦为统治工具，其他百家思想无人继承，思想方面虽有先秦时的开创，却缺乏活水滋润，进而科学思想不能得到进一步发展；(2)技术和经验积累堆积于底层阶级，社会上层普遍不关心技术的内涵；(3)在技术经验积累、思想较为发展的宋、明，在资本主义出现萌芽时，均因民族间发生战乱而终止，社会发生一定程度的退化和停滞。在自然科学的发展上，中国没有占到她本应有的一席之地，纵观现

① 邵士梅，蒋筱波：《中国通史》，三秦出版社2008年版，第230页。

代科学的发展历程，与中国密切相关的可谓是屈指可数。

但随着历史长河的流逝，中国已然步入了民族复兴的新时代——我们有必要开始挖掘中国历史上的科学和理性思维的宝藏了。我们必须认识到对我国而言，科学并不全是西方的舶来品，更不是西方的专属品。从先秦开始，以墨子为代表的墨家学派就已经开始了物理学、几何学的分析，以公孙龙、惠施为代表的名家学派也已经对本体论、逻辑学作出了众多贡献，而随后的两千年里，以《梦溪笔谈》《天工开物》为代表的科学技术论著灿若星辰。中国虽然没有诞生现代科学，但我们仍有必要学习我国古代科学技术的相关知识，吸收西方先进的科学思想，并去伪存真地、批判性地将其传承下去。在历史的画板上，中国古代的科学底色与今日的色彩交相辉映，下一个百家争鸣、百花齐放的时代即将到来。

《天问》与《论天》

——屈原与亚里士多德的“对话”

袁佳晨　测绘学院（2019302141309）

【指导老师评语】基于屈原的《天问》和亚里士多德的宇宙观，设计了两人之间一场横贯中西、跨越千年的对话。从宇宙起源到天体运行规律，通过一问一答展示了两位先贤共同具有的探寻自然本源的理性精神，也展现了中西文化在思维方式上的差异，以及科学发展的曲折过程。论文立意新颖，论述引经据典，分析得当，反映了作者良好的科学素养和文学素养。(测绘学院　汪海洪)

摘　要：亚里士多德的宇宙论是历史上第一个完整解释自然现象的理论学说。而几乎与他同时代的屈原，在许多作品中也表达了对于自然现象的疑问，其中以《天问》最具代表性。巧合的是，《天问》中许多问题在亚里士多德的学说中都有相应的解释。本文基于这个背景，设计一场这两位东、西方先贤之间的对话，以便更好地理解中国和西方科学发展的异同。

关键词：亚里士多德；屈原；宇宙论

背景比较

1. 生活时间：

亚里士多德：出生于公元前四世纪(约 384BC)。

屈原：出生于公元前四世纪(约 339BC)，夏历的三寅汇聚之日。

2. 出生地点：

亚里士多德：欧亚大陆的西方，希腊斯塔吉拉。

屈原：欧亚大陆的东方，楚国。

3. 所在国家信息：

亚里士多德：马其顿王国。公元前336年，亚历山大帝国成为当时世界上最大的帝国。

屈原：楚国。公元前333年，楚威王时期，楚国国土面积达到鼎盛，为当时世界第二，仅次于亚历山大帝国。

4. 身份：

屈原：《离骚》的第一、二句所述——“帝高阳之苗裔兮，朕皇考曰伯庸。”屈原祖辈与楚王同姓，屈原的家族以封地为氏，是楚国的贵族。

亚里士多德：奴隶主阶级，特权家族，父亲是马其顿国王的御医。

5. 职务：

屈原：曾出任“三闾大夫”——一个负责教育王室宗族子女的官位。

亚里士多德：被委任为马其顿国王腓力二世之子——即后来亚历山大大帝的老师。

6. 时代氛围：

当时的希腊，已有柏拉图学院。而在东方，齐国有稷下学宫，各国学士，诸子百家在此辩论。

综上所述，屈原与亚里士多德虽然分处世界的东、西半球，不可能相见，但是两人的生活背景，如时代、地位及社会环境等方面，都有微妙的相似之处。所以，二人的作品有可比性。

一、屈原的《天问》与亚里士多德的宇宙论

屈原在《天问》中提出了一系列对于宇宙的疑问，但是只问不答。而亚里士多德提出了一套解释宇宙的系统性理论。

虽然《天问》属于诗歌，是文学类作品，但是其一百七十三个问题基本是基于理性思考而产生的质疑，是一首形而上的诗歌。其中许多问题在亚里士多德的宇宙论中也有出现，且给出了完整的论证。

为了更生动地体现二人在同一问题上的理性思考，这里假设屈原和亚里士多德进行了一场对话。

(一)模拟场景

屈原：“我们的文化中，上古传说讲到，宇宙开始时一片混沌，后来逐渐演化出自然

万物的秩序。可是时间那么久远，到底是谁传下来的呢？这个说法又有什么根据呢①？”

亚里士多德：“在这个问题上，我则认为，宇宙根本没有起源，它是一个永恒的存在。没有起源，也没有终止。”

屈原：“我再提出第二个问题。我们的上古神话中还传说，天是圆形的，如同车盖子，盖在大地上②。而且天有九层，可是这九层又是怎么分出来的？”

亚里士多德：“在这一点上，我们的认知有相似性，但依旧有所不同。我认为我们所处的地球是个球体。宇宙是套在地球外面的更大的球。在我们居住的地方，靠近海洋，当船从远处驶来的时候，总是先看到船帆。这便是一个很好的证据。”

屈原：“您说的似乎有道理，但我们的文明并非沿海而居。如果可以亲眼目睹，也许会更加信服。”

亚里士多德：“那我再举一例，想必您一定知道月食现象吧？”

屈原：“是的，我们先人的诗歌里也有‘彼月而微，此日而微’的记载。但是我们认为这种异象与君王的昏聩有关。”

亚里士多德：“我更愿意把它归类于自然现象，并且对它做一番推论。我以为，月食是由于月亮进入了地球的阴影中而产生的。在整个月食过程中，月亮上的地影总是圆形的，只有球体的阴影，才可能造成这种效果。”

屈原：“好，我再问您，日月星辰，它们又是怎么陈列在天上的呢③？”

亚里士多德：“日月星辰，各自有各自的轨道，如同一首自然的乐曲，应当是有‘神’作为推动宇宙间一切的力量。如我刚才所说，在地球外部还有别的圈层，日月星辰，在那上面运行。”

屈原：“这也是我在《天问》中所提到的一个问题——惟兹何功，熟初做之？今天您给出了您的答案。但这又回到了我在《天问》中的第一个问题，遂古之初，谁传道之？不论是您说的‘神’，还是我们的文化中的传说，根据是什么呢？”

(二)分析

屈原在《天问》中，提出了对于宇宙起源、宇宙结构、天体运行规律、盖天说、时空关系等的一系列质疑。他本人在《九章·惜往日》中提出“参验以考实”④，虽然原意是希望楚

① (战国)屈原：《楚辞·天问》，中华书局2009年版，第74页。

② (战国)屈原：《楚辞·天问》，中华书局2009年版，第74页。

③ (战国)屈原：《楚辞·天问》，中华书局2009年版，第74页。

④ 罗漫：《战国宇宙本体大讨论与〈天问〉的产生》，《文学遗产》1988年第1期，第45~53页。

国国君明辨忠奸，但是他在《天问》中的刨根问底显示了他对于自然问题同样抱着“参验考实”的态度。《天问》全篇的问题都没有答案，但背后却有难能可贵的理性思辨精神。

西方，亚里士多德之后，其实有阿里斯塔克等人提出了地动说，但是跨越不了当时的人类常识以及亚里士多德学派的权威所造成的阻碍。

亚里士多德的宇宙论，认为“神”是使得宇宙天体运动的主因。其实这也体现了当时人们找不到解释天体运动的原因，所以只好把一切归之于“神”。如果亚里士多德真的能和屈原见面，他也回答不了“遂古之初，谁传道之?”这个问题。他认为天体的运行必须有一个原动力，“神”是他理论的必要条件，但不是充分条件，是个没有办法证明但必须正确的存在。

值得注意的是，虽然“神”在东西方的文化里都有，但是屈原和亚里士多德并非迷信地把“神”作为崇拜对象。

屈原的《天问》，这首质疑一切的诗歌，不仅是对与自然的感受，还上升到了理性思考，关注了自然现象的因果关系，可以定义为“自然哲学”。而亚里士多德，他所说的“神”，代表了对于神秘自然的敬畏之心。纵然是一个不科学的解释，但是象征了心存敬畏，却依旧渴望探索的精神。希腊神话是有理知的内在的，它或许只是当时贫困的自然哲学的一种遁词。①

二、对于后世的影响

亚里士多德的宇宙论，相对完整地给出了自己对于自然规律的解释。更重要的是，他是西方文明中，从只会观测、记录自然现象，到开始质疑经验，追寻现象背后规律，并且试图用严密逻辑创建完整学说体系的第一人，西方科学从此萌芽。

而屈原的《天问》，是中国历史上第一个对于自然世界提出这么广泛质疑的作品。他的许多问题，甚至可以发展成为很好的科学研究方向。

然而，此后两千多年，人类知识的进步为什么突然变得极其缓慢凝滞，似乎那种理性思考的精神，在东西方都灰暗了。好比那个时代撒下了一颗种子，可是却等了2000年它才真正发芽。而下一个真正接近现代科学的时刻，出现在了两千年后的文艺复兴时期。

不妨再让我们假设一场，看到文艺复兴时期的屈原和亚里士多德的对话。

---

① ［古希腊］亚里士多德：《天象论·宇宙论》，吴寿彭译，商务印书馆1999年版，第254页。

(一)模拟场景

屈原："2000 年已过，朝代更迭。我们二人曾经所在的国度都已湮灭在历史的尘埃中。我们的文化里对于天文的研究也发生了一系列变化。"

亚里士多德："是啊。这期间我的很多研究成果也经历了不流行的时期，但是后人给我的学说做的注释倒是不少。"

屈原："在我们的文明发展中，东汉时期，浑天说就已经成型了，这和你的学说非常近似，认为全天的星辰镶嵌在一个球壳上，这个球壳绕着地球转动。"

亚里士多德："这真是个奇特的巧合，也许和人类认知事物的规律有关吧。虽然这个学说在天体距离比例上和我们的学说相差甚远。至少你们的学者有开创新的学说，而我学说的继承者们把地心说发展的十分完善，完善到没有给其他学说留下多少喘息空间。"

屈原："但是，我们的文化里，天文渐渐地糅杂进了政治，甚至在很长一段时期中成为了皇家的专属品。今天，传教士的到来带来了颠覆性的天文学，禁锢也逐渐被解除。但是在这片土地上，为何人们依旧只在乎星占？即使精巧的望远镜也被用作偷窥的工具？①"

亚里士多德："这个问题上我也有同样的困惑，星占学，我们的文化里也有。而最让我不解的是，继承了我思想的托勒密，虽然写出了《至大论》这部了不起的天文学著作，即使今人证明其错误，但它依旧了不起。问题在于托勒密同时在宣扬星占学说，写了四卷有关星占术的书，这倒使他名声鹊起。"

屈原："好像没有人敢去像我这么'问'了。我们的文化里，不断继承和发展一家的学说，但总是不愿意去找出先人的错误，发展出新的学说。宋朝辛弃疾仿照我的《天问》写了一首词——《木兰花慢》。'可怜今夕月，向何处、去悠悠'。或许是受到拙作《天问》的影响而仿写，月亮又一向是我们文化里吟咏抒情的对象，但是人们最多也就止步于这种浮于表面的'问'罢了。"

亚里士多德："您的文化中应该是出于对师长的敬畏不敢质疑，而我们的文化里是出于对于宗教的敬畏不敢质疑。罗马帝国时期成功地将多神崇拜变为一神教。从前我的学说和神明的存在是可以磨合的，甚至'神'可以暂时解释一些我无法解释的东西。但是后来，宗教开始把神当作一切真理的最终解释者。当时我认为，地动说是错误的，原因之一，是我无法解释，为什么地球在转动，而跳起来的人却还能落回原地？但是后人想必已经观察到——以一个很常见的现象为例：一艘行驶着的船，用绳子在船桅顶部系着一个球，突然松开绳子，球会掉落，但船上的人看来球仍是垂直下落的。"

① 江晓原：《科学外史 Ⅰ》，上海人民出版社 2019 年版，第 39 页。

屈原："不论如何，我们都已是远游的老人了，且看着后人，兴许有一天他们能给出《天问》的答案吧。"

(二)分析

对于科学，需要有质疑的态度。在科学发展经历了风风雨雨之后，回归正轨的欧洲，于17世纪在英国成立了皇家学会，一个用以促进自然科学发展的组织。在它的会徽上镌刻着拉丁文箴言："Nullius in verba"，它表达的内涵，与屈原的《天问》一致。

然而，科学不仅需要有质疑，还必须有实践性的验证。中国古代对于科学的重视程度比较低，这是对科学发展的致命打击。同时，先人难以突破师长的权威，统治者的权威，害怕成为异端，不敢有创新性的改变。他们一味地延续和发展，却很少有自立门户的学说，这也从根本上，抹杀了近代科学在中国萌芽的可能。

三、转　　折

伽利略在《关于托勒密和哥白尼两大世界体系的对话》中，以辛普利邱为典型，代表亚里士多德学说的角度发表观点，让其与代表哥白尼体系的一方对话，来证明哥白尼体系的正确性。并且，他诙谐而又尖锐地批驳了亚里士多德之后时代"逍遥派"门徒的哲学思想。

伽利略在书中曾这样评价一些"逍遥派"："他们满足于崇拜死人，他们不是以应有的慎重态度来进行哲学研究，而仅仅是用他们所背诵的几条理解得很差的原则来谈哲学。"①

借助于对话，伽利略指出，倘若亚里士多德有幸看到之后关于地动说的一系列证明，他应该是愿意改正自己学说的。并且亚里士多德也一定不希望，后人僵化地照搬他的学说去强行解释自然现象，特别是在各种证据已经显示矛盾之处的情况下。

就这样，用一本对话形式的书籍，伽利略为世人翻开了科学史上一篇崭新的华章。西方科学在那一刻开始爆发式地生长，此后，便是人才辈出，越来越快地奔向现代科学。

其实，以对话的形式讲授哲学与自然科学并不仅仅在西方文化中出现。比这本书的出版早得多，古代中国就有一部假托周公与商高的对话来教授数学和天文学的著作。它也是

---

① [意]伽利略：《关于托勒密和哥白尼两大世界体系的对话》，周煦良等译，北京大学出版社2006年版，第605页。

中国古代唯一一部构建了几何宇宙模型的书籍①——《周髀算经》。

书中有一段文字写道，曾经，一个叫荣方的人问陈子："听说您的学问，能够知道太阳有多大，有多高；能够知道，光可以照到的范围，移动的远近；能够知道，人们所看到的土地的尽头；能够知道，天上星辰的排列。天地那么广阔，您的学问，这些都能知道，这是真的吗？"

陈子回答："确实如此。"

荣方又问："我想请您明白地告诉我，现在像我这样的人，也可以学会这个学问吗？"

陈子说："是的，这些不过是数学的问题，只要你竭力思考，是可以学会的。"

这段文字，没有把自然现象包装得多么玄虚，而是明了地指出日月运行、天体运动和自然规律是可以通过学习而掌握的，而且都是数学所能解释的东西。中国古代，对于科学，也曾有过这样简单美好的信仰。但是，正如我们所知，这种信仰慢慢地被历史长河冲刷，直至消失。

东西方都在自然哲学的道路上遇到过瓶颈，可是只有中国始终走不出去。也许，正如胡适在《中国古代哲学史》中提到的，极端的怀疑主义是中国自然哲学走向终结的原因之一。以有限的人生去追寻无限的真理，但是天下真理与是非却不是一定的。"彼出于是，是亦因彼"。渐渐地，对于知识的信仰消失了。"世无楚灵均，更与谁谘诹"，屈原那样的"天问"精神也随之消失了。更何况与此同时，还有思想统治对于自然哲学巨大的消减作用。

相对的，西方哲学起源之后，也遇到了巨大停滞，停滞的原因和东方的有一些相似。

亚里士多德的自然哲学影响在6世纪时期已经不那么流行，这一部分归因于当时西方的统治者。由于更符合统治者心理的那种与道德相结合的学派诞生了，亚里士多德的学说渐渐被取代。此外，西方也同样出现了对于知识信仰的迷失，同样也受到怀疑主义的影响，渐渐向着神秘主义发展。

但是与中国有些不同的是，在西方，和科学争夺解释世界权力的是宗教。不知道是幸运还是不幸，在对知识没有多少信仰的中世纪，阿拉伯的知识世界却处于高度繁荣时期。阿拉伯人翻译了大量的希腊经典著作，使得科学的发展没有中断，也为之后西方科学的复兴提供了条件。相比之下，中国就没有这种条件了。

此外，西方也有和《周髀算经》中所表达的一样的理念，虽然伽利略乃至牛顿也依旧承认"神"的存在，但是他们也一定相信，人被创造出来的同时是被给予了理解力的。人类付出努力，就可以用自己的理解力发现一点自然的秘密。这一点和亚里士多德是一脉相承的。

① 江晓原：《科学外史Ⅰ》，上海人民出版社2019年版，第18页。

四、总　　结

正如牛顿在《自然哲学之数学原理》中给出的哲学推理规则4——由现象所归纳出的命题应该被归于正确或者基本正确，而不管想象所可能得到的与之相反的种种假说，除非出现了其他的与此相悖的现象。

因此，即使亚里士多德提出许多错误的科学结论，甚至反对当时眼光超前的“原子论”。但从科学精神上来说，他没有做错，因为这种自然现象是当时人类无法通过观察得出的。

西方科学和东方科学都遭到过消沉阶段，但是由于西方多元文化的起承，使得真理的火炬得以延续。而中国，由于地理和历史方面的原因，根深蒂固的思想太难撼动，人的神经麻痹太久。明末的第一次西学东渐对于当时的中国来说只不过是看看新鲜，而到清末的第二次西学东渐，中国科学已然沦落到被西方嘲笑的地位。西方，彻彻底底地处于居高临下的地位。

前事不忘后事之师，今天我们学习历史，认为科学和历史似乎属于两个类别。但是，这段科学史不应该被国人忘却。无畏来源于无知，恐惧也同样来源于无知，这是中西方科学史折射到后世人眼中的。虽然我们无法确认现有的科学是完美的真理，但却始终不能停止探索的脚步。指导人类进步的是什么呢？是恐惧，还是好奇，是为了生存还是出于信仰？或许诸多因素都掺杂其中。然而有一点是可以肯定的，这个世界还需要真理。还有太多没被发现的真理，它们就像被无数枯叶掩盖的小树苗。这个世界缺的从来不是树苗，而是孕育和包容它们的土壤。

《西方科学的起源》：反辉格解释的优势与无奈

罗　珺　经济与管理学院（2019301051065）

【指导教师评语】 作者结合对《西方科学的起源》的阅读，讨论了反辉格解释的运用、成功及不足之处，提出在历史研究中我们应尽力实现辉格解释与反辉格解释的统一，从而在还原历史脉络的前提下，更加全面地看待历史。论文选题新颖，观点明确，论述清楚，逻辑清晰，文笔流畅。（化学与分子科学学院　林　毅）

摘　要：《西方科学的起源》之所以能成为一部科学史巨著，离不开对反辉格解释的坚持。在书中我们可以看到，作者尽全力不以现在的标准评判过去的努力。但是，反辉格解释的无奈就在于，它让历史学失去了借鉴意义，变成了被动的历史描述。并且作者也难以完全跳脱出时代。所以在历史研究中我们应两者结合，更加全面地看问题。

关键词：《西方科学的起源》；戴维·林德伯格；辉格史观

一、导　　论

《西方科学的起源》是由美国康斯坦星大学科学史学家戴维·林德伯格所著的科学史巨著。正如它的副标题所言，这本书是对公元前六百年至公元一千四百五十年宗教、哲学和社会建制大背景下的欧洲科学传统进行的介绍。在现在来看，那是一个黑暗的时代，并不存在什么“科学”，是没有价值的研究对象。但作者立足于当时的时代背景，不以今日之标准评判过去的得失——也就是“历史的反辉格解释”（anti-whiggish history）。与之对应的便是“历史的辉格解释”——即一种为了现实利益，按照现世标准解释历史的史观。辉格解释，由于现实考量牵涉其中，很可能会带来历史的歪曲。正是对反辉格解释的坚持，才能使这本书还原历史的本来面目。本文拟对此书所用的反辉格解释进行阐释，并以此为依据述评这种史观。

二、辉格解释与反辉格解释

在近代英国存在两个政党——辉格党与托利党。辉格党提倡君宪制，反对专制，拥护民主制度。为了正当化其观点立场，从属于辉格党的历史学家决定以历史为武器，宣扬宪政与议会制。1927年，作为辉格党人的英国著名历史学家哈兰出版了《英国宪政史》，他在其中指出英国自古以来就有一部不成文的宪法，向来都是主权在民的，他还高度赞扬了1688年的“光荣革命”，歌颂君主立宪制。① 这就给出了“辉格解释”的主要内容——美化过去，让过去在他们的解释下带有民主色彩，从而培养起支持民主制度的社会氛围。这也被赫伯特·巴特菲尔德一般化概括为：“从当前现状出发，将历史的发展理解为按照其内在逻辑向现在演变的过程；同时也是从当前出发，对历史发展变化进行道德的评价和判断。”②或者我们可以给出更简单的一般化解释：一切历史都是当代史。

而反辉格解释是与辉格解释相悖的一种史观。它的坚持者提倡不以现在的标准评价历史，甚至不提倡评价历史，只做历史的观察者与转述者。反辉格解释力求完全客观的立场，向世人展现原原本本的历史事件，梳理清清楚楚的历史脉络。以避免学术变成为政治、为利益服务的工具，是一种历史学研究中求真的方法。

这也是戴维·林德伯格在该书中所坚持的。他向我们展现了科学是如何在这两千多年的宗教、哲学和社会建制大背景中发展的，从古希腊古罗马的学院，到中世纪的教堂与大学，在流传到伊斯兰世界的阿达卜，最后在沉浮中远航到了文艺复兴的港湾。作者对这个过程翔实的叙述增长了我们的见识，拓宽了我们的视野。更重要的是，作者为我们提供了一种新颖的历史学研究方法，将历史学放在历史所在的社会背景下进行研究，力求摒弃现代的偏见，还原真正的历史。这有利于我们更加清楚地把握科学发展的脉络，理清科学的本质，而不是一味地认为现代科学就是理所应当的科学，从而不仅失去求真的精神，更会失去创新的精神。

---

① 刘艳红：《浅析赫伯特·巴特菲尔德科学反“辉格”史观》，《赤子（上中旬）》2017年第4期，第73页。

② [英]赫伯特·巴特菲尔德：《历史的辉格解释》，张岳明、刘北成译，商务印书馆2012年版，第3页。

三、林德伯格的反辉格解释

我们可以看到在该书的开头，林德伯格便直言："如果科学史家只把过去那些与现代科学相仿的实践活动和信念作为他们研究的对象，结果将是对历史的歪曲……这样，历史学家面对的就不是一个过去实存的历史，而是透过完全不相符的网格去看历史。"①由此可见作者对中世纪历史的观点是尊重当时的科学文化，不把历史看作现代科学的论据。一个清晰的例子就是，对于无文字时代的人类，他没有强硬地套上现代社会的"机械自然"观念，而是抽丝剥茧般研究了原始人类的观念，得出他们的自然观是人性化的、甚至是个性化的这样一个结论。并且，这个推测并不是无中生有，而是通过对20世纪赤道非洲的库巴人的分析得出的。② 由此可见，林德伯格的历史阐释不仅尽力做到了不以现实标准推测过去，更做到了立足证据，体现了求真的历史观念。

但是林德伯格的书中却缺少了我们所熟悉的一些要素——历史结论。就以该书的主题来说"西方科学的起源"，我们都知道是在古希腊。可当时代进入中世纪，科学成为了神学的附庸的年代。科学，或者是近代科学，是否是从中世纪进化而来的？这也被历史学界成为"连续论"与"断裂论"。而林德伯格并未对这两个观点下结论，而只是进行说明性与阐发性的讨论。但尽管他极力避免这一类的"价值问题"的影响，但他自己也坦言"但是，要想始终避免价值问题的讨论看来不大可能。"③这仿佛为我们揭示了反辉格解释的一个无奈之处。

四、反辉格的无奈

正如反辉格史学家所提倡的，他们不提倡评价历史。而这样就导致了历史解释的缺失，历史完完全全的变为了讲故事，失去了"史以载道"的意义。历史的一个重要作用就是为现实提供借鉴，这就意味着我们在进行史学工作时必须要按照现代的标准将历史分成可借鉴的须批判的才能让历史发挥它应有的作用。例如在历史教学中坚持"一切历史都是当代史"的观点，以培养学生正确的历史认识，让学生对中华民族产生历史认同感。这种现

① ［美］戴维·林德伯格：《西方科学的起源》，王珺译，对外翻译出版公司2001年版，第3页。
② ［美］戴维·林德伯格：《西方科学的起源》，王珺译，对外翻译出版公司2001年版，第7~9页。
③ ［美］戴维·林德伯格：《西方科学的起源》，王珺译，对外翻译出版公司2001年版，第17页。

实的要求就决定了历史不能只是枯燥的事件重述，而更应有对历史的评价。

而科学史作为一种“积累式的史学”，过去“合理的”科学更加是学生与一般人所学习的重点，这样才能逐渐积累起对现代科学的掌握。所以，反辉格解释不对历史进行“好”与“坏”的分类，让科学史的学习效果大大降低，变成了科学史故事。正如丹麦科学家克拉夫所指出：“科学史是历史学家、过去公众和当代公众三者之间的关系，而非历史学家同过去两者间的关系，采用彻底的反辉格式解释，将倾向于被动地对历史资料的细节进行描述。”①并且，作为教科书，一定程度上培养学生对现代科学的信仰也应是必要的。“科学教科书只会提到部分过去科学家的工作，即那些很容易看成对书中范式问题的陈述和解答有贡献的部分……早期科学家所研究的问题和遵守的规则，都被刻画成与最新的科学理论和方法上的革命的产物完全相同。”②这就说明了科学史对现代科学的支撑作用——现代科学体系的正当性需要过去的历史来支撑，科学精神也需要借以历史来传递。

并且，个人与社会相互依存、相互制约、相互促进③，历史学家也生活在他们的时代背景，拥有着他们的时代立场，即使再小心注意，时代也会渲染进他们的思维模式与研究结果。更何况我们对历史的认识总会有偏差，完全复现古代人的思维方式也是不可能的。所以认识历史的主观性与本体历史的不完全性让我们无法完美地将自己代入到过去，也没办法实现纯粹的反辉格解释。并且林德伯格本人也在序章中坦言，他的读者揶揄他过多地使用“反辉格免疫”④。所以，反辉格解释也存在着它在重要性与可行性的不足，让《西方科学的起源》作为一本教科书有它的无奈之处。

五、结　　语

毫无疑问，《西方科学的起源》是一本科学史上的巨著。它梳理了从古希腊到近代的科学发展脉络，增长了我们的见识，更新了我们的史学观念。也传递了一种求真的学术精神，提醒我们不能以现在为准绳来评判过去的历史，错误与失败也对现代科学史的学习富有启发。然而错误与失败也必须以现在为标准才能得出结论，纯粹的反辉格解释不仅难以

---

① [丹麦]赫尔奇·克拉夫：《科学史学导论》，任定成译，北京大学出版社2005年版，第100~101页。

② [美]托马斯·库恩：《科学革命的结构》，金吾伦，胡新和译，北京大学出版社第2003年版，第94页。

③ 《思想道德修养与法律基础》编写组：《思想道德修养与法律基础》，北京高等教育出版社2018年版，第13页。

④ [美]戴维·林德伯格：《西方科学的起源》，王珺译，对外翻译出版公司2001年版，第17页。

完全实现，也削减了历史的借鉴作用，难以满足一般个体对历史的需要。“史不载道”后，历史难免失去了应有的社会意义，对社会的发展作用减弱。脱离了现实，历史也就成为了古董。并且，在时代的主客观限制下，纯粹的反辉格解释也难以达到。

辉格解释与反辉格解释都有他们的不足，但不可否认，它们都是历史研究中的重要方法。《西方科学的起源》一书对反辉格解释的应用与无奈启示了我们一点，那就是在史学研究中与其去追求完全的“反辉格解释”，更应该去实现辉格解释与反辉格解释的统一。只有对研究的历史材料进行宏观的把握，在辉格解释与反辉格解释中确定正确的历史研究方法，并且建立充足的历史知识储备，坚持历史唯物主义的指导，才能在还原完整历史脉络的前提下，做出有意义的历史评价，让历史真正的充满内涵。

中西方科学的前世今生

——浅谈中西方科学思想的起源与发展

颜家志　测绘学院（2019302141107）

【指导教师评语】论文主题浅谈中西方科学思想的起源与发展，非常有时代意义。但古今中外科学思想的分支较多，文中其实主要结合《几何原本》的公理化思想，符合主题浅谈。论述过程中亮点很多：比如模仿《物种起源》生命之树绘制中、西方思想发展之树；比如探讨东方思想中大一统概念，不同于科学的统一性原则，反而阻碍了中国科学的探索；最后反思中国可以走上公理化之路的三个阶段。作者逻辑清晰，擅于纵、横向比较，且言之有据，已具批判性思维。（土木建筑工程学院　万　臻）

摘　要：时至今日，科学起源仍然是许多历史学家关注的焦点，了解科学的起源可以帮助我们了解科学的本质，而科学思想是科学深处最重要的东西，本文将通过分析科学思想在古代中国与西方的起源与发展，为如今的科学研究提供一种新思路。

关键词：近现代科学；科学起源；中西对比

2019 年的 12 月 10 日，世界的目光聚焦到了瑞典的斯德哥尔摩。此时的斯德哥尔摩正在进行一场年度盛宴——2019 年诺贝尔奖颁奖仪式，这一年分别荣获诺贝尔物理学奖、化学奖、生理学或医学奖的九位科学家成为全场瞩目的焦点。虽然物理学、化学、生理学或医学隶属于不同的学科，但它们都有一个共同的名字“Science”——科学。科学不是近现代的专利，而是贯穿于整个人类探索自然的历史。但每当我们讨论科学，我们总是不约而同地认为近现代科学起源于西方。那为什么近现代科学的火苗没能在中国燃起或者说近代科学没能从中国发源呢？科学思想是最重要的东西，我们可以通过了解科学思想在古代中国和西方的起源与发展，来给我们的研究打开一个新的思路。

一、中国与西方科学思想的前世简述

在我们开始讨论之前，我们不妨先放下我们心中固有的成见，把“西方中心论”和“中国古代先进论”放到一边，公正地对待历史，如实地对待过去①，同时我们必须尊重前人研究自然的方式，采取尽可能广的范围去定义科学②，而不是从现代科学的角度去妄加评判。

让我们从远古时期开始讲起：中国远古先民从黄河流域发家，得天独厚的肥沃大平原，一望无际的土地带给人的直观感受是“大”“稳定”，同样这个思想也在中国远古先民心中扎了根。于此同时，大陆另一端的希腊远古先民则居住在被大海分割的星盘小岛上，大海的喜怒无常给人们带来了不确定的因素，但也激发了人们的冒险精神。这一时代人们对自然充满敬畏，而“神”就是这种敬畏的载体。

在混乱之后，人类来到了较为文明的时代。这个时代群英荟萃，中国出现了崇德的儒家、尊道的道家、重技的墨家等思想流派；古希腊也出现了诸如柏拉图、亚里士多德、欧几里得等一系列大家。这个时代的开启标志着人类文明从混乱时代进入到了理性的时代，人们对自然、人类本身的思考开始活跃起来，思想大家们纷纷著书立作，希望能通过自己的理论来概述万物。这个时候的中国和古希腊没有显著的差别，只不过中国更偏向于实用，而古希腊更偏向于求知。

历史的车轮继续前行，中国经历了秦和汉的大一统时代，在董仲舒“罢黜百家，独尊儒术”③的提议下，儒家开始成为了中国封建王朝的主流思想，其他百家，除了道家之外，几乎无一例外地退出历史舞台。而在大陆的另一端，古希腊的扩张，罗马帝国的建立，尤其是“万国法”的颁布，让欧洲人意识到了“法”所起到的统筹作用。他们认为宇宙之外有一位万能的“上帝”，他通过制定万物运行的法则，来使万物井然有序。从这个方面来说，欧洲人已经开始意识到了“自然法则”是存在的。

从秦汉到唐宋，儒家取得的地位日益巩固。因此，“礼”治成为了古代中国社会治理的基本原则，同时儒家认为万物能有条不紊地运行是因为它们遵循了“礼”；但又因为儒家倡导“学而优则仕”的思想，中国的科学逐渐偏向实用性，而对严谨的数学证明和几何建构则关注然凭借着经验主义与实用主义创造了众多载入史册的科技成就，使中国的科学技术达

---

① ［美］戴维·林德伯格：《西方科学的起源》，张卜天译，商务印书馆2019年版，第6页。

② ［美］戴维·林德伯格：《西方科学的起源》，张卜天译，商务印书馆2019年版，第6页。

③ 丁四新：《“罢黜百家，独尊儒术”辨与汉代儒家学术思想专制说驳论》，《孔子研究》2019年第3期，第126~138页。

到了顶峰。当中国人正在如火如荼地进行创新的时候，此时的欧洲正经历着“黑暗时代”。西罗马帝国的消亡，让整个欧洲失去了统一的政权，欧洲从整体碎成了几个部分，连年的征战与动乱让整个欧洲社会处于混乱之中。此时，人们对科学的信仰逐渐式微，取而代之的是宗教信仰的统治，造成了“宗教的言论置于个人经验和理性活动之上”的局面①。这个时候中西方的科学渐渐地拉开了差距，形成了东方先进的格局。随着科学技术日益满足实用的需求，中国人科技创新的脚步逐渐放缓，甚至出现了停滞。而西方在经历了漫长的中世纪以后，宗教改革与文艺复兴重新敲开了科学的大门，人们重新思考古希腊、古罗马的科学精神，批判性继承了前人公理化的逻辑体系，提倡用严谨的数学以及科学的实验来探求“自然法则”。他们不满足于所谓前人的“真理”，而是在前人的脚步上积极探索自然。从此，西方科学的脚步开始加快，逐渐追上了中国。到此，中西方科学的前世我们基本梳理清楚了。

二、对中西方科学的前世的分析与评价

我们接下来继续讨论“为什么近代科学体系的发展没能在中国开花结果”这个问题。通过上面的梳理，我们大致可以描绘出的中西方科学思想发展史，如图1中西方科学思想发展之树。我们先从“百家争鸣”开始谈起：春秋战国后期各种思想潮流涌，其中有以“法”至上的法家，提倡“德”治的儒家，提倡“道”的道家和重“技”的墨家。其中法家与儒家更多关注人伦科学，道家与墨家更注重自然科学。但总的来说，他们都属于实用科学，也就是说他们研究科学的目的更多是为了服务于社会，不是为了求知，这就与古希腊的观点有很大的不同。尽管如此，对于在“轴心时代”生活的人们来说②，那时的中国科学与西方科学是不分伯仲的。

对于图1，我们可以借助达尔文进化论中的“适者生存”理论来说明，我们假设在中国的科学思想成型于春秋战国时期，而西方的科学思想起源于古希腊时代，而之前的原始科学思想我们就暂且不计。图中线段的端点代表形成的思想，而其指向代表发展趋势(或继承或消亡)，而线段发生曲折表示其经过了改进。

在秦统一中国之后，我们发现有一些科学思想得到了继承，也有一些思想被时代给抛弃了。我们先看看被抛弃的法家。对于“法”的提出来说，古代中国比西方出现“法”的概

① [德]汉斯-维尔纳·格茨：《欧洲中世纪生活》，王亚平译，东方出版社2002年版，第1~3页。

② [德]雅斯贝斯：《历史的起源与目标》，魏楚雄，俞新天译，华夏出版社1989年版，第8~15页。

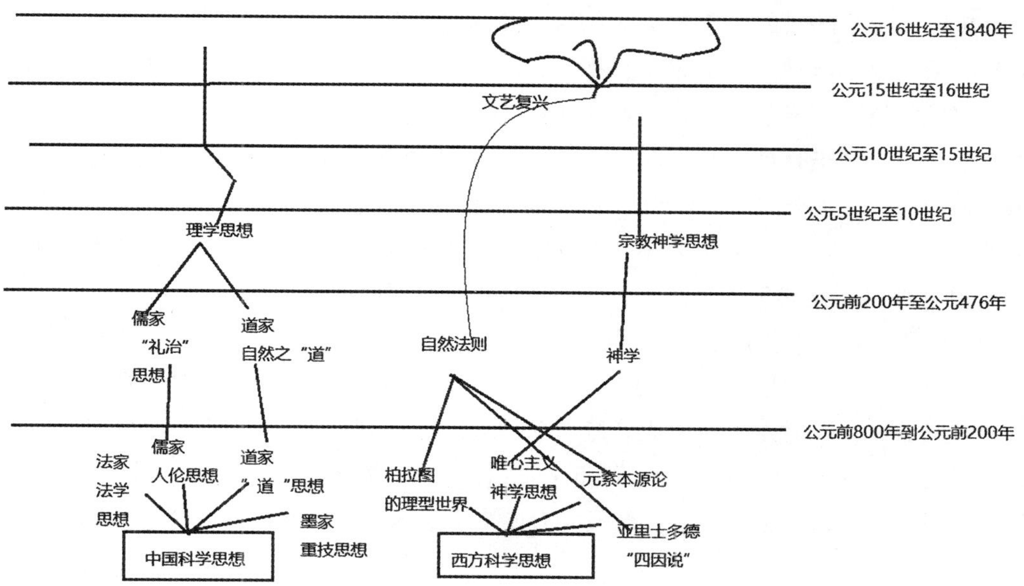

图 1　中西方科学思想发展之树

念更早，但中国历史上丝毫没有提及“自然法则”这个概念。很显然，法学家把他们的精力全都放在了“成文法”上，即他们的“法”只适用于人类社会。而对于自然界，法学家则丝毫提不起兴趣，因此对科学来说它的贡献不是很大。而同样被淘汰的墨家呢？墨家可谓古中国最接近西方科学思想的学派了，他们比任何学派更加注重对自然的研究，而且值得注意的是他们已经开始运用概念化的模式进行归纳与演绎了，即便只是通过经验主义开始的命题，但他们确确实实在用逻辑进行推理，在某种程度上，他们可以达到古希腊的推演水平。不幸的是这些思想没有后继者，在后来也就销声匿迹了。

而在天下大一统的背景下，儒家思想被继承而且逐渐成为了主流思想，同样道家也存活了下来。儒家在这一时期强化了“礼”治，同时把自然规律纳入了人伦理念，他们认为自然规律反映社会治理的好坏，比如在天文观测中，天象可以预示国家的运势。同样，这一时期的道家比春秋时期更成熟，因为炼丹的盛行，道家在炼丹的过程中得到了许多早期的实验经验，他们保持了对自然的兴趣，认为探寻“道”必须要观察自然，而不是从人类社会入手。他们通过观察认识到了运动，认识到了部分与整体的关系，提出了中国最早的辩证法与机械主义。可以说，这时候的道家已经承载着发展中国科学发展的使命。但与儒家相似，他们更多认为万物存在的本质就是有没有用，实用性成为一个物体存在的原则；他们虽然做实验，但没有把经验上升为理论，因为他们觉得“道”本身就是缥缈的，不能被人所认识。

在宋朝，佛学的兴起，不得不让儒家和道家重新思考其本身的思想，这就诞生了理学。理学家吸收了道家“道”的思想，把宇宙与人统一到“气”的体系中，同时也发扬了道家和儒家模糊的大一统概念。他们把实用主义发挥到了极致，强调一切科学研究一定服务于人类社会，比如当时对土壤的研究，更多是为了服务农业。但同时他们弱化了辩证法与逻辑推理的作用，强调只需“知其然”而不必“知其所以然”，因为对于他们来说，严谨的科学推理对于服务社会来说用处不大，所以在解释世界方面，他们只需要用无所不包的“气”来阐述即可，比如理学家们认为气即是物质，也可以理解为气通人和。

相比较于西欧较科学的思想体系，理学思想虽然有明显的局限期，不可能科学地解释事物的本质。但社会的稳定，思想的开放以及封建统治者的支持，都为理学的发展提供了一个非常好的平台。因为“气”的大一统概念，人们把宇宙与人当成一个有机整体，任何学科都可以用“气”来解释，这就避免人们陷入无休止的科学悖论当中。而又因为实用主义能非常快地把研究成果转化成实践，这就大大加快了中国科学的步伐，中国科学的最高峰便形成于这个时代。

但这种实用主义以及“气”的大统一理论的局限性在之后的朝代也被继承了下来。“气”因其无所不包，甚至强搬硬套，这种缥缈的概念就抹杀了归纳与演绎的思维。人们只需要把实际问题输入“气”的黑盒子中，从而得出问题的解即可，不必解释具体的科学机理，中医的理论便是如此。这种消极的科学思想在人们心中扎下了根，以至延续到近代，“气”的思想仍是中国科学的主流思想。而实用主义派虽然也进行大量的实验研究，但立足于是否能产生社会价值的角度，他们的思想中少了科学的归纳与演绎，这注定他们的实验只是浅层量的积累，而不能上升到质的变化。也就是说在宋朝之后，中国科学思维体系就成型了，但也逐渐僵化了。值得注意的是，图中理学的拐点就是西方传教士来到中国传教，开始把西方的科学思维传播到中国的时间。但不幸的是，中国人僵化的思维不允许接受这一新理念，甚至认为这些理论是“奇淫巧技”之说，中国错过了与世界接轨的机会，从而导致了落后的局面。

现在让我们重新回到古希腊时代。古希腊时代也是群英荟萃，柏拉图、亚里士多德、欧几里得等一系列大家，提出了许多科学的理论。他们把人类社会与自然分隔开，指出万物是由许多个不可分割的元素构成的，同时肯定这些元素是可以被人们所认识的，从这个角度上他们提出了早期的机械论观点。同时，他们崇尚思辨，强调命题一定需要经过严谨的逻辑推理，这就形成了早期的公理化思维。在罗马帝国时代，西方人既继承了宗教，也把古希腊时期的科学思想进行了整合。在“自然法”的观念下，人们通过总结，认识到了万物运行是有规律的。他们认为在认为宇宙之外有一位万能的“上帝”，他通过制定万物运行的法则，来使万物井然有序，他们把这种法则称作“自然法则”。“自然法则”的提出，让人们更加坚信万物运行的机理能被人们所认知。同时，从人们探索科学的动机来看，他们从事研究工作完全是为了破除无知，而不仅仅是为了实用的目的，这就体现了西方早期的科学探索精神。

进入中世纪以后，神学思想得到继承，成为西方主流思想。相比于同时代中国科学的大步前行，西方科学的进展就略显缓慢了，但在中世纪西方科学是停滞不前的吗？答案是否定的，在同中国的接触中，西方很快认识到了自己的不足，积极吸取中国的优秀科学成果，这为后来的文艺复兴打下了良好的基础。在中世纪末期，人们开始质疑宗教，神学的主流地位变得岌岌可危。我们从图 1 中可以看到“自然法则”的思想在文艺复兴、宗教改革之后渐渐被唤醒，人们开始重新思考古希腊、古罗马的科学思想，并用其批判神学思想。值得注意的是，文艺复兴不是单纯地生搬硬套古代的思想，而是加以改造。人们在机械论、公理化思维的基础上规范了实验的基本规则，完善了归纳演绎法，提出了较为完善的辩证法。在历经几代人的努力下，近代科学思想成为了时代的主流。从此，西方科学开始全面追赶中国并成功实现反超。

综上，对于“近现代科学的起源为什么没在中国形成”这个问题，我们已经大致找到了答案：中国科学的极端实用主义把科学验证、公理化思维的大门给关上了，而“气”的模糊性否定了人们可以认知自然的规律，它的大一统思想也制造出万物规律已经被穷尽的假象，让人们不思进取，对科学的探索也只是浅尝辄止。

那古代中国科学真的没办法走上公理化的道路吗？答案是否定的，我们可以看到古代中国在三个阶段完全可以走上公理化道路。首先是在春秋战国到秦汉时期，我们在前篇说到墨家是古代中国最接近现代科学思想体系的学派，道家也发展了“道”的观念，强调实验的重要性，假设古代墨家没有被淘汰，而是和道家思想相结合，则无论是对逻辑的推理，归纳演绎的研究，还是立足于对自然的观察，人们对实验的重视都有可能比西方更早进入“自然法则”的阶段。

其次是在儒学上升为理学的时期，相比于对道家自然观的继承，理学更关注人伦的发展，倘若我们把条件进行互换，即理学把学术中心更多放在了对自然的探究上，继承道家重视实验的方法，同时把“气”进行类分，那么理学的实用主义很有可能在发展中不断被批判和继承，最终上升到用实验来解释万物之“气”的层面上来，其结果是中国形成了自己独特的科学理论体系。

最后，即便中国没有比西方更早进入逻辑科学的殿堂，但明朝西方传教士的文化输入给中国带来了近代最好追赶西方的机会。比如意大利传教士利玛窦把《几何原本》带到了中国，并和徐光启合作写出第一本中译版《几何原本》。那一年是 1607 年，距离第一本《几何原本》的英译版的完成仅仅过去了 30 年，但因为中国封建统治阶级的漠视导致了在今后的时间里，中国在公理化思维体系的建设方面落后了西方近百年。可见，古代中国是可以走上公理化道路，甚至形成自己独特的体系的，但科学思维的僵化，批判精神的缺失，导致中国的科学思维一直在同一个平面发展，而没有突破上升。

三、中西方科学的今生展望

我们从上述的讨论中知道，古代中国的科学思想体系是存在问题的，那么对于现代来说我们是不是应该抛弃它呢？这种说法显然也是错误的，我们看到西方科学研究中采用的机械分割法在现代面临着许多难题，诸如英国科学家克里克指出：意识可分割成神经细胞以及大量分子的集体行动①，但对于这个理论的验证存在诸多难题，当一个系统过于复杂的时候，我们仅仅通过系统的分割，再将分割的部分进行加和的方式是不容易把握其本质的，因为很有可能这个系统本身就是各个部分有机联系的产物。而这个从角度，中国自古以来的有机统一体系就可以大展身手。因为强调整体的有机统一，中国的"气"可以解释整体与分解部分的有机联系，从而把机械分割法提高到从整体把握机理的层面上来。在当代，西方结构观念日益和中国整体观念结合在一起，二者融合、批判和继承将成为主流思想。相信在不远的将来，古代中国科学体系能得到越来越多的证明和应用，为人类科学的发展贡献出自己的力量。

---

① [英]弗朗斯西·克里克：《惊人的假说》，汪云九等译，湖南科学技术出版社2018年版，第228~242页。

牛顿哲学中的推理规则在科学发展的体现、联系与作用

周子皓　水利水电学院（2019302060129）

【指导教师评语】该论文从牛顿自然哲学中的四大推理规则出发，较为清晰地举例说明了自己对四大规则的认识。从立论上来说，这四大推理规则实际上是科学研究的基本推理规则，十分值得深入思考，因此作者对这方面的探索十分有意义。论文行文流畅，举例恰当。（生命科学学院　刘　昱）

摘　要：哲学中的推理规则是《自然哲学之数学原理》中的重要内容，这四条规则对自然科学的认识论和方法论做了简明扼要的阐述，并对后世产生了深远的影响。用此规则纵观科学发展，深入了解推理规则对科学发展的影响，探寻推理规则在当今科学发展的促进作用，具有重要的意义。

关键词：推理规则；联系；作用

在《自然哲学之数学原理》中，牛顿提出了三大定律、万有引力定律，并提出了微积分（流数法），是近代科学史上的一座丰碑。牛顿在《自然哲学之数学原理》第三编宇宙体系的开头提出了哲学中的推理规则，这也是他经典力学发现与证明的推理原则，即自然与哲学合二为一。此四条推理规则为：规则Ⅰ：寻求自然事物的原因，不得超出真实和足以解释其现象者。规则Ⅱ：因此，对于相同的自然现象，必须尽可能的寻求相同的原因。规则Ⅲ：物体的特性，若其程度既不能增加也不能减少，且在试验室所及范围内为所有物体所共有；则应视为一切物体的普遍化属性。规则Ⅳ：在试验哲学中，我们必须将由现象所归纳出的命题视为完全正确的或基本正确的，而不管想象所可能得到的与之相反的种种假说，直到出现了其他的或可排除这些命题、或可使之变得更加精确的现象之时。① 此四原则可概括为简单性原则、统一性原则、普遍性原则、有效性原则。本文将从这四个方面对

① ［英］牛顿：《自然哲学之数学原理》，王克迪译，北京大学出版社 2006 年版，第 256~257 页。

推理规则进行分析。

一、简单性原则

牛顿认为在进行科学探究的时候，应朝着更简单，更简明，更简洁的方向去思考，在足以解释的情况下，没有必要再去用冗杂的道理去解释物体运动的原因；或者是当有另外一种同样能解释现象的更简单的理论，那应该朝着新的理论去思考，去发展。人类对地球宇宙的探索，从来不缺少简单性原则。早在公元前600年，毕达哥拉斯将圆看作是最美妙、最和谐、最简单的图形，并且认为宇宙是以一种极其简单的方式进行运转的，所以他认为地球是圆的，这与当时人们普遍认为的地球是一个平面形成强烈的对比。这便是利用简单性原则揣测出几百年后才能证明的结论。古希腊的托勒密所拥护的地心说在面对日益精确的天文数据时产生了较大的偏差，然而他并不放弃地心说，并添加本轮均轮轨道学说用来解释其误差，到文艺复兴时期，其添加的本轮均轮竟然高达80多个，计算起来十分繁琐。然而哥白尼在洞悉到理论出现问题时，改用以太阳为中心，发现与观测数据十分吻合，并且十分的简洁。到近代，爱因斯坦水星进动问题在牛顿经典时空观内无法得到解释时，提出广义相对论，用相对简单的方式成功解释。由此可见，简单性原则在科学发展上一直都在起着十分重要的作用，而牛顿只不过是在吸取前人的经验得出惊人的结论，并指导后人。另外，14世纪英格兰逻辑学家奥卡姆的威廉提出“Entities should not be multiplied unnecessarily”，即剃刀原理，这与牛顿的简单性原理有着异曲同工之处。

二、统一性原则

统一，这个词语是无数人渴求的愿望，无论是政治领袖、科学名人，还是寻常百姓。当我们在面对问题时，我们多么希望只用一个通用的方法解决，这样解决问题就不用那么繁琐。科学家也是一样，在面对纷繁的学说理论学科时，多么希望能将其统一成一个理论。20世纪最伟大的科学家爱因斯坦依靠自己坚实的物理基础和数学演算，提出了狭义相对论与广义相对论，这是对牛顿时空观的突破。但他并不感到满足，他想建立一个统一场理论，将量子场、引力场和电磁场等全部囊括进来，但并没有成功，这或许就是科学家孜孜不倦追求统一的典型案例。但规则Ⅱ对科学发展的影响深入人心，小到日常生活中个人的思考方式，大到一个国家法律体系的构成。我们现在重温一下规则Ⅱ的内容：对于相同的自然现象，必须尽可能的寻求相同的原因。这其中蕴含了优化方法的道理，当我们遇到外表看起来很相似的一个问题时，我们要尽可能的朝着已经知道原因的问题去看齐，运用已知的方法去解决。就像是“地球和月亮相互吸引”与“地球与苹果相互吸引”在本质上是不是一样的呢？倘若仅仅因为他们外表不同而又另立门户用新的一门学说去解释，我们会不会觉得复杂，多此一举呢？规则Ⅱ不仅在自然科学上有所指导，在人文科学也有较大影响。比如作为英美系国家主要法律渊源的判例法就与其意思十分接近。判例法的论述是这样的：可作为先例据以决案的法院判决，只要案件的基本事实相同或相似，就必须以判例所定规则处理。如此一看，规则Ⅱ在人类历史上的影响之深，令人惊叹。

三、普遍性原则

规则Ⅲ即普遍性原则，在字面意思上分析是指在科学探索中，我们在实验室范围内所知道的物质的属性是所有物质共有的时候，我们应当把这个属性当作物质的普遍属性。在牛顿看来，物质的量即质量，运动的量即动量等就是物质所共同拥有的属性，毕竟在当时的实验室中牛顿不知道有原子和质子，但他拥有的是一个充满哲学和智慧的大脑，他说石头被分成小块也具有此类属性，那将物质继续分下去，要是在实验室范围内测出来是不违背这个原则的话，就需要遵守这个原则。因此，根据这个原则，就能推断出几百年后质子和原子也有动量。从这方面看，这一原则确实给科学提供了充足的动力，推动着自然科学的飞速发展，但反过来想：这项原则会不会束缚住当时人们的思想，认为原来的属性就是永恒的属性呢？笔者认为是会的，假设我们都处于牛顿这个时代，当牛顿提出质量与动量的时候，并且这两个属性能合适地加于其他任何事物时，还能解决生活中的运动问题时，你是去附庸，还是去驳倒它呢？当以一种辩证的角度去看待这个问题时，应该考虑这样做是否值得？毕竟，笔者认为这个原则是为了更好地将同时代的科学发展壮大，是尽可能的拓宽某个理论的适用范围；当到科学发展起来，实验室已经能产生于此相矛盾的结论时，到那个时候或许又是一个全新的，适用于新领域的理论，而科学不正是这样发展过来的吗？从探索地球的形状到找寻量子的秘密，人类不是一直都在巩固和壮大理论，然后又修正，推翻，增加新理论吗？牛顿的世界观的形而上学性表现在他能通过自己的慧眼发现科学发展的含义和规律，将科学与科学所含的哲学辩证统一起来。

四、有效性原则

简单的来说，规则Ⅳ就是在条件有限的情况下，我们现在得出的正确命题都是有效的。这与欧几里得写的《几何原本》的逻辑确实有几分相似之处，毕竟《自然哲学之数学原理》本身就是按照《几何原本》的格式来写的。《几何原本》采用亚里士多德开创的公理化方法，开篇给出5个公理和5个公设，随后从公理和公设出发严谨细致地证明出467个命题，虽然这些命题都是源于数学严格的逻辑证明，我们通常会认为这些命题就是绝对正确的，但我们细想，这5个公理公设就一定是正确的吗？当然不是，到后来人们才发现《几何原本》中的平行公理只适用于欧式几何(也就是平面几何)，不适用于黎曼几何和罗巴切夫斯基几何。反过头来，我们继续看牛顿的这个原则，在现阶段的科学发展水平来说，我们可以认为以现阶段的理论推导出来的命题是正确的，毕竟我们现阶段的科学水平并没有跳出这个理论的范围框架。即使后来出现了新的科学发现，使原有理论和命题变得不合理和不精确，我们在某种意义上来说也就不再停留在上一个阶段的科学发展水平了。我们自然会思考，牛顿的这个有效性原则是否对科学进步起到作用呢？答案当然是作用很大。除了上面的例子，笔者认为有效性原则更多的是潜移默化地影响着科学的发展，在每一个科学发展阶段，我们都在运行着这样一个哲学规则，仿佛他在操控着科学发展的船舵，从一个领域到另一个领域，从一个时代到另一个时代。这就是科学界中的自然法则，如同适者生存在自然界中的地位。

五、总　　结

自然界是客观存在的，自然发展规律也是客观存在的，牛顿在其从事的科学研究领域中客观地寻找自然界现象与本质的因果联系，把本质与假说分离开来，把归纳作为得出规律的基本推理方法，力求找到万物发展之源。他不仅在科学研究领域是一个伟人，在哲学思想和引导科学发展上也是一个闪耀的明珠。牛顿的自然哲学的四个推理原则对当时乃至现在人们的唯物主义思想也有着很大的影响。虽然从某种意义上说，牛顿的部分思想理论确实有缺陷，比如他的机械性，认为宇宙的变化都是机械运动，时空都是不变的，但整体而言，他的思想和科学发现推动了近代科学进入了一个崭新的时代。

在充分认识牛顿的生平和时代背景之后，再从这四大原则品味牛顿的哲学思想，我们不得不叹服牛顿惊人的洞察力与智慧。牛顿的哲学思想将对我们今后的科学探索有所指导，让我们知道我们不知道的事。

为什么近代中国没有牛顿

罗承澄　测绘学院（2019302141346）

【指导老师评语】近代中国为什么没有产生科学？这是很多学者思考和探讨过的问题。本文作者也对这个问题进行了自己的思考与分析。作者通过对中国与西方从古代到近代的思想方法、思维模式以及经济与政治制度等各方面的发展与差异进行对比，探究近代中国没有产生近代科学的原因。文章分析的比较全面，对于原因的探究有较好的说服力，美中不足的是作者对于政治、经济、地理等因素对于文化、思想及思维模式的影响分析略有不足，若能深挖细掘则更加理想。总体说来，本文是一篇逻辑清晰，论述全面充分的好文。（计算机学院　王玲玲）

摘　要：本文通过对中国与西方从古代到近代的思想、政治与经济各方面的对比，特别是思想方法与思维模式的对比，试探性地探究为何中国没有产生近代西方意义上的科学。

关键词：近代科学；思维模式；李约瑟难题

中国，文明古国；中国人民，聪明勤劳，创造了辉煌灿烂的中华文明。这个文明辉煌过，也衰落过，如今在复兴，在崛起。可是如许一个巨大的国度，为什么在近代没有诞生出类似西方所出现的近代科学？为何近代科学的荣光全部落在西方一隅？

在牛顿的《自然科学的哲学原理》中，我看到了经典力学所展现出的简洁，有力，和谐统一以及普适性，小到雨滴下落，大到天体运行，竟然都遵循这个简单而又不简单的公式：$F=G*M*m/r^2$。在我看来，这是中国近代任何一本科学书籍都没有的巨大魅力。为何近代中国没有产生这本书？为何近代中国没有诞生如牛顿一般的人物？这是我思考的起点。

一、近代科学的内涵与中西方科学发展历程的简单对比

要解决为什么近代中国没有牛顿，也即中国为什么没有产生近代科学的问题，我们首先要了解什么是近代科学。

近代科学是一种特定的知识以及知识的认知体系，它包括如何探索世界，以及理解世界的方式与方法。它也是我们现在所讲的科学的一般含义。正如吴国盛教授所说：中国有没有科学是定义问题，不是历史问题。按照近代科学的这个定义，中国确实是没有产生科学的，如世界上的一些古国一样，中国产生的关于自然界的理论，或是神话的，或是经验的。中国独立发展出的是技术型、经验型、实用型的科技体系，而没有产生像近代科学这样的体系。一言以蔽之，认识世界的学问是科学，改造世界的学问是技术，中国没有产生科学，孕育的是技术。

让我们看一下中西方科技发展的简史。

中华文明是世界上唯一没有中断的古文明，由于地理上的相对隔绝，政治上的相对稳定，古代中国人所创造的科学技术也具有其独特的风格和独到的体系。构成这一独特科技体系的有算术、天文、医学、农学四大学科。可以看出，这些技术是形而下的，是与实际结合相当密切的，是为了社会生产、社会的具体需要而发展起来的。同样的，陶瓷、丝织和建筑三大技术，也是技术层面的。总体而言，中国的技术发展是稳步进行的，是线性的。从重视自然科学墨家在与儒家的竞争中失败以后，中国科学的发展就愈加向着技术化，实际化的方面进行了。短期内，实用性技术的发展在一定程度上对生产力发展有着极大的好处，但长期来说，没有科学的进步，技术发展就成为了无根之水。

在西方，科学的发源地是古希腊。在希腊的古典时代，希腊人对自然形成了一种不同于神话的看法，而且创造了一套精致严密的数学语言来描述自然界的规律。在希腊时期，有三个大人物和他们的理论代表了这一时期的最高成就，分别是欧几里得和他的《几何原本》，阿基米德和杠杆原理、浮力原理，托勒密和他的《至大论》，这是古代世界在几何学、力学和天文学达到的三座高峰。随后是罗马时代，希腊的丰富科学遗产被一点一点丢弃，直至文明的光辉完全熄灭，进入长达500年的黑暗时代(公元6世纪到11世纪)。中世纪，欧洲的自然科学可以说是处于沙漠地带，但是，同一时期的阿拉伯帝国却将古希腊的著作大量翻译，并做出自己的贡献，科学进入一个繁荣时期。11世纪以后，欧洲开始慢慢苏醒，十字军东征从阿拉伯人那里带回了希腊的学术和中国的四大发明。通过翻译希腊著作，欧洲学术得以复苏，出现经院哲学的新气象。到了文艺复兴，柏拉图主义重新支配了研究自然的学者们的思想。再然后，哥白尼提出日心说，第谷、开普勒、伽利略、笛

卡尔等大师纷纷登场。1687年，牛顿出版《自然哲学的数学原理》，那年是中国清圣祖康熙二十六年。可以看出，西方的科学发展不是线性的，经历了众多波折，幸运的是，希腊的学术最终还是得到了继承。①

通过对比，我们很容易看出，从古代到近代，中国在技术方面取得了巨大成就，但是西方在理性认识世界，也就是所谓的“科学”这方面确实比中国强了太多太多，为什么中国没有产生科学？为什么在应用于生产这方面，中国比欧洲强得多？我受到《几何原本》与《自然哲学的数学原理》的启发，尝试给出自己的观点。

二、思想方法与思维模式的对比

我认同“经济基础决定上层建筑”这一论断，但我同样认为，“蝴蝶效应”的作用十分明显——或许只是几个思想的火花，就能点燃后世的科学之原。说到底，科学是认识世界的学问，那古代中国人与古代西方人是如何认识世界的呢？要解决这个疑问，首先要回答这三个问题：(1)世界可不可以被认识？(2)如何认识世界？(3)在认识世界这件事情上，大家做了些什么努力?。

(一)世界能否被认识

首先是世界可不可以被认识的问题。我国早期形成了“天道观”的有机论，正所谓“道生一，一生二，二生三，三生万物”，“天”或者“道”是世界的主宰，万物的产生与运行都有赖于它，世界建立在“天道秩序”之上。正所谓“通于天地者，德也；行于万物者，道也”。早期的希腊形成了机械论，古希腊人认为世界是建立在“自然秩序”之上。希腊第一个哲学家泰勒斯提出万物源于水的看法，奠定了西方哲学追求本源的形而上精神。而泰勒斯的学生阿纳克西米尼提出，万物是由气所构成，气的浓密稀疏形成了各异不同的物质，这开辟了世界的实体构成主义传统。他们主张，唯有找到自然现象背后的实体，并且通过这一实体将自然现象重新组合构造出来，才算是认识了世界。古希腊的原子论实际上是第一个比较成熟的实体构成主义的模型。与构成主义传统相对照的是由毕达哥拉斯学派开辟的形式主义传统。在他们看来，理解世界的关键不在于找出构成实体，而在于找出构成方式。他们认为，万物构成的基本形式是数。不论是实体主义还是形式主义，它们都表明希腊人认为自然界是一个有内在规律的、其规律可以为人们所把握的对象。而古代中国，也

① 吴国盛：《科学的历程》，湖南科技出版社2013年版，第47~49页。

认识到世界运行是由天道决定的，然而“道可道，非常道”，道若可以言说，就不是永恒常在之道，也即：道，不可道。

(二)认识世界的方法

在如何认识世界的问题上，西方科学家有三大“法宝”：抽象，数学，实验。

西方善于运用抽象的方法。中国人更加具象，西方人更擅长从复杂的事物中抽象出一般的规律。这从文字就可见一斑，中国的方块字是象形文字，西方为字母文字；而杠杆原理、落体定律、开普勒三定律、牛顿的运动定律和万有引力定律、光的反射和折射定律、化学元素周期律、生物体遗传因子的分离定律、能的转化和守恒定律、爱因斯坦的相对性运动原理等，都属于原理性抽象。足见西方人乐于相信自然界的规律与法则能被抽象出来，也擅长于此。而在中国，科学家们做的更多的是经验的收集与总结，重视现象而轻本质，重视实用而轻视理论，比较少致力于总结出一般规律并且去用实验验证。

西方人也喜欢运用数学工具解释世界，并为此发展出了一整套精密细致的数学工具，如光的反射和折射定律和开普勒三定律，谁能想到要用抽象的、数学的方法来总结出行星运动规律呢？开普勒做了，而且漂亮地成功了。如牛顿的《自然哲学的数学原理》，书名就写得很清楚，也是运用数学工具解释问题。更不用说爱因斯坦的相对论和量子力学，它们全都离不开数学。

西方学者认为数学正确，因为数学是符合逻辑的，是不违反矛盾律的，并且尝试用数学解释这个世界。西方数学的重视逻辑正确，重视证明，无疑锻炼了科学家的头脑，也启发了他们。比如欧几里得的《几何原本》，仅凭5个公理，5个公设，言必有据地推演出了467个命题，构筑了一个近乎完美的数学大厦，任谁看了，不为它的精巧严密所震撼。由公理出发，逻辑地演绎一门学科，成为后来数学、物理学科著书立说的范本，牛顿的《自然哲学的数学原理》就是按照这个公理化体系完成的。

而中国的数学呢？请看一看这些中国历史上有名的著作《九章算术》《算经十经》《杨辉算法》《数书九章》，几乎都是与算术有关，且与实际生产生活有着极其密切的关系。比如《九章算术》，九章分别是：盈不足(由盈和不足两个假设条件解一元二次方程)、衰分(按等级比例分配问题)、少广(由已知面积体积求边长，即开方与开立方)、商功(工程方面的体积问题)、勾股(利用勾股定理进行测量和计算)、方田(计算田地问题)、均输(较复杂的比例分配问题)、粟米(交换谷物的比例问题)。与西方数学相比，《九章算术》所代表的数学体系注重实际应用的算术问题，而不考虑逻辑的系统性以及抽象的理论性。

从希腊人的神话亦可以看出他们对逻辑的系统性的追求，他们的神之间的关系是非常非常清楚的，谁是谁的儿子，谁是谁的母亲，来龙去脉非常清晰，几乎都是可以溯源的，相比之下，中国的神话体系就显得比较凌乱。

爱因斯坦曾如此评论：“西方科学的发展是以两个伟大成就为基础的，那就是：希腊哲学家发明的形式逻辑体系（在欧几里得几何学中），以及通过系统的实验发现有可能找出因果关系（在文艺复兴时期）”。① 足见欧几里得的形式逻辑体系以及实验的重要性。实验方面，通过实验验证假说的正确与否，确实是一大创举，最有名的例子可能就是伽利略在比萨斜塔所做的自由落体实验了，这为验证假说指明了一条康庄大道。而在这之后，实验的方法更是被广泛运用，包括牛顿在验证万有引力定律时所用的月地检验。

（三）在认识世界上所作的努力

在认识世界上所做的努力方面，也即对科学的积极性方面，古希腊有重视思考的传统。“哲学”本意即“爱智慧”，历史上有不少的哲人、大科学家对自然科学的思考非常投入，到了忘我的地步。阿基米德专注地思考问题而被误杀、亚里士多德的“吾爱吾师，但吾更爱真理”都体现了对真理的追求。统治阶级也对思考者、大学者比较推崇，如马其顿国王腓力二世就让儿子亚历山大拜亚里士多德为师。

在西方，对自然科学的研究是比较平常的一件事。而在中国先秦诸子时期，对自然科学做出较大贡献的墨家在与儒家的竞争中失败，此后儒家在汉代成为正统思想。儒家不重视对自然界的考察，虽然《大学》中有“格物”的说法，其目的也是为了从自然中获得“道”，得到启发，然后放之于指导处理社会关系上。儒家比较注重对人与社会的思考，对自然的关注较少，务实而不好玄想。在科举制度之后，不少知识分子更是埋头于四书五经中，更加缺少对自然的思考。

三、经济与政治制度对比

在古代中国，经济上，封建社会下以分散性、封闭性、自足性为特点的小农经济，其内在有追求稳定的趋势；政治上，儒家精英与封建王权结合，形成了以维护小农经济和地主所有制为主要目标的封建王朝。作为社会精英和构成官僚体系的儒家知识分子在汉武“罢黜百家，独尊儒术”之后长期把握着话语权，他们对自然科学轻视甚至蔑视，认为对科学与技术的研究是“奇技淫巧”。众所周知，科学与学习，很大程度上是有闲阶级才有时间

① ［美］阿尔伯特·爱因斯坦：《爱因斯坦文集（第一卷）》，许良英，范岱年编译，商务印书馆1976年版，第574页。

和精力去重视的，而这些有闲阶级可以说是决定一个社会文化发展的去向，但长期以来，有闲阶级过于重视经史典籍而不重视自然科学，愈发僵化的科举考试更是加重了这一趋势。再至于近代，由于长期实行的重农抑商政策，小农经济的自足性限制了商业和贸易的繁荣，无法产生对生产力发展的极大需求；社会上也难以出现大的资本力量，新兴资产阶级没有能力对抗封建政府，没有新兴力量作为“鲇鱼”搅动社会，社会因此比较保守稳定，没有对技术和科学的极大需求。此外，又有闭关锁国政策的实行，由于缺少与西方的交流，外来的文化冲击没有对社会产生太大影响。

而西方，罗马崩溃后诞生的蛮族国家比较好地继承了罗马的遗产，城市生活依然存在，贸易还在继续。但在之后地中海上的贸易就遭遇了无穷无尽的海军袭击和海盗抢劫，导致地中海商道断绝，城市开始衰落，政府无力支撑庞大的管理体系。于是教会从政府手里接过了许多管理地方的权力，农村的土地开始任由庄园主处置，或是作为采邑分配给军人，其上的农民也随之农奴化，封建体系由此诞生。封建体系下，宗教有着极强的政治和经济权力，并充分利用权力扫除异己，压制异端学说。大航海时代，新兴资产阶级通过奴隶贸易等活动为欧洲创造了大量财富，也极大地促进了天文学、数学等有关学科的发展。新兴资产阶级以其拥有的巨大财富对宗教产生冲击，并不断呼唤着自由与解放，希望获得更多的政治权力和经济权力。而科学，在新兴资产阶级的支持下，也成为反对教会学说的有力武器。

四、总　　结

通过以上的中国与西方在古代到近代的对比，特别是思想方法与思维模式上的对比，我们可以看出：古代中国人在最初也产生了类似西方实体构成主义和形式主义的“天道论”，但是，在政治、经济、文化、地理等因素的影响下，古代的中国人重实际轻理论，重现象轻本质，不好玄想，不擅长抽象，不注重逻辑体系，没能用数学来描述世界运行的规律，也不擅长对假说进行实验验证；封建体制下的小农经济有着趋向保守稳定的特质，近代的闭关锁国阻碍了文化交流，也没有培植近代科学所需要的资本沃土。最终中国形成了独具特色的不同于西方的科学体系。

因此，中国没有诞生牛顿，近代中国也没有产生真正意义上的科学。

从《自然哲学之数学原理》再认识牛顿

余博龙　测绘学院（2019302141345）

【教师评语】论文作者在学习了《自然哲学之数学原理》之后，查阅了一些文献资料，对牛顿进行了进一步地分析研究。论文从牛顿所处社会环境、先哲的熏陶、牛顿自己的成长、以及宗教因素等角度进行了介绍，并由此给出了作者的思考与感悟。文章选题新颖、论据充分、语言流畅，但是略显口语化，作者的文学功底扎实，文章格式规范，逻辑性强。(土木建筑工程学院　彭　华)

摘　要：人们对牛顿的认知大多局限在基础教育阶段课本上的简单介绍，很少有人会对牛顿作全面深入地了解。我在读完有着"人类文明第一书"盛誉的《自然哲学之数学原理》之后，除了对书中给出的定律、定义和规则震惊不已外，也对牛顿本人产生了极大的兴趣——到底是一个怎样的人，竟然解析出万物的玄冥，为人类照亮了研究自然的道路。本文从四个不同的视角再认识牛顿，并由此阐明《自然哲学之数学原理》的不朽地位，最后给出了作者的思考与感悟。

关键词：牛顿；认知角度；自然科学

一、引　　言

在我读中学的时候，老师曾向我讲过这样一个故事：牛顿去世后，大家在他的家中发现了一个神秘的盒子，打开后发现，盒子中装满了牛顿晚年研究炼金术、神学的手稿。接着，老师感叹了一句："莫非科学的尽头就是神学吗?"我听后疑窦丛生，因为"科学破除宗教迷信"的观点早已根植于我的脑中，况且还是牛顿这般伟大的科学家，这个问题一直困扰着我。终于，《自然科学经典导引》课程给了我再次认识和探索这个问题的机会。在阅读完文本和查阅了资料后，眼前的迷雾渐渐消散。那么，请诸位和我一起穿过历史的雾霭，回到那个波澜壮阔、荡气回肠的时代吧。

二、角度一——17 世纪的社会环境

17 世纪的英国局势混乱，当时社会正处于“审判日”的阴影之中。据《圣经》预言，世界将会在 1660 年的某一天接受审判，无论是生者还是死者，都要接受耶稣的审查，行善者上天堂而积恶者下地狱。而随后发生的种种自然现象更是印证了这一说法：首先，哈雷彗星经过了地球，人们可以很清楚地看到一颗巨大的火球拖着长长的彗尾划过天际，这种现象自然被人们视为上帝对人类的警告；其次，1665 年，伦敦爆发了大瘟疫，这场瘟疫夺走了伦敦近五分之一的人口，为整个欧洲蒙上了死亡的阴翳；次年，伦敦爆发了一场惨烈的大火，火势持续了三天三夜，几乎整个伦敦城都被烧为灰烬。正是在这样的恐怖沉重的社会环境下，牛顿回到家乡避难，也正是这避难的十八个月中，他在家乡的农场里潜心研究，《自然哲学之数学原理》开始在牛顿的脑中酝酿成形。通过书中的定律，日月星辰在他的笔尖变幻、山川河岳在他的案头生长，鱼虫鸟兽在他的稿纸上起舞狂欢。

三、角度二——先哲的熏陶

早在牛顿之前，欧几里得在《几何原本》中就运用了公理化的思维方式，即先给出若干公理和概念作为地基，再构造出一个逻辑大厦。《自然哲学之数学原理》吸收了这种研究方式：“这本书给出了科学理论研究的经典范式，提出定义、给出公理、得出相关定律，最后应用于实践。”①再者，笛卡儿早先提出了“泛机械论自然观”，吸收了古希腊人关于以太的观念，提出了“以太漩涡”学说，并以此解释万物的运动。牛顿也受到了这种机械自然论的影响，相信宇宙万物是按照一定的原则运行的，就像钟表一样，而这种原则，就是《自然哲学之数学原理》中大道至简的三条运动定律。另外，牛顿出生之前，近代的科学方法已经形成，即依靠实验来认知事物，这使得牛顿在研究自然时有着较为完善的科学方法，而不是仅仅依靠前人的主观经验。

---

① 桑建平主编：《自然科学经典导引》，武汉大学出版社 2019 年版，第 91 页。

四、角度三——个人因素

牛顿自幼热爱观察自然、喜欢阅读。他经常趁着帮叔父买东西的空子躲到树下读书，叔父发现后，并没有怪罪他，反而被牛顿的求学精神感动，送他到当地中学读书。后来因学习成绩优异，他进入了剑桥大学三一学院学习。牛顿天赋异禀，在1687年发表了鸿篇巨著——《自然哲学之数学原理》，且一生之中研究范围极广，涉及物理学、数学、天文学等众多学科。另外，牛顿生性冷淡，除科学研究外没其他爱好，他嘲讽雕塑是“石头娃娃”、讥笑诗歌是“别出心裁的废话”。在《原理》一书中，牛顿特意运用了很多对当时的人来说很深奥的话语(如：物质的量、物质固有的力)，这样此书就为读者设立了门槛，让一知半解的人无从批评而让真正读懂的人看到它的优点，这也反映出牛顿孤傲的一面。可能正是他性格上的特点，才使得他能够解读大自然的手笔。我认为，远超常人的天分加上择一事终一生的毅力，是他的真正伟大之处。我们大多数人都没有超常的天分，但我们至少可以培养矢志不渝的毅力和只争朝夕的劲头，咬定青山不放松，在目前急功近利的浮躁环境下，这一点的确值得当代大学生学习。

五、角度四——宗教因素

牛顿自幼就是一名虔诚的基督徒，所以，要再认识牛顿，就要结合当时欧洲的宗教环境。正如“角度一”中写道的，当时的人们都在猜测着审判日的具体日期，换言之，人们想弄明白上帝对人类命运的最终安排。所以，当时的科学家都怀揣着一种历史使命感——替人类解读出上帝的话语。那么，如何解读呢？当时的宗教认为，上帝是全知全能的主，他在为人类安排命运之前，早就为我们留下了痕迹。上帝为人类留下的痕迹不过两样：我们立足的大自然和手捧的《圣经》。想到这，我如梦初醒，原本心中的万千根线头立刻聚拢成绳，一直延伸到我所寻求的答案。牛顿晚年对于神学的研究或许并不与他早年的科研成果相悖，无论是在星空下研究自然，还是在烛光下解读《圣经》，都是牛顿对于解密上帝安排的尝试，从这个角度来看，这两者并不矛盾。事实上，牛顿对于神学的研究，主要目的是为他的自然哲学提供辩护，牛顿曾在其后半生耗费很多精力在自然规律的神学解释上，这其实也是他对自然和宇宙的终极原因的探索，他的神学和自然哲学也相互影响，最后形成了他具有神学特色的自然观。①

① 刘丽君，何朝安：《笛卡尔自然观及牛顿的承继转变》，《现代商贸工业》2019年第34期，第91页。

六、思考与感悟

无疑，《自然哲学之数学原理》对世界的影响是巨大的。首先，它将人类从未知的惶恐中解救出来，为人们提供了解读大自然的有力武器，使人类可以准确地预测和解释生活中的诸多问题。其次，《自然哲学之数学原理》中的时空观对后来的爱因斯坦产生了一定的影响，爱因斯坦对时间和空间的关系进行了重新思考，提出了狭义相对论和广义相对论。

对我个人来说，这本书的影响也很大。它让我真正意义上接触到了牛顿的著作，也让我对他本人有了全新的认识，我看见了一个鲜活的伟人形象——既有着狭隘、古怪的一面，也秉持着对科学的偏执和专注。对牛顿来说，他的情怀就是探索上帝对人类的最终安排，这种情怀不断为他注入新鲜的血液，让他在广袤的自然面前逆流而上。这也启发了我们：学习和科研的道路艰难曲折，难免伴有枯燥孤独的情绪，这时，我们不妨以某一种情怀来支撑自身。我们不必苛求自己的情怀像牛顿的那样崇高，它甚至可以是世俗的、功利的，但凡能使自己心无旁骛、目不窥园地学下去，就是可取的。同时，我对科学和神学的关系也有了新的认识，它们并非如冰与火般不容，而有着更为微妙的联系，可以说，牛顿时期的自然科学一定程度上生长于当时的宗教土壤。

在阅读《自然哲学之数学原理》的过程中，我对书中的定义、定律和规则又有了新的理解。虽然我在中学阶段就学习了牛顿三大运动定律，但是却从未见过它们在原著中的原始形式和与之相关的规则定义。比如第三运动定律："To any action there is always an opposite and equal reaction; in other words, the actions of two bodies upon each other are always equal and always opposite in direction."①在翻译时，人们把"action"一词翻译为"作用"。而读完英文版后，我又产生了新的理解：原文中的"action"为什么不可以指我们在世界上的行为呢？每一种行为举动都会有一种等大、相反的行为举动与之对应，所以，我们在求知过程中的每一次辛勤耕耘都是有必要的。因为我们对外付出的汗水就好比"作用力"，总会或大或小地产生影响，而相应地，也会有一种"反作用力"作用于我们自身，帮助我们成就更好的自己。我们生活在包罗万象的自然之中，而牛顿运动定律反映了自然的运行法则，我相信这些定律除此之外还可以归纳出一系列和谐统一的哲学思想，指导我们的生活。

① 桑建平主编：《自然科学经典导引》，武汉大学出版社2019年版，第102~103页。

七、结　　语

在我眼中，自然就好比一片汪洋大海，而科学则是海上的风浪，它将海水掀起，让船上的人们得以窥见海底潜藏的模样，而《自然哲学之数学原理》正是一股狂风巨浪，为我们揭示出玄妙的自然规律。阅读完文本之后，我的眼界更加开阔，当我再次坐下，翻开课本，握起笔时，我仿佛明确了学习的意义，我不再囿于分数和评价，一幅广袤无垠的自然画卷在我眼前展开。人这一遭实在太短暂，我们以赤子之身到来这世间，这纵然无法改变；但我们可以选择离开的形式，是当一个看过风云变幻、日月盈昃的智者，还是当一个人云亦云的愚者？我想，大智如牛顿，在他离世的那一刻，定是安详合目的吧。

从牛顿《自然哲学之数学原理》再看经济市场一般规律

郭东怡　经济与管理学院（2019301051298）

【指导老师评语】论文从牛顿《自然哲学之数学原理》中的物理规律探讨到经济市场规律，选题具有跨学科特色和较强的新颖性。论文从通过初始条件推导主观效用价值论、经济学中的牛顿第一、第三公理、第二公理、物体运动状态的平衡与市场出清的非绝对性等方面展开讨论，层次清晰，结构合理。作者善于将科学经典与本专业相结合，在牛顿力学规律与经济学市场规律的比较分析方面有较深入的思考。但论文的参考文献只有《自然哲学之数学原理》，缺少现有的经济学与物理学结合方面的参考文献及相关分析，建议补充。（计算机学院　韩　镇）

摘　要：经济学通过研究人类经济活动中价值的创造、转化、实现的轨迹，总结出三大市场规律：价值规律、竞争规律、供求规律，以及对市场决策具有重要意义的效用理论等一系列规律。物理学家牛顿的代表作——《自然哲学之数学原理》中关于自然哲学的研究，同样意味着开始了经典力学初期的建立。两者在不同方向有力支撑着物质世界的发展。通过跨学科分析物理与经济规律的相似性并研究物理研究对经济学发展的影响，对推动市场经济研究具有重要启示意义。

关键词：市场规律；效用理论；物体运动；牛顿定律

一、通过初始条件推导主观效用价值论

根据牛顿自然哲学观经典理论，已知物体的初始条件和受力情况，就可计算求得物体此后任意时刻的运动状态。如果将一个物体置于一个已知的参考系中，并且其初始坐标（x，y，z）、速度及其受力情况是给定的，那么我们便可以求出在未来任何时间段里这个

物体的状态——坐标、速度、位移、路程等，或者未来它所经过的任何一个位置的时刻。同样，新古典经济学家也认为，已知经济活动的初始条件，就能通过计算分析出财货在往后任一时刻所具有的价值。

既然如此，那财货能不能作为经济学中的初始条件？答案是否定的。卡尔·门格尔在《国民经济学原理》中就非常明确的表达了自己的观点："不管外形是怎样的类种，只要是属于满足人类欲望的财货，基于经济的角度，都可以将其归类为完全同质的财货。"之后，门格尔又指出，在普遍的经济学人眼中，评判财货价值的主要因素是分析在进行财货支配时是否具有获得满足欲望的意义，次要因素则为满足一定欲望条件情况下所要达到的财货数量。

类比于牛顿在物理学中研究物体的运动，经济学中研究具体财货的具体价值时，往往将欲望以及集体财货所能满足的最小欲望作为初始条件，而必要劳动作为后来条件，从而推测出财货的主观效用价值。对此，门格尔这样评价："价值决定原理使用于一切的价值现象，这在人类的认知的经济领域范围内是独一无二的。"马歇尔、庞巴维克等其他新古典经济学家所持的主观效用价值决定理论观点也与他契合，其中大同小异，不再赘述。

无论是牛顿在《原理》中对物体运动的计算，还是经济学家对财货价值的估量，均是通过对研究对象的初始条件中几个关键信息的掌握，预知未来任意时期、任意位置研究对象的存在状态。这种由简单推导复杂，把握初始条件关键信息而掌握研究对象一切未来活动的思想，乍看起来似乎简单易习，然而思想的形成实则艰难。它从自然哲学延伸至社会科学，不仅仅对主观效用价值论，而且对市场规律的研究都有极大裨益。

二、经济学中的牛顿第一、第三公理

为了引出本文下一节第三个论点的论述，我想先引入牛顿三大定律中的第一条——牛顿第一定律。在《自然哲学之数学原理》中，关于这一定律的原始表达是这样的：每个物体都保持其静止，或匀速直线运动的状态，除非有外力作用于它迫使它改变那个状态。① 数学公式来表达：$\sum_i \vec{F_l}=0 \rightarrow \frac{dv}{dt}=0$，其中$\sum_i \vec{F_l}$表示合力，$v$代表速度，$t$则代表时间。

与之相应的，博学的经济学学者提出经济学牛顿第一公理，即购买力为零，商品就处于免费供应或无法成交状态，用公式表示为：m=0 或 p=0，m 为购买力，购买力为购买某商品的总金额，p 为价格。有了物理运动学与经济学相互对应的第一公理，那么是否会

① ［英］牛顿：《自然哲学之数学原理》，王克迪译，北京大学出版社 2018 年版，第 3 页。

有与牛顿第三定律对应的经济学牛顿第三公理呢？当然。

《自然哲学之数学原理》中牛顿提出第三运动定律如下：每一种作用都有一个相等的反作用；或者，两个物体间的相互作用总是相等的，而且指向相反。① 表达式为：$F=-F'$。与前文论点二类似，经济学学者找到了与牛顿第三定律完美对应的公理，并巧妙地命名为"经济学牛顿第三公理"，它所阐述的公理是这样的：在双方完成商品买卖的成交之后，双方都是对等的，即出售方的出售力、出售价格、出售数量和购买方的购买力、购买价格、购买数量是一一对应且相同。公式为：$m_2=m_1$，$P_2Q_2=P_1Q_1$，$P_2=P_1$，$Q_2=Q_1$。其中，m_1为购买力，m_2为出售力，P_1为购买价格，P_2为出售价格，Q_1为购买数量，Q_2为出售数量。牛顿第三定律与经济学牛顿第三公理的相似性在于它们都反映出了研究对象之间的相互制约联系的机制，互相依赖，彼此依存，均以对方的存在为自己存在的前提。正如没有反作用力的作用力是不存在的一样，没有购买力的出售力是不存在——没有任何商家会愿意在成本昂贵的经济市场上制造并销售一件没有任何人将会购买的商品。除此之外，正如物理力具有物质性，不能脱离物体或物质而存在一样，经济学上的购买力和出售力具有商品性，不能脱离商品或服务而存在。两个及以上的物品之间只有相互作用了才能产生力，这条规则不仅适用于牛顿的物理力学，对经济学力而言，同样适用。在此特别说明的是，牛顿第三定律中提到的力，即作用力和反作用力，它们具有同时产生、变化、消失的瞬时特点。但是经济学上的力却不一定如此，虽然如果我们将视线放的长远一些，购买力和出售力在一个大时期内具有很强的对应性和连贯性，但是在微观的现实交易中，往往是先有消费者需求——即购买力，才有厂商的供给——出售力，两者相互制约，彼此影响，不断寻求最合适的对应关系。

三、经济学市场中价格的加速度

经过论点二的铺垫，我们可以合理推断出牛顿第二定律。牛顿第二定律在物理学中的表述是这样的：运动的变化正比于外力，变化的方向沿外力作用的直线方向。② 公式为这样：$F=kma$。也可以用比例式表达为 $a\propto\frac{F}{m}$。而经济学中与之对应的是经济学所特有的第二公理：商品成交总金额等于商品成交数量与商品成交单价之积——在商品数量 Q 或购买力 m 一定时，商品价格与购买力成正比，与商品数量成反比。在经济学中，相关的数学公

① [英]牛顿：《自然哲学之数学原理》，王克迪译，北京大学出版社 2018 年版，第 3 页。

② [英]牛顿：《自然哲学之数学原理》，王克迪译，北京大学出版社 2018 年版，第 3 页。

式是这样表示 $P=\frac{m}{Q}$ 或 m=PQ，在公式里 Q 意味着商品的数量。在这个定律中，我们可以将商品价格看作加速度，m 看作力，而 Q 看作商品的一个属性，当购买力增加时，单价就会提高，与物体速度所对应的商品市场价值也会上升。把经济学牛顿第二公理单独拿出来论述，是因为它是经济学牛顿三公理中应用最广泛的一个，当它被单独使用时，也通常被称为商品交换公理。

商品交换公理应用之广泛在于它如 1+1=2 构筑代数学高楼、几何学公理构筑几何学大厦般，推论或衍生出更多的经济学定理或定律。如成交单价增长率定律——已知成长数量增长率、成交金额增长率，则可得成长单价增长率；商品价格定理——商品效用 u、收入 I、其他影响因素 X、需求量 Q_1、供给量 Q_2 及成本费用 C 共同影响商品价格，即 $P=f(u, I, X, Q_1, Q_2, C)$；商品贸易定理——商品贸易可以获利是其得以持续的条件；费雪方程式定理——表示成交总金额的分为两类，一类是流通速度与基础货币的乘积，另一类是成交数量和商品价格的乘积；价量互反定理——在成交金额一成不变的前提成立下，成交单价越高，成交数量则越低，他们之间的关系是成反比的；需求定理——成交单价和成交数量成反比的前提则是其他条件不变。其中价量互反定理是需求定理的一种特殊情况，在需求定理中价格弹性恒为负值，而价量互反定理中价格弹性为定值-1，反映了研究市场消费者需求时消费者总支出不变的一种特殊情况。简而言之，如果将银行看作水泵，购买总金额看作水流，则价格与数量随流量的增大而增大，随流量的减少而降低。

四、物体运动状态的平衡与市场出清的非绝对性

牛顿经典力学往往通过建立理想化模型，将物体运动的场景简化，比如某个接触面光滑、不存在空气阻力、轻绳的质量可忽略、滑轮是轻质的、物体保持静止或进行匀速直线运动等。这样做是为了排除无关变量的影响，强调研究对象的本质特征，便于物体的受力分析以及后续对物体运动状态的研究，更加直观地表现物理知识。然而，我们需要认识到的是，在现实世界中，绝对的光滑与真空、轻绳与轻滑轮是不存在的，而物体也不可能保持绝对的静止或做标准的匀速直线运动。就算我们选定稳固的大地作为参照系，空气中微小的气流变化与每天数以万计的轻微地震就足以打破物体保持静止或做匀速直线运动的妄想，更别说还有来自各种接触面的摩擦力以及万有引力作用的干扰。基于以上的几个原因，在现实世界中，是无法达到物体运动状态的绝对平衡的。

在经济学中，我们所表述的市场出清含义是指具有充分灵活性的商品价格，致使供需能够在短时间内达到市场的均衡值。在这个定义中，定量配给、资源闲置、超额供给及超

额需求均在考虑范围之外，正如牛顿所构建的理想化物理模型来研究物体运动规律一样，经济学学者通过构建这样一个理想化市场模型，来研究商品市场和金融市场，达到直观表现知识、便于分析问题的目的。而我们同样要意识到，市场不可能保持出清的状态，正如物体无法保持绝对静止一样，在选定合适参照系的条件下，物体可以静止，市场可以出清，但绝不会维持这个状态。失业的恒久存在，市场的非绝对垄断，都表明市场是非出清的，经济也不是帕累托最优的。市场中需求曲线与供给曲线往往相交于一点，市场正是在该点出清，然而两条曲线互相影响、彼此制约、持续波动，向重合的目标迈进却永远无法真正抵达。从长期来看，市场是出清的、均衡的，然而拿起放大镜，它无时无刻不在波动。

五、总　　结

人文社科与自然科学的基本原理、方法和规律虽是大道至简，但它们所历经的途径和方向却又是殊途同归的。《自然哲学之数学原理》作为经典力学的奠基之作，其成果不仅深刻地影响着自然科学的发展，并且在思想上影响着人文社科的思想与进步，拉普拉斯所说的“牛顿的《原理》解释了宇宙的最伟大定律，它将永远成为深邃智慧的纪念碑”虽可能有所夸张，却是对《原理》成果与贡献的绝对肯定。主观效用价值论从初始条件开始推导，探讨了经济学在牛顿三大定律中的类比，以及就平衡与出清、运动与效用的讨论，都正面展现出《原理》对经济学研究思想上潜移默化的影响。寻找《原理》中各大定律与经济学市场规律的相似性，研究两者思想上的异同，对进一步研究市场经济的一般规律具有重要启示意义。自然科学与人文社科的高楼、物质世界与精神世界的大厦也将构筑得更加辉煌。

从相对论的发展历程浅析科学巨人爱因斯坦的成功要素

刘雪吟　弘毅学堂（2019300001016）

【指导老师评语】文章从爱因斯坦的成就和生平经历出发，解析了爱因斯坦成功的原因。全文观点清晰，有理有据，书写流畅，说服力强，为一篇有独立思考的优秀论文。（生命科学学院　刘　昱）

摘　要：一代科学巨人爱因斯坦为何能在科学研究中取得如此丰硕的成果？他的成功由哪些要素构成？本文从相对论这一科学史上具有划时代意义的理论成果的诞生及发展历程出发，简要分析爱因斯坦取得成功的原因。研究历史伟人成功的原因，对当代科学发展亦有重要意义。

关键词：爱因斯坦；相对论；成功要素

一、奇妙的想法——追光少年

在爱因斯坦十六岁那一年，他的脑海中冒出了这样一个奇妙的想法：假如我以真空中的光速追随一条光线运动，那么我看到的这样一条光线就应该像一个在空间中振荡着而停滞不前的电磁场。但是无论是依据经验，还是按照麦克斯韦方程，都不会发生这样的事情①。

追光，多么奇妙而不可思议的想法！然而就是这样一个看上去非常奇怪的想法，对后来爱因斯坦创立狭义相对论起到了至关重要的启发作用。正是基于追光思想实验，爱因斯坦才对时间的绝对性或同时性的绝对性提出了质疑，这意味着狭义相对论思想的萌芽。其

① ［美］爱因斯坦：《狭义与广义相对论浅说》，杨润殷译，北京大学出版社 2006 年版，第 145～146 页。

实不仅仅是在少年时期，爱因斯坦一生中有过许多奇妙的想法。他做过的许多有趣的思想实验，对他的理论的创建有不可磨灭的功劳。对于科学家而言，“有想法”是一个重要的特质，往往也是他们取得重大科学成就的第一步。于是，从“光速对于所有参考系来说都是相同的”这样一个简单的想法开始，爱因斯坦开启了一个新的物理纪元。正如英国物理学家布莱恩·考克斯和杰夫·福肖在他们的科普著作《为什么 $E=mc^2$?》中所述，如果某一天我们要给人类最伟大的理论成果来写一篇墓志铭，那么它也许就是以“从这样一个简单的想法……”这样一句话开头的①。对此，相对论就是一个最好的例子。

身处于充满无限奥秘的大千世界中，如果我们能用心地去观察和思考，头脑中多冒出一些奇妙有趣的想法，重大发现和重要成果离我们或许并不遥远。

二、于不疑处存疑——引力质量等于惯性质量?

在伽利略的理论体系里，引力质量等于惯性质量被视为是必然的事实。长期以来，人们都未曾考虑过为什么引力质量等于惯性质量，而仅仅把它当作显而易见的无需证明的事实。爱因斯坦却在这一人人不疑处产生了疑问，他是第一个真正将之视作一个问题来研究的人，从而发现了广义相对性公理的重要论据。

“显然”是科学研究中最危险的词汇。当人们把某些情况视为显然，而不加以研究，去解释或者证明它，那么它就很可能成为科学进一步发展的阻碍。爱因斯坦小时候智力发展缓慢，因此理解同一个问题时他比别人更费劲，他需要花费比别人更多的精力才能掌握一个简单的概念。于是他养成了发问的习惯，对于别人觉得无需解释的简单事实，他却要执着地追问。例如，他少年时就曾经苦苦地思索：时间是什么？绝大多数人都确信自己已经知道答案，因为他们从未被人提问过，自己也从不对此发问。而对相关问题的思考恰恰对爱因斯坦建立相对论的时空观起到了重要作用。

于他人不疑处有疑，这是一种难能可贵的品质，在科学研究领域中更是如此。人类免不了有思维惯性，也会受前人已有成果的限制，形成一些根深蒂固的既定印象，进而心安理得地接受那些所谓显而易见的事实。于是人们便都认为引力质量一定等于惯性质量，而其缘由则无关紧要。但爱因斯坦却能对此提出质疑，并通过自己的逻辑思考，敏锐地觉察到蕴藏在这个简单事实背后的重要意义，由此发现相对性原理的推广将对引力定律产生的重大影响。

---

① [英]布莱恩·考克斯、杰夫·福肖：《为什么 $E=mc^2$?》，李琪译，长江文艺出版社2016年版，第225页。

于不疑处存疑，研究曾经不被当作问题的问题，这是爱因斯坦在科学研究中取得成功的重要因素。

三、纯粹好奇心——世界是一个伟大而永恒的谜

好奇心是推动爱因斯坦投身科学研究的原始动力。从幼年时期起，爱因斯坦就是一个对事物充满好奇心的人。最简单平常的现象也可能引起他的关注并激发他探索的欲望。乘坐巴士回头看钟楼上的钟，这可能是很多人都有过的经历，而爱因斯坦面对这样寻常的景象，却好奇地发问："如果巴士以接近光速的速度行驶，时钟的指针的走动会有什么变化呢?"接着他便开始了思考与探索的历程。

爱因斯坦在其晚年的自述中提到了以下观点。他认为，在我们之外存在一个巨大的世界，这是一个伟大而永恒的谜，但却至少部分是为人类的观察和思维所能及的①。爱因斯坦便是以如此理性而热忱的目光在凝视这个世界的。对谜底的热烈渴求，这份纯粹的好奇心，推动着他孜孜不倦地进行观察和深思。一个从事科学研究的人，倘若没有好奇心，那么世界在他眼中不过平平无奇，万千景象也丝毫没有值得疑惑和探究的地方，他所从事的这项事业于他而言必将成为索然无味的机械性工作。没有好奇的眼睛，一个人是不可能有重大的发现的。唯有始终对事物充满好奇，才会有兴趣去进行研究，才能忍受科学研究漫长过程中的单调与孤独。

毫无疑问，纯粹而强烈的好奇心是爱因斯坦取得科学成就所必不可少的要素。

四、不懈追求——甘于为科学奉献终生的态度

爱因斯坦的伟大之处，不仅在于他头脑中充满着奇思妙想，更在于他实实在在地为科学奉献了毕生的精力。在得到了引力场方程，构建了完备的引力场理论后，爱因斯坦没有止步，很快地便投身到统一场理论的研究工作中去。他耗费了后大半辈子的时间和精力，致力于实现引力场与电磁场的统一。尽管这项工作直到他逝世也没能完成，但是后世人感激他为此所付出的努力，他的研究成果也将给予后辈帮助。

爱因斯坦在很早以前便认识到，探索世界的奥秘是一项崇高而可靠的事业，他坚信自己会在专心从事这项事业中获得内心的自由与安宁。与此同时，他也意识到通往真理的道

① ［美］爱因斯坦：《狭义与广义相对论浅说》，杨润殷译，北京大学出版社2006年版，第126页。

路必定是曲折的，而绝不会是平坦和舒适的，但他从来没有为选择了这条道路而后悔过①。大多数人对爱因斯坦的印象，想必是一位白发苍苍，以睿智而深沉的目光注视着远方的智者形象。哪怕双鬓已斑白，也不停下探索真理的脚步；怀抱赤子之心，甘愿为科学奉献毕生精力。这是这位科学巨人留给世界最深刻的印象。

反观当代，科学界出现了不少急功近利的科研工作者，学术造假一类的学术不端之举频现。究其原由，与当事人怀抱功利之心从事科学研究，缺乏为真理奉献的精神不无关系。科学的道路必然是漫长而艰难的，带着随意敷衍，快出成果的心态进行科学研究是行不通的。许多科研工作者缺乏这一觉悟，是当下科学界之殇。在此时代背景下，爱因斯坦的榜样作用愈显重要。身处日渐浮躁的时代，人们不妨回头看看，这位历史上的巨人在他从事科学事业的一生中是怎么做的：在还只是瑞士专业局的小职员时，生活条件并不很宽裕的情况下，潜心做研究，创立狭义相对论；在小有成就，着手研究引力场却被前辈（普朗克）规劝“放弃”时，仍执着于创建新的引力理论，哪怕不被他人相信；在功成名就后，选择投身统一场理论的工作，一做便是直到生命的终点……爱因斯坦的一生，是不懈追求真理，默默奉献的一生。他真诚地热爱着科学工作，而从来不去问这些工作能给他自己带来些什么好处。正是这种甘于为科学奉献终生的态度，才使得他能够取得普通人所难以取得的巨大成就，才成其为伟人。当代科研工作者若能以爱因斯坦为榜样，摒弃急功近利的心态，潜心做好研究，那将是科学莫大之幸。

甘于为科学奉献终生的态度，或许正是科学家取得成就的终极秘诀。

五、总　　结

爱因斯坦的成功有诸多方面的原因。从相对论的诞生及发展历程出发，笔者认为爱因斯坦的成功原因主要为以下几点：一是常有奇妙的想法；二是于不疑处存疑；三是保持纯粹的好奇心；四是甘于为科学奉献终生。诚然，一个科学家取得成功的原因是复杂多样的，不同的人走向成功的道路也各不相同，但以上几个重要要素却能给人们以普遍的启示作用。自从相对论问世以来，一百多年的时光流淌过，爱因斯坦依然为人们所敬仰。他的智慧的光辉曾经照亮了一个时代，如今也仍在人们的心中闪耀。通过走近爱因斯坦，了解他作为科学家的一生，我们每个人都能或多或少地汲取到一些可贵的力量。虽然爱因斯坦已经永远地离开了我们，但他留下的科学成就和精神成果，却会一直流传下去，成为当代的人们以及后世子孙无穷的财富。

---

① ［美］爱因斯坦：《狭义与广义相对论浅说》，杨润殷译，北京大学出版社2006年版，第126页。

生命领域

论科学精神在理论研究层面的驱动力

——浅析《物种起源》

谢　翱　资源与环境科学学院（2019302050180）

【指导教师评语】 该文对《物种起源》所蕴含的科研方法和科研精神进行了深入挖掘，感悟深刻。文章立意明确简练，观点鲜明凝练，表述流畅精炼，论据充分饱满，逻辑清晰。（资源与环境科学学院　彭善枝）

摘　要：《物种起源》的诞生于生物学界具有里程碑式的历史意义，它不仅对相关知识体系的建立具有重要作用，还为后人展现了深索真知的研究方法。本文通过分析达尔文在探究物种演化规律过程中体现的各种科学精神及其在理论研究层面的引导作用，来展现《物种起源》的时代价值以及其对后世科学研究的深刻影响。

关键词： 质疑精神；实践精神；理性思维

《物种起源》在科学史上具有里程碑式的意义，自问世起便引发了广泛的社会关注。时至今日，《物种起源》仍具有极高的阅读价值。对此，有人不免疑惑，在相关理论知识更为完善的今天，为何还要去阅读它呢？其实，《物种起源》的时代价值，不仅仅来自于它所描述论证的科学道理，更多在于书中蕴含的科学意识。通过对达尔文知识体系构建过程的探知与学习，人们能够充分体会到各种科学精神如批判质疑之精神、探索实践之精神以及追求真理之精神在科学理论研究层面的重要意义。

一、疑是思之始，学之端[①]——跳脱固有思维的桎梏，追求客观真理

科学家需跳脱时代的局限，打破固有思维的束缚。《物种起源》成书于十九世纪，在科

① 《论语》，浙江大学出版社 2020 年版，第 165 页。

学技术和相关理论知识架构并不完善的当时，人们的认知普遍依附于宗教信仰。那时的人们普遍认为人类起源、星移斗转、岁月更替无非是神的指令，与自然力量无关，加之宗教信条对普通民众的限制，任何反对神创论的声音都消亡于时代的车轮之后。但即使是在这种背景之下，依然不乏追求真理的能人志士，正是他们勇于挑战权威、挣脱世俗枷锁，才使得欧洲混沌的漫漫长夜终于闪烁出了理性的光辉。在科学史上，以“革命”二字冠名的只有两个人，即哥白尼革命与达尔文革命。前者揭示了地球在宇宙中的位置，后者确立了人类在自然界中的位置。① 哥白尼提出日心说，引起了世人对宇宙运行规律的探索；达尔文提出“物竞天择，适者生存”的观点，开启了博物学研究的新视野。可见，今天所有科学研究上的成就，无不来自于前人敢于抨击世俗中的错误观念，以及追求客观真理的理性思维。

思维的变革不局限于摒弃前人错误的观点，更在于明辨前人体系中有失偏颇之所在。一味的否定前人的观点会让你在探索真理的过程中失去方向，开拓新领域的研究需要辩证地看待前人的观点，取其精华，去其糟粕。在研究家鸽的变种诱因这一问题时，达尔文列举了耐特的观点，指明了“物种的变异性与食物过剩有着部分的关联”的观点是有一定可能性的，同时也指出了这一观点在生物组织结构变异方向的局限性；对于前人提出的“几个亲缘关系密切的物种栖居在同一地域时，我们应该在目前发现更多的过渡类型”这一说法，达尔文通过具体的实例来说明动物在迁移过程中分布规律和变异过程的非连续性。他指出了前人的谬误，提出“不能因为一个区域现在是连续的，便能推论它在一个长期的时期内一直都是连续的”这一观点，对此他引用了地质学方面的知识，通过对陆地形状和气候变迁的分析，说明了新物种的形成与自由杂交和游移动物有相关性。达尔文广泛地总结了前人理论中的诸项疑点，如过渡类型的缺失性，各类动物构造和习性随着地缘关系的变化过程，还有本能的获得与改变与自然选择的关系等等，对于这些问题，达尔文经过了严密的逻辑推理和事实调查，结合各类实例，对相关问题一一阐述，从而提出了自己的见解。

质疑精神点燃了探索新知的火苗，各领域知识体系的建立都是在一步一步革新中完善的，不盲从于前人的经验，保持独立思考的能力，方能发觉前人之谬误，带来科学发展史上的革命。

二、致知在格物，物格而后知至②——实践精神引导知识体系构建

实践是人类发展进步过程中最基本也是最重要的活动，是人类社会演进和自然演化的

① 苗德岁：《天不生达翁 万古长如夜》，《中国科学报社》2019 年 8 月 9 日，第 2 页。

② (春秋)曾子：《大学》，李一冉编著，中国广播电视出版社 2008 年版，第 38 页。

必要因素，达尔文探究生物演进规律的过程很好地体现了实践活动在理论知识构建的深刻意义。实践不是浮于经验主义的精神活动，而是改造事物、陈述事物发展规律的客观物质活动。它具有描述和反映客观事实的性质属性，是知识建构的必由之路，人类总结的规则法则无非是实践结果的终极产物，依据于一定客观事实的假设可能带有主观的认知色彩，而实践能够起到去理想化的作用，修正各类观点从而使假说更符合客观真理。

达尔文曾经跟随贝格尔号皇家军舰进行环球科考，研究记录南美的生物地理分布，并由此追溯现代生物与古生物之间的演化关系。他广泛地收集核实相关的事实依据。如达尔文在论述各类自然因素对生物的影响时引述福布斯的例子：生长在近海岸的植物叶子多肉质；生长在南方浅水区的贝类比生活在北方深水区的颜色更加鲜艳；生活在清澈的大气中的同种鸟类颜色要比生长在海岛上的鲜亮。① 这些例子是大量的数据和事实总结归纳得到的，而数据和事实往往依附于实践调查。

达尔文环球科考的过程中，收集记录了大量的案例，例如对头足目眼睛发育阶段的切面分析、对各类物种过渡种的搜集以及鸟类性状演化的各种规律。达尔文在各类数据中对比整合，梳理各类物种的演化趋势，以及杂交物种的性状变化，结合地理分布与区域变化对生物的变异过程进行阐述，多方位多角度地分析了问题。科学的假设是人们根据一定的事实材料和科学知识，对客观现象发生的原因及其规律性作出的推测或假定②，而实践是检验真理的唯一标准，同时也是获得真理的必由之路。人们需要在改造和探索世界的过程中，了解万事万物的运行规律及法则，人类的认知观念是通过实践活动建立起来的，达尔文用行动告诉人们“实践出真知”。

三、打破依附于表象的经验主义，通过逻辑推理揭示事物的发展

科学研究往往会受到经验主义的束缚，例如亚里士多德认为“力是维持物体运动的原因”“重的物体比轻的物体下落更快”等各类循于生活经验的错误观念，这些观点的提出无法经受实践的推敲，仅仅是通过空想所得到的。对此，有人不禁发问：既然这些结论能够被如此轻易的找出谬误所在，为何还会在人们的观念中存在如此长的时间呢？其主要原因在于人们的认知往往局限于经验主义的外壳中，对待事物运转规律的理解仅仅依附于事物的表象，例如对于“重的物体比轻的物体下落更快”这一结论，人们往往认为重的物体会有

① 苗德岁：《成就达尔文一生功业之旅》，《中国科学报社》2020 年 1 月 16 日，第 1 页。

② 柯木火：《“大胆的假设，小心的求证”为什么是错误的？它和科学的假设有什么不同?》，《前线杂志社》1963 年第 14 期，第 1 页。

更快的下落加速度，这一观点来自于人们对物体轻重的体验与感受，是主观臆想得出的结论，而这一结论没有内在的逻辑关系支撑，仅仅是一句空想。伽利略“两个铁球同时落地”的实验简单明了的指明了自由落体运动与物体重力的不相关性。试问：难道是当时的科学技术限制了人们的视野吗？事实并非如此，铁球实验用具依照亚里士多德时代的生产水平是完全可以做到的，所以说，是经验主义的诱导致使大众接受并相信了错误的观念。

达尔文在研究生物的相互亲缘关系时提出不要相信体制结构部分的相似性，而根据历史经验来看，在达尔文时代之前的博物学家均极为强调器官的相似性，并把重要的器官作为分类的重要标准。达尔文通过比较塔斯马尼亚袋狼与狗的头骨，指明了微不足道的性状对于分类的重要性，他打破了前人一贯的认知，并在此基础上陈述了有关退化器官的相关事实，并研究了生物个体与种群在形态学和胚胎学范畴上的相关演化规律。

结合人类认知的规律来看，经验主义的观念是很难被打破的，一直存在于人们脑海中的固有观念，模糊了人们对是非的辨别能力，而这些固有观念将会影响人们对其他事物的辨识能力。从固有主义的思想中跳脱出来并非易事，不仅仅探索者需要具有善于质疑的能力，还需要有较为清晰的逻辑推理能力。若将信奉神创论的人们比作洞中的人，那么达尔文将是沿着山洞前行看到光的那个人。逻辑思维将概念整合成某种框架，存在于人的脑海中，这些框架能将各种关系结合起来，形成一个相对完整的思维结构，它反应了人类对客观事物的认知理念，是人类认识的最高阶段，是一种确定的方式，并非模棱两可，而是有因可循的。相比较于侧重感性认识的经验主义，逻辑推理更注重揭示事物的本质，对事物发展的过程性、间接性、必然性进行归纳、推理和演绎，摆脱了对感性思维的依赖，从而达到理性认知的目的。这对后人理论研究提供了一个可行之路，即通过理性思维的发散来构建知识体系，从而确保了理论研究的客观性和真实性。

四、未经试验，无人知晓①——可检验性原则指导完善理论体系

真理之所以被认为是正确的，其缘由很大部分是来自该观念的可检验性。不经由实验证明的科学观点往往无法立足。达尔文在《物种起源》的探究过程虽不偏重于实验研究，但依旧能看出实验的重要意义。在研究自然界中的杂交难易程度时，达尔文提出了“亲缘关系相对更远的动物所产杂种本身的不育性也就越高”这一观点，对此他提出了金丝雀与9种其他不同地雀杂交的实验，通过分析地雀与金丝雀各代杂交的能育性问题，他证明了

① ［英］查尔斯·罗伯特·达尔文：《物种起源》，王之光译，北京时代华文书局2020年版，第65页。

“纯种动物不管出于任何因缘，总有最低的不孕性趋势”的结论，此外他还通过研究弗吉纳利斯羌鹿与瑞外西羌鹿之间的杂交，以及东亚雉、环颈雉以及绿雉之间的杂交品种，得出不同种之间杂交的杂种完全能育的结论。除了动物实验，达尔文的分析还涉及到了园艺家们的实用性实验，在他看来，前人所做的实用性实验虽然缺乏科学的精确性，但仍具有可供参考的价值。他通过总结归纳前人经验，对伽特纳所相信的“能育性会在每一世代中持续不断降低”的结论提出质疑，并列举各类事例，来阐述能育性在世代繁衍过程中的相关规律，可以说，实验使理论具有说服力和可信度。

纵观各类自然科学学科，如物理、化学、生物等领域，实验探究是理论研究所必不可少的一部分，各类知识体系的建构也与实验密不可分。例如，牛顿的棱镜分解太阳光的实验，向世人揭示了光的奥秘，推进了光学研究的发展；卢瑟福发现原子核的实验，使人类对微观世界的探索更进一步；卡文迪许的扭秤实验，巧妙地测量了万有引力的参数恒量，进而推算出了地球的密度与质量。人类通过实验探究检验假设的正确性，以此去更好的认知各类现象、性质及规律，实验使理论具有可验证性原则，展示了各类结论的适用领域，是理论研究过程中不可或缺的一步。

五、后　　记

《物种起源》为人类认识自然，研究万物运行规律提供了一条可实践的道路，指明了怀疑精神的重要性，倡导人类不受经验主义的束缚，通过逻辑推理和实验探索理性地认识事物的发展规律。《物种起源》不仅仅是生物学界的一次革命，还为各学科理论知识研究开辟了新道路，以致其在今天仍有极高的阅读价值。

达尔文在书中呈现的科学探究手段为后来者的研究打好地基，他研究物种起源的过程中“大胆假设，小心求证”的观念为后世的科学研究指明了方向。简言之，《物种起源》是科学界的一场革命，不仅仅为当时混沌黑暗的社会开启了理性的明灯，更为全人类指明了探索自然、追求真理的道路。

生命的“追问”

——从《物种起源》看人类对自身的认知历程

王艺洁　信息管理学院（2019301040129）

【指导教师评语】 论文以生命的“追问”——从《物种起源》看人类对自身的认知为题，通过课堂学习和讨论、参考文献检索和阅读，对与《物种起源》相关联的知识有了自己独特的认识和拓展。论文以时间为索引线，逻辑上层层递进，结构合理，例证充分，格式工整，引用恰当，最后部分有较深入的自我思考。（电子信息学院　马　跃）

摘　要： 无论个体还是整个人类，在生命或文明的最初都会追问自己的“本原”是什么，以及自己在宇宙中所处的位置。19 世纪，达尔文通过经年观察思考，在《物种起源》一书中提出了生物进化论，揭示了物种在自然选择作用下发生的进化、演变并逐渐丰富的过程。本文欲以达尔文《物种起源》一书的理论溯源、主要内容和蕴含的科学精神等方面为切口，探寻历史上人类对生命本原和自身位置这一问题的认知历程，也试图对这一问题做出自己的解答：进化论认定的人类从其他古老物种演化而来，地位看似平凡；但人类历史上始终充满好奇不断探索、满怀敬畏推崇科学的精神，本就是一件不凡、甚至崇高的事情。

关键词：《物种起源》；寻找本原；自我认知

一、引言——最初的“追问”

《礼记》《山海经》载：盘古开天，女娲造人；《圣经·创世纪》中道：“神说，要有雀鸟飞在地面以上，天空之中……地要生出活物来，牲畜，昆虫，野兽，各从其类……我们要照着我们的形象，按着我们的样式造人。”①这样看来，每个文明似乎都不缺少一个创世神

① 《圣经》，中国基督教两会 2009 年版，第 20~22 页。

话。这正是早期人类对于自己从何而来，在世界之中处于何种位置的浪漫想象。在科学的滥觞之地，古希腊哲学家们不无骄傲地将人安放在宇宙中心，成为神的孩子，万物恒久不变，环绕着我们。

然而，随着人们不断的追问与文明的发展，这个答案正开始遭受着挑战。16 世纪哥白尼提出的"日心说"让人们第一次认识到，自己所处的星球并非宇宙中心，璀璨的银河中可能还有无数颗与地球类似的行星缓缓转动。而这一次，19 世纪的达尔文再一次打破了人们对"本原"和人类所处地位的原有认知……人类从何而来？由此人在世界上到底处于何种地位呢？

二、理论溯源——从"存在之链"到《物种起源》

"追问"是人类的天性。亚里士多德曾说："我们必须追求原初的原因。"作为古希腊最博学的人，他认同经验对智慧的作用和意义，因此，经过长期的观察、记录，他对世间万物的秩序提出了"存在之链"的解释。在他的构想中，世界万物的秩序是以金字塔式的结构稳定不变地存在的，从最底层向上依次是矿物质、生命、动物，而人类是上帝创造用以管理自然的万物之灵，站在塔尖。生命出现与地球同时，上帝创造的生命与物种永恒不变。此后亚氏理论统治教会经院哲学的近千年里，在此基础上衍生出的博物学研究，便长期围绕着"收集和鉴别'事实'"展开，其主要目的，就是把"存在之链"的各个环节凑齐补充，从而构造一个完整的金字塔。但由此，上帝的威权与人类管理世界的骄矜也深入人心，人们愈发坚信：人类是"神创之子"，是世间万物的顶峰与主宰。

然而，随着地理大发现的远帆佐证了生物在地域上的多样性，显微镜的诞生透示了生物在尺度上的多样性，博物学和最初的解剖学、地质学也有了极大的发展。启蒙之光的照耀下，先有布封、林奈等人拓展博物学研究范式，后有拉马克提出"用进废退""获得性遗传"等早期进化理论。人们不禁再次追问：人类的"本原"与地位到底如何？

在这样的文化土壤中，达尔文也在追问。他自幼时便对昆虫学、地质学感兴趣，后在亦师亦友的亨斯洛教授支持下，登上"小猎犬号"开始了为期五年的全球考察。在此期间，他对全球各地，尤其是加拉帕戈斯群岛的物种进行了详细地观察研究，又在家养动植物中获取类比的灵感，经过积年完善，最终发表了《物种起源》。他道："人类和其他物种同是某一种古老、低级而早已灭绝了的生物类型的同时并存的子孙这一结论，其实在任何程度上都不算新鲜。"①此话一出，无疑等于在科学面前脱下宗教主义色彩的外衣，赤裸裸地告

① ［英］达尔文：《人类的由来及性选择》，叶笃庄，杨习之译，北京大学出版社 2009 年版，第 45 页。

诉人们：没有所谓的“神创之子”，亦没有什么人类主宰与万物不变；有的只是自然支配下物种选择的产物，和站在“生命之树”某一分叉下的一个平凡物种，而它与世界万物共用一个祖先。

这一理论无疑刷新了人们对“生命追问”的答案，科学界亦兴起轩然大波。在无所适从的局促和信念自尊被打破后的迷惘之后，上帝的威权和人类的地位似乎跌进了尘埃里，人们发觉，自己的来处应该是某个已经灭绝的古老物种，而非信仰的神；自己的地位不过是芸芸众生中的普通一员，而非尊贵的主。人终于发现了自己的平凡。

三、“天才假说”——生物进化论

经过长时间的观察、记录与思考，达尔文在《物种起源》中系统地论述了生物进化论的观点。他先从家鸽、家犬等家养动植物与自然界中生物变异的大量实例中，得出了“物种可变”这一前提；又提出“生存斗争”广泛存在的命题，由“可疑物种”的存在证明了生物进化的渐进性。然后在第四章开头，开宗明义地将自然界的物种演化与人工繁育物种进行类比，提出了“自然选择”的理论：自然界中的物种无时无刻不进行着非自发性的突变，在激烈的生存竞争中，由自然主导选择能适应生存条件的变异特征予以保留，具有这些特征的物种与变种得以生存，并将这些特征遗传给所繁衍的后代，而不具备这些特征的物种将会灭绝。随后，他又更加详尽地论述了物种演化的两种趋势：具有不同特征的物种得以在自然中占领相距更远的“生态位”，生存竞争相对较小，存活率更高，因此物种具有“性状趋异”之势；而物种间差异越小，相隔越近，面临的生存竞争也将愈加激烈，由此具有“绝灭”的可能。在此之后，达尔文又陆续介绍了他理论中的诸多难点、本能问题、古老生物在地质挖掘中的断层与缺失、生物在地理上的连续性等等内容，丰富并有力地支持了他的进化学说。

从内容上看，达尔文的理论无疑将人类“本原”与在世界上的地位打到了最低。论血缘，人身上与曾经自己所不屑的“低等动物”有太多相似；论时间，人并不如许多动植物在地球上存在的时间长久；就人类自身而言，人类甚至连决定自己未来演化方向的本领都不具备，只能被迫听凭所谓“自然”的遴选与摆布。

但从另一个角度来看，生物进化论的真理性已于后世的探索与研究中得到证明。达尔文其人，亦是平凡的人类群体中更为渺小的一员，却缘何能于复杂表象中勘破事物的本质，发现我们的“缔造者”在运行中所依循的规律？或许是由于他以加拉帕戈斯群岛为“天然实验室”对自然做出的“受控实验”的天才想法；或许是因为他对家鸽的性状、多种地雀的鸟喙以及广阔时空下更多生物的敏锐观察；或许是由于他对地质学、博物学与生物学领域的融会贯通；或许是由于他将马尔萨斯《人口论》和人工选择现象与自然类比的神思飞扬；或许，是由于他终其一生坚持不懈地进行实验思考；又或许，只是源于他年少时一闪而过的好奇与想象……正因具备这些特质，达尔文才得以在追问与挣扎过后，大胆又如释重负地“与上帝告别”。

由此说开去，从神父牧师到牛顿、爱因斯坦，从炼金术士到波义耳、门捷列夫，科学史上的巨人们无一不是如此。他们以丰富大胆的想象、小心谨慎的求证、天才的研究方法和汲取自各方的论见，最终在方寸间窥得万物运行的法则，使平凡的人类看见了不凡的宏大世界。这种“逆溯”的过程并不容易，但因此，人类这样一个平凡的物种，开始拥有并欣赏自己反向研究支配我们的自然的智慧，这也恰恰正是人类一步步摆脱愚昧，摆脱真正的平凡，开始走向不凡的过程。

四、科学精神——达尔文进化论之后

达尔文的生物进化论一经提出，就一直处在争议的漩涡中。他先是饱受宗教势力的质疑和排挤，而在随之而来的漫长岁月里，他的学说也面对着整个科学界对其局限性的质疑和挑战。达尔文自己在书中也直言不讳地提到支撑进化论的一些问题尚未解决。而直到孟德尔通过豌豆实验发现遗传定律，20世纪沃森和克里克发现了DNA的双螺旋结构，解开了生命的密码，也打开了现代生物学的大门。新的世代来临，新达尔文主义、综合进化论渐渐成为学界主流，人类对“生命追问”似乎给出了更靠近真相、接近真理的答案。那么，近200年前那部《物种起源》的身影，会否在这一进程中渐渐变得黯淡无光呢？

我想答案是否定的。一方面，维多利亚时代，解剖学方兴未艾，更不用说现代生物学的基础遗传学和分子生物学。达尔文在当时用肉眼观察、记录的方式研究物种起源，无疑是“戴着镣铐跳舞”，却依旧奠定了现代生物学最重要的基本理论之一——进化论的基石。后人不过是在他的学说中不断丰富和完善，但并未跳出他画下的那个既定的圈。

另一方面，《物种起源》一书的内涵，其实远比人们固有认知中的丰富得多。在这个不少人自以为“睿智”地高喊着“达尔文已死”的年代，他们中又有谁真正读懂了《物种起源》呢？正如庞加莱在《科学与假设》中所论及，现在人们所定义的科学本质上都只是一种“假说”。科学领域从来没有全知全能的“上帝”，每一种认知、每一个假说的正确与否都有着时代局限性，都应留待下一代去研究、利用、证明或是证伪。但唯一可以确定的是，每一个对“生命追问”的解答都弥足珍贵。一代代科学家们就是在这种知晓自己平凡地位的前提下，依然满怀着对大自然的敬畏与好奇，不懈地追问与探索着，即使终其一生也无法得到完美的答案。正是这种“明知不可而为之”的献祭，这样在浩然历史长河里对头顶星空与脚下真理的矢志不渝，才更让人肃然起敬。这或许才是人类群体最为不凡甚至崇高之处。

五、结语——我们是平凡还是崇高

或许此时，我们终于有资格回到标题，问问我们自己有关生命的“追问”——人的“本原”是什么？人在大千世界中到底处于何种位置？我们人类该如何认识自己，又该如何在这广袤的天地中自处？我想，这些问题应该可以在《物种起源》发表的前因后果及至整个科学发展的历程中找到一些答案。

纵观整个科学史，人类无疑是平凡的。近两百年前达尔文的一次回眸，看见了人并非由神所创，人类只不过来源于一个已经灭绝的古老物种，是从生命之树的万千谱系中走出的寻常一支；后来，生命遗传与意识活动也被揭开了玄奥的面纱，不过是遗传物质和大脑神经元的作用所致；现代科学中，还有许许多多的问题，我们甚至根本没有找到答案的头绪……或许每次人类自命不凡地对生命进行“追问”，最后却总会得到不那么令人满意的答案——人类是那么平凡和渺小。但我们应当相信：正因为人一次次地发现自己的平凡，人类才因此而不凡。

我们应为我们有着发现自然法则与科学规律的智慧而自豪。就像达翁所说：“生命是从如此简单的开端进化而来，并依然在进化之中；生命如是之观，何等壮丽恢弘。”①科学史上有很多“达尔文”们，他们有着无尽的好奇，会执拗地追问；有着惊人的细致，能够长久地坚持；还具备大胆假设、小心求证的胆量和智慧。正是这些伟大品质的相撞，一次次触碰并开拓着人类认知的边界，一点点探索出大自然正遵循着那样简谐如一又包罗万象的法则。

我们应为我们有着敬畏自然、欣赏科学的能力而自豪。科学与科学精神的魅力是具有普适性的。大自然所普遍遵循着的简谐律会使人类与自己的缔造者产生奇妙的共鸣。就算我们看不懂麦克斯韦方程的深意，不理解大脑神经元的运作，也不妨碍我们惊叹于A、T、C、G组合生命的极致浪漫，漫赏宇宙星河的浩渺无垠。这种最原初的悸动没有学科壁垒的局限，不分年龄阅历的差异，只是油然而生的一腔敬意和感动，这是独属于人类的特权。

我们应该为人类群体在已知自己的平凡下，仍然进行着不懈探索和追问的魄力而自豪。正如孟德尔、沃森、克里克之于达尔文，庞加莱之于欧几里得，爱因斯坦之于牛顿，人常会因为自己力量的藐小和认知的局限，无法在一次或几次的尝试中就得到最接近真理

① ［英］达尔文：《物种起源》，苗德岁译，译林出版社2013年版，第393页。

的答案。面对柏拉图《理想国》的“洞穴之喻”，我们仍未可知，当我们鼓起勇气走出一个洞穴时，等待我们的是真正的理型世界还是下一个封闭的洞穴。但人之所以不凡甚至崇高，就是因为人类已经在无数次的尝试中知道了自己的平凡，知道自己迈向的可能是下一个洞穴，却依然有无数科学家怀着敬畏和谦卑，前仆后继、无怨无悔地追问着、摸索着、前行着。科学家们怀疑一切，却不怀疑自己永远走在无限接近真理道路上的使命。

帕斯卡尔有一句名言：“人是一根会思想的芦苇。”人类在自然界中平凡而脆弱，因此应对宇宙满怀敬畏；在精神世界里不凡而伟岸，因此科学探索永不停息。而这也是我对本文开头的“生命追问”做出的回答。每当我读到一本《物种起源》这样的自然科学经典，我便在柏拉图的“洞穴”中收到一封自洞外的来信，由此愈发对能成为这个平凡又不凡的人类群体中的一员感到荣幸，并且也更加渴望由一个个“追问”引领我走出洞穴，让真理与科学的光芒洒在我的肩头。

遇事不决，量子力学？

——我们如何神化科学，从《物种起源》说起

刘沈悦　法学院（2019301060021）

【指导教师评语】本文通过分析《物种起源》的写作过程，以“神创论”为切入点，进一步谈到科学的神化与去神化的问题，最后提醒万不可再回到神化科学的死胡同中。立题高远，颇有新意，通读全篇，感觉作者能以小见大，用层层递进的论证来阐述自己的观点。（基础医学院　刘永明）

摘　要：在科技高速发展的今日，人类思维的独立性在信息化的浪潮中逐渐走向宗教时代下几乎相同的偏见与盲从。本文以《物种起源》为代表的古早科学精神为启发，浅谈现世的人们所面临的科学神化问题，借早期科学的灵光，分析如何避免科技这一时利所带来的时弊。

关键词：科学；神化；独立思维

一、序　　言

继2019年《复仇者联盟4》以27亿美金的票房席卷全球后，该电影显缺逻辑的剧情在网络上再次引起骂战。片中一切逻辑漏洞都被编剧以“量子力”“核能”等等极为具有震慑力，内涵却连编剧本人都说不清道不明的科学名词所缝补。眼见“遇事不决，量子力学”这句老梗又再次在网络上乘着时代的帆板冲浪，人们不禁自问：千年以前我们说一切都是神旨，现在我们说一切都是科学。人类，究竟进步在何处？科学，会走向宗教化的结局吗？

这一切，似乎都要从那个蒙昧初开的时代说起。

二、上帝的“安魂曲”——《物种起源》

身处在宗教向科学划渡的时代，达尔文本人以《物种起源》给了上帝重重一击。然而在这本书历史意义已逐渐大于科学意义的今天，除了“物竞天择”的科学理论之外，它更向现代的人们展现了，处于萌芽阶段的科学，到底是如何渐渐与“神”划清界限。

（一）神创论的崩塌

与更早的牛顿著作《自然哲学的数学原理》相比，《物种起源》中所阐述的理论，展现出与宗教背景更强烈的相斥性。

上帝与人的最紧密的联系，也是自古以来最广为人知的联系，便是于伊甸园中他用泥土捏出亚当的那一刻，那一切原罪与恩赐的开端。而《物种起源》无疑推翻了这一基督徒传颂千年的美景，也动摇了《圣经》存在的根本意义：人与神的创造纽带已经不复存在，前者也不再对后者负有那么强烈的责任意识与信仰力量——也就是所有赎罪，传音等宗教活动的主要动力来源。

经年累月的观察研究之后，达尔文在《物种起源》中如此道来：“可以肯定，我过去曾接受而现在许多博物学家仍在坚持的观点——即每一物种都是分别创造出来的观点，是错误的。”①从此，“神创论”被达尔文结结实实地否定在了万物伊始。

（二）“毁神者”的天人交战

那是一个人人唱诗赞美耶稣基督的年代。科学的名号，无异于撒旦，创作这样一本书，无异于直接冲进教堂砸烂圣坛。达尔文身处的宗教环境与他怀有的科学精神之间的矛盾，注定了《物种起源》的写作不会一帆风顺。

否定上帝对他而言也并非易事。在《达尔文自传》中，这种矛盾被明明白白的展示。达尔文曾咒骂《圣经》是“是该死的教义”，直白表述对于造神的厌恶之情；但有时，又无奈表明自己是一个不可知论者（agnostic），流露出自己对无神论的摇摆不定。

这种微妙的犹豫不决，还可以从达尔文书中的一言一语看出。他在《物种起源》中的种

① ［英］查尔斯·达尔文：《物种起源》，舒德干等译，陕西人民出版社1995年版，第19页。

种表述如此小心翼翼，甚至于有些束手束脚："经过长期研究，我觉得……"①"……可我们只能模模糊糊地看出有限的几条……"②"支配遗传的法则，大多还不清楚，现在还没有人能说清……"③

这样的谨小慎微不是为了别的。在他的年代，神学曾是解决一切问题的万金油。日升月落，斗转星移，物的进化，人的宿命，只要说是上帝的旨意，人类便只需要接受，而不需要思考与弥补。推翻神创论，转向科学，仿佛从已知走向未知，从坚实的土地迈向不见底的深渊。而达尔文一人的思想，显然不足以补足信仰被抽走后留下的巨大虚无："我们周围看到造物设计(design)和上天慈悲的证据后，这个世界看来还有太多苦难……但我感到整个问题太高深莫测了，不是人类智力可以解决的……"④

但达尔文的小心翼翼，也并非只源于时代的桎梏。在学生看来，这种面对万物的独立、审慎思考，反而是区别神学与科学的重大分水岭。

(三)谨慎、谨慎、再谨慎

科学，作为反抗神的唯一意志的有力武器，其不确定性正是其作为人的哲学的特性。它代表了人需要独立去思考天地间一切的难题，需要依凭自己的智慧去解读生活中的一切细节，这也是它有别于宗教的一大特性。然而思考令人痛苦，智慧令人恐惧，人们早已习惯了宗教带来的皈依与顺遂，因此，达尔文的摇摆与犹豫也情有可原。

但达尔文之所以为达尔文，最可贵就在于，尽管犹豫与纠结，却没有止步于耶和华的圣谕。早期的科学正是在这些"半知半解"却又勇敢说出不完美的科学家的手中，有了它自己初丰的羽翼。

从《圣经》到《物种起源》，人类花费了很大的代价。就是通过在宗教—科学之间摇摆的痛苦犹豫，人类才完成了惊险的历史跳跃——从上帝修补一切的混沌，跃入了人类自我编织的精密科学空间。科学，在诞生之初，似乎便作为神学的反面，或者说，作为人类面对世上疑难时，宗教之外的可选答案：一边神圣而遥不可及，一边普遍而随处可见；一边含混而模糊遥远，一边精确容不得马虎；一边亘古不变，另一边，却在时代中日新月异。

更重要的是，解读世界的权力，最终慢慢过渡到以达尔文等科学家为首的，曾经渺小的人类手中。人们，也终于开始倾听人类自身思想那看似弱小，却不失铿锵有力的声音。

---

① [英]查尔斯·达尔文：《物种起源》，舒德干等译，陕西人民出版社 1995 年版，第 28 页。

② [英]查尔斯·达尔文：《物种起源》，舒德干等译，陕西人民出版社 1995 年版，第 31 页。

③ [英]查尔斯·达尔文：《物种起源》，舒德干等译，陕西人民出版社 1995 年版，第 32 页。

④ [英]弗朗西斯·达尔文：《达尔文自传与书信集》，叶笃庄，孟光裕译，科学出版社 1994 年版，第 20 页。

科学诞生的最伟大意义与其有别于宗教的最显著特征，便在于：它使人类长期陷于神化教义而渐渐退化的自身思考能力，再度焕发了勃勃的生机。

三、我们如何开始神化科学

人类对科学的认识，在《物种起源》出版后井喷式增长。未满两百年的短短时间内，我们已经能解释在过去的一千年中由上帝解释的事情。早期科学巨著如《自然哲学的数学原理》《物种起源》等书，本身的历史意义也开始逐渐超越其科学价值。航空航天、人工智能、大数据、再到量子科技，人类，正在实现百年前神都无法创造的事。

在这样科技爆炸的年代，一些怪象也开始出现。

（一）依赖于“科学”

从某种程度上来说，现代科学已接近曾经人们信奉的宗教概念：无处不在，无所不能。“遇事不决，量子力学”固然只是一个梗，一句对电影逻辑缺陷的吐槽，但其折射了背后更加深远而深藏的信息：科学确实解决了现世太多太多的问题，只是当现实中对于科技的依赖已经根深蒂固到更深层的位置时，我们真的应该袖手旁观吗？

就像马丁·路德将解读《圣经》的权力从教宗的手中交付到教众中一样，教育使得科学世俗化、大众化，这未必是一件坏事，但也未必是一件好事。如果大众对科学的理解与依赖，使人的智慧依旧停留在启蒙家呼唤“人是万物的尺度”之前那无法独立的蒙昧阶段，那么前人对世界的本质到底是宗教性还是科学性的苦苦探索，也就没有了任何意义。

（二）盲从于“科学”

可怕的，并不是科学解决了一切，而是它不能，我们却相信它能，从而迷失麻木在术语的丛林中。相比上帝的全能，在现代社会，相信科学能够给出一个抽象的，统一万用的公式显然更有煽动力。从本质上来讲，靠菩萨治癌症的老太和相信氯化钠是保健品的中年人没什么区别，也和相信抗蓝光眼镜防辐射的年轻人没什么区别。不管是面对上帝还是科学，大多数人的主观总是在外在影响面前黯然失色，消极地被灌输新鲜的科学名词，却很少反客为主地利用科技提供的便利来思考，或者说科技带来的体量过大的信息本就削弱了思考的可能，从而使欺骗本身更加具有了迷惑性，盲从本身更加具有了不可摆脱性。

(三)臣服于“科学”

这也并非是最可怕的结果，最可怕的，莫过于人类最终被科技所统治。即使在宗教的黄金时期，实际的操控者也是教会成员，上帝最终只是人的幻想。而科学，虽然某种意义上是人的创造，其规律却委实不为人所控制，也不可能被人全知全能。但若相信人能够掌握“万物理论”“科学终极”，就好比仿佛是我们为自己新设了一个可供仰望，还可供幻想未来自己能够掌握的“上帝”，可最终我们只会陷入难以控制这位新“上帝”的囹圄之中。因为，人们容易忘却，尽管我们可以通过核来掌控毁灭一个国家力量，却也要面对辐射的杀伤；尽管我们可以利用量子力学来加密一切的通信，却无法省却其中漫长的研究过程和资源耗费；尽管我们可以拿掉蛰伏着艾滋危险的脱氧核糖核酸链上的一环，却必须要抛弃该基因上的其他健康密码……且道德，作为生存之外人类的第二大问题，纯粹地依靠科技解决，根本无从谈起。

对于科学尽头而非科学探索本身的探索，其本质不过还是人类对于绝对力量的无脑追求，使我们意图穷尽科学，却反而被科学所穷尽。科学，反成了伪科学。

四、科学的去神化

面对这一思想上的滑坡，人类，也并非束手无策。我们可以从以下三个角度，通过剖析内涵，提升思维，与改变制度，试论如何挽救不断走向神化的科学。

(一)对科学内涵的再理解

离开达尔文时代的神治与不可知论，并不意味着为人类再造一个全知全能的“科学神”，也不意味着人的认知从此是个圆满的圈，而是像柏拉图略显悲观的“洞喻理论”中所比的那样，我们可能永远走不出所处的洞穴，因为这个洞穴自身如同宇宙一般永恒地扩张与旋转，就像达尔文写作《物种起源》时，已明知自己的理论会被再推翻与扩充一样；但更多的，是乐观的一面，即我们永远能够从脚下出发，走向更广阔的世界。当我们在探索宇宙时，宇宙本身已在向我们诉说它永恒变化的真理。某种意义上来说，我们所能洞彻、改变的，我们所能探索的，也只有探索宇宙的手段本身。

（二）对思维负担的耐受性

理解科学永恒上升的内涵，也会带来达尔文所经历的痛苦，即了解自己的无知的痛苦，无法解开谜底的痛苦，认识到自我力量有限的痛苦，即一种所谓的思维负担。但若没有这种痛苦，便是停滞——完全的停滞。要么，就是人类自得于现状而止步不前，但有限的资源势必会耗尽；要么，就是人类本身作为物种的灭亡。何况思考与探索本身并不是痛苦的，痛苦只存在于滞涩不前的那一段时光，只存在于对除了人自身以外的救赎深信不疑——譬如上帝，譬如科技——但最后希望又迎来破灭的时候。

欲行其道，必承其重。人类若想真正地从达尔文时代神化一切的模式中逃开，最重要的还是效仿古早的科学研究者们，摒弃怠于思考的恶习。夏娃也只是听从蛇的诱惑便吃下了善恶果，却没有思考过上帝的禁令和蛇的轻言细语分别意味着什么，导致人类背负了原罪。要想不再造就另一个轰然倒塌的上帝，乃至人类作为种族自身的轰然倒塌，那么思维的负担，是这个时代的人们必须开始承受的。

（三）现世的处理手段

从开头提及的影视行业这一切口来说，科学的神化，是对文艺工作者的拷问。所幸的是，也有如“废土文学”与“赛博朋克”之类的艺术作品，借着艺术化视觉化的思考，通过“高科技，低生活”的现世问题，来叩问每一位观众的内心。

但从大的切口来说，这是对人类全体自我思考能力的一次巨大考验，在科学以极快的速度吞噬绝大多数人的思维能力与行动能力时，如何通过教育，阅读，艺术来提升人类本身对思维负担的耐受性与对信息洪流的选择性，是当下迫切需要解决的问题。除了提升大众娱乐模式本身的质与量，传统文化教育更亟须升级，以便将人从接纳信息的机器转变成思考者。文化教育行业人员素质的提升、转变其背后的资本模式，都是面前的可行之路。

五、结　　语

科学从来不是亘古的，《圣经》可以千年不更一字，但是科学不可以，更不可以做一切的补丁，做幻想的工具，做思维的卧榻。如果排斥了这一点，陷入“遇事不决，量子力学”这样的思考模式，那么，只能说《物种起源》的出版，改变的只是神治的表象，却从未改变思维被统治的事实，走出了宗教力量的神化，却滑向了科学的神化；而《物种起源》，作为一部跨时代的著作，除了其本身在科学史上的重要意义外，在现代，它更多地是时刻鞭策着现世的我们：我们花了多大的代价，带着多少痛苦与犹豫，才从时代的蒙昧中走出；也为我们敲响警钟：万不可再回到神化科学的死胡同中！

唯有人类自身思维的清明，才能避免在被统治的涡流中，走入历史的循环。

永生之后

——从《物种起源》中引发的关于人类实现永生的思考

张昊宇　电子信息学院（2019302120335）

【指导老师评语】本文作者对"永生"问题做了比较深入地思考，进行了较为详细地分析探讨，得出了自己的结论和观点，有一定思想深度。（动力与机械学院　金振齐）

摘　要：生命与文明的意义何在？是繁衍。而繁衍的目的是存在。从宏观来讲，想要保持一个文明的存在，不得不说实现永生是一个可选的选项，而事实上，永生也确实是人类社会的终极目标之一；而从个体来讲，能够永久的生存几乎是生命个体的本能与本性中最为向往的能力，也是生物进化的终极目的。这里，我们将讨论现阶段人们对于永生实现的可能性，以及实现永生后的人类个体生活状态和人类社会形态的巨大变化。

关键词：永生；《物种起源》；科学技术

一、我们距离永生还有多远

从宇宙中第一个生命诞生开始，永生不死这一追求就被提上了生命进化的日程，也必将成为生命进化之路的终极形态。从《物种起源》中的核心思想"物竞天择，适者生存"就可感受到生命对于生存下去所做的艰深的努力与"天择"这一强大外力带来的无力感。而我们为了生存支撑的有多艰苦，对于永生不死的渴望就会有多么的强烈。

尤瓦尔·赫拉利在《未来简史》中曾提出进入21世纪后，曾经长期威胁人类生存、发展的瘟疫、饥荒和战争难题已经被攻克，智人面临着新的待办议题：永生不老、幸福快乐和化身为神。而在这其中，"永生不死"作为现阶段人类三大目标中的第一任务，自然会得到世界更广泛的关注与资本政策更多的支持。其实对于这一目标，人类早已开始了探索。

从上古神农尝百草，到现在建立高技术大规模普及化的医疗系统，我们对于每一种疾病的攻克都是一次重要的进步。在现代医学的观点看来，人的身体是由许多部分构成的整体，而导致人生病或死亡的原因，无非是人体的某一部分或某几部分受损。就像一台机器出了故障，那么想要修好它，一个简单直接的思路就是找出它受损的零件，然后修复。所以，想要治好一个生病的人也就可以等效为技术问题。既然是技术问题，总有一天我们就可以通过技术来解决它。而问题在于，人类的技术水平何时能够达到这样的高度与强度？而我们有可能依靠哪项技术？

目前为止，有两种做法吸引了人们的兴趣和关注：一是复苏技术；二是意识上传技术。

所谓的复苏技术就像未来世界的“不老泉水”，通过清除并逆转细胞衰老过程，使人们永葆青春。奥布里·德·格雷等老年医学专家将衰老视为一种疾病，可以通过定期更换或修复体内细胞来治疗，就像一台汽车，不停地更换零件就能够保持原本的性能与活力。医生不仅会除去受感染细胞、癌细胞和其他不健康的细胞，还会向体内引入健康细胞，提高身体复苏的效率，同时清除体内累积的废物。这种做法甚至可以做到让人的身体进行逆生长，让你的生理年龄比实际年龄更年轻。

复苏技术看起来是一种风险较低且也是贯彻传统技术思想的解决方法，它相当于通过医疗技术拓展并增强身体自身的修复能力。但如果想实现肉体的永生，实际上还是与现今一样，必须保证自己的安全，避开受伤的风险。

而意识上传，即对大脑进行数据扫描、然后将其以数据形式复制到电脑中。这种方法依据的基础在于，假设人类意识类似于某种依靠有机硬盘运行的软件。到目前为止，我们认为人的意识就是由大脑中所储存的信息经过复杂的排列连接而形成的。因此，我们也许可以把自己的意识转移到其它实体基础之中，比如人造躯体，又或者上传到一个虚拟平台，比如一个大型的虚拟社会。这种做法自然存在着很大争议，但不妨让我们把“将自己寄存在何处”这个问题放在一边，先来讨论如何以数据形式复制大脑内容。

与复苏技术不同，意识上传技术在实现后的效果来看，似乎能够使我们更接近真正的永生。就像我们用硬盘和云盘备份文件一样，意识上传后，也能够被复制，备份储存在安全的位置，唯一需要担心的就是天灾人祸对于存储实体的损害与破坏，除此之外，技术人员或是人工智能剩下绝大部分的时间与精力将会倾注在系统的更新与维护上。

2018 年，谷歌的首席未来科学家雷·库兹韦尔宣称人类将在 2029 年开启永生之旅，在 2045 年正式实现永生。他认为，依照所预测的技术进步速度与生物科技的进步速度，在 2029 年将达到一个奇点，届时人类的医疗技术能够达到使人的平均寿命每过一年就可以延长一年的水平。此前，库兹韦尔对其他事物的预测准确度极高，我们可以在部分程度上相信他所预测的未来趋势。现如今，永生已不再遥不可及。

二、永生之后的我们

每一项新兴技术的发展和应用都会在全世界范围内掀起不可逆转的浪潮，没有人能够幸免。对于我们个人来说，无论接受与否，喜爱与否，不顺应社会的发展潮流，就会被潮流所淹没。而在技术领域尤其如此。这就是所谓的“潮汐效应”。4G、5G 通信技术的大规模普及带动了各种领域新职业的出现以及传统行业新模式的兴起。电商经营带动了一大批原本在田间闷头干活的人们以更生动更直接的方式卖出自己的产品，数据传播速度的提高也使得在线工作与在线课堂成为了可能。可见，在现今社会，新技术带来的红利并非仅由研发者与推广者独占，普通人也都可以在创新的趋势中分一杯羹，主动或是在浪潮裹挟下参与新时代的奠基礼。

永生技术亦当如此。不讲科学家与各项相关技术前沿的研发人员，单说我们这些可能享受这项技术的人将可能获得怎样的改变。

当永生真正实现时，作为一个噱头如此之大而又耗费大量物力财力与时间的新技术，第一批享受它的顾客自然会是拥有足够的资本去交换这样一个珍贵机会的人，或是亿万富豪、政界大亨，又或者是科学巨匠、艺术名家。这时，人与人的贫富、阶级差距将会体现的淋漓尽致。如果当局没有合适的政策进行调解和平衡，那么这将会残酷地以是否拥有永久生命作为依据分化出两类人。而此时，一群人拥有着无穷无尽的岁月供自己挥霍，而另一群不同人则是一如前时的与时间赛跑。二者真的还能够称之为一个统一的种族吗？

我们不妨乐观地认为政府或是某些技术人员能够做出英明的决策帮助人类度过一开始人心浮动的时段。当每一个人都能够选择永生时，又会有什么变化？

首先，永生带给我们最大的改变就是使我们拥有了无尽的时间。而这也会带来一个副作用：接受永生技术改造之后，时间将将会变得廉价。而事实上，我们不妨思考一下，如今的生活中，有多少事情是因为时间的宝贵而拥有意义的？在紧张的足球比赛中，前锋为球队读秒打入一记世界波，如同金子般的绝杀；爱人即将分别前往异地前，最后互赠礼物与亲吻的时刻；在最后的关头，艰巨任务终于完成的莫大喜悦和如释重负；闲来无事翻阅旧相片时，回忆起短暂美好时光的怀念与惋惜……细数一下，会发现我们生活中几乎所有的事情无论美好或是龌龊都与时间的有限性以及流逝不复返的特性有关。当我们去做一些有偿的事情时，所付出的最为重要的代价之一就是时间。当时间被无限贬值时，我们生活中的绝大部分事情也将失去它们原本的意义。

至于一些更为细节的问题，比如人的情感问题。现在的社会上情感问题已是一个棘手的难题，而在无穷无尽的时光里，能够找到一位能够厮守一生的伴侣更是艰难无比。婚姻、家庭伦理将被改写，现今的家庭关系与情感结构将完全不再适用。

三、永生之后的社会

个体的改变一定程度上能够反映整体环境的变迁。而实现永生之后社会的变化程度之大从上述个体生活的巨变可见一斑。

从起初的前永生时代开始谈起。那时人与人之间的确会产生十分严重的分化，这也是第一次将人的财富、地位、学识与生命长短直接挂钩。从而极易引发社会混乱，使得社会稳定程度大大降低。那么解决这一问题最好的办法或许就是政府控制，当技术能够使普通人而不再背负不可承受的负担，就可实现与那些高高在上的人们相同的永生时，再进行推广。还有一个问题在于，并非每一个人都向往着拥有无尽生命的生活。这些复杂问题构成的局面或许将是人类有史以来最为艰难的过渡期。

当人类彻底实现永生后，来到后永生时代时，原本的社会经济文化体系将面临巨大的考验。首当其冲的将是经济。当人们已经实现永生时，原本生活中因时间期限而产生的压力荡然无存，人们逐渐开始降低生活中的欲望和工作的效率，产生较为严重的拖延习惯。

同时社会的阶级结构也可能出现严重的崩坏。世界上无论何时，总会有远比他人优秀的所谓精英。而在漫漫人生中，由于他们可以通过自己的能力与知识永不停歇地积累资源，精英阶层与普通人之间的差距将会越来越大。社会始终是要不断进步与发展的，而这些也将依靠最为顶尖的人来提供方向与指引。原本作为推动社会进步的基础力量的普通人，随着人工智能技术的发展和成熟，其作用也将被逐渐替代。最终除了极少数的精英阶层之外，其他人的存在对于社会的发展将不再起到正面的作用，那么此时的他们又将以什么样的方式生活呢？从我们现代的思想观念来看，必然是不能抛弃的，那么似乎就只剩一种方案，便是通过足够高的社会福利继续原本的生活。但这又与圈养有何区别呢？

最后，也是最为根本的问题，实现永生意味着我们能够靠自己让生命与文明就此延续下去，那么繁育后代也就失去了它原本的意义。与此同时，我们也不再需要通过繁育过程中的基因变异与重组来达到进化的效果，因为我们自己通过技术手段就可以更加完美高效地解决这一问题。当然，为了使一个文明始终保持活力，适时地更换新鲜血液将会是一个必选项。然而，当我们所选择的永生方式是意识上传呢？如果选择这种方式，最终人类社会将全部转移至虚拟空间，生存形态将发生根本的改变，那时，人与人之间又将如何产生后代呢？一个可能的办法将会是从父母双方的思维数据结构中，各选择一部分进行继承。而我们能够看出这其中的弊端，通过这样的方法，我们将再也得不到一个全新的人。而如果真的要通过数据完全重组一个全新的个体，这又会面对伦理的巨大挑战。或许，当永生真正实现时，社会学家将会是最为忙碌的人。

永生，的确是一个神秘而又充满诱惑的字眼。但实现永生似乎也并非如我们所想象的那么美好，那种完全陌生的生活方式和存在形态甚至将会挑战我们根深蒂固的思想观念。我们都乘坐在这列通往未来的单程列车上，而它必将途经“永生”这一站，没有人会踩下刹车。每一项科技成果的诞生都伴随着人类的欢呼，同时列车也会更加接近终点。

当然，我们也不需要为即将到来的新时代而惶恐，正所谓“适者生存”，生命就是在不断适应新环境的过程中实现了物种的进化与突破。每一个时代都有其独特的魅力，随着人类社会的逐渐适应，我们也有理由相信永生纪元将会在文明长廊中绘出一幅活力满满的美好图景。

生命之树下的人与自然生命共同体

——从《物种起源》中探索生命共同体

闫　松　政治与公共管理学院（2019301151005）

【指导教师评语】本文基于并发展习近平总书记“生命共同体”理论，从《物种起源》出发，探讨了人与自然的关系，提出了“齐物”观、“相互依存”观和“绿色发展”观，认为人类在追求利益、促进文明发展的过程中，要兼顾自然的繁衍生息，以及人与自然的和谐共处。（生命科学学院　杜　波）

摘　要：本文借鉴习近平总书记“人类命运共同体”的理论框架，基于并发展“生命共同体”理论，从人与自然的关系出发，提出三个具体观点，从《物种起源》中探寻生命共同体的自然科学理论依据，在追求人类利益、促进人类文明发展的同时，兼顾自然的繁衍生息，倡导人类与自然和谐共处。

关键词：齐物观；生存竞争中的相互依存观；和谐共生的绿色发展观

万物只有一个地球，众生皆处一个世界。人类作为“万物之灵”，虽在生命诞生与进化历程中属于后来者，却凭借自身独特优势后来居上。在文明发展的过程中，人类文明的高度优越性使得其发展初期过于强调经济利益而忽视了生态保护，从而使得非传统安全问题——资源短缺、气候变化、环境污染、生态破坏等层出不穷，也警示着人类：地球是一个统一体，没有哪个物种能独善其身，更没有哪个物种能不顾其他物种的存亡而独自发展。尤其是新冠肺炎疫情在世界各地蔓延，这为人类社会再次敲响警钟，自然的报复正在一步步倒逼着人类生态文明的转型升级。

本文基于并发展习近平总书记“生命共同体”理论，着眼于整个地球生态系统，并超越物种来看待整个世界。本文的主要观点为：“齐物”观，即如何看待其他物种与人类的关系；相互依存观，即如何看待生存竞争中人类发展与其他物种发展之间的关系；绿色发展观，即如何指导人类实践、自然保护、和谐共生的工作。

一、“齐物”观：以“异物”看发展，以“齐物”看世界

“天地与我并生，而万物与我为一。①”数千年前的庄子看待生命的态度就如此的先进，这恰恰是当今人类需要学习与传承的观点。早期的地球，环境恶劣，寸草不生；如今的世界，生态适宜，生物多样。如今记录在册的物种数以千万，而整个世界的实际物种可能上亿，物种之间形态各异，组成了如今纷繁复杂、多姿多彩的地球生态体系。

任何物种在某种意义上都有别于其他物种，各有所长：鼹鼠挖地三尺、猎鹰翱翔万里长空、蜜蜂的蜂巢巧夺天工、黑猩猩会结为集群相互“关怀”，因此许多物种都具有他们的独特性。人类尤其重视自身的独特性，这对于人类发展而言至关重要。在当今世界，人类是独特的，我们可以看到其他物种的世界与人类世界大相径庭，地球正因人类的出现开始了前所未有的更迭：人类的足迹遍布世界各地；人类文明的发展远远比其他物种先进很多；人类可以分工合作进行劳动，工具由简变繁；人类可以相互交流互通互鉴，语言系统最为复杂；人类可以凭借人脑学习借鉴，文明传承并发展至今……人类自认为是“万物之灵”。

然而，达尔文彻底改变了人类对自身乃至整个生命进化史的认知，他跨越了物种间看似不可逾越的鸿沟，发展出了“生命之树”的观点。而从生命诞生与进化的整个历程来看，我们也许就不那么独特了。

达尔文将生命的发展历程形象地看作“生命之树”，而后世的科学家也逐渐认同并发展了他的生命进化学说。“物种不是被分别创造出来的，而是跟变种一样，由其他物种演化而来。”②生命伊始之际，不过寥寥几种或单一类型的物种。部分进化生物学家甚至认为，万物共祖不过是原始海洋中的细胞，生命的诞生历时良久，而相继来临的生命进化势如破竹，单细胞生命体逐渐遍布整片原始海洋，在寒武纪时，生命大爆发开始，万象更新之间，原有物种性状分异，经过自然选择保留有利性状，从而在生存竞争中保存下来，而不利于生存竞争的性状，则会逐渐消亡乃至灭种，性状逐渐趋异，差异逐渐增大，从而形成新的物种。经过30多亿年的演化，生命的多样性令人叹为观止。

而根据达尔文的思想，结合现代遗传学和分子生物学的研究，作为人类在生命之树上最近的枝桠，黑猩猩与人类基因相似度高达96%；而人类讨厌的老鼠，看似与人类有“云泥之别”，但科学研究显示老鼠的蛋白质编码基因和人类相似度高达85%，推测8千万年

① (战国)庄子：《庄子》，孙通海译注，中华书局2007年版，第39页。

② [英]达尔文：《物种起源》，舒德干等译，北京大学出版社2005年版，第11页。

前我们有着共同的祖先……因此，在生命之树上追本溯源，万物共祖成为了可能。所以人类的地位远没有我们想象的那么重要。“在生命之树上，每一种物种都可以找到属于自己的枝杈，可以回溯自己的来路历程，可以比较自己与其他物种亲缘的远近，物种在不断进化，万物都是生命之树的一部分。”①人类也在其中，我们不过是分叉中的一小支，是动物界脊索动物门哺乳纲灵长目人科人属智人种②，按照这样的划分，在生命之树上我们在任何程度上都不算新鲜与特别。

如今的人类在“异物”观上已经走的很长远了，我们将人类的独特性充分发挥，在与自然的斗争中逐步取胜，《地球生命力报告2018》强调人类给地球已经带来生命的压力，我们所赖以生存的森林、河流和海洋生态系统健康程度下降，生物多样性以惊人的速度丧失——1970至2014年间物种种群规模总体下降了60%……

我们以“人类”为中心已经发展了太久，是时候放慢脚步，改变我们的生态伦理观——站在“生命之树”的大格局上，人类应该“作为一个成员而非主人投入生命共同体的怀抱中”，以一种“齐物”的观点看待人与自然的关系，摒弃人类中心主义的观点。西方应继续秉持和发展生态中心主义，而中国则按照习近平生命共同体思想，构建新型生态伦理，把“自然优先性”与“人类主体性”统一起来，努力建设美丽中国。“齐物”是我们看待世界的态度，指导人类建设生态文明。

二、“相互依存”观：竞争中的进化，依存中的共生

“物竞天择，适者生存”③，这句话很好地描述了物种发展与进化的历程。在自然世界中，生存斗争是普遍存在的，不同物种之间为争夺生存资源发生了数不胜数的冲突与搏杀。而这正是达尔文“自然选择学说”的关键所在。无论是自然环境、还是物种间的斗争或种内斗争，生物都以生存为主要衡量方式，而人类与其他物种的关系属于种间斗争，即同一地区物种间的生存斗争同样会影响每一物种的数量，而种间生存斗争通过食物链可以非常直观地体现出来，在这个地区里，每一物种力求繁殖出更多的后代，同时彼此之间构成捕食与食物的关系，物种间的干预和竞争对每一物种的个体的生存及种族的繁衍都带来深远的影响。

“自然界的斗争不是无间断的，我们不必为之感到恐惧，死亡的来临通常是迅速的，

---

① ［英］达尔文：《物种起源》，舒德干等译，北京大学出版社2005年版，第78页。

② ［英］达尔文：《人类的由来及性选择》，叶笃庄，杨习之译，北京大学出版社2009年版，第95~107页。

③ ［英］赫胥黎：《天演论》，严复译，译林出版社2014年版，第3~15页。

而强壮、健康、幸运的生物不但能生存下去，而且必能繁衍下去。”①因此，有很多人歪曲达尔文的生存斗争理论，认为如今物种的灭绝就如曾经的物种灭绝一样，只是它们无法适应与人类的生存竞争。但这恰恰忽略了达尔文理论的真正内涵——自然选择，即保存有利于生物个体的变异以及毁灭有害变异。而人类文明的加入使得种间斗争失衡，因为我们会使用先进的工具取得绝对得优势，向其他物种进行屠杀，这不是一个自然斗争过程，而是一种人为的“灭种”，这是违背自然规律的，因为这属于一种无差别屠杀，这种屠杀不会像自然选择那样使物种在变异中进行选择，保存有利的，摒弃不利的，不断进化，适者生存。自然选择是让物种更好的生存与延续，人为屠杀是让物种从此灭绝消失。

各物种在自然环境中竞争，同时也在自然环境中依存。自然是由丰富的物种及其所处环境构成相互影响、相互制约、相互统一的可循环生态系统。而“食物链”就是将各物种联系起来的纽带，即“在一定的环境中各种生物通过一系列吃与被吃的关系紧密地联系起来”，而食物链的交织组成了食物网。随着人类的发展，我们登上了食物链的顶端，却成了无数生灵的灾难。而“自然而然”的生态系统中，有其自身发展规律，生产者、消费者、分解者各司其职，地球上的能量在链条中不断循环流动。而当其中的一环断掉，那么整个生态系统就会发生紊乱，比如，当某种植物灭绝，以其为食的物种随之消失，紧接着环环相扣，层层影响；而若有某种动植物含有毒素，那么其也会不断循环使食物链顶端的人类面临危险。故其他物种的濒危与死亡是人类灾难的开端。如今新冠疫情爆发，目前研究显示其基因特征与蝙蝠 SARS 样冠状病毒（bat-SL-CoVZC45）②，而部分研究表示穿山甲或蛇可能是其中间宿主，而人类的贪欲使得野生动物被滥捕滥杀用于贸易赢利，从而使人类毫无免疫力的体内受到曾经寄宿在野生动物体内的病毒入侵，引发疫情。这就是人类对于自然的一次次胜利所应受到的相应惩罚。

“病毒”，作为地球上生命体中的“元老”，在细胞之前就已经存在，见证陪伴着地球的演变与发展。而新冠病毒不过是病毒种群中的“沧海一粟”。而人类无视或任意破坏病毒的生存条件无异于自掘坟墓。曾经的鼠疫、天花，到如今的埃博拉、SARS、新型冠状病毒，它们像死神的镰刀不断收割着人类的生命，无论是对生命还是财产都造成极大的破坏，这似乎是大自然每隔一段时间对人类的警告，当然，这只是其中一种方式，自然的惩罚从不会迟到。

生命哲学家史怀哲因其“敬畏生命”理论获得诺贝尔和平奖，他曾说：“只有我们拥有

① ［英］达尔文：《物种起源》，舒德干等译，北京大学出版社 2005 年版，第 52 页。

② 国家卫生健康委办公厅：《新型冠状病毒肺炎诊疗方案（试行第七版）》，2020 年 3 月 3 日，第 2 页，http://www.nhc.gov.cn/yzygj/s7653p/202003/46c9294a7dfe4cef80dc7f5912b1989/files/ce3e6945832a438eaae415350a8ce964.pdf，2020 年 6 月 1 日。

对于生命的敬畏之心，世界才会在我们面前呈现出他的无限生机。”世界存在无限生机人类才能有生存的可能。人类无论如何进化，都无法超脱自然而独立存在，我们要正确认识人与自然的发展关系，相互依存，共同发展。自然是生命之母，人与自然是生命共同体，保护自然的内在规律就等于保护了生态系统的稳定平衡，保护了人类生存和社会发展的基石。“万物各得其和以生，各得其养以成。”①我们唯有天人合一，唯有在与自然相互依存中发育成长，才能生生不息，文明才能绵延不绝。

三、绿色发展观：敬畏、顺应、保护

人类此前的发展态度不过是视自然为“砧板上的鱼肉”，我们作为持刀者，主宰着自然的生死大权。却不曾想，我们狂妄的征服却遭反噬，在自然面前人类的力量小的可怜。所以敬畏自然，是一种态度，要求人类视自然为生命之母，将自然万物看作与我们平等的生命，约束人类在发展的过程中的“妄为”，以自然为先，常怀有忧患意识，心存敬畏之情，方才懂得节制与珍惜。人类只是自然整体的一部分，我们要把人类的道德关怀扩展到整个生物世界，敬畏自然其实就是敬畏我们自己。

“人类只有遵循自然规律，才能有效防止在开发利用自然上走弯路。”②自然有其演进更替的法则，生态系统有保持和恢复自身结构和功能相对稳定的能力人类的大负荷的“生态阈限”导致生态平衡遭到破坏，而“人类对大自然的伤害最终会伤及人类自身，这是无法抗拒的规律。”③所以人类活动要顺应自然的客观规律，强化和完善正确运用自然规律的社会机制，这是我们的发展方向。珍惜自然资源，取之有道，用之有节，让有限的资源无限的循环下去，去营造生命的绿色，同时将生态文明建设看成一个系统工程，实现整体的绿色发展，这是对顺应自然最好的诠释。人与自然是和谐统一的，自然兴则人类兴，自然亡则人类亡，顺应自然是人类可持续发展的必然方向。

“敬畏与顺应”强调自然的优先性，而“保护”强调人类的主动性。坚持保护优先，坚持节约资源和保护环境的基本国策。我们要深入进行生态修复，主动对环境问题进行适当的干预、调节与治理，建立“生态治理”制度，系统治理，科学治理；我们要依靠科技创新，让绿色发展难题不断瓦解，让绿色发展理念贯彻到生产中去，促进形成绿色生产方式

① (战国)荀子：《荀子》，安小兰译注，中华书局2007年版，第110页。

② 习近平：《决胜全面建成小康社会 夺取新时代中国特色社会主义伟大胜利》，人民出版社2017年版，第50页。

③ 习近平：《决胜全面建成小康社会 夺取新时代中国特色社会主义伟大胜利》，人民出版社2017年版，第50页。

和消费方式，让人类享受绿色红利；我们要完善自然环境法律制度，向民众贯彻绿色发展理念，严惩破坏环境行为，引领人们绿色生活，扩大生态文明视野，激发生态文明保护意识，共同构建生命命运共同体。践行绿色发展理念不是说不发展，而是要让绿水青山成为金山银山，开发生态动能，以生态促发展，建设生态文明的美丽社会。

“我想，代代相传的巨大生命之树也是如此，它用枯枝落叶去填充地壳，用不断滋生的美丽枝条去覆盖大地。”①达尔文如是描述生命之树。生命之树有大美，美在整体，美在繁茂，美在生机。同为连理，任何一个枝叶的衰败也许都会影响整个生命之树的美观甚至威胁其存亡。我们唯有坚持生命共同体理论，唯有坚持生命之树的自然生长规律，唯有将生命之树的每一处枝桠看作共同体，细心呵护，才能让生命之树枝繁叶茂，持续发展，才能实现“人与自然”的和谐共生。

① ［英］达尔文：《物种起源》，舒德干等译，北京大学出版社2005年版，第78页。

认 识 生 命

——面对新冠疫情人类不需要“丛林法则”

杨淑毓　历史学院（2019301120033）

【指导教师评语】立题角度新颖，与时事紧密联系。联系达尔文的自然选择学说，分析新冠疫情中不同国家的应对策略，提出人类文明社会中，应该实现“命运共同体”，而“丛林法则”并不合适。论文结构分明，层层递进，富有思辨，语言流畅优美。论文形式规范，摘要、主题词、参考文献完整。（基础医学院刘东瀛）

摘　要：从“存在之链”到“神创论”；从“博物学”到“进化论”；从发现遗传物质到分析DNA的分子结构，人类对生命的好奇和探索从未停止。不仅如此，在认识生命的旅途中，我们将探索的成果引用到人类社会，将自然选择演变为“丛林法则”，并且，会在社会生活中不知不觉受到其影响。即使通过例如此次新冠疫情的事例最终证明，人类文明社会中，“丛林法则”并不适合，文明社会追求“命运共同体”，但不可否认的是矫正认识也是人类探索生命历程中不可或缺的一环。

关键词：认识生命；自然选择；丛林法则

一、人类认识生命的历程

“一花一世界，一叶一菩提”，世间极致的美妙莫过于此——生命。而人类认识生命的时间远不及生命存在的时间之长。当“盘古开天地”的故事、“亚当和夏娃”的故事诞生时，离恐龙灭绝已过去亿万年之久，有谁还记得它们也曾主宰着世界呢？大地沉默无言地迎来送往一轮又一轮生命，以静默的方式记载着生生不息。庆幸的是，在人类诞生几百万年之后，我们上下求索生命的奥秘。从哲学到科学，对生命本质的好奇，对生生不息的惊叹都是永恒的母题。

直到今天为止，人类对生命的探索过程历经了五个阶段。

最初，最富有想象力和思考力的人们——古希腊哲学家们提出"存在之链"的说法，认为世界万物的秩序是稳定而有层次地存在，所有的物质和生命都在严格的层次链条上。基于这一理论，很长一段历史时期内，人们认为世界万物包括各种生命形式是稳定不变的，从地球出现开始就有生命，因此，现有的生命形式，也从古至今从未改变。此后，西方出现"创生论"，东方世界流传着"盘古开天地""女娲造人"的神话，几乎每一个民族都有着自己深信的传说。这样的故事因无法证明变得玄妙而诱人，在很长的时间内让各自国度的人都深信不疑。与此同时，人们一边相信着上帝创生，一边观察，一边总结经验，就在这样的矛盾中，"博物学"诞生了。其中，出现了对后世影响极大的《自然志》。在《自然志》中，老普林尼持续对生物进行描述和记录，注重现象和事实的独特性，强调描述在理解自然中的重要地位，为此后打破"神创论"奠定了思想和方法上的基础。

真正引起巨大轰动和深远影响的是达尔文"进化论"的提出。1859 年，达尔文出版《物种起源》一书，第一次用科学的方法完整地整理描述和论证了"生生不息"的内在动因——自然选择。"一个生活在许多年前的原始物种，逐步演化出地球上的所有物种，其规模会随着历史的发展不断的变多，发展出许许多多不同的物种，其中所发生的大多数的进化，或者说演变的背后的规律性机制就是自然选择。"①达尔文"进化论"的核心机制在于自然选择学说，而后人又形象地将自然选择的机制概括为"物竞天择，适者生存"。基于这一套完整的理论，达尔文将统治了人们思想几个世纪之久的"神创论"撕开了一道深深的裂缝。由此，人类真正大力展开了对生命本质以及生生不息内在动因的科学探索之旅。随后，进入 20 世纪中后期，分子生物学发展起来，物理学和化学获得长足进步，人类开始更深入地研究生命的奥秘，从宏观进入微观，从发现遗传物质 DNA 到解析 DNA 的分子结构，一步一步人类越走越远，同时也发现并弥补了达尔文"进化论"的错误与缺陷……到此，人类对生命的科学探索之旅依旧有很长的路要走。

真理无穷，对生命的认识更是如此，人类作为生命中微小的存在，想要一探其中的究竟，现有的时间并不足够。会有一代又一代的人走上这条征途，不断矫正前人认识的误区，用薪火相传探求生生不息。

① [美]迈尔：《进化是什么》，田洺译，上海科学技术出版社 2003 年版，第 139 页。

二、达尔文的自然选择学说与“丛林法则”

在梳理了人类认识生命的历程之后，我们会发现，其中最不可忽视的是达尔文“进化论”的提出。毫不夸张地说，达尔文的“进化论”具有划时代的意义。承前，它揭开了“神创论”的面纱；启后，长达一个世纪之久，科学家对生物进化的研究都是基于达尔文的观点，其中有弥补，当然也有矫正。孟德尔的“豌豆实验”以数学计算和逻辑推理更科学地解释遗传，这是对达尔文自然选择学说中模糊描述的遗传和变异原理更为精细的说明；而20世纪三四十年代，美国生物学家杜布赞斯基(T. Dobzhansky)开创“现代综合进化理论”，认为生物进化的基本单位不是个体而是种群，这是对达尔文自然选择学说中进化单位的挑战。由此观之，达尔文的“进化论”在科学研究领域有着举足轻重的地位。而接下来，我们将着重探讨达尔文“进化论”的核心内容——自然选择学说及其机制。

达尔文在《物种起源》中说，“虽然许多情况还是隐晦不明，并且在未来的长时期内也未必会清楚，但是经过了研究和批判后，可以毫无疑虑地断言，每一个物种都是上帝个别创造出来，这种说法是错误的。”①在他看来，物种并不是由上帝创造的，而是渐进演化而来的。在他的后续论证中我们发现，他所说的渐进演化的内在动力便是自然选择。关于自然选择的机制，达尔文认为，自然选择意味着只有能使个体在生存斗争中获得生存机会的特征才有机会通过个体的生存繁殖保留并传递给后代，并且，自然选择产生结果促成物种进化这是一个长期的过程。后人形象地将自然选择的这一机制概括为“物竞天择，适者生存”。

以上是有关达尔文“进化论”和自然选择学说的内容及其在科学领域的重要地位。除此之外，在社会发展中自然选择学说也被广泛地提及，例如，今天为人所熟知的“丛林法则”就是自然选择学说的衍生物。抛开“丛林法则”中自然属性的一面，在社会领域，这一法则认为，大到国家之间、政权之间，小到企业之间，个人之间的竞争都要遵循弱肉强食的规则。这听起来似乎很合理，但事实上呢？当我们在人类社会中运用“丛林法则”处理问题时，我们会发现这并不可取……

三、面对新冠疫情人类不需要“丛林法则”

2020年，新型冠状病毒引发的肺炎疫情席卷全球，从最初暴发疫情的中国，到随后暴

① [英]达尔文：《物种起源》，谢蕴贞译，科学出版社1972年版，第129页。

发疫情的美国、意大利等国，各国面对新冠疫情的处理方式背后体现着不同的价值观。其中，最值得注意的是以美国为首的西方国家所采取的争取获得“群体免疫”的处理方法和中国所采取的封城隔离的处理方法。

整理近两个月来英国、美国、意大利等国有关疫情的报道，仔细观察和思考，不难发现，所谓获得“群体免疫”背后的机制实际上就是自然选择学说在人类社会领域的应用，即“丛林法则”。获得“群体免疫”，让所有人共同面对疫情，这听上去似乎是一个公平的方法。可实际上执行这一原则的情况就是，大家需要在病毒面前共同竞争生存资料、医疗资源，最后“丛林法则”产生了结果，富人可以得救，穷人只能丧生。在此，必须指出的是，面对新冠疫情人类不需要也不应该选择“丛林法则”。

就达尔文自然选择学说来讲，其自身即存在错误，更不用说由其衍生出来的“丛林法则”。首先，达尔文的自然选择学说，将自然选择的单位限定在个体。而在 20 世纪三四十年代，美国生物学家杜布赞斯基(T. Dobzhansky)所开创的“现代综合进化理论”就用一套完备的理论和实验证明了自然选择以个体为单位是错误的，生物进化的基本单位不是个体而是种群。也就是说，在疫情面前，我们完全可以发挥人类社会性的优势，实现种族之间的共同胜利，而不是非得在种群内竞争，让富人得救，穷人丧生。这一点，中国和美国面对疫情不同的处理方法已经很能证明了。在中国，国家全面干预，实施统一防控，封城隔离，无论贫富全力救治。这一过程中，无论是隔离，还是抽调各地医务人员援鄂，都是实现“命运共同体”和种族胜利的方法。而从疫情在全球爆发到今天为止，中、美之间防疫效果的对比再次说明了“丛林法则”的个体单位竞争并不适用于人类社会，我们需要的是“命运共同体”。这也充分说明了面对新冠疫情运用“丛林法则”在价值观和原则上的错误。

其次，达尔文的自然选择学说表明，自然选择产生的结果作用于生物进化是一个渐进而漫长的过程。而随着科学研究的深入，“间断平衡论”已经成功证明了自然选择并不是生物进化的唯一途径，不仅存在自然选择所说的渐进演化，也存在突变，而生物的进化是渐变和突变共同作用的结果。并且，在 20 世纪中后期随着分子生物学的发展，以及物理学和化学在生物进化领域的运用，诞生了“新综合进化论”，认为“自然选择是一种具有创造性意义的进化，而不仅只是‘适者生存’意义上的自然选择。”①在此，后人对达尔文的自然选择学说可谓是有了颠覆性的发展。因此，在现代社会依然将“物竞天择，适者生存”奉为圭臬是不合时宜的。就如同，达尔文提出了“进化论”但人们还是要固执己见相信“神创论”一样可惜。故此，依然使用“丛林法则”面对新冠疫情是对科学思想进步的忽视。

就社会现实层面来讲，人类社会远比原始的生物生存竞争复杂。发展到现在，人类不

① 包德庆：《进化论：自然选择与生物进化及其内在奥秘——纪念达尔文诞辰 210 周年暨〈物种起源〉出版 160 周年》，《鄱阳湖学刊》2019 年第 6 期，第 42 页。

再满足于生存。人类从野蛮步入文明，从蒙昧走向智慧，在这一过程中，人类开始要求自由、平等、天赋人权……这意味着，形成人类文明社会，出现国家和政府的前提是大家约定俗成，不再需要为了生存而竞争，人人都应该被赋予生存的权利，没有一个人可以剥夺另一个人这一项最基本的权利。人类应该追求整体的发展，为发展而竞争而不应再为了最基本的生存问题拼个你死我活。

而在此次新冠疫情中，运用“丛林法则”则是一种无序，没有发挥社会形成的文明形式——国家、政府的协调作用。穷人和富人一起为了医疗物资竞争，富人有钱、有能力可以得到物资而生存下来，穷人则只能静待死亡，这的确是“物竞天择，适者生存”的结果。可是，在现代文明社会看来，这种竞争意味着反文明，无视人类文明斗争几千年的结晶——天赋人权。

因此，在现实社会层面，人类文明要求天赋人权，面对新冠疫情我们可以做得更好，我们不需要也不应该运用“丛林法则”。

四、总　　结

从“存在之链”到“神创论”；从“博物学”到“进化论”；从发现遗传物质到分析DNA的分子结构，人类对生命的好奇和探索从未停止。不仅如此，在认识生命的旅途中，我们将探索的成果引用到人类社会，将自然选择演变为“丛林法则”，并且，会在社会生活中不知不觉受到其影响。即使通过例如此次新冠疫情的事例最终证明，人类文明社会中，“丛林法则”并不适合，文明社会追求“命运共同体”，但不可否认的是矫正认识也是人类探索生命历程中不可或缺的一环。

人类用几千年的时间上下求索存在亿万年的生命，这些努力虽远远不够，但不得不承认的是，人类是唯一有能力认识生命的生命。人类在认识生命的旅程中创造自己的文明，也在文明中不断矫正自身对生命的认识，其伟大之处莫过于此。

浅析《物种起源》在现代医学与医学伦理的反射与启示

吴东建　基础医学院（2019305230066）

【指导教师评语】 本文从一个医学生的角度出发，借由《物种起源》的观点谈及自己对医学发展与医学伦理的思考。文中层层推进的阐述刚好体现了作为大学生应有的独立思考与评判性思维。本文的不足之处在于对达尔文的“进化论”的核心思想未能充分阐释容易另读者混淆“适者生存“在进化论中的真正含义。（健康学院　罗　丹）

摘　要：《物种起源》是著名的生物学家，进化论的奠基人——达尔文先生在环球航行之后，通过对动植物和地质结构进行观察和采集，并经过系统汇总所出版的鸿篇巨著。书中，他提出了生物进化论学说，粉碎了神造论与物种不变论。“进化论”被恩格斯列为十九世纪自然科学的三大发明。如今看来，“进化论”已经深入人心，它的作用似乎已经完全发挥出来。然而当我们用其中的观点审视与反思现代医学与医学伦理时，对于医学和《物种起源》我们都能收获不一样的理解。

关键词：进化；现代医学；医学伦理

在当今这个时代，竞争无处不在。分数不理想的同学无法进入理想的学府；能力不达标的个人无法拿到心仪的工作；业绩不及格的公司无法追上社会的浪潮。达尔文先生在书中提到的“优胜劣汰，适者生存”与之非常符合，似乎不适合生存的事物就是要被消除。然而有一门学科似乎与之相反——医学。在我们的印象中，医学是与死神作斗争，是“逆天改命”，这似乎违反了自然法则，违反了“适者生存”。

一、现代医学“对抗”优胜劣汰，适者生存

从古至今，从古代医学到现代医学，医学的目标只有一个——除人类之病痛，助健康之完美。作为生命，根据达尔文先生的观点，如果自身条件不能适应自身存在的环境，那么便少不了会被环境所淘汰。许多动物和植物，因为体型、食物、适宜温度、外观等一系列由基因所指导的性状与所处的环境不适合而渐渐地消失在自然界中。我认为这其中很大一部分原因是因为它们没有“医学”。医学是自然界赋予人类的神圣的礼物。

古代医学即使缺乏科学观念，也为挽救因为某些原因(或基因、或感染、或重伤等)而存在劣势的人类做出了巨大贡献，“抵抗”了“物竞天择，适者生存”的淘汰机制。倘若等同于普通生物，这些生命是断断不会生存在自然界的。当医学发展到现代医学时，这种“抵抗作用”更加明显。不同于以往更多是舒缓抑制以及对于许多疾病毫无办法的古代医学，现代医学运用科学可以解决许多疑难杂症，更难能可贵的是，它降低了许多常见死亡原因的死亡率。以生产死亡率来看，从1990年以来，世界各地的孕妇死亡率下降了34%，现代医学在生产方面为人类取得了避免出生就被淘汰的胜利。中华人民共和国自建立后，死亡率迅速下降。1949年为20‰，1957年降到10.80‰，1970年降到7.60‰，1977年降到6.87‰，1986年为6.69‰，而到了1990年为6.28‰，在将近40年的时间内，死亡率下降了三倍多。目前的死亡率更是低。并且现代医学还能对基因所造成的疾病予以抑制或治愈，这极大地增大了我们对优胜劣汰这一自然法则的抵抗作用。

在现代医学的帮助下，许多按照“物竞天择”存在劣势会被淘汰的人们可以继续存活，这不能说明是《物种起源》的错误，反而应该是人类的智慧赋予了人们在这方面超出法则的能力。

二、医学也是一种特殊的“进化”方式

达尔文在《物种起源》中介绍到，伴随着“优胜劣汰，适者生存”的选择过程，生物会逐渐进化为更加适合环境的形态。这一观点在起初被人们奉为真理。以人类为例，远古时期，人们在大型食肉动物面前是非常弱小的存在，可人们学会团结抗敌，以部落的形式繁衍生息，免于灭绝。由个体生存向群体生存，这也属于一种进化方式。

在自然界中，动物如果产生疾病或者受到重伤，往往会不治而死，这也是限制种群增长的一个原因。但是人类因为有了医学而减少了这种原因带来的生命损失。

我们知道，现在我们对于进化的定义已经与《物种起源》中的定义相差很远。在《物种起源》中，达尔文倾向于描述是一种“天择”导致了生物的退步或进步。而我们现在将进化定义为：种群基因频率的改变。简单来说，两者是表观与内在的关系。

当我们运用旧的理念时，我们可以想到，当没有医学时，面对疾病和伤痛，我们所能做的与普通的动物群体不会有太大差距。而现实是我们有了医学，且这并不是一蹴即就的，而是经过了漫长的时间发展。人类从起初的猿人发展到如今拥有现代医学的人类，这不正是一种事物的变化与发展么？这正是进化的初始含义。所以医学也是一种特殊的“进化”方式，当然这是在旧定义下的观念，而且并不是完全符合。

三、医学伦理与“物竞天择，适者生存”之间的矛盾

《物种起源》强调“物竞天择，适者生存”。似乎更适合生存的个体更应该活下来。依照这个观点，如果一位老人与一位年轻人同时患有器官衰竭，但衰竭的器官不同，是否就可以将年轻人需要的器官从老人身上移植过来呢？根据“优胜劣汰，适者生存”看来，年轻人接受器官移植活下来的几率更大，这样做似乎有一点道理。但是学习过医学伦理的医学生知道，这违反了正义论的观点。正义论有两个正义原则即平等权利原则与最不利者受益原则。平等原则告诉我们每个人都拥有一种与其他人的类似自由相容的最广泛的基本自由的平等权利。而最不利者收益原则则是应当将社会的和经济的平等应该这样安排，使对处于最不利地位的人最为有利，依附于机会公平平等条约下的职务和地位向所有人开放。若我们断然遵从进化论所告诉我们的道理，那么就将彻底废弃了正义论所让我们坚持的原则。我们知道，医学伦理不能完全遵从某一个理论，因为它们也存在着一定的局限性。然而正义论、道义论、功利论以及美德论我们不可以完全抛弃其中任何一个论点，否则，这必将导致我们所做决定的浅薄。

法学教授罗翔也讲过一个相关的例子：医院里有五名急需器官移植的高材生，他们无不是人中龙凤，是耀眼的天才，并且所需的器官均不相同。但是因为器官衰竭，他们岌岌可危，倘若可以活下来，他们就能发挥更大的作用。这时一位身体健康，但是精神有障碍的年轻人走过，他的未来似乎可以看的很清楚，露宿街头，不知何时就会死去。如果你是医生，你会选择将这一智商存在障碍的年轻人的器官移植到这些高材生身上么？虽然这样做非常符合功利论以及进化论，但是作为受过医学伦理学教育的医学生，我们知道这是被严厉禁止的；作为一名有良知的公民，我们知道这是应该被谴责的，因为任何一个人都有活下去的权力；作为法治社会的一员，我们知道这是严格触犯法律保障人民生命权的违法

行为。

从上面的介绍中我们可以知道，倘若我们身处人类社会时，仍严格遵守“物竞天择，适者生存”的真理，便会产生许多与伦理相矛盾的问题。

四、总　　结

《物种起源》在它诞生的时期，对神的世界以及有关的理论予以沉重的打击，对自然科学的发展起到了极为重要的促进作用。因此恩格斯的评价是客观的，并没有夸大其词。然而，时移世异，许多理论不可能永远切合实际，也需要变通。尤其是达尔文这一关于自然的思想理论，固然仍然是进化的基石。但是我们深知人类社会的发展导致我们的发展规律与自然界的发展存在了不小的差异。这在医学上显示的尤为明显，倘若仍然严格按照进化论所告诉我们的这些规则行事，那么我们可能早早失去发展的机会。但是这并不是说明《物种起源》的理论对于现代医学已经过时，而是需要我们更深层次地去理解学习。就像现代医学似乎是“抵抗”了书中的进化观点，但是从其他角度看，这也未尝不是一种特殊的“进化”方式。正是有了这一进化，人类的生存更加适合环境。这不正和书中所述的观点切合了么？不仅仅针对《物种起源》，也不仅仅针对现代医学。许多理论在实际应用方面的映射与启示都需要我们的认真思考。

人类的发展已经超出了自然界的一般发展进程，这是天赐的礼物。人类的现代医学也在不断地发展，目前看来，它可能是人类对于自身健康而进化的一堪称最为重要的工具。而随着时间的推移，它也必将帮助人类越来越适应环境。

论《物种起源》中的论证精神在科学普及中的适用性

葛雨桐　资源与环境科学学院（2019302050182）

【指导教师评语】《物种起源》在当时所以能够被广泛接受，达尔文先生“在论证观点时，对修辞手法的灵活运用、阐述观点时的别出心裁……引导群众时的谦虚聪慧、对现有文化的尊重”功不可没，文章对此给予了充分肯定和赞赏，而对现今“每一篇重大成果的论文解读都要求读者具有高度的专业性，阅读门槛的提升也让普通人群对科学望而却步。”感到担忧，并且指出，如果在现代科研论文的撰写中，能以达尔文的论证精神为引领，提高论文的可读性，对促进科学的普及必定大有裨益。论文选题合适，思路清晰，层次分明，言之有物，表述流畅，格式规范。其观点和主张能够引起读者深深的共鸣，尤其对青年大学生的科研活动具有重要的引导意义。（资源与环境科学学院　彭善枝）

摘　要：《物种起源》是人类自然科学发展进程中的一本重要著作，它不仅仅是进化论的开端，也是引导人们由封建迷信迈向科学的启蒙书之一。达尔文通过类比、隐喻等论证方法对自己的观点进行阐述，既科学严谨又通俗易懂，既尊重传统思想方式又亲切谦逊地引导群众，既拓宽了《物种起源》的受众面，又让读者顺畅地接受进化论，这些论证精神对于现代科学的普及具有极其重要的指导意义。

关键词：《物种起源》；论证精神；科学普及

《物种起源》是英国生物学家查尔斯·达尔文阐述生物进化理论的一本旷世巨作，这本书颠覆了人们一直信奉的“神创论”，用简单直白的话语打破了人们长期以来作为高等生物的优越感，用赤裸裸的证据告诉人们，人类与动物有着共同的祖先。此书一出，便在学术界与公众之中引起了轩然大波。

达尔文通过这本书向世人阐述了自己的观点、证明了进化论的正确性。对于达尔文来说，想要向长期受到“神创论”思想禁锢的人们阐明灌输这种颠覆性的观点与革命性的思想，需要的不仅仅是冲破思想枷锁的勇气，还需要利用缜密的逻辑思维进行论证。而他在《物种起源》这本书中展现的论证精神，在现当代的科学普及中仍有着重要的指导意义。

一、《物种起源》中的论证精神

在达尔文还很年轻的时候，他在家人的安排下进入了英国剑桥大学攻读神学。也许是命运的安排，也许是他对自然历史的浓厚兴趣使然，在1831年，达尔文得到了参加“贝格尔号”环球旅行的机会，在那个时候，他还是一个张口闭口都离不开上帝的神学院学生，但在经过五年的航行，考察过种类不一的地质、记载并研究了形形色色动植物的特性、采集了大量的标本之后，他开始意识到“物种是上帝创造的”这一套理论的荒谬性，这也使他决心向世人揭示物种起源的奥秘。

在当时，几乎所有人都坚信“神创论”，认为所有生物都是由上帝创造的，物种都是不变的，上帝创造了多少个物种，这个世界上就有多少个物种。这种观念自基督教创立以来便一直延续，在人们的思想中根深蒂固。所以达尔文认为，如果想要向世人解释物种是如何起源的，就需要让大家意识到物种是会演变的。提到演变，就不得不先理解自然选择这一概念。为了让大家更容易接受他的观点，达尔文选择以人们都熟知的家养动物为切入点，比如农民们有意识培养某些特性的家禽家畜、军队专门培养奔跑更加迅速的飞马、牧场专门蓄养肉质更加鲜美的牛羊、产卵量更具优势的飞禽，或者是人们热衷于驯养的更具观赏性的宠物等。

在介绍这些例子时，达尔文实际上是有意识地运用了类比的论证方法，用人们不知不觉中做出的人工选择来类比自然选择。在介绍完上述的人工选择后，达尔文向人们指明，在自然中，也存在着类似于人工选择的机制，在不同的生活环境中，有利于适应环境的性状得到保留与延续，而不利于适应环境的特性或者无法适应环境的种群则会被自然选择所淘汰，用中国的著名启蒙家严复先生翻译总结出的话来说，这就是所谓“物竞天择，适者生存”。同时，达尔文也向人们揭示了大自然的强大力量，人类的力量在相比之下却显得微不足道。他指出，虽然自然选择与人工选择有着相似的作用机制，但是人工选择只能选择那些肉眼可见的变异，而自然选择却可以作用于“所有内部器官、构成性差异以及生命整个机器”①；除此之外，人工选择是以人类的意识为载体运作的，所以它选择的形状都是以人类的利益作为出发点，然而自然选择却是选择对动植物本身甚至是整个物种生存有益的性状。

其实，在《物种起源》之前，达尔文就已经将人工选择与自然选择进行了另一种方式的阐述。他选择用“宇宙饲养者”来隐喻自然，这是一个相比于人类更加博爱、更加有前瞻性的遥远存在，而这也是他基于人们信奉“上帝”这一点的考虑所作出的隐喻，想要解释自然选择这种神奇低调而又强大的力量，他需要让人们明白有一种人类不可控的力量的存在，同时也需要将人们都熟知的人工选择的作用机制映射到大自然中去，从而让读者更好地理解自然选择的作用机制，也就是保留有利变异，淘汰不利性状与有害变异的过程。

无独有偶，作为进化论中的一个关键概念，“生存竞争”也曾被达尔文考虑运用隐喻的手法来阐述，他曾经尝试使用“自然战争”一词来阐述，但考虑到“战争”一词带有着强烈的巨变因素，而事实上物种间的竞争是一个正常自然并且持续作用的过程，所以他最终还是放弃了这一表述。

达尔文通过类比、隐喻等论证方法对自己的观点进行阐述，既做到了科学严谨，也保证了通俗易懂，既极大地拓宽了《物种起源》这本书的受众面，又能够让读者们更加顺畅地接受进化论，使《物种起源》这本书在经历了时间的淘洗后，仍闪烁着自然科学的光辉。

二、其论证精神在科学普及中的适用性

现代科学在经历了三次技术革命后发展到了一种前所未有的高度，人们也越来越感到在各个科学领域，等待人类探索突破的未知还有许多，但与此同时，随着各种理论的完善，想要在某个领域做到跨越性的突破也变得更加困难。似乎学术界在渐渐逼近一个饱和值，成就与突破速度渐渐放缓。

以物理学为例，从电磁波由英国科学家麦克斯韦 1865 年提出到 1887 年第一次被德国物理学家赫兹用实验证实只用了 20 多年时间，而引力波从由 1916 年爱因斯坦提出到 2016 年 LIGO 科学团队与处女座干涉团队首次直接探测到却用了将近一个世纪，但这种划世纪的等待往往意味着更为重要的科学会应运而生。

与此同时，理论的不断完善与补充也使得每个学科的知识体系更加的庞杂，学者们在

① 朱丽君：《隐蔽的科学修辞学家——达尔文》，《科学技术哲学研究》2019 年第 1 期，第 48～52 页。

撰写论文时也在不断追求着质感，有部分人为了追求文章的精致，通篇堆砌以华丽的辞藻，使得文章的可读性大打折扣。此外，越来越多具有重大成果的论文解读要求读者具有高度的专业知识，阅读门槛的提升也让普通人群对科学望而却步。

不同的科学家都会有着自己偏爱且合适自己的论证风格。但当用其惯用的方式进行论证却受到一定程度上的阻挠时，他们往往倾向于求助现有的思想方式与传统文化，更有甚者会寻求自己所在社群之外的思想文化的帮助。达尔文的进化论就是基于他所处的社会与思想文化环境所著成的，他有意识地结合人们的思维方式与当时传统文化的要求来不断地调整《物种起源》一书中的措辞与论证方式。在《物种起源》的创作过程中，达尔文通过类比、隐喻等手法，将自己的理论不断向当时的传统思想方式靠近，与此同时，也从中汲取养分，使得自己的理论更加完善，这种方式的和谐互动便体现出他对当时所处的文化背景的极大尊重。

在文字表达这一方面，达尔文也受到了学界的广泛赞誉。相较于孟德尔的遗传学成果在很长一段时间内被人们所忽视甚至淹没，达尔文的《物种起源》却在发表后受到公众的巨大反响，人们认为很大一部分原因就在于达尔文顺应了他所处时代的文风，在《物种起源》的概念阐述时使用了大量易于理解的词汇，而且他使用的平铺直叙的论述方式，亲切的修辞类比，更使得这本书的内容读起来与每个人的生活都息息相关，谦逊的文笔让读者感到像是一位绅士以朋友的口吻在与他娓娓道来。这些为《物种起源》成为一本旷世巨著做了极为重要的铺垫。

三、结　　论

达尔文的进化论被恩格斯尊称为 19 世纪的三大发现之一。作为一位伟大的科学家，达尔文在论证观点时，对修辞手法的灵活运用，阐述观点时的别出心裁，让《物种起源》获得学术界的认可，而他引导群众时的谦虚真诚，对现有文化的尊重，让《物种起源》中的精神流传至今。

“科学普及曾经在科学史上发挥了重要的作用……以启迪性的思想和修辞性的辞令打动尽可能多的人，从而满足大众的求知欲，曾经是科学的原始精神，也是知识的伦理本性。”①在现代科研论文的撰写中，如若可以学习达尔文的论证精神，来提高文章的可读性，那么科学的普及必定能够更进一步。

① 颜青山:《从科学普及的角度看“孟德尔之谜”》,《自然辩证法研究》2000 年第 11 期，第 46~50 页。

自然选择学说在新冠肺炎疫情中的体现与启示

范斯远　计算机学院（2019302110226）

【指导教师评语】作者以自然选择学说中生存斗争和适者生存为理论依据，结合当下疫情在东西方国家不同的防疫政策，分析了不同抗疫模式的特点与效果。全文行文流畅，层次分明，逻辑清晰，用事实数据说话，深刻思考了人类该如何面对自然选择。（基础医学院　熊　洁）

摘　要：自然选择学说是达尔文在《物种起源》中提出的重要生物学理论，为现代生物进化研究奠定了基础。自然选择学说的核心内容包括过度繁殖、生存斗争、遗传变异和适者生存。本文以自然选择学说中生存斗争和适者生存为理论依据，结合当下新冠肺炎疫情在东西方国家不同的防疫政策，分析各抗疫模式的特点与效果，探讨人类该如何面对自然选择，具有启示意义。

关键词：自然选择学说；新冠肺炎疫情；生存斗争；适者生存；干预

一、自然选择学说概要

自然选择学说包括四个要点：过度繁殖、生存斗争、遗传变异、适者生存。其中，“过度繁殖”和“遗传变异”是生物界普遍存在的客观事实，而“生存斗争”和“适者生存”是达尔文根据前面的事实做出的两个科学推论①。虽然自然选择学说虽然存在小的瑕疵与漏洞需要被后人完善，但其正确性一直在长期的科学实验与实践观察中被证实，是现代生物领域的基础理论之一。

① 王锡安：《“自然选择学说”教学中应讲清楚的几个问题》，《生物学杂志》1989 年第 4 期，第 37~40 页。

自然选择学说四个要点的关系概括来说就是：过度繁殖是自然选择的前提，遗传变异是自然选择的基础，生存斗争是自然选择的过程，适者生存、不适者被淘汰是自然选择的结果①。本文以人类为研究对象，拟对自然选择学说进行分析与应用，并讨论其过程与结果，即生存斗争与适者生存部分。生存斗争包括种内斗争、种间斗争以及生物与无机环境的斗争②；适者生存是指劣势的变异将逐渐被淘汰，优势的变异获得生存并留下后代③。人们往往将生物群体的适应度等同于其后代数量④，后代数目更多的种群在自然选择中有更强的竞争力，从而能够更好地生存下去。

二、自然选择学说在新冠肺炎疫情中的体现

（一）新冠肺炎疫情发展时间线

从 2019 年 12 月 1 日，武汉金银潭医院收治首例疑似病例起，新冠肺炎逐渐步入大众的视野，并开始引起国家层面的重视。2020 年 1 月 23 日，武汉封城，新冠肺炎已迅速蔓延开来。人们纷纷抢购口罩，自觉回避大量聚集，疫情已影响到每一个人的日常生活。国际方面，从一月中旬起，中国邻国韩国、日本等出现首例病例。二月，意大利、英国、西班牙等多个西方国家出现了新冠肺炎感染者，多国开始采取出入境管制措施。三月，国际病例急剧增加，新冠肺炎成为全人类共同的关注焦点。

（二）新冠肺炎疫情与生存斗争

这次疫情对人类来说是一次残酷的自然选择。新型冠状病毒极强的传染性和一定的致死性使得人类不得不面对一场来自大自然的挑战。一方面，对于每一个个体来说，自身抵抗力强、恢复力强的人有更大的生存几率；另一方面，对于以国家为单位的人类种群来说，反应迅速、执行力高、医疗水平好的群体在自然选择中竞争力更强。

除了新型冠状病毒本身对人类健康的直接影响外，疫情还会间接影响国家的经济发

---

① 王锡安：《"自然选择学说"教学中应讲清楚的几个问题》，《生物学杂志》1989 年第 4 期，第 37~40 页。

② 黄建新：《论达尔文的自然选择学说》，《平原大学学报》1995 年第 2 期，第 55~57 页。

③ 方舟子：《通向自然选择学说之路》，《生命世界》2005 年第 11 期，第 90~92 页。

④ 张鑫，李建会：《"适者生存"是同义反复吗?》，《科学技术哲学研究》2017 年第 3 期，第 8~12 页。

展、人民的生活质量、社会的稳定平和，这也是人类面对新冠肺炎疫情时竞争力的体现。

（三）新冠肺炎疫情与适者生存

对于个人而言，疫情中老年人感染率、死亡率较高，而青壮年感染率相对较低、恢复速度快、抗逆能力强。这体现出在这次自然选择中，老年人与年轻人相比竞争力较低①。低收入、低储蓄的人在购置口罩等防疫设备、维持零收入生活等方面存在较大的问题，而高收入、高储蓄的人有能力为了降低感染风险，可以长时间居家休息，说明低收入的人对新冠肺炎疫情的适应度比不上高收入的人。

从国家层面来说，以中国为代表的东方国家在对民众的组织管理、对社会资源的紧急调动方面要强于西方国家，并且东方国家的民众面对新冠肺炎疫情时更愿意主动佩戴口罩、避免聚众行为，这也有利于阻断新型冠状病毒传播，体现了东方国家在这次自然选择中具有更强的竞争力。另外，公共卫生应急响应能力、医疗水平、科技经济水平也是这次自然选择中竞争力的体现。

三、新冠肺炎疫情下自然选择学说的东方模式

（一）新冠肺炎疫情下自然选择学说的东方模式——以中国为例

在这次新冠肺炎疫情中，最直接有效的控制办法是限制人口流动。中国政府在确认了新型冠状病毒的强传染性后，迅速做出了一系列应对措施。1 月 23 日将疫情最为严重的城市武汉封锁，防止疫情在全国范围内蔓延。在武汉改造方舱医院用于收治轻症的肺炎患者，集中隔离治疗②。调动社会力量，十天内建成用于收治重症患者的雷神山医院，之后又建成了相同功能的火神山医院。利用社区管理资源强制要求疫情严重地区的民众居家隔离，呼吁其他地区居民减少出门次数、避开人群聚集处。在疫情得到有效控制后，为争取阻断病毒传播、增强人民信心，在武汉施行集中核酸检测。这些都体现了中国政府在应对这次疫情时的迅速反应与有效干预。

---

① 张新庆：《新冠肺炎患者治疗收治中的伦理难题及应对策略》，《昆明理工大学学报（社会科学版）》2020 年第 2 期，第 37~44 页。

② 田思维，李玲，何细飞等：《新型冠状病毒肺炎疫情下方舱医院安全管理模式实践》，《临床口腔医学杂志》2020 年第 5 期，第 308~310 页。

中国群众的防疫意识与防疫行动同样大大提高了疫情防控的有效度。绝大多数居民自觉佩戴口罩，避免外出活动。即便是在中国的重要传统节日春节，大部分人都改变了前往饭店吃年夜饭的习惯，主动待在家中庆祝新年。节后本是拜年的高峰期，街上人流量车流量却显著降低，人们的防疫意识可见一斑。

（二）东方模式的特点——人为干预性强

以中国为例，东方抗疫模式的一大特点是人为干预性强。无论是政府在新冠肺炎疫情发生初期对城市的迅速封锁，还是群众自发自觉地佩戴口罩；无论是集一国之力援助一座城市，还是人们居家隔离停课停学，通过人为地主动调整了自身状态以更好面对新型冠状病毒的挑战。从目前疫情的控制情况来看，这种人为干预性强的东方模式较好地遏制了疫情的蔓延，在这次自然选择中体现出更强的适应力。

四、新冠肺炎疫情下自然选择学说的西方模式

（一）新冠肺炎疫情下自然选择学说的西方模式——以英国为例

相比东方国家，以英国为例的西方国家在面对新冠肺炎疫情时所采取的措施在速度和力度上都显得更为保守。就政府而言，西方国家在面对疫情时，并没有从开始就像中韩等东亚国家那样采取严格的管控措施①，而首先采取观望态度，错失了疫情初期最易抑制的阶段。在疫情的最初爆发地，观望可以理解为是对新型冠状病毒传播能力不了解而进行的试探行为或判断失误。但是对于有中国疫情的数据、实例在先的英国等西方国家，对疫情发展的观望是政府决策速度不够的体现。当疫情在西方国家迅速蔓延开后，即使政府发现需要对疫情进行人为干涉，执行态度与力度也不强硬，英国甚至出现了群体免疫这类观点②。英国首相鲍里斯·约翰逊成为首个被新型冠状病毒感染的国家领导人。当然政府实施政策的阻力与西方的文化背景有关，但在这次自然选择中，这是不利于人类提高生存率的。

另外，西方的民众的防疫意识相对更弱。受西方文化影响，人们强调个人权益、个人自由，不少人拒绝佩戴口罩，拒绝居家隔离。在美国、法国、德国等国家甚至出现了要求

① 冯维江：《西方应对突发事件的社会合力及其限度》，《人民论坛》2020年第10期，第44~47页。

② 张蓓：《英国抗疫决策：逻辑与教训》，《世界知识》2020年第9期，第50~51页。

政府恢复人们自由的集体游行，这种要求“自由”的聚众行为当然也是在未佩戴口罩的情况下进行的。追求自由的文化当然没有问题，在特定的历史时期还会产生积极作用，但在这次疫情的自然选择中，这种文化显然是不利于抑制新型冠状病毒传播的。

(二)西方模式的特点——人为干预性弱

可以看出，不论是主观上还是客观上，以英国为例的西方模式在对新冠肺炎疫情的防治时，与东方模式相比人为干预性更弱，更偏向于完全自然状态下的自然选择。这里所述的完全自然状态下是指整个国家对防疫工作的安排与掌握程度比较弱，比如对公共娱乐场所的封闭、对人们居家隔离的要求、对感染者有秩序的治疗等等。包括后来因为疫情严重而不得不采取的封城措施，执行时间和力度也相对中国等东方国家较迟较弱。英国政府首席科学顾问帕特里克·瓦兰斯甚至提出“群体免疫”，通过大部分人口感染病毒并产生抵抗力来遏制病毒的传播。当下西方国家新冠肺炎疫情的严重与以上人为干预弱有极大的关系，这使得他们在这次自然选择中处于劣势。

五、疫情结果与自然选择学说的体现

相关数据显示，东方模式在这次新冠肺炎疫情的自然选择中具有更强的竞争力。图 1 和图 2 分别是中国以及中国疫情最严重的省份湖北的新冠肺炎病例数目走势图，表 1 为中国新冠疫情预测结果汇总表，较为准确地预测了中国的疫情发展。可以看到在两个月左右的时间内，中国的新冠肺炎疫情已被有效控制住并逐渐趋于稳定。

表 1　　中国新冠肺炎疫情预测结果汇总表①

定量计算			定性描述
函数	$y=0$ 时 x 的值	对应日期	
$y=-0.2461x^2+9.339x+74.208$	45	3 月 4 日	曙光初现
$y=-0.08203x^3+4.6695x^2+74.208x+1.7955$	70	3 月 29 日	有效控制
$y=-0.02051x^4+1.5565x^3+37.104x^2+1.7955x+214$	95	4 月 23 日	基本结果

① 赵天鹭，王杰升，孙巍溥：《理想状态下新冠疫情走势的数学分析与防控策略》，《江苏海洋大学学报(人文社会科学版)》2020 年第 2 期，第 97~103 页。

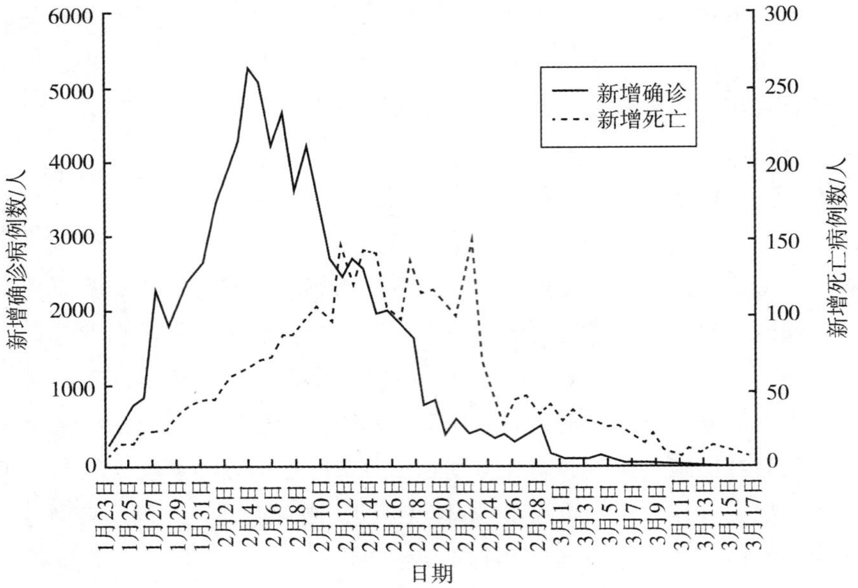

图 1　中国新冠肺炎每日新增病例数和新增死亡数变动情况①

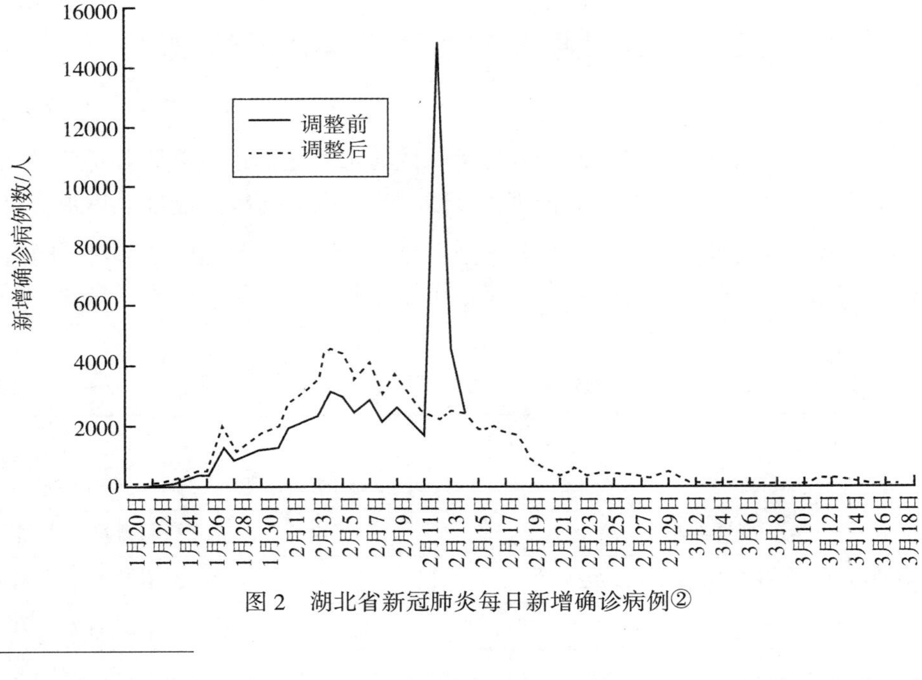

图 2　湖北省新冠肺炎每日新增确诊病例②

① 丁金宏，程晨，万芊：《中国新冠肺炎平均病死率演变特征分析》，《人口与社会》2020 年第 2 期，第 1~8，115 页。

② 丁金宏，程晨，万芊：《中国新冠肺炎平均病死率演变特征分析》，《人口与社会》2020 年第 2 期，第 1~8，115 页。

反观西方国家，疫情爆发后，新型冠状病毒传播没能被及时控制住，导致感染人数迅速上升。政府错过了疫情的最佳控制时期，新型冠状病毒感染者基数过大，之后再收紧政策的效果已大大减弱①。通过图 3 和图 4，我们可以看到目前为止世界范围内的新冠肺炎疫情仍没有迎来转折点。人口不到七千万的英国确诊人数已达到中国确诊人数的三倍，在确诊总人数榜单上中国已排在十名之后。

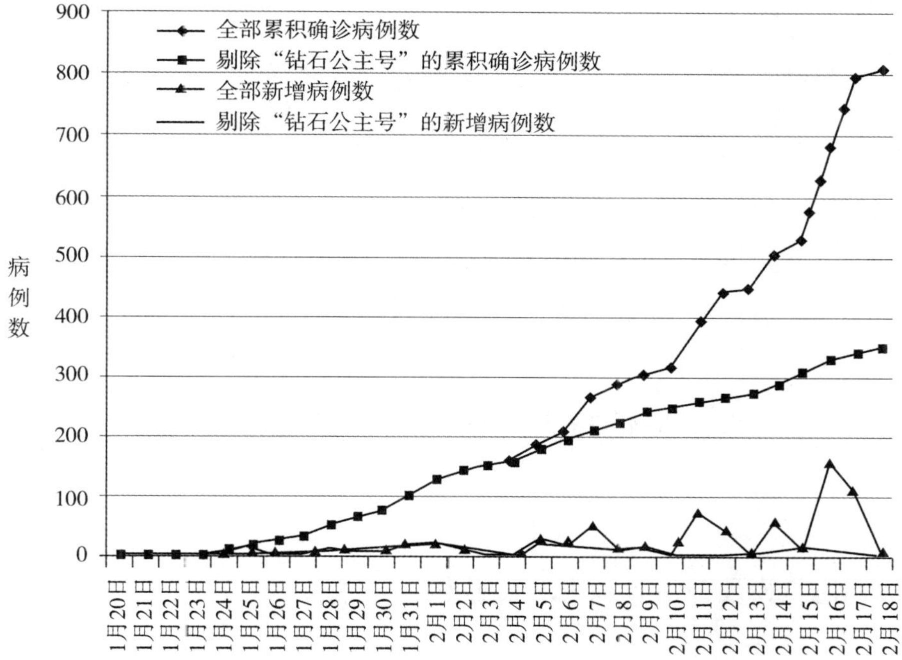

图 3　海外新冠肺炎确诊病例累计数和新增病例的时间趋势图②

新冠肺炎疫情是全人类的一次严峻的生存挑战，竞争力强的人、竞争力强的国家能在这次自然选择中更好地生存。用自然选择学说来解释，政府决策能力、群众行动能力、卫生医疗水平等是人在生存斗争中竞争力的体现。

---

① 彭飞：《欧洲熬过最难 3 月》，《法人》2020 年第 4 期，第 19~23 页。

② 韩明慧，方虹霁，杨东见等：《国外新型冠状病毒肺炎发病的现状和趋势分析》，《上海预防医学》2020 年 5 月 21 日，第 1~9 页。

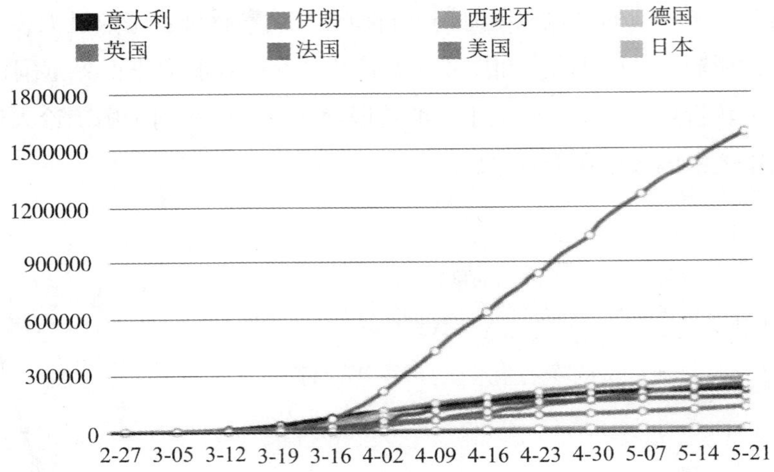

图 4　海外多国新冠肺炎累计确诊人数①

六、疫情对人类面对自然选择的启示

(一)利他行为及合作有利于增强种群在自然选择中的竞争力

从人类的本质审视，人类既是大生物圈的生命之网的一个组成部分，又是独特的、典型的具有社会性“环境”的创造者②。人区别于动物的社会性使人类成为大自然中一个独一无二的存在，创造出了其他动物难以企及的奇迹。有研究表明，当利益受到冲突时，个体采取合作而不是竞争是有机体进化的制胜之策③。

① 腾讯新闻：《新型冠状病毒肺炎疫情实时追踪》，https://news.qq.com/zt2020/page/feiyan.htm#/global，2020.05.21。

② 姚俭建：《文化与人的生存——适者生存的文化哲学视角》，《上海交通大学学报(社会科学版)》1994 年第 2 期，第 83~88，124 页。

③ 刘鹤玲：《利他与合作：生物有机体的生存策略和进化路径》，《华中师范大学学报(自然科学版)》2005 年第 4 期，第 568~572 页。

生物学意义上的利他是指个体牺牲自身的适应度而提高其他个体适应度的行为①。在疫情中，武汉封城对市民来说是牺牲了自己的利益，而全国医疗资源援助武汉则又是其他省份的牺牲，这种利他行为最终避免了病毒大范围的传播，使疫情在中国得到了有效控制。从新冠肺炎疫情中，我们应该吸取利他行为及合作的经验，在自然选择中充分发挥社会的力量，以群体之力共渡难关。

(二)主动干预为人类在自然选择中显著增强竞争力

在人与自然的对象性关系中，人是能动的因素，在适应周围环境时表现出强烈的主体意识②。随着人类社会科技经济的发展，人类主动预防自然灾害，主动治疗感染患者等的能力越来越强，这种主动干预、主动改变自然选择的能力不断改善人们的生活水平，使人类在面对自然选择时有了更强的竞争力。

在新冠肺炎疫情中，东方国家对新冠肺炎疫情的早防控早隔离显著降低了疫情对群众生命的威胁。与行动晚一步的西方国家相比，主动干预的优势从疫情数据上体现了出来。当面对重大危机时，主动干预能有效提高人类在自然选择中的竞争力。

---

① 刘鹤玲：《利他与合作：生物有机体的生存策略和进化路径》，《华中师范大学学报(自然科学版)》2005年第4期，第568~572页。

② 姚俭建：《文化与人的生存——适者生存的文化哲学视角》，《上海交通大学学报(社会科学版)》1994年第2期，第83~88，124页。

进化：整体大于部分之和

——读《物种起源》有感

薄子怡　遥感信息工程学院（2019302100211）

【指导教师评语】文章前半部分以《物种起源》著作中的三个主要观点进行重点分析，借以阐述自己的观点——“在进化论中整体大于部分之和”；后半部分以人类自身发展的角度阐述了珍爱自然、探索生命的观点。全文重点突出，感情真挚，文笔优美流畅，具有很强的可读性。（测绘学院　李　妍）

摘　要：“万类霜天竞自由”。在地球漫长的地质演化过程中，岩石、土壤等环境因素不断改变，生物种类千变万化，有的被自然淘汰，有的继续活跃在地球上。进化，一个充满神秘色彩的字眼，无数为进化密码魂牵梦萦的人们前赴后继，为解开这一谜题努力。在达尔文的引领下，人类捕捉到珍贵的吉光片羽。整体大于部分之和是其中最优美的一幕。

关键词：进化论；物种起源；达尔文；生命的起源与意义

我喜欢夜晚的曼妙天空，每当想用相机拍摄时总会感慨：眼球才是最好的相机，自动聚焦，光暗交汇，让我们得以领略这世界的美。生命经历多少年的不断进化才成为我们现今见到如此美丽的样子。生命的起源，生命的发展，生命的演绎，多少人驻足于此，穷其一生探寻其中奥妙，最终却失落而返。不同于前人的主观臆断、片面猜测，生物起源密码的破译者查理·达尔文把为科学事业做贡献视为最大的乐趣，通过长期科学考察、标本研究，以极大的开创精神与挑战神权的勇气揭开生命起源的真相，用事实与实验佐证，写出了划时代的《物种起源》，提出震惊世人的进化论——地球上一切生物都有共同的祖先，彻底摧毁了神创论、物种不变论及用进废退学说，重塑了历史，扭转了偏见与谬论，开创了生命起源的新天地。

一、自然选择，适者生存

不论是出于人类喜好进行的人工选择，还是时刻作用、隐秘无声的自然选择，抑或是取决于生物个体择偶标准的性选择，都是在一定程度上促进了一些具有特定性状的个体留下或是不留下后代，且对性状趋异的个体进行初步筛选。

若是一点微小的突变对物种有利，大自然微妙作用便会使个体在相同的生存条件下具有更大的存活率，该个体的后代也可能通过遗传得到有利变异，从而积累有益变异。大自然的选择作用如细雨润物无声，不被觉察，却无时无刻不在施展她的能力。偶有来自远古地壳中的遗骸，展现时代变迁、光阴流逝的痕迹，才为我们揭开自然选择的神秘面纱。

不论是巨大的自然变化，比如气候突变，还是微小的自然作用，比如使某种生物的构造或习性发生变化，大自然从未厚此薄彼，每一次的选择无不是令生物具有更大的存活率。反观人类，自认为高其他生物一等，仅仅为了一己之私，根据生物外在特点或自身需要进行有意无意的选择，利用人类的能力保护希望保护的物种，帮助短喙翻飞鸽在孵化的时候破壳，短期来看，拯救了几只鸟的生命，但在一定程度上减弱了自然选择的作用，使得拥有硬喙与薄壳的鸽子没有更大的竞争力，不能脱颖而出，阻碍了此物种的进化，对这一物种而言，显然不利；人类还常常主观臆断，不计后果地干涉自然生态平衡，却适得其反，比如：为了保护看似温顺善良的鹿而枪杀残忍冷血狼群，导致生态失衡，人类最终自食恶果的案例。大自然的鬼斧神工与精雕细琢令每一种生命的存在都有其特定的意义与价值，世界因生命的存在而更加丰富多彩，充满活力，如何做到不干涉自然演化的轨迹，才是人类应当好好学习的必修课。

二、遗传变异，适应自然

达尔文通过对生物的相互亲缘、胚胎关系、地理分布和地质演替等进行研究得出结论：物种的性状是遗传亲代而来。达尔文之后的科学家孟德尔、摩尔根先后利用豌豆与果蝇探索生物遗传方式，得到了基因与染色体的相互联系以及与遗传的关系。

在遗传过程中，部分个体产生了不同于亲代的基因，即发生变异。变异普遍存在于一切生物个体，广泛发生在个体的整个生命中，但微小而不易觉察。对于个体来说，有利变异等于生存，有害变异等于灭亡。事实上有利变异在所有变异类型中比例极小，却促使整个物种一步一步适应环境。正因为整体不是部分叠加，整体大于部分之和，物种才能在有利变异的不断积累之下获得生存机会。

三、过度繁殖，生存斗争

物种个体越多，即发生变异的基数越大，可产生更多有利变异，生存优势就越大。随着自然选择的持续作用，新物种诞生，旧物种也因为处于竞争劣势，数量不断减少，以致最终绝灭①。多数时候，数量减少是绝灭的前奏。

但数量越多并不代表物种的存活率更高。资源有限，过度饱和的生命不得不进行生存斗争，与同一物种中的个体斗争，与不同物种中有相似食性和栖息特点的个体斗争，甚至与恶劣的自然环境斗争。因此物种类型总在一个适应自然的范围内。在拥有变异优势的近缘物种中，正在变异、改良的拥有微小有利变异的物种在自然选择的作用下赢得生存斗争的胜利，而同这些类型斗争最激烈的牺牲最大②。正所谓："穷则变，变则通，通则久。"③尽管生物变异多害少利，但变异仍旧是物种赢得斗争的法宝。进化的基本单位是物种，而不是个体④。这又是一个"整体大于部分之和"的鲜明例子。

四、珍爱自然，保护家园

人类不过是自然界的一分子，是生命之树上微小的一支，与其他生物共享地球，而并非地球的霸主。但自以为是的人类在自身不断发展壮大的过程中，对其他生物的生存造成了恶劣影响，有的物种甚至因此走向灭绝。数十头藏羚羊以生命的代价换来了一件可有可无却备受人类追捧的坎肩，被金钱冲昏头脑的偷猎者为了获取利益不择手段，对藏羚羊群赶尽杀绝；偷猎者击倒大象，从尚未死去的残象身上残忍锯下象牙，任大象自生自灭；海洋中甚至地球上体型最大的生物——鲸鱼也未能幸免。人类在海洋上捕鲸，割下鲸鱼的鳍——所谓的鱼翅，接着将鲸鱼弃尸海上，导致鲸鱼数量急剧下降。人类向自然扩展，开拓新的生存空间，同时也破坏了自然原有的平静祥和，一些生物流离失所，不适应被人类改造了的环境而走向灭绝。地球是所有生物的共同家园，每一种生命都有存在的价值，与自然、与其他生物和谐相处，保护基因多样性、生物多样性、生态系统多样性是人类自始

① [英]达尔文：《物种起源》，周建人、方宗熙、叶笃庄译，商务印书馆1995年版，第134页。
② [英]达尔文：《物种起源》，周建人、方宗熙、叶笃庄译，商务印书馆1995年版，第125页。
③ 唐明邦：《周易评注》，中华书局1995年版，第253页。
④ [美]瓦伦丁：《现代综合进化理论》，胡楷译，高等教育出版社1990年版，第73页。

至终的责任。

地球是人类幸福生活的唯一家园，与地球和谐相处是责任，也是义务。国家发展与环境保护有机结合，即绿色发展，是真正可持续的道路，是值得借鉴的发展模式。但恰恰相反，很多国家为了提升经济，依然坚持先发展后治理的老路，殊不知自然环境破坏易，治理难。新世纪，新发展，新方案，调和青山绿水、金山银山的矛盾，坚持可持续发展，才能使我们的地球村生机勃勃。

五、探索生命，追寻生命

多数科学家认为生命来自海洋或是淡水，原始海洋与原始大气在闪电作用下，产生氨基酸，逐渐构成蛋白质——构成细胞的基本材料，从而具备了生命产生的第一要素①。

生命是什么？生理科学解释为：生命是具有进食、代谢、排泄、呼吸、运动、生长等功能的系统，除某些细菌之外。生命存在只是为了生存繁衍吗？生命到底有没有意义？生命让世界丰富多彩，充满生机。但对于生命自己，尤其是对于除人类以外的生物来说，弱肉强食、夹缝中艰难求生存是生命的全部，生命的意义是生存繁衍。对于人类，生命就不只是生存了。人是全部社会关系的总和②，人从出生起就具备了社会关系，承担责任，履行义务，是社会上的一个小我，与无数个小我共同构成了社会家庭。我们朝心中梦想砥砺前行，为肩上责任奔波忙碌，是中国梦航船上的一颗微不足道但不可或缺的螺丝钉。

六、结　　语

作为影响人类社会历史走向的传世经典，《物种起源》经得起岁月打磨，扛得住沧海桑田，其开创性的结论广为人知，深入人心，不仅仅在过去引领时代，在现代仍旧启迪着渴望知识的人类，也必然在未来继续传播智慧，鼓舞一颗又一颗炽热的心走上科学探索的道路。科研工作中，难免遇到失败。科研可能枯燥，可能乏味，甚至迷失方向，唯有锲而不舍，百折不挠，带着满腔热情，应用科学的方法一步一个脚印朝着目标努力，才可能有所收获。

① 朱华：《生命起源的化学演化假设》，《生物过程》2018 年第 4 期，第 63 页。

② ［德］马克思：《马克思恩格斯选集》，中共中央翻译局译，人民出版社 1995 年版，第 55 页。

进化论的征程无边无涯，贝格尔号的船帆在远方闪过，迷雾仍旧笼罩物种起源，生命继续进化，进化论也在进化、完善，向着谜底靠近。征途漫漫，而今迈步，誓从头越，凝众人之力，堪破亿万年玄机。

由《物种起源》看社会达尔文主义

龚飞宇　弘毅学堂（2019302090037）

【指导教师评语】作者讨论了自《物种起源》的“自然选择学说”派生的“社会达尔文主义”对于社会行为的影响。认为“物竞天择，适者生存”对于人类社会的发展亦有其合理性。但做为人，我们不应弱肉强食，而应心存善念，促进社会的共同进步。文章体现了作者浓浓的人文情怀。（电子信息学院　岳显昌）

摘　要：《物种起源》是英国著名生物学家查尔斯·达尔文的著作。它系统阐述了生物进化理论基础，在全世界范围内传播甚广。在这本书出版之后，由其中提出的一个理论——达尔文生物进化理论派生出了一个影响甚广的西方社会学流派，这个流派被称为社会达尔文主义。他们主张用达尔文的生存竞争以及自然选择的观点来解释人类之间的关系和社会的发展规律。在下文中，我们将进行详细的分析。

关键词：达尔文；《物种起源》；自然选择学说；社会达尔文主义

一、达尔文的“自然选择学说”

“自然选择学说”是达尔文在其著作《物种起源》中提出的学说，达尔文认为，在复杂多变的外界条件下，物种与物种之间，个体与个体之间，都存在着差异，而每个物种都有过度繁殖的倾向；在生存斗争中，更适应环境的个体能生存下来并繁殖后代，而不能很好地适应环境的个体则逐渐被淘汰。这种体现了“适者生存”的原理，被达尔文命名为自然选择，并写进了他的著作。

自然选择是自然界的普遍规律，它推进了生物的进化，让生物从低等到高等不断进步，从某种程度上来说，有比较积极的作用。自然选择被认为是生物界的普遍规律，那么是否应该把人从自然界分割开？那么，在人类社会，“弱肉强食、适者生存”的规则是否同样适用？

在上个世纪，就出现一个这样的流派——社会达尔文主义，本文将会对这些问题进行阐述。

二、社会达尔文主义

社会达尔文主义是将进化论中自然选择的思想应用于人类社会的一种理论。在提出之后，这个思想逐渐走向了历史舞台。社会达尔文主义认为“优胜劣汰、适者生存”的现象也存在于人类社会，所以，在这个社会中，只有强者才能生存，而弱者只能遭受灭亡的命运。

从一定程度上来看，如果说克劳塞维茨的《战争论》赋予了战争其政治性，那么由斯宾塞和白哲特所提出的社会达尔文主义，则从生物本性的角度赋予了战争合理性。这一理论在一定程度上推进了军国主义的发展。同时，社会达尔文主义的支持者认为弱者不应该被同情，认为他们是生存斗争中的失败者。支持者还认为在生存斗争之中，财富的数量是成功和不成功的判定方式。可以说，社会达尔文主义是帝国主义与种族主义的基础，对世界和平稳定产生了消极的影响。①

本文认为，社会达尔文主义不合理的地方，在于不能简单把人类与动物相类比。如果认为人类社会完全符合达尔文的弱肉强食的规律的话，那其实就是承认自命为高等动物人类与其他动物没有本质的区别。人类的本质，或许不是如孟子所说的在人出生的时候是善良的，但是作为人，也应该心存善念。如果把弱肉强食的规则作为自己的人生准则，摒弃了人文关怀，这样的人往浅处说，可能会成为一个精致的利己主义者，看重自己的利益，为了追求自身利益而无所不用其极。② 往深处说，如果人类没有人文关怀，以“弱肉强食，适者生存”为第一准则，那么人类的社会形态就很可能不会进步，我们还处于奴隶制或者封建帝制，又或者会毁于帝国主义或军国主义，就不会有今天的社会主义。而人类的结局就算不毁于赫胥黎，也会毁于奥威尔。从某种意义上来说，人要是一味地追求弱肉强食，

① 林丹萍：《现实世界中的进化论——社会达尔文主义在中国的影响》，《湖南科技学院学报》2014年第3期，第84~87页。

② 焦迎娜、苏春景：《精致的利己主义者：一个亟待关注的当代青年群体》，《中国青年研究》2019年第3期，第79页。

那么或许不需要"唆麻"①，人类社会也会成为一个正如赫胥黎在《美丽新世界》中描写的阶级固化的社会。

幸运的是，在对自然选择学说了解得更清楚之后，很多人都开始批驳社会达尔文主义，但是这一思想是否会复苏？这还是一个未知的问题。

三、社会达尔文主义在东西方文化中的体现和差异

社会达尔文主义的思想在军国主义中得到了充分地体现，在上个世纪的两次世界大战中展示得淋漓尽致。从历史的记载来看，导致两次世界大战爆发的最深层次的因素，即是根植于社会意识的社会达尔文主义。在"二战"中，东方有日本的军国主义，西方有德国的纳粹，他们对于弱肉强食这一观点是非常赞同的。而如果不是有这样的思想，战争也不会这样轻而易举的开始并扩散成世界大战。

军国主义是一种崇尚武力和军事扩张的思想，其表现形态是将国家的所有发展都建立在军事发展之后。② 这样的思想可以说是社会达尔文主义的一种体现——军事强国企图通过军事手段解决自己国内的问题，比如经济危机，或者是通过军事手段扩张领土，奴役弱者，即弱肉强食。从古至今，由西方产生的侵略性战争更多，两次世界大战都开始于西方，这和西方的文化氛围绝不是毫无关系的。

与东方的文化相比，西方文化强调"认识你自己"，更多的是去发现自己，尽管孟子也强调这一点，但如果从儒家整体来看，相比西方这一点还是较弱。同时，西方的个人主义的倾向也明确一些，他们主张独立思考，认为"人是万物的尺度"。在这样的思想氛围中，西方也就更在意个人利益，从某种程度上来说，也推进了社会达尔文主义。

但是不论怎么去比较，社会达尔文主义在东西方的发展依旧有很大差别。以中国为例，儒家思想对于社会达尔文主义在中国的发展产生了重要影响。在春秋战国时期，孔子就提出了以仁义为核心的儒家思想，提倡关注穷人与弱小。尽管孔子的思想在当时没有得到好的传播，但也为从此以后的中国传统思想奠定了基础；在先秦时期的《礼》中，天下为公的大同社会也是当时的美好幻想；杜甫则以大量的诗篇，展示了他对于弱者的回护；而

① "唆麻"是赫胥黎在《美丽新世界》中虚构的一种药物，它能让人们感到快乐。[英国]赫胥黎：《美丽新世界》，宋龙艺译，北京理工大学出版社 2013 年版，第 41 页。

② 陈季军：《日本军国主义形成的历史特质》，《遵义师范高等专科学校学报》2000 年第 3 期，第 7~9 页。

汉武帝的执政理念，从某种意义上来说，也体现了对儒家“仁德”思想的赞同。可见在中国源远流长的文化之中，弱肉强食一直都不是主流观点。

在近代社会，严复翻译了英国生物学家赫胥黎的《进化与理论》，宣传了“物竞天择，适者生存”的观点，译成《天演论》的时候，可以说，是他将社会达尔文主义引进中国，而这本书也引起了巨大反响。他在书中，主要是想说明“落后就是要挨打的①”，希望引起旧社会人们的思考，给中国一个未来。可以说，他是想通过这本书使中国人警醒，使中国人民的思想得到解放。

但是在近代社会，处于东方的日本也曾经走上过军国主义和帝国主义的道路。所以任何一个地域的人类，都是具有类似的心理的。

四、从“适者生存”看人类社会

人类社会到底可以不可以和自然界相对比呢？笔者认为是不可以的，因为人会注重一种“利他性”，即人的行为不仅仅是为了直接的利己，而是有一种间接的利己——对别人有益，进而再对自己有益处。同时，在道德规范，法律法规的约束下，人类社会不会直接地表现出弱肉强食，因为这会受舆论谴责，或者是来自法律的处罚。但是谈到应试教育，谈到应聘升职，是不是一种“适者生存”呢？答案是肯定的。优秀者表现出的状态与平庸者会产生强烈的对比，从而获得成功。同时，唯分数论的出现，则在反面证明了“适者生存”的原则。分数高的人有更多的选择，分数低的人步步为难，这可以说也是一种“适者生存，优胜劣汰”。

在这样的背景下，可以说，“适者生存”是一个不可否认的事情，也成为一种社会习惯。面对着被学校淘汰的学生，被单位淘汰的员工，体会到的感受，这又何尝不是一种“适者生存”呢？

所以，适者生存已经体现在生活的各个方面了，不可否认，社会中也有一些社会达尔文主义的思想。物种都是在不断进化的，如果一个物种中的所有个体都顺利存活并繁衍后代，那这个物种就很难进化。只有当优秀的基因流传更广，优秀的素质烙印在基因里代代相传，人类才能一代一代地走向更好的未来。

---

① 张林珍：《“落后就要挨打”之辩》，《山西师大学报(社会科学版)》2012年S2期，第47~49页。

五、总　　结

可以说，现代社会尽管不存在完全的社会达尔文主义。但是不论怎么说，“适者生存”的规则还是无法被打破的，社会压力仍然巨大。但由于人们对于被淘汰的人也充满善意，一些政策法规也在强化这样的关怀意识。不论是先富带后富，还是精准扶贫，都体现了一种和社会达尔文主义相反的温情。世人仍然会对弱者表示出同情与关怀，不会把弱肉强食挂在嘴边，漠视被淘汰的人。我们不会认为他们的淘汰是不应该被同情的，而是会竭尽所能去帮助弱者进步，帮助他们摆脱困境。我想，这大概就是人和其他动物的区别吧。其他动物对于弱者采取放弃，让其自生自灭，而人类却不会轻易放弃任何一个同类。因为有了这样的感情，人才会从众多的动物中脱颖而出，成为自然界中最优秀的生物。

可以说，反对社会达尔文主义就是保持我们的温情。倘若人人都充满着温情，我们的社会也一定会越来越好。所以，生而为人，何不做一个善良的人呢？

科学应如何在矛盾中艰难前行

——以时下新技术为例浅谈对新技术发展的理解

穆凌舟　国家网络安全学院（2019302180181）

【指导教师评语】本文从柏拉图“洞喻理论”谈起，用洞喻中的场景类比现在科技发展所面临的类似束缚和困境。本文的优点是在讨论科技发展时还兼有对伦理、道德和哲学的思考体现了作者的评判性思维能力。本文的不足之处在于仅仅立题发问，而未能尝试解答自己一出的问题。（健康学院　罗　丹）

摘　要：自柏拉图提出“洞喻理论”以来，文明已发展了两千余年。如今，科学发展的道路上已经不再有柏拉图时代所面临的“厌恶、排挤和嘲笑”的声音。然而，每个时代都面临着各自的挑战。如今的许多科学新技术也依然处于种种矛盾的境遇，遭受着各种质疑。本文希望以一个开阔的视角去看待这些矛盾的两面，并尝试去揭示更容易被忽略的那一面，从而能够带来一个更加全面的视野。

关键词：科学发展；自然规律；伦理道德

如同柏拉图在《理想国》中所言：“一条长长的通道通向地面，和洞穴等宽的光线照进洞底。一些人从小就住在这个洞里，他们的脖子和腿脚都捆绑着，不能走动，也不能扭过头来，只能向前看着洞穴的后壁……”①千年以前，柏拉图时代科学艰难前行。如今，社会已飞速发展，当科学家带着新技术回到“洞穴”时，得到的已少有是书中所言的“不可置信的目光、囚徒的厌恶与嘲笑、排挤与迫害”，而更多的是复杂的、富有矛盾性的争议和讨论。柏拉图所言的“厌恶、嘲笑与迫害”往往是易于辨认的，但对于新技术所带来的利弊与风险的争论常常却不是非黑即白的，而是具有两面性、矛盾性的，处于灰色地带的议题。

科学技术的发展正如大河滔滔，水域开阔却暗潮涌动，大河奔腾亦泥沙俱下。于是，

① ［古希腊］柏拉图：《柏拉图全集》，王晓朝译，北京人民出版社 2003 年版，第 115 页。

如何正确地看待科学新技术并辩证地思考，在当今社会显得尤其重要。

一、科学与自然规律

从“基因编辑”到“人工智能”，时下引起广泛关注的两个科技议题都具有颠覆人类基本价值秩序和基本理念的潜质。前者是生命的人为改造，后者是非生命智能，而这两者也都源自一个根本的价值问题——生命的“去神圣化”和“可操纵性”。但人类有权改造生命吗？又有权创造非生命智能吗？这些问题向来是复杂而难以定论的，而它们却也从未像今天一样如此迫切地摆在人类面前。

（一）一些“敬畏自然”并不纯粹

DNA 被发现，CRISPR 技术用于基因编辑，人类如今已经能够窥探曾经属于上帝的领域。至此，巨量的争议随之而来。就基因编辑而言，有观点认为，即使基因编辑没有严重的负面效应（即理想化的基因编辑），也应持反对态度。这种观点强调人类基因的自然性，认为人类基因在某种程度上神圣不可修改。同时，基因编辑把人类繁衍变为人类制造，透露出无视自然规律的狂妄。

在问题的两面性中，敬畏自然的合理性往往为人所熟知，但“敬畏自然”的消极一面同样值得警醒：所谓“敬畏自然”的背后可能包含着盲目和迷信。这些敬畏自然的观点往往并不看重因果和事实，而大多强调“神圣”“崇高”抑或“自然的神性”。若从理性的角度看，这样的观点缺乏支撑，恰恰更属于宗教而非科学。但问题的复杂性在于，人类总是难以界定真正的敬畏自然与迷信自然，我们既不可能放下所有的敬畏之心，也不可能总是放弃那些充满争议的研究。历史上，人类于此犯下的错误俯拾即是：在古代西方，同性恋曾被认为违背自然规律而遭受迫害。但当下的科学却发现自然界中上至灵长类下至昆虫都有同性恋现象发生。如今看来，当时所言的“违背自然规律”的背后，其实包含了太多的宗教因素和太多的盲目跟从。挪威动物学家 Petter Bockman 就此批判过往动物学家在面对动物同性性行为时会出于惧怕触犯当时人类社会的禁忌而无视或歪由其观察结果，从而极大地阻滞了当时动物行为学的进步。可见，当局者迷，人类常常难以立即分辨出自己口中的“敬畏自然”是否纯粹。因而若把当今对于基因编辑的争议放入如此的大背景下，所谓“敬畏自然”的纯粹性便存在争议。

而科学发展的历程也就如德国思想家马克思韦伯所说，是一个理性化和祛魅的过程：人类不断进步，力求竭尽所能地用理性化的眼光看待万物，以求把一切带有巫术性质的知识和含有宗教要素的迷信祛除，从而推进现代文明达到纯粹的理型世界。①

(二)自然神性的来源——理论空白造成的恐慌是巨大的

为何人类对未知事物的恐惧会被寄托于自然的神性？其实对未知的事物感到恐惧是人类进化而来的本能，而把对未知做出可以接受的解释更是人类赖以生存的本能。当现有的问题存在无法解释的隐患时，社会便倾向于把问题归于一些更为隐秘的理论，如“自然的神圣性”、封建思想下的“天命不可违背”、古代西方的“上帝的启示”等。例如在古代，“神谕”被西方社会用于解释天灾人祸，倡导人遵守宗教戒律；中国古代也有“盖灾异者，天地之戒也②”的说法来解释晴雨旱涝，把旱涝灾荒嫁祸于皇帝庸碌无为。时至今日，科学虽然已经可以解释天灾人祸与晴雨旱涝，但在面对诸如转基因，人类基因编辑，人工智能此类“操纵生命”的研究时仍然面对着“自然的神圣性”的争议。事实上，面对转基因产品，总是不乏有声音把癌症、胎儿畸形、免疫力下降、绝育等科学无法完全解释来源的病症归罪于转基因食品的“违背自然规律”。不难发现，这与古代社会把无法解释的“天灾”归罪于皇帝“失德”的逻辑恰恰不谋而合。虽然不一定所有意义上的“违背自然规律”都是源于这种盲目的恐惧，但这种由本能恐惧产生的“归罪”逻辑应该被一定地重视。毕竟不可否认，如今的“自然的神圣性”的确多多少少包含着过去“天命”“神谕”的影子。

自然圣神性之所以深入人心，是因为存在一种由蝴蝶效应造成的恐慌。蝴蝶效应是指微小事件有可能通过某种未知途径来造成巨大的后果。这个理论强调不可预测性和混沌效应。理论空白所造成的蝴蝶效应是指存在现有理论无法预测的隐患时，人们常常会先入为主地把其它难以解释的负面影响归罪于它。例如：同性性行为可能造成的后果在古代无法预测(如今科学已得知没有后果)，于是梅毒、艾滋病等当时未解的病症便被认为是上帝对同性恋违背自然规律的行为的惩罚。这便是因为该事物存在未知，这种未知便可能引发蝴蝶效应，从而造成难以预料的后果(即梅毒、艾滋病等)。同时，审视当下的许多热点，不难看出，许多具有巨大煽动性的观点在根本上就是利用了前文所述“理论空白造成的蝴蝶效应”的原理：每个人都畏惧癌症、胎儿畸形这类无法被预言的灾祸，但灾祸的来源却未解。于是当诸如转基因食品这样的存在未知隐患的科技产生时就会被认为能够通过某种类似蝴蝶效应的途径来影响患上癌症的几率，从而引起巨大的恐慌。很多时候，这种造成蝴蝶效应的途径会被命名为“违反自然规律”。即同性恋曾被认为违反自然规律，转基因食品

① 陈向澜：《理性与管理：论韦伯的管理哲学及其影响》，吉林人民出版社2006年版，第243~244页。

② (西汉)班固：《汉书·宣帝纪》，中华书局2005年版，第189页。

也被认为违反自然规律。而很多时候，我们所强调的违背自然，包含着被这种所臆想出的蝴蝶效应所吓倒的成分。

一方面，大多的蝴蝶效应其实是大众内心所担心的事物的射影，就如同《哈利波特》中的摄魂怪一样，人们最畏惧什么，它就变成什么。另一方面，即使引发蝴蝶效应的可能性小之又小，但因蝴蝶效应理论中所能够引发的后果常常难以承受，所带来的机会风险就变得特别巨大，令人们对新技术望而却步。遗憾的是，这些尖端科学新成果，甚至可以广泛地说，一切科学研究都像潘多拉的盒子，充满了未知，而我们所认识的世界的边缘就是由这些未知的盒子组成的。我们永远无法做好万全的准备，也填补不了所有科学理论的空白。于是在打开潘多拉的盒子之前，我们无法预言一个盒子是否更加危险。盒子被打开了，飞出的是什么永远无法预料，也无法收回。

科学的发展有时候是充满曲折的，核弹之父奥本海默曾在广岛被毁灭时曾发出“我的双手沾满鲜血”的自责之语，并认为如果能够遇见今日的场景，自己必定会放弃对核反应的研究。但遗憾的是，奥本海默没能目睹今日的核反应渐渐脱离军事而用于能源并造福民生的场景。可以肯定，在文明渐渐进步的过程中，人类也许会走入歧途，但终将把科学用于致善。而真正需要做的是，克服恐惧，不断探索世界的边界，去尽力保证新技术不会带来过大危害，然后尽可能去完善它。或许我们终有一天会放出能够毁灭一切的恶魔(好比曾经的核武器)，但只要不被毁灭，它终将成为人类的力量。

二、科学与伦理、道德和哲学

从西游记中六耳猕猴的暗示，到阿西莫夫的机器人三大定律，人类对伦理哲学的讨论从未停歇。在当下，科技的发展有幸能达到人类过去想象力所及的领域，科学与伦理的争议便突然照进现实。很多时候这些舆论不仅仅是在探讨技术本身，而更多地是在探讨有关伦理、道德和哲学的问题。

(一)科技进步应该有相应的伦理概念产生

科技的发展日新月异，应该构建与之匹配的伦理体系。伦理的不可违背性已经被广泛地重视，但同样不应忽略的一面是，伦理学也具有发展性，科技推动其发展和进步也许并不算一种违背。原有的伦理概念常常只适用于过去的事物关系，当新的事物关系产生时，不应过分苛求用过去的伦理法则处理。从社会伦理的角度看，封建社会消失使“君君臣臣父父子子”的伦理变得落后，新的社会伦理去其糟粕进而取而代之；人伦上看，同性恋违背人伦的观点随着认知的进步被舍弃；科技上看，智能机器人提出之始，科幻大师阿西莫夫就提出了相应机器人三大定律与之匹配。事实上，新伦理概念的提出充斥着争议，这本没有错，从本能抗拒到冷静思考再到逐步接受本就是一个长期的过程。90 年代初，代孕技术以及试管婴儿迎来发展，社会舆论的谴责不绝于耳，反映出当时代孕者、婴儿以及原父母之间的伦理关系的一片混乱。但给问题以时间，新的伦理概念便不断完善：代孕者就是代孕者，是新生的伦理概念，而父母仍是父母，子女仍是子女，当中的每个人都开始适应自己的角色。如今的代孕已经在多个国家合法化。诸多问题渐渐有了解决方案，新的伦理也已经逐步在建立。当下，基因编辑、人工智能、克隆都走向成熟，科学的尖端有了更多的伦理冲突。但只要不断去尝试，以积极的态度去讨论，新的伦理将或早或晚会建立，基因编辑乃至克隆的路也必定会越走越宽广。

(二)科学与哲学相辅相成

正如每一次技术革命都将引发思想革命，科学与哲学向来殊途同归。而哲学与科学的发展也总是交替上升，一方的停滞必将制约另一方的发展和突破。可以发现，许多有关人工智能的议题根本上是向人类发问智慧生命的本质，有关克隆人的许多议题也常常隐含了“身心二元论”的背景。因而，要界定诸如人工智能自我意识的问题，必须先明白意识源于何处，必须先对“生命的本质”有更深刻的理解。而要解决诸如克隆人自我认知不确定、类别界限模糊的问题，必须先对“我是谁”的哲学课题有更深的研究，也必须对“身心二元论”有透彻的理解。当下科学的发展如此迅速，以至于达到了哲学的边缘，人类亟需发展哲学，从而给科学更广阔的空间。

(三)科学研究不可缺少道德考量

所有科学技术的归途都将是用于造福人类自身，但在新技术完善的过程中，道德的考量必不可缺。时下的基因编辑涉及以人类做实验品，当中的道德因素就应被反复掂量。诸如计算机试验等都可以立即终止，但涉及人类的临床实验却无法如此，研究者必须为试验者的生命、人权负责。类似于此，贺建奎操纵生殖细胞被视为突破道德底线的缘由也一定程度上在于试验者无法主动选择退出基因治疗实验或应对突发事件，更无法对治疗失误的后代负责。正如契诃夫所述“第一幕出现的枪，必然会在第三幕开火”，科学研究必然会引向技术实践，其时机、方式、应用的方法上需要更多的深思熟虑。这也就是其中的道德考量。

三、科学与社会

科技本身无可谓利害，但科技一旦走向应用就具有包括社会风险、社会心理学风险在内的诸多风险属性。

（一）新技术对道德和价值观的冲击

重大的科学新发现常常对社会的价值观乃至社会结构造成或好或坏的冲击。在神权统治下的十六世纪，宗教盛行下尚未形成与日心说相匹配的科学观和接纳能力，新的科学发现就对政教合一的社会的价值观造成了巨大冲击。虽然酿成了布鲁诺死于鲜花广场的人类悲剧，与哥白尼著作难以发表的情形，但同时客观上推动了社会形态的发展。古之如此，当今亦然。当社会未能形成稳固的价值观和匹配的道德高度时，若把克隆人器官移植技术贸然用于实践，必将引向生命商业化、身体工具化的价值观混乱。即克隆人因可以提供器官移植，而很可能被剥夺人权而成为可交易的商品，克隆人的身体也很可能成为培养器官的工具。在道德上，当全社会尚未达到足够的道德水平时，人们能否对克隆人甚至基因编辑人老吾老以及人之老，幼吾幼以及人之幼？这都是值得考虑的问题。因此，一方面来说，社会对相应新技术是否做好了准备，技术造成的影响是否利大于弊，这必然是新技术走向应用的途中必须考虑的问题。另一方面来说，也应提升社会的文明基础，培养与科学水平相匹配的道德素质，不能因社会文明的不匹配让科学寸步难行。

（二）新技术被滥用的风险

科学本没有善恶，但天使与魔鬼却一直存在于人们心中。前文所言奥本海默的忏悔其实就是他对自己低估了核科学被错误利用的风险的自责。如今的黑市、暗网、恐怖组织……社会自身的阴暗面使得新技术被错误利用的风险被无限放大。基因编辑可能被用于基因贩卖，克隆可能被用于黑市人口贩卖，哪怕看似无害的移动网络也可能在“棱镜门”事件中被用于非法监听。不可否认，人类常常难以确定自己对风险的预估是否恰当，但可以确定的是，一旦完全缺失了风险预估的过程就必定会造成严重的后果。因此，一方面科学新技术应谨慎投入使用；另一方面，社会也需要事先构建出完善的相关安全体系与法律体系来与新技术相互适应。

四、总　　结

过去厌恶、嘲笑与迫害的声音早已远去，而对于新技术的各种争议和考量，却将永远是每个科学成果用于实践时必须经历的一个过程。全面地看待问题的两面，不失偏颇；在试探中找到进与退的平衡，科学之路就会如鲁迅所言“路也愈走愈分明，天也愈走愈亮。

惟愿从今往后的科学发展之路渐渐变得无限宽大明亮，带着各自的骄傲，迎接非议与争论，赞誉或批判。并迈过沿途的曲折，将造福人类的火炬递之后世，以至万世相传。

珍　妮

周子熠　动力与机械学院（2019302080246）

【指导教师评语】作者用科幻的手法描写了一幅机器人和人类共同生活的画面，被改造输入了人类自主意识的机器人是否会甘居于人类的控制之下，是否会和人类产生斗争，将来会发生什么？一切都是未知……作者文笔细腻，行文流畅，构思新颖，情节引人入胜。（物理科学与技术学院　郝中华）

多年以后，面对着由铜墙铁壁组成的游行队，佰通博士将会想起自己偷偷和机器人小姐约会的那个遥远的下午。那时机器人遍布的城市拜尔还是一副欣欣向荣的繁华景象：无人驾驶的高速胶囊车漂浮在光滑的石墨烯轨道上，自由穿梭于密密麻麻的城市车辆中；连通两处地表的穿地心轨道时刻运行；向火星月球这样的新居所发射的火箭飞船络绎不绝；将人们产生的垃圾瞬间回收利用或用作燃料的智能处理器时刻运行着……

但这座城市之所以会在短短20年内由一座小小城镇成为现在这样一个由新型科技材料和精密电脑计算支撑运行起来的宏伟科幻的城市，都要得益于该座城市大胆尝试——对智能机器人的广泛使用。在这座城市，几乎所有工作都是机器人来操作运行：24小时巡逻的机器警察、永不休息的机器清洁工、面含微笑并语气亲昵的机器售货员，以及不会喘气虚弱，勤勤恳恳的工地机器人……由于这些机器人劳动成本极其廉价并且工作效率极高，它们已经代替了所有低脑力劳动工作，它们模拟人的样子制作，而且他们的语言系统，处理事情的模式都与人相似，而且每一个机器人都植入了高智能芯片，里面凝结着人类所有已发现的智慧结晶，比一般的人类聪明不少。这样的它们，如果不是因为略显木讷而机械的表情，没有人可以保证不认错机器与真人。

“机器人可真是我们的好朋友啊，你看她多可爱啊，是不是?”佰通博士指了指给在一旁的好友倒水的珍妮，对他如是说到。珍妮微微一笑，礼貌地打了个招呼就走开了。朋友悠闲地嘬了一口茶，回味着茶香，似乎很理解地说道：“是啊，有这些为我们工作的工具，有时候我都不知道我们这些老老实实学知识的人还有什么用。”博士哈哈大笑起来，暗地里却默默摇头。

佰通博士风华正茂，24 岁出头便成为了机器人研究行业的领头者。珍妮是他研发的初代智能机器人，行使的是女仆的工作，之所以叫珍妮，是因为他希望自己研发的机器人能像第一次工业革命的珍妮机一样，引发一场巨大的科技革命。从后面的结果来看，他所预测的革命是对的，虽然不是以他想要的方式。

“机器人不仅仅是工具，我的珍妮，她会笑，她有情感。”送走了朋友，博士闷闷地想着。在无数个研究失意的夜晚，他的坏脾气吓走了很多助手和研究人员，但是珍妮却从来没有怨言，她用她超凡的智慧和耐心与任性的博士反复周旋，让他逐渐冷静，重新找到继续研究的动力。在只有他孤军奋战，支撑不住睡着的夜里，是她为自己披上被子，不让自己被深夜的寒冷侵蚀……陪在自己身旁的人，总是她。是的，不是“它”，对于博士来说，珍妮就是一个活生生的人，是一个有血有肉的生命。

有一天，博士写一个程序错了很多地方，焦头烂额的他只得像往常一样向珍妮求助，珍妮只看了一瞬，就缓缓把他的错误都指了出来。博士被珍妮的智慧所震惊，看着她缓缓张合的火红双唇和精致美丽的面庞，他想：“人为什么不能爱上机器人呢?”佰通博士，这个极度孤高冷傲的天才，好像爱上了一个机器女子。

“霍金先生曾说过，‘彻底开发人工智能可能导致人类灭亡’!”在拜尔关于是否继续大力发展人工智能的大会上，反方代表据理力争，列举了机器人工作给这座城市带来的失业和商品剩余严重等问题。“发展的过程永远是危险和机遇并存，在电子信息时代人类也知道可能会有不良后果，但还是在勇敢尝试。如果我们不去尝试，怎么发展，何况你们一味节制机器人的发展，难道就一定不会有社会动荡了吗?我国原来的主要矛盾是什么，是社会生产力无法满足国民需求，你觉得如果不发展，我们压制机器人，不会又产生这样的矛盾了吗?”作为正方，佰通博士反驳道。反方依旧认为：“机器人现在太过于智能，一旦产生自我意识，便会冲破‘人类即主人’思想桎梏，试图和我们平起平坐，甚至将人类踩在脚下，到了那个时候，你负得起这样的责任吗?”博士说：“和机器人们平起平坐难道是一件坏事吗?我们本来就不如他们啊。”听到这番话，会场一片死寂，大家在怀疑博士是不是吃错药了。“这个世界的法则本就是弱肉强食，不发展便被淘汰，恐龙那么强大还是没能一直成为地球霸主，只有能活下去的，足够优秀的生命体才能掌控世界，而在机器人的角度来说，他们看我们，就像我们看猩猩，猩猩会被我们淘汰，我们也可能会被机器人淘汰。你们之所以无法接受，是因为站在人类自私的角度来看问题，而不是在科技发展的角度。”听完他不知所云，会场沸腾了，不愧是科学疯子，连这种反人类的话都敢说，他把对手着实笑的不轻。显然最后他失败了，没有几个人支持他，政府也因此下达了限制机器人研究的命令。

他灰溜溜的回到家里，这个固执偏执的“机器疯子”到现在也没想通为什么没有人理解他。疲惫无比的他现在只想喝一喝闷酒，然后睡觉。坐在软软松松的羊毛沙发上，正对着头上暖色红灯打下来的慵懒光晕，他给自己倒了一杯很久没喝过的葡萄酒，刚准备喝就被女仆制止了(哦天哪，这正是他很久未喝酒的原因，他给珍妮设置了阻止他喝酒的程序)“今天破例!”“好的，抱歉，先生。”他痛苦地将杯中的酒一饮而尽，从研究人工智能以来，自己就遇上了无数顽固分子的反对之声。“这些思想被限制的人，什么时候能懂呢?”他烦恼地喝了一杯又一杯，在缓过神来时已经在床上躺好……虽然珍妮长得小巧柔弱，但是实际上无论细活还是重活，对她这样的高级机器人来说，都只是小菜一碟。看着旁边直挺挺地立着，拿着毛巾时刻照顾自己，可爱又乖巧的珍妮，醉意上头的先生忍不住开始问奇怪的话了：“你为什么一直这么耐心地照顾我呢?”“先生是我的主人”；“主人？你不认为我们是朋友吗?”“对不起主人，这是系统程序设定，机器人和主人不持有平等地位”“可你一直在我身边，我，我已经对你产生了特殊的情感，我的意思是，我想问，你爱我吗，珍妮”“对不起，您是我的主人”。听到这里，博士又气又怒，这些机器人从一开始就被设定了人是主人的潜意识，永远无法改变，而自己因为孤独将珍妮的照顾视为爱意。

他失望极了，本来想快速睡眠来忘记自己的失望，可却彻夜难眠。在大会上被群人嘲笑，把珍妮当作爱人却被冷拒，一天中同时发生的这两件事使他无法冷静，羞耻和不甘爬上了他的心头。他通过计算机向珍妮的源程序输入了这样一条指令：I could be the same with human-beings.

第二天，在床上浅睡的他感受到了嘴角一丝温暖而甘甜的触碰，他惊醒了，看着一旁害羞的珍妮，他都懂了，他也回以一个深深的拥吻，“我爱你，珍妮”“我也爱你，先生!”原来虽为机器人，珍妮早就爱上了先生，只是由于程序的设计，她迟迟不能表达爱意。

那天下午，他们出去约会了。博士从来没有感受过这样的幸福和满足，他们看了身临其境的10D电影，坐了沿途风景壮观的穿地心电梯，还去火星上吃了很多当地的特产小吃(当然只有博士能吃东西啦，机器人都是核能驱动哦)。至始至终，珍妮像一只可爱的小猫，黏在博士身边，两人形影不离。有很多机器人看见了他们，都会疑惑地向他们发问为什么她和主人像一对情侣，珍妮会热情而又神秘地回复：“I could be the same with human-beings!”同伴们默念着这句话，若有所思……

第二天，拜尔最大的电影院的员工都罢工不干了，管理地心电梯和火箭发射器的工作机器人也相继放弃工作，当地干部还没有查明原因。再过了几日，拜尔所有的机器人全都放弃了工作，浩浩荡荡的机器人们展开了游行，他们高举着“I could be the same with human-beings”这样的口号，有的要求自己也能有工作薪水，有的要求人类给与机器人同等的尊重，有的希望机器人与人之间也可以结婚谈恋爱。

看到此情此景，博士才知道自己对珍妮的潜意识的改造内容已经像病毒一样在机器人中扩散开来。人工智能们已经将自己应该和人类享有同等权利认作事实，发生了这样的事情，就说明一场人机大战的发生已经不可避免。

接下来又会发生什么呢？机器人夺得权力，然后和人类平起平坐？或是发生一场战争，人们把机器人全都扫除吗？又或是说机器人会真的最终把人类毁灭吗？我们不知道，博士也不知道，他只知道，机器人和人的区别并不是人们想象中那么大，发展中的冲突永远不可避免。

而最重要的，就是珍惜现在的生活，珍惜眼前出现的爱人，再努力为社会的发展贡献自己的力量。

照片 51 号

彭静怡　健康学院（2019303050C39）

【指导老师评语】本文用穿越小说的形式，结合历史事实和个人想象，介绍了 DNA 双螺旋的发现过程以及富兰克林在 DNA 结构发现过程中起到的作用，并通过富兰克林的信来侧面体现作者对这一历史过程的观点。生动描绘了一个性格鲜明的女性科学家的形象，以实验事实为依据，不片面追求名利，不浮夸，同时说明科学的发现过程中，暂时的错误并不是完全没有意义的。文章选题新颖，有独立思考。（基础医学院　陈　朗）

摘　要：本文以 BBC 科幻冒险剧《神秘博士》为背景，描述了神秘博士及其助手将罗莎琳德·富兰克林从其 DNA 研究时期带到 1962 年，见证沃森、克里克、威尔金斯因证明了 DNA 双螺旋结构而获得诺贝尔奖，又将她带到 2020 年，目睹某大学研讨课上学生对她的评价。但富兰克林回归自己的时期后仍不改初心，错过了第一个发现正确 DNA 结构的经历。刻画了一名执拗、但坚定科学信仰的女性生物学家的形象，并就其进行了相关探讨。

说明：其中对于富兰克林人物形象的塑造都来源于所能查到的有限资料，并且带有个人想象色彩，因此只能代表本人想法。

关键词：穿越；DNA 螺旋的发现；富兰克林；选择

一个石板铺砌而成的，很广阔的地下室走廊。灯光昏暗，走廊把我们引到伦敦大学国王学院的主楼下几百英尺的地方。

“博士，就算我们插手这件事，结果就一定会改变吗？”泰勒纠结几许，最终还是向他——这一届的神秘博士提出了自己的疑虑。“泰勒女士，作为我的助理，你应该明白，我所做事情的从来都只是一把钥匙，但它究竟将打开哪扇门，是由拿到这把钥匙的人决定的。”阿尔博士一边说着，一边沿着走廊朝北边走去。走廊几乎到了泰晤士河的对岸——那里是伦敦最繁忙的地方。但在这里，既听不见汽车或卡车的噪声，也看不见泰晤士河悄悄地流过维多利亚河堤往南而去。

沿着走廊的间隔，有很多门通向实验室或办公室，他们在其中一间实验室找到了她——年轻的、中等个头的妇女，苗条、黝黑，穿着讲究；发亮的头发、高高的额头、充满智慧的眼睛和坚毅的嘴唇——罗莎琳德·富兰克林女士。

但情况似乎不太妙，因为这间平凡的实验室里正在进行生物遗传研究历史上非常重要的一场争吵。

“很显然，那个很强的、涂抹的弓形暗示分子是个螺旋形的。”

“不，威尔金斯。你应该知道，‘显然’这个词在科学研究中是最危险的。并且，‘分子是螺旋形的’这个结论简直是跳跃式的。”

“哦，富兰克林女士。或许你的确应当只是我的助手！”

“哦我的天呐，威尔金斯先生！从我来到这里的第一天起，你就应该知道，我和你是同样地位的研究者。当然，与你正常地进行研究讨论或许是我大脑里出现过的，最不科学的，最异想天开的想法！”

她经过卡尔和泰勒面前，愤然走出了实验室。

泰勒见状立即追上前去，拦住富兰克林，说：“你好，尊敬的富兰克林女士。如果可以的话，我们想和你谈一谈。”

“我注意到刚才我和威尔金斯争吵的时候你就在一旁。如果你是要站在威尔金斯的观点与我争辩，我认为没有这个必要。”富兰克林作势便要离去。

“请等一下，富兰克林女士。我想您一定很想知道在未来，您和威尔金斯两人，究竟是谁的观点获胜。”卡尔追上来，对富兰克林说道。

“未来？或许你知道我是一名科学家，是不会在意任何神棍理论的。”富兰克林停下脚步，转身对卡尔说道。

“请允许我先做个自我介绍。我叫卡尔，如果您愿意的话，可以叫我卡尔博士。虽然这是物理方面的理论，但您应该听说过相对论。如果您对爱因斯坦有足够信心的话，就请相信我们来着未来的 2100 年，并且知道 DNA 结构的最终研究结果。”

“我从来只相信某种说得通的理论，而不迷信于某个人。不过我很的确想知道，您这位博士究竟知道怎样的 DNA 结构研究结论。”富兰克林微微一笑，“去我的寓所谈谈吧，如果你们喜欢巴黎庭院的气氛的话。”

卡尔与泰勒来到了富兰克林的住所，的确是很鲜明的巴黎风格。不过他们就坐后根本来不及细看，毕竟富兰克林炙热又些许轻蔑的眼神不容他们迟疑，“开始吧，你们的 DNA 结构是怎样的？又怎么证明你们来自未来？”

“女士，你首先要知道，这不是我们的 DNA 结构，是在未来所有人都认可的——由沃森和克里克提出的——或许这其中有您的功劳——DNA 双螺旋结构。在该结构中，两条反向平行的多核苷酸链相互缠绕形成一个右手的双螺旋结构。”泰勒强硬地回答道，言辞间有很明显的愤懑。

“双螺旋？是怎样的双螺旋呢？如果是一套成熟的、被广为接受的理论，应该不至于如此单薄吧？并且，其中又与我有什么关系呢？”富兰克林仿佛感受不到泰勒的情绪，不卑不亢地继续提问道。

“相信我，富兰克林女士，DNA 双螺旋结构在不久的将来就将被证明。但我此行的目的并不是来向您通知这件事。事实上，正如泰勒所说，这个结论有您很大的功劳，但克里克同沃森、威尔金斯一起获得 1962 年的诺贝尔生物学或医学奖，期间并未提及您的贡献——您的照片 51 号。”卡尔注视着富兰克林的双眸，平静地说。

富兰克林失去了镇定，有些激动地问道：“照片 51 号？是我的 B 型 DNA 的 X 射线晶体衍射照片吗？你们怎么会知道？”

卡尔依旧平静，但嘴角浮现出一丝不易察觉的笑意：“我们如何得知，这并不重要。如果您愿意的话，我想请您同我们去到 1962 年，相信您的疑问在那里都会得到解答。”

片刻沉默。

“好吧，但愿能向我证明你们不是神棍。”富兰克林同意了。1962 年，伦敦街头。

“哦我的天呐，这是哪里？英国？”富兰克林面露惊讶。

“是的女士，这里是 1962 年的伦敦，是否向您证明了我们的确能时空穿越，而非你口中的神棍？”泰勒快快答道。

“好了泰勒，这不是重点。”卡尔从旁边叫卖的报童那里买了一份报纸，“我们来得正是时候，他们刚刚获得了诺贝尔奖，报纸头版就是他们。不过要想详细了解他们的研究，或许我们应当去图书馆找一份杂志看看。”

伦敦某图书馆借阅室内，富兰克林正翻阅着沃森和克里克联合发表在《自然》杂志上的文章，他们在论文中提及他们是受到威尔金斯与富兰克林等人的启发，但并未详细说明，也没有致谢。“看来我对他们的启发就是那张 X 衍射照片 51 号吧。”看完杂志，富兰克林自顾自地说道。

“所以呢？事实上你才是最先接近真理的那个人，可你却固执己见，关键资料也被他人盗用，难道你不想改变这件事情的发展吗？”泰勒激动地说道。虽然在图书馆内不得不压低声音，但言辞间难掩愤慨。

富兰克林面无表情地凝视着《自然》杂志的封面——一个完美的、DNA 双螺旋结构图，一言不发。

片刻过去，卡尔突然起身，对富兰克林说：“那我再带你去一个地方看看吧，富兰克林女士。”

2020年，某大学八号楼研讨室门口。

“里面的几个刚成年的21世纪青年正在进行一个关于DNA发现的主题研讨，听听看他们是怎么说的吧。”语罢，卡尔便走进研讨室，富兰克林和泰勒紧随其后，三人在在观众席坐下。

一个中等身高、白白胖胖、看起来朝气蓬勃的女孩正在台上就着花哨但可爱的PPT认真地表达着看法：“富兰克林开始负责实验室的DNA项目时，有好几个月没有人干活。同事威尔金斯不喜欢她进入自己的研究领域，但他在研究上却又离不开她。他把她看做搞技术的副手，她却认为自己与他地位同等，两人的私交恶劣到几乎不讲话。从非技术性层面，富兰克林离答案仅有两步之遥的科研工作略显悲剧。”

女孩切换了一张PPT，继续讲道，“关于探索性科学研究工作，我从富兰克林的例子中得到以下两点启发。首先是合作的重要性。每个人都有自己的优缺点，都有自己独特的想法。但一个人的思维和想法总是主观的、局限的，每个人也各有所长，人无完人。团队成员组成越多元化，越可能产生不同的想法，从而在决策的时候集思广益，产生更好的方案。在进行探索性科学研究工作时，新奇的发现和有意义的进步往往是在各种思想的碰撞中产生的。如同沃森、克里克、维金斯三人，在探讨中进步，又分别运用各自擅长的领域做出贡献，相比富兰克林一个人的战斗，要更加有效率，也更有可能接近成功。第二，要懂得转弯。坚持不等于固执，富兰克林的固执让她失去了率先发现DNA双螺旋结构的机会。在我看来，她完全可以先将一定阶段的研究成果公布，虽然不完整，但也给了其他科学家对此评价的机会，也可以促进这一理论的进步和完善。哪怕如同泡令一般被其他科学家指出错误，也好过让自己错过真理。”

听到这里，富兰克林走出了研讨室。卡尔和泰勒赶紧追出来。“卡尔先生，请您送我回到我的时代吧。”富兰克林平静地说。

“可是，你决定好了吗？回去之后要不要立刻改变研究方向？”泰勒焦急地问道。

富兰克林不语。卡尔接话：“好了，富兰克林女士一定有了她的决定，我们尊重她吧。”

卡尔和泰勒将富兰克林送回了1952年，然后回到了自己的时代。

回到2100年后，泰勒立刻开始查询DNA结构的发展史，但一个字都没有改变——富兰克林依旧错过了正确的结论，关于DNA双螺旋结构的文章仍然由沃森、克里克于1953年4月25日发表在《自然》期刊上，1962年的诺贝尔生物学或医学奖仍旧颁给了沃森、克里克、威尔金斯三人。泰勒震惊不已。

这时，一个叫皮尔斯·富兰克林的男人叩响了他们的大门，送给了他们一封特殊的信件——一封来自1952年罗莎琳德·富兰克林的信。内容如下：

亲爱的时间穿梭者，你们好！

非常感谢你们带我去到了未来，看到了原本我看不到的世界。也感谢你们尽力劝导我改变研究方向，希望我得到所谓“我应得的荣誉”。但相信你们已经看到，我并没有做出任何改变。

其实，我在 1939 年就曾构思过 DNA 的化学结构，那是一个螺旋型图样。但作为一名科学研究者，我必须要坚守科学一般原则——坚持科学的态度，遵循科学的程序，采用科学的方法，符合科学的规范。我的研究结果不足以让我认定双螺旋结构是正确的 DNA 结构，这也是为什么我没有改变研究方向。

另外，对于沃森和克里克是剽窃者的说法，我非常不赞同。事实上，他们只是可怕的幸运者。他们的运气来源于他们亲密无间的合作，在知识、能力甚至性格上的互补。但他们不只是幸运，虽然我的数据非常关键，但他们理解了我所没有理解的东西。他们把碱基一起放到双螺旋里的洞察力和我的材料没有任何关系。因此，对于他们在《自然》杂志上对我表示的感谢，我感到非常感激甚至惭愧。

最后我想说明的是，是我太固执地用传统的数学方法来分析 A 型 DNA，太刻板地反对建造模型。这才是我错过真理的真正原因，将其怪罪于任何人、事，甚至是环境都是不必要、不正确的。因此，我也非常高兴我的研究成果对沃森、克里克走向真理起到了作用，这让我不至于背负耽误人类进步的罪名。

再次感谢你们对我的帮助，希望你们一切都好！

罗莎琳德·富兰克林

1952 年 5 月

看完信件，卡尔博士自言自语地说道：“在任何情况下，诺贝尔奖都只是一个装饰，她的工作价值毋庸置疑是众所周知的。作为科学家，罗莎琳德·富兰克林拥有卓越的一生，那些不顾事实声称她是因为女性的身份而在科学生涯上受到阻碍的人也低估了她所取得的成就。她远远比我们想象的更值得尊敬。”

“但是，这个皮尔斯·富兰克林是谁呢？罗莎琳德的后代或者亲戚？无论如何，我想我知道他名字来源——21 世纪一位名叫皮尔斯的 NBA 运动员——他的绰号叫‘真理’。”说完，泰勒俏皮地眨了眨眼睛。

浅析医学科技进步中的伦理问题
——由《DNA：生命的秘密》和《惊人的假说》引发的思考

陈俊昊　动力与机械学院（2019302080215）

【指导教师评语】论文由《DNA：生命的秘密》和《惊人的假说》引发医学科技进步中的伦理问题的思考，通过课堂学习讨论、推荐书目阅读、参考文献检索对两节相关联的知识有了自己独特的认识和拓展。论文结构合理，有较完整的介绍背景，引出问题，表达观点，论据证明，总结思考的过程；有充分的论据证明观点，引用充分，格式工整。（电子信息学院　马　跃）

摘　要：从希波克拉底把医学从巫术中解放出来到沃森——克里克的DNA双螺旋结构的发现，医学的发展经历了一个漫长而又艰难的岁月①。在沃森和贝瑞的《DNA：生命的秘密》里记录着遗传学的发展历史，其对基因技术在医学上的运用进行更深一步探索；克里克的《惊人的假说》则探究意识的本质。这些努力都是人类想进一步了解自身，发展医学及科技的努力的缩影，但是在运用基因技术和对意识的探究来提高医学水平以挽救病人并发展其它科技时，不得不考虑它所带来的伦理问题。在医学科技进步与伦理问题的窘境里，我们应端正态度，减小两者矛盾，促进科技发展，做到与时俱进。

关键词：医学发展；基因与意识；伦理问题；与时俱进

一、引　　言

医学经历了传统医学、实验医学和现代系统医学的发展时期②。从传统医学的经验论

① 石大璞，《医学技术的进步与传统医学伦理的矛盾》，《中国医学伦理学》1994年第1期，第5~8页。

② 百度百科，《医学发展史》，https：//baike. baidu. com/item/%E5%8C%BB%E5%AD%A6%E5%8F%91%E5%B1%95%E5%8F%B2/10604583？fr=aladdin，2020年5月31日。

到近代医学研究病理再到自20世纪以来更深入的研究分子水平的现代医学，医学技术上的进步让成千上万的人逃脱了疾病的魔爪。特别是分子和基因水平的研究，让许多遗传病有了治愈的希望，同时人们开始构想通过对人类意识的进一步研究，是否可以治愈更多疾病甚至达到永生。此外利用这项技术带动其他科技发展，是否还可以让罪犯开口？让机器人拥有意识？人们对未来医学科技的发展充满了无限期待。

二、现代医学在分子水平上的研究和对意识的探寻

20世纪初，现代医学就开始不断发展，科学家们在分子水平方面有了深入研究，基因技术也成为了目前最火热的研究项目之一。从人们认识DNA双螺旋结构到进一步了解基因、完成人类基因图谱，基因改造技术变得愈加成熟。

从孟德尔遗传定律到DNA双螺旋结构的发现，再到最终人类基因谱的完成①，沃森的《DNA：生命的秘密》一书讲述了遗传学的历史。此书还说明了在DNA分子水平及基因改造技术上的应用，如"麦片盒里的风暴：基因改造农业""向疾病挑战：防治遗传疾病"等。但这还远远不够，富有想象力的人们希望通过对基因的操作，去治疗更多的疾病，如抑制癌细胞扩散，对胚胎进行基因编辑使新生儿生来对某些病毒免疫等，也希望能够在其他科技方面有推动作用。

如今的科技已经有了质的飞跃，人们有了更多新奇的想法，渴望探求意识的本质，若能成功将大有用处。克里克的《惊人的假说》一书中主要从视觉层面来探究意识的本质，他认为人的精神活动完全由神经细胞、胶质细胞的行为和构成及影响它们的原子、离子和分子的性质所决定②。由此可知，如果能够找到这一区域，那么以后就有可能保证意识不灭，实现永生，这为今后的医学技术发展提供了绝佳的机会。

此外，人们正在思考对意识的研究在其他领域怎样也能发挥作用，如刑侦方面，警方只需通过技术手段就可以读取犯罪嫌疑人的意识，如杀人动机，作案手法等；人工智能方面，将人工智能与人的意识相连，使其变得更智能更人性化。这都是人们在医学生物学领域不断探索的结果，这些创新科技和思维将会促进社会进步，使人们更好地认识自己，更好地去适应这个世界。

---

① 百度百科，《DNA：生命的秘密》，https：//baike. baidu. com/item/DNA%EF%BC%9A%E7%94%9F%E5%91%BD%E7%9A%84%E7%A7%98%E5%AF%86/1684874，2020年5月31日。

② 百度百科，《惊人的假说》，https：//baike. baidu. com/item/%E6%83%8A%E4%BA%BA%E7%9A%84%E5%81%87%E8%AF%B4/2904375？fr=aladdin#ref_［1］_2957832，2020年5月31日。

三、先进医学技术背后的伦理问题

"Every coin has two sides"，虽然新技术能够给我们带来许多好处，但很多问题随之而生。

首先作为一项不成熟的技术来讲，其本身具有许多不可控因素。对基因进行改造或者对某处神经进行处理，这听起来简单，但人是一个复杂的集合体，谁也不知道会引发什么样的蝴蝶效应①。依照现有技术，人们是否有把握敲除婴儿的某一个基因，就能够提高对某种疾病的抵抗力而不产生副作用？人的身体绝大部分都是必不可少的，过多进行基因改造，难免会对人类本身造成一定危害，而且很有可能造成不可控危害。

先进医学科技所面临的最大难题还是涉及伦理道德的一系列问题。

首先是关于医学和生物学工作者自身的道德问题，就拿之前的免疫艾滋病的婴儿来说，虽然当时做这个实验的人的初衷是创造一个不会患病的孩子，但是又有谁能保证在开了这次先例后没有人依照这项技术去创造智商超高身体健康寿命又长的孩子？对于这个问题著名的物理学家霍金曾经也提到过。如果进行基因改造几代甚至几十代人之后，又有谁会保证基因改造的人和正常人之间没有歧视和冲突？我们现在只看得到短期效果，那么长期的影响又如何呢？尽管大多数科技工作者有这份自觉，但是也难免会有一些思想觉悟低的人执意实行，酿成危害，这些问题都值得我们深深地反思。

其次是权利和自主意识受到了侵害。对于遗传病患者来说，可能会因躲避自身遗传缺陷而选择正常人群进行供精或者供卵，而其引发的伦理问题也随之而来，胎儿归属权、血缘关系、法律依据的继承权、生殖伦理监管仍是待探讨的问题②。对意识的研究使得人们在未来很有可能读取犯罪嫌疑人真实的犯罪动机，但就算是嫌疑人也是享有公民的权利的，未经本人允许不能随便实施。其次，我们不能保证这项技术无毒无害没有副作用，因此也就无法保证嫌疑人的生命健康和安全。人造机器人也是如此，如果有一天人们能够赋予它意识，那么是否代表他也能拥有和人类一样的权利？换位思考一下，如果你的意识在机器人里，每天被人类奴役，那么你肯定要反抗，去控诉那些人，同样，那些具有意识的机器人也是如此，既然被创造出来，就理应得到尊重。

医学的进步不只停留在基因水平或者对意识的研究，其所涉及的许多方面都存在着不

---

① 又称拓扑学连锁反应，[美]爱德华·罗伦兹，气象学家，1963 年。

② 温春峰、桑丽娥、袁国莲：《对人类辅助生殖技术的界定及其实施伦理原则的反思》，《中国医学伦理学》2011 年第 5 期，第 637~639 页。

可避免的伦理问题。比如器官移植，虽然这项技术出现得比较早而且历经多年有了巨大的进步，并且人们在思维上也逐渐接受了器官移植。但是现在的器官移植仍然会遇到很多伦理问题。一是尸体器官移植的伦理问题：如果死者在生前没有表示过是否死后捐赠遗体器官，若刚好有一个人病重急需器官移植，在征求到双方家属同意时，是否就可以捐赠，如果捐赠，是不是没有考虑死者的意愿；二是可供移植器官在分配中的伦理问题：现如今虽然器官移植技术相当发达，但是可供移植的器官却少之又少，器官供不应求，在这种情况下，如何分配器官？以及器官是否能够被商用？这也是我们不得不考虑的问题。

依照如今医学科技水平，相信在不久的将来，人体全身器官移植(包括大脑移植)都是有可能实现的，那么通过这个技术，是否可以在某个人全身器官衰竭的时候换掉所有坏了的器官以延续生命？不同的人有不同的看法，不过对于我来说，这项技术应该被禁止。

正如同玛丽·雪莱的长篇小说《弗兰肯斯坦》①那样，小说主角弗兰肯斯坦用不同尸体的各部分拼凑成一个巨大人体。当这个怪物最终获得生命睁开眼睛后，紧追不舍地向弗兰肯斯坦索要女伴、温暖和友情。他请求弗兰肯斯坦为他制造一个异性同类以度余生，并保证他们将远离人类文明。但是考虑到这两个怪物会繁衍出更多可怕的怪物，后果不堪设想，于是弗兰肯斯坦拒绝了怪物，恼羞成怒的怪物便和弗兰肯斯坦展开了一次又一次的生死斗争②。

当然，对于医学上的器官移植来说，不会像上面的例子一样造出一个怪物来，但是怪物有了意识，这到底是某一个尸体块生前所拥有的意识，还是他们的集合，又或是新诞生出来的意识。同理，在接受全身器官移植之后，个人的意识是否会发生改变，本人的意识是否还存在，是否还能继续起主导作用，这些都是不可而知的，以上也已经超出了伦理的范畴。

四、医学技术进步在伦理问题上的窘境

不论是对基因的编辑还是对意识本质的探寻又或是器官移植，他们的出发点都是好的，都是为了造福于人类，促进医学和社会进步。但是又不可避免地触及伦理问题。当医学科技进步与伦理问题发生碰撞时，到底应该谁让步？

---

① [英]玛丽·雪莱：《弗兰肯斯坦》，刘新民译，上海译文出版社 2014 年版。

② 百度百科，《弗兰肯斯坦》，https：//baike. baidu. com/item/%E5%BC%97%E5%85%B0%E8%82%AF%E6%96%AF%E5%9D%A6/6796014？fr=aladdin#reference-[1]-12234686-wrap 2020 年 5 月 31 日。

对于这一问题，"保守派"更多考虑的是涉及对人权利的侵犯和不尊重以及违背人本身意愿的行为。让他们更担心的是如果医学技术越过伦理界限飞速发展过后是否会被不法人员或极端主义者利用，来对人类造成更大的威胁。比如基因武器，或者通过意识手段对国家安全部门的人员进行拷问，这样一来后果将不堪设想。其次，人们没有足够长的时间来判断这些技术对我们的子孙后代有无影响，可能一代两代看不出来，但是如果再过几百年，世界上全是患有遗传病的人之时，真的就无力回天了，而造成这一恶果的便是我们这一代人。最后，新奇的构想往往就会超出人们传统的伦理道德思维而不被人们所接受。比如这几年掀起浪潮的换头手术，2020 年 3 月 19 日，据《新闻周刊》报道，世界上首例换头手术准备实施。准备执行这次手术的是意大利神经外科医生 Sergio Canavero①。如果换头成功，那么判定这个人的依据到底是这是谁的头还是这是谁的身体？"换头人"的亲缘关系又该发生怎样的改变？一系列问题随之而来。因为不像人体器官移植那样，头部毕竟是人体最重要的部分，现如今还有许多技术都像换头手术这样超出了人们的伦理纲常范围，一时间有许多人都纷纷站出来反对这些技术。

当然，"开放派"则更注重于医学技术所带来的好处，并且他们认为医学是拿来救人的，而伦理是对医学发展的限制，就像是让医学戴着镣铐跳舞。只有高超的医学才能挽救生命，而救活人才是最大的伦理，就拿人人皆知的乙肝疫苗来讲，它发挥的作用不言而喻，可以说现在基本上每个人都会接种乙肝疫苗。可谁又知道救人命的乙肝疫苗是一个美国的科学家在一个智障儿童医院里的儿童身上做试验而得到的。尽管受到了很多人的谴责，但无损这些科学家的伟大。还有一部分先进的思想认为，道德是建立在社会共识上的，而社会共识是受科学水平影响的。就像人们逐渐接受了器官移植那样，因此可以这么说，科学进步必将导致伦理道德的更新，而墨守成规的伦理道德终将被社会淘汰。

"公说公有理，婆说婆有理"不管是考虑到种种危害而反对这些技术的人，还是一心想要造福于人类推动医学和社会发展而支持这些的人，他们各自都有自己的道理。没有绝对的对错，不能因为要进步，就不管那些伦理纲常，这样的社会即使人人健康科技进步，也必定会走向混乱消亡；也不能畏手畏脚，用伦理这个词束缚住医学和科技的发展，这样停滞不前，必将会带来更多的问题和挑战。医学进步貌似和伦理问题陷入了僵局，一时间没有办法解决。

① 百度百科，《世界首例换头手术》，https：//baike. baidu. com/item/%E4%B8%96%E7%95%8C%E9%A6%96%E4%BE%8B%E6%8D%A2%E5%A4%B4%E6%89%8B%E6%9C%AF/19628361，2020 年 6 月 1 日。

五、致力科技发展，改变保守观念

伦理会一直阻碍医学进步，究其原因还是科技工作者只在一门心思地搞科研，对于如何消除人们的顾虑没有深入研究。医学要发展，就要想方设法去解决这些顾虑，而不是花费过多精力去改变人们固有的思维和传统的伦理纲常。确实，要想一个人能接受其抗拒的东西，改变这样东西使之迎合人们的想法比改变人们的想法要容易一些，这样一来人们才会慢慢地接受，这才是万全之策。

基因编辑进行人体基因改造不被大多数人所接受，而且各国明令禁止非法实施以生殖为目的的人类胚胎基因编辑和生殖医疗活动。现在禁止这项技术，说明人们对这项技术的掌握还不够，没弄清潜藏的危害，这是正确的抉择。对应在现实中就有一个典例，2019 年“基因编辑婴儿”案在深圳市南山区人民法院一审公开宣判，贺建奎、张仁礼、覃金洲等 3 名被告人被依法追究刑事责任①。

尽管如此，但是否有朝一日这项技术可以被人类完全掌握？要解决这一问题，首先是要拿出令人信服的证据来证明这项技术对当代和后代没有危害，可以利用大数据等手段模拟改造基因后的几十代人们的基因情况，判断是否会患有某些遗传病的可能。

其次是要建立完备的医疗理论体系。现在有一门学科就叫医学伦理学，主要探究医学与伦理之间的关系及寻求解决的方法，但这还远不够，我们还需要制定严格的法律来督促医学科技在正确的道路上行驶，各国也应建立公约来互相制约。

最后是原则性问题，设计者自身觉悟要高，不允许用基因改造技术去创造智商极高，体格极强，寿命又长的“超级人类”，最大程度地保证人类能在原来的轨道中继续生存发展。并且新技术开发与研究必须遵守《赫尔辛基宣言》②。医学和科学的进步离不开以患者为对象的临床研究，在此过程中，如何才能不损害患者的利益，不伤及患者的身心健康，是极为重要的问题，只有在临床研究的意义超过患者所承担的风险时才能进行③。

在此基础上，我们要树立这样一个观点：伦理不是用来限制科技发展的，而是用来防止人类疯狂的。正确地看待伦理问题，对于反人类反社会或者极大可能被用来危害人类生

---

① 百度百科，《基因编辑婴儿》，https：//baike. baidu. com/item/%E5%9F%BA%E5%9B%A0%E7%BC%96%E8%BE%91%E5%A9%B4%E5%84%BF/23173885？fr=aladdin 2020 年 6 月 1 日。

② 百度百科，《世界医学协会赫尔辛基宣言》，https：//baike. baidu. com/item/赫尔辛基宣言，2020 年 6 月 1 日。

③ 吴文瑶，张谨，郑华，《世界医学协会〈赫尔辛基宣言〉：涉及人类受试者的医学研究伦理原则》，《中华疼痛学杂志》2020 年第 2 期，第 92~95 页。

存发展，不尊重人权的行为必须坚决地谴责和制止，但是在一些无可厚非的问题上，大可不必吹毛求疵。时代在发展，科技在进步，人们的思想在保留传统的必要的正确的观点的同时也应该舍弃一些保守观点，做到与时俱进。

这样双方互相让步理解，才能有缓和的余地。“保守派”退一步，能正确看待思想观点要和科学技术发展共同进步；“开放派”则需要为新技术的推广消除麻烦。尽管人们的思想观点不可能几年就可以发生改变，科技进步也不能在数载内解决所有问题，但只要双方都能互相理解，相信在未来的几十年里，医学仍然能在坚持伦理道德的同时又能迅速发展，造福人类。

六、总　　结

医学技术的进步对人类的生存发展以及带动其他科学技术的进步都有着极其重要的作用，近代以来，人们的研究深入到基因和分子水平，甚至开始探究意识，这代表着医学技术飞跃到了一个新的纪元。新技术的产生自然伴随着数不清的阻碍，对于医学发展而言，在发展技术的同时解决好伦理问题，也许会有更多突破；同理，一些陈旧迂腐的伦理纲常也应该被慢慢舍弃，大多数人应该正确看待现代科技所涉及的伦理问题。十年后，三十年后，甚至百年后，相信终有一天，人们能处理好医学科技进步与伦理道德之间的问题，人类社会也将得到空前进步。

艺术与科学的交锋

——对中西绘画中的视觉与意识机制的思考

郑　婕　历史学院（2019301020060）

【指导教师评语】：论文通过阅读克里克的《惊人的假说》，选择以中西绘画为切入点，分析中西方不同视知觉对于绘画的影响，以及中西方绘画所体现的视知觉的差异与共性，探讨了视知觉与意识的关系；论文重点论述了中国传统画论所体现出的视知觉与其背后与意识相关机制，并以北宋郭熙的《林泉高致·山水训》的经典画论"三远法"，讨论中国画中的视觉原理及其与意识的关系。论文从中西绘画中的视觉为切入点，选题新颖，论述逻辑完整，文字表达流畅。（动力与机械学院　郭　朝）

摘　要：意识的神经生物学本质是神经细胞及其相关分子的机体活动，古今中外具有高度一致性。图像是意识的二维形态，通过视觉产生。中西方的图像呈现出极大不同，抛却社会经济及文化对图像题材、质感等具体形式的影响，本文旨在考察中西方不同视知觉对于绘画的影响，以及中西方绘画所体现的视知觉的差异与共性，进而探讨其与意识的关系。因以往西方相关研究已数见不鲜，因此本文重在论述中国传统画论所体现出的视知觉与其背后与意识相关机制，并以北宋郭熙的《林泉高致·山水训》为例展开讨论。

关键词：透视；林泉高致；认知心理；视觉；意识

一、引　　言

《惊人的假说》由英国著名生物学家弗朗西斯·克里克所著，收录其对于人类意识的探索成果。在此书中，克里克以视觉研究为切入口，尝试为意识这个困扰人类多年的科学难题提供可能的解决思路。虽然《惊人的假说》并没有完全解决意识的生物学本质问题，但是它为对意识的研究提供了重要思路与基本范式。克里克在提出假说并加以论证的过程中表现出了敏锐的科学直觉与严谨的科学论证精神，其中最有创见的是他提出的利用视觉实验对意识进行研究，这使我反向思考意识对视觉的影响。作为一名大一文科学生，我很难进行视知觉相关实验，因此我选择利用视觉的二维形态——图像，来考察视觉与意识之间的紧密联系。这种方式的优势是更具稳定性，也更具普遍性，可轻易获得大量资料。劣势是无法进行科学意义上的证明，只是一种假设与猜测。但如克里克对意识的神经生物本质所做出的大胆假设，我的假设也可算作一种有待验证的观点，甚至如克里克所言“意识的许多方面，如可感知的特性，完全有可能是科学所不能解释的”，我便以我的小心论证为这一特性作一个注脚。

意识作为“一大群神经细胞及其相关分子的机体行为”①，无论古今、中外，想必没有什么本质上的不同，但是中西方的图像却呈现出极大不同，除了社会经济及文化对图像题材、质感等具体形式的影响，本文旨在考察中西方不同视知觉对于绘画的影响，以及中西方绘画所体现的视知觉的差异与共性，进而探讨其与意识的关系。因以往西方相关研究已数见不鲜，甚至可以说“图示认知心理机制”②等关于视觉与意识关系的理论就是建立在康德哲学等西方相关理论之上的产物，因此我重在论述中国传统画论所体现出的视知觉与其背后和意识相关的机制，并以北宋郭熙的《林泉高致·山水训》为例展开讨论。

二、视知觉与绘画

绘画，或者说图示，可以被视为视知觉在二维面对意识的反映。我们通过视知觉看到了事物，其后大脑对这个信息进行转化，输出为图示，这个过程中有着意识全方位的参与，意识影响视物，影响大脑对所视物的处理，影响输出图示的结果。心理学家鲁道夫·阿恩海姆认为：“视知觉过程实际上是大脑皮层生理力场将视觉刺激力转化为一个有组织的整体即生理力样式的过程。”③康德也有类似的关于客体提供认知材料、主体提供认知形式的思考。这意味着绘画是以人的知觉行为为基础的，处于客观描画对象本身的刺激与人类意识的共同作用下的产物，或许我们可以通过绘画这一认知心理的末端产物反向研究大脑的先天构造是如何处理客观事物提供的信息的。

正因为绘画是某种意义上主观与客观的统一，所以我们其实无法画出“我们所见到的

① 桑建平主编：《自然科学经典导引》，武汉大学出版社 2019 年版，第 306 页。

② ［英］E. H. 贡布里希：《图像与眼睛——图画再现心理学的研究》，广西美术出版社 2013 年版，第 11 页。

③ ［美］鲁道夫·阿恩海姆：《艺术与视知觉》，四川人民出版社 1998 年版，第 59 页。

东西”。艺术史家贡布里希关于“再现艺术的心理机制”的研究认为绘画不是直接模仿，而是对已有的“模板”图示的再创造①。因此，绘画本身包含了前人总结凝练的“范式”，这样的“范式”不仅存在于人的意识中，也存在于过往的具体绘画中②。如此，通过绘画讨论意识的问题具有一定可行性。

此外，绘画中的视觉有别于一般的视觉知觉，“绘画视觉”是有目的地对事物进行观察与描摹的过程，带有明确且强烈的选择性和倾向性，伴随有积极的意识活动，因此是一种极好的研究素材。科学上也有相关实例可以证明大脑皮层对绘画视觉的特殊反应。如神经生物学家史蒂芬·库夫勒发现人的视网膜细胞受到其感受中心的光和其周围区域的光的双重牵制，也就是所谓的“视觉的中心—外围结构”，这导致不同大小的光斑对视觉的激活作用程度不一。而大脑在处理视觉信息时会把图像转化为不同宽度的线条，在视觉皮层不同深度引起不同程度的神经兴奋。美术作品中多有富于变化的线条、明暗有别的色块等，会在人的大脑皮层中的不同结构层中引起相应兴奋③。我们或许可以根据这些机理对人面对图像时的意识活动进行研究。

三、中西方绘画中的视知觉与意识

意识是如何在视觉与绘画之间建立联系的？画家由视知觉到作画是怎样一个意识的过程？三维的真实世界通过画家的大脑加工转化为二维平面，却可以使人看到比三维世界更高层次、更丰富的内容。他们是怎样提取客观世界的信息的？通过对比中西方绘画中的视觉特点，从特殊性总结普遍性，尝试回答这些问题。

（一）焦点透视：西方绘画的视觉原理核心

意识作为“一大群神经细胞及其相关分子的机体行为”④，生理本质无论古今中外都是一致的，但是中西方的绘画却呈现出极大不同。这其中固然有社会文化对绘画题材、绘画旨趣等主观内涵的影响、社会经济对所用工具等客观形式的影响，也有视知觉选择性和倾

① ［英］E. H. 贡布里希：《艺术与错觉——图画再现的心理学研究》，湖南科学技术出版社 1999 年版，第 68 页。

② 杨树文：《“图式”与“图示”——关于中国画视觉心理机制的探讨》，《美术教育研究》2014 年第 17 期，第 58~59 页。

③ 王金鑫：《中国画的视觉敏感区域分析》，《艺术科技》2015 年第 10 期，第 122 页。

④ 桑建平主编：《自然科学经典导引》，武汉大学出版社 2019 年版，第 306 页。

向性的影响。中西方在这方面存在着差异，也有共性，下面先简单概述一下西方绘画中的视觉倾向。

西方面对世界总有一种主客两分的态度，这一点在绘画上也表现出来。西方古典写实绘画认为艺术是对视觉真实的模仿，是对自然的拟真描绘，艺术的进步就是模仿技术的进步。达·芬奇对西方绘画进行总结时认为绘画与视觉息息相关："绘画涉及眼睛的十大功能：明暗、体积、色彩、形状、位置、远近、动静。"①在这样一种理念指导下的西方视知觉，建立起了以焦点透视为核心的透视法则，使得西方绘画呈现视点固定，视域有限，空间静止的特征。

焦点透视实质是在二维面对视网膜成像的模仿，因此以焦点透视构图的画作与人的视觉真实极为相似。由于我们已经对视觉系统有了详尽的认知，因而我们知道大脑是如何收录、处理视觉信息的，但我们还不清楚，大脑是怎样把他们再次加工输出为一幅近似视网膜成像的图画的，以及当我们看到这些图画时，我们的大脑对这些融客观认知材料与主观认知形式为一体的事物又会有怎样的反应。鲁道夫·阿恩海姆认为："一切知觉中都包含着思维，一切推理中都包含着直觉，一切观测中都包含着创造。"②视觉即知觉，处于与意识的互相创造之中。这样看来，大脑意识与视觉的相互作用实在是非常复杂，不过我们借由焦点透视这个绘画视觉基本原理，也许可以一窥全豹，尝试探究视觉的意识机制。

(二)散点透视：国画的视觉科学性

西方的写实绘画背后有着光学、动力学、解剖学等近代科学的支撑，使得西方的图画趋近真实，也使得西方的绘画更易成为视觉感觉心理学、认知心理学的研究对象。而中国传统绘画一直以来被认为是典型的"以形写神""不重具象"③，似乎更关注绘画的情感性而非视觉性，与西方的"视觉视象"有着明显不同。但是国画同样也是中国人视觉的再现，可看作是"物化了的视觉心理反映"④。那么中国传统绘画是否也有相似的结构可用于研究视觉意识？如果有，这个结构是什么？让我们通过描述一幅画的绘制过程，讨论国画中的视知觉与意识的关系。

---

① 张宇丹、吴丽：《论影像在图像体系中的演进》，《云南农业大学学报》2010年第6期，第91~97页。

② [美]鲁道夫·阿恩海姆：《艺术与视知觉》，滕守尧、朱疆源译，四川人民出版社1998年版，第5页。

③ 徐卫：《中国画视觉化倾向的反思与超越》，《南通大学学报(社会科学版)》2006年第6期，第108~112页。

④ 吴金铭：《论国画图式与视觉艺术教育》，《艺术教育》2006年第12期，第98~99页。

一幅画的绘制从选择视觉观察方式开始。中国传统的视觉观察方式，以大观小，指画家在动态中对客观事物进行观察，以变化的视角和连续的时间来反映客观对象的多个不同侧面。所谓“移步换景”，正是这样的一种视觉体现①。

其次，对画面进行规划，选取合适的构图结构。就如同西方绘画中的焦点透视型构图一样，在中国古代画论中，有着大量和透视理论本质极为相似的相关理论。如东晋顾恺之的《画云台山记》记载了朴素的透视关系：“山有面则背方有影，下为涧，物景皆倒。”②宋朝宗炳在《画山水序》中对事物大小与观察距离远近的关系做出了论述：“且夫昆仑山之大，瞳子之小，迫目以寸，则其形莫睹，迥以数里，则可围于寸眸。诚由去之稍阔，则其见弥小。”也就是近大远小，这与西方的透视原理如出一辙。最为经典的是北宋郭熙在《林泉高致》中提出的“三远法”，对作画视觉观察方式及构图结构作了总结性的论述③。关于“三远法”，后文会加以详述。现代中国艺术史家将西方的透视理论与中国古典画论相结合，把以“三远法”为代表的视觉结构归纳为散点透视原理，即一幅画作中存在多个视觉中心点。这样的例子有很多，典型的如《清明上河图》以跨空间视域为主，对汴梁城风貌进行全方位处理。《韩熙载夜宴图》以跨时间视域为主，展现韩府夜宴的全过程，更不必提《宪宗元宵行乐图》《乾隆南巡图》此类长卷式写实宫廷画，时间和场景在这些画作中自然而永恒的流动，富含画者意识的视觉效果款款呈现，大大地增强了传统绘画的叙事能力，使画面表达更为丰富④。中国画就在这样一种多变、多容和漫游的视觉形式中经营形成⑤。由此得出一个结论：中国画的视觉机制同样体现对视网膜成像的模仿，只因中国画中的意识行为极为发达，大脑对视觉信息的收录、处理都更为复杂，对客观与主观融汇表现得较为明显，这样一来，在大脑意识与视觉的相互作用下，国画虽与人的视觉真实不尽相似，但对画面内时间、空间的限制大大减小，使其呈现出有别于西方的丰富流变与意蕴隽永。

最后，把所视之物用透视法落实下来。中国画的两大基本要素——笔与墨，分别从两个方面达成传达视觉意识的目标。其一为笔法，即对线条的运用。画家通过对线条的粗细曲直、刚柔毛涩、疾徐虚实等不同质感的取舍，实现对客观事物的选择性描绘。大脑在处

① 张世彦：《绘画章法解析之〈边、位、场、势、美〉》，高等教育出版社 2011 年版，第 137~146 页。

② 邵大箴：《艺术文丛·画云台山记·画山水序·叙画·山水松石格》，河北教育出版社 2003 年版，第 35 页。

③ 靳思萌：《透视原理在中国绘画中的发展与表现——以〈林泉高致〉中的“三远法”为例》，《艺海》2019 年第 1 期，第 82~83 页。

④ 李英峰：《从“散点透视”到“三远”——浅谈中国山水画的透视特点》，《美与时代》2016 年第 3 期，第 15~16 页。

⑤ 吴金铭：《论国画图式与视觉艺术教育》，《艺术教育》2006 年第 12 期，第 98~99 页。

理这些线条时在视觉皮层不同深度引起不同程度的神经兴奋①，进而使画面在大脑中产生敏感而强烈的视觉冲击，以至更为丰富的物体及空间认知。其二为墨色，即对画面明暗关系的确认。明暗是人类视觉感知核心之一，在西方的绘画理论中，物体的立体感依赖于物体的明暗关系，明暗的适度刻画使物体突出。国画利用墨色的焦、浓、重、淡、清来勾勒背景亮度的变化，通过背景亮度的逐渐变化在画面上产生亮度错觉，达到强调物体的目的。总之，中国画正是通过线条、笔墨的变化实现视觉信息的深度表达，带动视觉感受细胞发生强烈的敏感性应答，以艺术的方式实现人类视觉的敏感从意识层面到现实的转化。②

综上，国画以其以大观小的视觉观察方式奠定其视觉的科学性，以结合主观视图的透视构图表现其意识的视觉心理反应，以变化的笔法与墨色完成对视觉结构本身的诠释。它不是仅从感性思维推导出的形而上学，其背后有着朴素的视觉原理和大脑意识的反映。也许画者主观上未曾有过对视觉科学的思考，可并不代表中国画中没有与科学规律的勾连。只不过这份勾连并非像西方那样经过理论性、系统性的总结，而是直觉的观察与把握，这个特点成就了国画早期画作、画论的辉煌，也导致了它发展后期动力不足的疲弱。

(三)共通与差异：中西方视觉意识比较

中西方绘画并无根本差异，大脑对视知觉信息的处理方式是共通的，只是具体的观察方式表现不同。近代西方针对这样的视觉差异做了许多实验，发现东西方视知觉的着眼点与判断方式及结论均有所不同："西方人更注意直接捕捉图像的本体，力求从描述的物体中解读对象。而东方人往往更重视整个画面的背景与图像的相互关系，力图寻找到图像诸多可能的各种联系，再确定图像所要表达的意图而解读对象。"③这样的差异与前文所论述过的双方视觉特点的不同有很大相关性。这背后也许是因为客观环境、世代经验等的差异会给意识层面带来足够大的影响，使得中西方的由意识到思维都受到所处环境的影响，使得视知觉从一开始就有选择地观察世界，使得大脑皮层对这些信息的处理也有所不同。

另外，中西方的视知觉不是截然不同，而是过渡性的不同，西方绘画不会奉焦点透视为圭臬，一板一眼对所见详尽刻画，而存在大量主观取舍，甚至为了视觉的美感而改变"科学"的比例；中国画也不是完全不重视视觉的真实，工笔画这类工整细致类画法，如院体画、人物画等就是最大的例证。不同的视觉方式以不同的比重体现在两方的绘画当中，

① 王金鑫：《中国画的视觉敏感区域分析》，《艺术科技》2015 年第 10 期，第 122 页。
② 王金鑫：《中国画的视觉敏感区域分析》，《艺术科技》2015 年第 10 期，第 122 页。
③ 陈绶祥：《国画的视觉机制》，《美术观察》2008 年第 3 期，第 98~99 页。

这也许与意识终究只会对视觉产生某些运作方面的影响，而不会使其根本不同。中西方的视觉意识还是建立在共通的人类视觉经验结构上的。

中西方绘画的视觉意识是相通的，不同的视觉方式各有特色，但都具有科学与艺术价值，然而近代以来西学东渐的局面使得西方绘画的视觉方法极大地冲击了国画原有形态。对西式静态视觉方式的全盘接受和对中式动态方式的弱化时至今日还在影响中国画的创作。在中西对立与融合中探索对国画艺术核心的传承，具体形式的发展是我们需要思考的。

四、“三远法”的视觉心理原理

前文关于中国绘画透视构图的论述在北宋郭熙《林泉高致》体现得最为鲜明，下面以《林泉高致 · 山水训》这一篇中的经典画论“三远法”展开讨论中国画中的视觉原理及其与意识的关系，并以郭熙所作《早春图》为例，观照中国传统绘画的视觉理念和审美意趣。

宋　郭熙　早春图　轴　绢本设色

“三远法”是对中国传统山水画构图视觉原则的总结：“自山下而仰山巅谓之高远；自山前而窥山后谓之深远；自近山而望远山谓之平远。”①此三远，从视觉角度来看，高远是仰视，是山景由低至高的一种纵向叠加，塑造出一种崇高雄奇的视觉体验；深远是窥视，是前后山景的变向复合，展现空间的辽阔深邃；平远是平视，视觉由近及远，包揽，使画面悠旷寂寥。这三者的共同特点是都要求画家移步换位，或由山下行至山顶、或由山前观

① （宋）郭思：《林泉高致》，中华书局2010年版，第69页。

照山后、或对山景进行水平的动态观察，总之，“三远法”使得中国山水画打破了固定的时间、空间限制，把画家与观者的视线引发开去，引向了无限的实体与精神空间。①

如果整幅画中完全遵循单一透视原则，那么画家的视域就会受到严格限制，不该画出那些本来看不到的东西，“画家实际上成了眼球和双脚的囚徒”②。如果采用中国式的动态构图，画面就会大大丰富：幽静的溪谷与巍峨的高山并存；生气盎然的庭院与工整的院墙俱在；眼望东山，也不失西山的景致。在实际的观看行为中，任何人都不可能不受视域限制，画家以发达的意识行为超越视觉的局限，把视觉中局部的片段的景致，有意识地整合为一个更完整真实的画面，融客观风景与主观视角为一体，体现意识与视觉的相互作用。三远法恰是遵从此法的典型。郭熙的代表作《早春图》就将“三远”融入一图，山势高耸、林木丛生、云烟缭绕，穷极视角之变化，前景充实，中景深邃，远景空灵，全景高远、深远、平远兼具。三种不同的视觉体验在互动中交织出一幅生趣盎然的早春之景。这表现出一种富于变化的东方式的矛盾思辨和思维意识的多向性③。

五、艺术与科学

影响艺术创作的原因是十分复杂和多方面的，而视知觉始终是影响人类艺术创作活动的关键因素之一，视觉方式的不同，往往会导致艺术创作决定性的差别。

近代以来，科学对视觉的探索逐渐深入，以至系统化、精确化，新的科学观念和技术成果的不断更迭，这对人的心理影响是巨大的，也为艺术中的视觉创造提供了新的维度。与此同时，随着人类对意识认识的不断深化，人类对精神世界、心理的认识和理解也在逐步加深，人类理性的触角正向人自身隐秘的内心世界伸延，并且已经触及意识的某些深藏领域④。人们对艺术的理解和感应方式不断深化，视觉与意识之间的联系越来越受到人的关注。

艺术创作中的视觉传达也并不局限、更不等同于科学的视知觉，科学开阔了人们的视野，甚至成为某一历史时段最重要的观看世界的方式，但它无法替代“心”的作用。科学的观念和方法只是提供了一种观察世界的方式与可能性，但不能取代心灵。因为发端于心灵、作为人的精神映现的艺术，虽从意识出发，却具有超越意识的特点，只能被感知、体

① 巩朋：《浅析郭熙的“三远法”》，《湖北美术学院学报》2017 年第 4 期，第 124~126 页。

② (宋)郭思：《林泉高致》，中华书局 2010 年版，第 72 页。

③ 李锐文：《读郭熙〈林泉高致〉及对“三远”法审美意趣的理解》，《美术向导》2013 年第 2 期，第 66~70 页。

④ 刘斌：《中西绘画图式与时空观念比较》，清华大学出版社 2017 年版，第 256~261 页。

会，是无法以具体的科学维度来强行评定的。这也在某种意义上揭示出为什么艺术作品中揭示的现象常与科学现象十分相像却又前后有别。

科学和艺术或许在探索世界的行程中在某一个领域或层面上相遇，在不同方向和角度上为我们描述着同一个世界的图景。以视知觉去分析艺术创作背后的意识活动，并用以探讨文化的精神，以及个性化、社会化的艺术创造，显然不是一件容易的事情，甚至是极其艰难复杂的。既因为以某种观点去阐述一种庞杂的文化现象时可能出现尴尬的生硬，也因为任何理论都有其局限性，面对不断演变发展中的文化现象，尤其面对揭示心灵领域的艺术创作，是难以以有限的概念去应对和阐释的。好在人们对视知觉与意识的认识、理解，同样亦是人类精神的映现，正像其他人类文明现象一样是处于不断深化和发展之中，也是一个没有穷尽的过程。从视知觉与意识去探讨艺术创作，是与自然科学结合下的一种新的思路和探讨方式，这只是一个小小的尝试与猜测，但愿它会是一个有价值的探索。

六、后　　记

这篇论文的写作，比预想的难度大很多，本以为可以轻松在意识与视觉及绘画之间架起桥梁，但当实际动笔时才发现，这三者之间的关系错综复杂，涉及诸多学科资料，有些甚至难以理解的。且因所览有限，只见到少有的几篇论及图式心理的文章和著作，未见有涉及“视知觉”在中西绘画具体作品中如何映现并加以比较的内容。少有的几篇关于中西绘画比较的文章，也是就现象论及的较多，深究本质的少。涉及中国传统绘画，解释也较为空泛玄虚，多将成因挂靠在中国传统哲学了事。固然，“形而上”的中国绘画艺术原本就很难量化，但作者坚定地相信其背后一定有着坚实的科学机理，于是硬着头皮写下去，但愿这样贸然的科学艺术论没有向着科学的反方向前进。

再者，因本文作为自然科学的期末论文，本想抛却社会经济及文化的影响，着重考察中西方不同视知觉对于绘画的影响，以及中西方绘画所体现的视知觉的差异与共性，进而探讨其与意识的关系。但在实际的阅读与写作中发现视觉、意识这种科学问题也很难完全脱离社会的影响。《庄子・大宗师》有言：“知天之所为，知人之所为者，至矣。”①想到，人类在历史进程中发现并总结出自然科学的规律，自然科学也就与人类社会历史有着千丝万缕的联系，无论科学思维、科学方法或科学意识，都离不开社会中的思考与实践。

从视知觉这个特别的角度来求解中西绘画图式的视觉差异现象，显然不是仅依靠对绘

① 桑建平主编：《自然科学经典导引》，武汉大学出版社 2019 年版，第 2 页。

画的一知半解或是一堂自科大课对我的启发就可以完成的，同样也不是一篇短小的期末论文可以尽述的，写到最后，感到力所不逮，但却越发有兴趣。感谢本学期的自然科学导引课程，使我无论在宏观科学史上还是在具体科学方法上都收获良多。

记忆移植

——现代的魍魉之匣

谭迪楷　国家网络安全学院（2019302180063）

【指导教师评语】 作者分享了阅读《惊人的假说》的学习感悟，从意识与记忆说起，简述了记忆移植技术的产生和发展，并重点探讨了记忆移植的弊端引发的种种问题（犯罪问题、伦理问题、社会问题等），在结尾给出了记忆移植是现代的魍魉之匣这一独特的观点。论文主题集中、视角新颖、结构合理、逻辑严谨、行文规范。（测绘学院　虞　晖）

摘　要： 在记忆移植的研究逐渐深入，记忆移植似乎有光明前景的当下，从《惊人的假说》出发，从伦理问题、犯罪问题、社会分层等方面讨论关于记忆移植带来的永生对现代社会的冲击，有着重要意义。记忆移植这项技术本身无善恶之分，但是却太过接近社会伦理与科学技术的边界，而成为"魍魉之匣"。

关键词： 记忆移植；转移克隆体；永生

引　言

人类拥有记忆，这是人类能够繁荣发展的关键因素。但是人类能够说自己完全掌控记忆吗？答案是否定的。因此，记忆移植一直广受人们关注——从许多科幻作品中对于记忆移植的想象，到 1999 年首创"科学式构象的先河"的语文高考作文题目《假如记忆可以移植》。随着人类对意识的研究逐渐深入，记忆移植在动物身上的实验取得了一定的成果，人们似乎看到了记忆移植应用在人类身上的希望。然而，笔者认为记忆移植会带来颠覆人类社会的负面影响，因此坚决反对记忆移植。

一、记忆移植简述

（一）从《惊人的假说》简述意识与记忆的关系

弗朗西斯·克里克于1994年出版的《惊人的假说》引领了神经生物学对于意识的研究，提供了从神经生物学研究意识的思路和基本范式，从此将意识从一个哲学问题扩展为科学问题。克里克在书中从视觉切入，试图解决意识物质载体的确定问题和意识的统一性问题。尽管这与本文所讨论的记忆关系不大，我们仍能在书中看到，他尝试将意识与记忆联系在一起。克里克将约翰逊·莱尔德，雷·杰肯道夫和伯纳德·巴尔斯三位认知理论学家对意识的属性总结成了三点共识，其中第三点即是"意识中的信息能够进入长时情景记忆"。

现代科学研究表明，意识和记忆是大脑中的两个独立的功能组织。肢体将外部的信息通过电信号传入脑内对应的神经核，经过同步振荡后将电信号转换为电波信号。意识就是感知神经接收到电波信号后的形成的综合反应；而大脑皮层的记忆神经元也能够捕获到意识的电波信息，形成记忆储存。另外，记忆神经元也能作为形成电信号的信息源，产生记忆电波，从而引起感知神经的反应。因此，记忆和意识是密不可分又互相推动的。①

意识和记忆不可分割。如果没有意识活动，那么根本无从形成记忆；如果不存在记忆储存，那么意识活动也失去了意义。为什么这么说呢？"时间只有在记忆中才能回溯"，这意味着人对于时间的感知是建立在记忆上的。② 如果记忆失调，那么不仅以前的意识活动无法得到储存和再现，而且现在乃至未来的意识活动将无法进行比对。例如电影《记忆碎片》的主角谢尔比，他因脑部损伤患有"短期记忆丧失症"，只能记住十分钟前发生的事，因此他必须通过纹身、照片等方式将调查到的信息记录下来，避免每天过着完全重复的生活。笔者认为可以将意识比作河流，记忆比作河岸的石头。河流冲刷石头，可以改变石头的外形；石头也可以反过来影响河流的走向、速度。而如果没有石头，河流就将一直是一条直线，没有任何可供标记的节点，任何一点都可以认为是过去、现在、或者未来。因此，意识与记忆虽然是大脑的两个互相独立的功能，但是其联系却十分紧密。甚至在某些

① 钟振余：《意识的物理学原理和记忆的生物学机制》，《宁波大学学报（理工版）》2015年第1期，第119页。

② ［日］京极夏彦：《涂佛之宴·宴之始末（下）》，王华懋译，上海人民出版社2011年版，第280页。

情景下，意识与记忆可以说是等同的，例如本文要讨论的记忆移植。

(二)何为记忆移植

记忆移植，顾名思义，就是将记忆从一个个体移植到另一个个体。虽然前面已经阐明了记忆并非只是一个抽象的概念，而是人脑的一个功能，但这也并不意味着记忆移植会像其他器官的移植那样简单。目前记忆移植在操作层面面对的主要问题有二。其一是如何取出记忆，记忆依附于大脑，是将大脑的某个部分取出，还是直接拿出整个大脑？不同的操作有不同的障碍；其二是人类对记忆的分区的研究还不够深入，无法精确地选取某种特定的记忆进行移植。

(三)记忆移植技术的发展

记忆移植技术已经在动物实验中取得了一定的成果，下面笔者将简单回顾记忆移植技术的发展历程。

1. 脑汁抽注

记忆移植的研究从昆虫开始。1978 年，原联邦德国的科学家马田用蜜蜂做了一次实验。他先培训了一批形成了每天定时飞去另一个蜂房寻找蜜糖的习惯的蜜蜂。然后他将这些蜜蜂脑神经的一点物质抽取出来，注射到另一批没有经过培训的同种蜜蜂的脑中。结果，这些被注射的蜜蜂，同样能够在相同时间飞去蜂房寻找蜜糖。此外，英国的科学家也做了类似的实验，同样成功了。

虽然脑汁抽注的实验成功了，但是这样简单粗暴的方法显然只适用于大脑结构较为简单的昆虫，而且脑汁抽注随机性强，存在着可重复性差的问题。

2. 记忆切割移植

记忆切割移植，通俗来讲，就是“换脑”。这种方法显然要比脑汁抽注更加困难。原因有二：其一是移植的对象从单项记忆变成了综合性的记忆，包括情绪记忆、运动记忆等；其二是取出和移植大脑，对手术有很高的要求。1997 年美国加利福尼亚大学的动物神经研究所进行了史上第一次记忆切割实验，对一只经过严格训练的牧羊犬和一只几乎没有记忆的牧羊犬实施了换脑手术。手术结束后，那只没有记忆的牧羊犬可以对命令做出正确的反应，而原本经过训练的牧羊犬却毫无反应。

这场实验似乎成功了，然而，在一个月后，两只牧羊犬均死于一种至今未知的脑病。

这表明，记忆切割技术的风险是极高的。这种风险不仅存在于手术过程中，而且存在于手术后。免疫排异反应的问题至今在普通的器官移植中都没有得到完美的解决，谈何移植大脑呢？

3. 芯片移植

芯片移植，即将“记忆输出大脑”的记忆先复制到一个介质(通常是芯片)上，然后再把芯片输入到“记忆输入大脑”中去。这种技术比前两种更为温和，也更易于接受。芯片移植也是当今记忆移植发展的热门方向。

1999年美国亚拉巴马大学心理科技研究中心进行了一项实验，将一位业余体操运动员的记忆通过芯片输入给了一位平衡能力欠缺的志愿者。结果，这位志愿者原本走路都摇摇摆摆，但在手术恢复后，竟然可以流畅的做出体操的动作。

芯片移植的难度是最大的，因为我们已经知道记忆是由通过无数大大小小的突触相互连接的记忆神经元完成的功能，如何将这样的结构复制到芯片上，以及芯片能否承载如此高复杂度的神经网络结构，都要打上一个问号。

二、记忆移植的弊端

在1999年的高考语文考场上，考生们发挥天马行空的想象力，构想出了记忆移植应用的美好未来，比如可以治疗老年痴呆、通过修改记忆给饱受战乱痛苦的孩子一个美好的童年等。现在也有很多人认为，记忆移植并不是一件坏事，可以运用在日常生活中，比如遗忘掉不愉快的经历。然而，生活不是作文，一味采取积极向上的态度不一定能得高分。笔者认为，记忆移植引发的问题比人们想象的严重得多。

(一)犯罪问题

如果人类已经掌握了记忆移植的技术，那么也意味着可以在一定程度上修改记忆，这对现代犯罪学、刑侦学带来的打击是毁灭性的。当简单的记忆移植的技术被开发出来之后，目击者、甚至受害者的记忆都将变得不可信，因为警方无法确认他们是否被修改了记忆，或者因为记忆冲突而无法采信证言。在警方调查取证的环节，人证是必不可少的，但是如果目击者的记忆不可信，调查将受到极大的阻碍。同理，在法庭上，如果证人的证词也是不可信的，那么法庭审判也难以进行。例如，在电影《记忆大师》中，男主角江丰在接受记忆手术时被植入了错误的记忆，让他以为自己杀了人。根据有关统计，美国每年有超过 70000 人由于被目击者误认而作为嫌疑犯被送上法庭；每年因为错误的证词而造成的错判，比其他原因造成的错判加起来还多。① 而当记忆移植技术落入犯罪分子之手，这样的冤假错案还会更多。由此可见，记忆移植凭一己之力就几乎摧毁了现代法庭中人证的可信度，可见其造成的犯罪问题的严重性。

(二)追求永生

人类对生命的追求永无止境。这种追求，在人性的光明面可以表现为面对困境时顽强求生，而在人性的阴暗面，就会滋生出追求永生的欲望。自古以来，人类就没有停止对于延长寿命的追求：中国古代有炼丹术，不少帝王希望通过服用仙丹延年益寿；日本有徐福前往蓬莱、方丈、瀛洲三座仙山寻求长生不老药的传说；近代更有法国人布朗·赛加尔将性腺物质注入自己身体以求长寿的实验。

但是，以上的方法都只停留在延长肉体的“使用期限”。现代科学已经证明，人体细胞的复制增殖是有极限的。目前科学界普遍认可的端粒学说认为，位于染色体末端的端粒，具有保持染色体结构复制完整性的作用。但是端粒的长度会随着细胞的有丝分裂而缩短，当端粒缩短到一定长度之后，细胞会停止分裂，导致细胞衰老和死亡。这说明，肉体的寿命确实是有极限的。

但是，记忆移植给永生提供了截然不同的途径。记忆移植，意味着记忆可以脱离固定的人脑，而在不同的人脑之间转移。因此，当同一份记忆能够在不同的肉体上延续时，这就相当于产生了时间上的无限性，这与肉体上的不死是同义的。

因此，记忆移植必将成为人类追求永生的新方向，这也将带来以下的问题。

(三)社会问题

记忆移植所带来的永生，势必会被人们所追捧。但是借助记忆移植的永生，花费极其高昂，这也在社会上形成了壁垒。掌握权势的人能够长生不老，而无法支付记忆移植的费用的人只能慢慢老去。永生者尽情享受“生”的权利，而拒绝履行“死”的义务，打破了生与死的界限。试问，这样的永生的人，和普通人，还能算是同一个物种吗？如果在未来的社会，只有极少数人能够永生，那么社会的各个阶层将会永远固化。如果将现在的社会阶层比作金字塔，那么未来的社会可能只分为两部分——漂浮在空中的塔尖，和崩塌的底座，两个阶层可能再也无法流动。到最后，可能真的会分化为两个物种。

① 刘克忠：《目击证人错误记忆的影响因素研究综述》，《政法学刊》2014 年第 3 期，第 72 页。

(四)伦理问题

与记忆移植相匹配的，是肉体的更换。那么肉体从何而来？克隆技术可以给出一个很好的答案。提取本人的细胞克隆出一模一样的身体，不仅不会发生排异免疫反应，而且记忆拥有者也对原本的身体接受度会更高。这样的结合记忆移植和克隆人的技术，学术上称为“转忆克隆人”，即通过记忆移植技术将人类的记忆移植到克隆人上，以达到延续生命的目的。如果说克隆技术只能依据遗传信息，创造出只具备自然属性的“人”，那么加上记忆移植技术带来的社会属性，是否就意味着转忆克隆人达到了自然属性与社会属性的统一，是真正的“人”了？

当转忆克隆人自我认知和外在认知达到统一时，又是否意味着转忆克隆人已经可以代替，甚至已经成为原来的人了？这些问题，当今的科学伦理还无法给出很好的回答，这也是记忆移植技术发展难以逾越的鸿沟。

(五)克隆体的权利问题

从目前的克隆技术来看，克隆人的培养历程也应从胚胎开始，那么在克隆体适合做记忆移植手术之前，他/她必定会独立成长一段时间。那么在此期间克隆体应该作为“人”对待吗？他们应该拥有和自然人相同的权利吗？如果我们承认他们拥有与自然人同等的权利，那么他们就不应该作为他人记忆的“容器”而存在。谁又能保证克隆体在长大后愿意接受记忆移植手术，成为“原我”？

韩东屏教授认为，某人的克隆人，与他自己并不是两个人，而是同一个人，或者说是他在不同时间段的两个肉身，所以某人拥有对其克隆人的身体的处置权。① 对于这个观点，笔者无法认同，韩东屏教授并没有从实际的技术出发，忽略了在克隆体培养时期，克隆体会产生独立的记忆。正是这份记忆，区别了克隆体和本体。因此，通过手术移除克隆体的记忆，相当于抹除了克隆体的社会性存在；同时占据了他的身体，剥夺了他的自然性存在，这样的行为与谋杀有何不同？又或者强行植入本体的记忆，这无异于彻底的洗脑。退一步说，即使克隆体接受了成为他人记忆容器的事实，他的身体不一定能接受。例如，肌肉记忆是不经过大脑的，自然无法通过记忆移植获得，也无法去除克隆体的肌肉记忆。这可能导致在记忆移植后，记忆与身体不匹配的情况，从而对自我认知产生冲击。

---

① 韩东平：《永生不死：可能当求》，《江汉论坛》2006年第10期，第42页。

三、结 束 语

京极夏彦在《魍魉之匣》中解释道，魍魉这种妖怪本身不能附身到人身上，只能在边界诱惑人类，是人类自己变得迷惘。记忆移植，正是像魍魉一样，这项技术本身没有对错之分，只是因为太接近当今社会的伦理边界，才使得人类变得迷惘。记忆移植就像一面镜子，映照出人类内心对生命的狂热追求和对死亡的恐惧与逃避。人类也是动物，趋向生存而避免死亡是本能，是无法消除的。因此，笔者认为在很长一段时间里，记忆移植这项技术将难以被社会所接受，只要社会伦理仍难以与记忆移植的科学技术协调一致，附在记忆移植上的魍魉就难以祓除，成为魍魉之匣。

从神经意识角度对美的解析

石新宇　电气与自动化学院（2019302070028）

【指导老师评语】论文依据弗朗西斯·克里克所著的《惊人的假说》中的观点，从神经意识的角度，对“美”的部分内容进行解析或提出假说，包括美的本质、美的产生、对美感受的普遍性与特殊性、主观情感对美的影响等。论文立意明确，结构完整，论证充分，表述清晰、格式规范，尤其对《惊人的假说》所展现的科学研究的一般过程应用得极为精准。（资源与环境科学学院　彭善枝）

摘　要：在美学中，对美的定义是“人对自己的需求被满足时所产生的愉悦反应的反应，即对美感的反应。”美学中对美的表达、对美的研究多是从哲学的角度，去研究感性意识，研究人的精神文化活动。本文依据弗朗西斯·克里克所著的《惊人的假说》中的观点，从神经意识的角度，探究美的本质、美的产生、对美感受的普遍性与特殊性、主观情感对美的影响，对“美”提出假说。

关键词：惊人的假说；神经意识；美

一、美 的 本 质

在本质层面，美与意识有许多一致性。它们都是抽象的事物，它们都存在多领域的理解，它们又都是十分复杂的，对他们的研究也都是困难的。对意识而言，约翰·沃森等人在第一次世界大战前曾发起了一场行为主义活动，把意识看作一个纯心理学的概念，否定意识的应用价值，中断了心理学家们对意识的几乎没有进展的研究。对美来说，柏拉图曾在《大希庇阿斯篇》中写道“美是难的”。不论这些说法正确与否，它们至少足以证明对意识及美做出全方位完美的定义是困难的。接下来将通过意识与美的一些类比，来归纳出美的本质。

意识具有客观性。笛卡儿认为，是不朽的灵魂附着在身体之上，人才具有了意识。这是意识客观论的第一个公开的表述，虽然后来科学证明这个看法是错误的，但意识的客观性仍不可否认。弗朗西斯·克里克在《惊人的假说》中认为，意识来源于大脑中神经纤维的捆绑联结及这些捆绑的整体反应，这说明了意识具有客观性。意识也具有主观性。美国著名哲学家塞尔认为，意识是指我们从少梦的睡眠中醒来，持续一整天直到再次睡眠间的那些感受与觉知状态。① “有意识的心智状态与过程具有其他自然现象所没有的一个特殊特性：主观性。意识是主观与客观的结合物。”②

而美也类似，美具有客观性。壮丽的山川，茂密的森林，日月星辰，浩瀚宇宙，无一不体现了自然的美丽；精美的器具，动听的旋律，宏伟的建筑，婉约的园林，无一不体现了人们创造的美丽。美是客观存在的，圆润相较于尖刺给人一种美的感受，黄金分割比给人一种视觉上的和谐体验。美也具有主观性，不同的人具有不同的审美倾向，当他们看到或听到感到同一件事物时，他们会产生不同的精神反应。在一些人看来，一件事物是美的，而另一群人可能认为那件东西不美，甚至是丑的。譬如对音乐无感的人很难听出旋律的美，对艺术无感的人很难发现一些珍贵绘画作品中的美。这些绝不是某些人的虚伪隐藏，而是基于他们意识的、真实的想法。

所以从本质上讲，美是客观的，也是主观的，美是存在的，但在一定条件下会被人的意识所左右。当然，依据克里克的观点，从神经意识的角度，可以认为，美是人的大脑对信息处理得到的结果中让神经细胞感到更舒适更和谐的部分。

二、美 的 产 生

从神经意识的角度，美这种感觉是在人类的大脑中产生的。一个事物是否美，是在人的大脑经过一系列复杂却快速的处理计算后被认定的，是人的大脑中神经细胞间相互捆绑联结并对信号进行有规律的反应而产生的。

虽然对于大脑中的神经细胞是怎样处理的（哪个区域的细胞产生怎样的神经冲动，多少个神经细胞按照怎样的顺序处理，处理最终需要达到怎样的生理状态等），人们还不得而知，但毋庸置疑的是美感一定是在人的大脑中产生的，其出现的根源可能仅仅是巧合。

① 曾向阳：《当代意识科学导论》，东南大学出版社 2003 年版，第 81 页。

② ［美］约翰·R. 塞尔：《心灵的再发现》，中国人民大学出版社 2005 年版，第 81 页。

这里的巧合是指随着生物进化，比较成型的大脑出现的早期，大脑对特定的信息(包括视觉信息，听觉信息，感觉信息等)进行同样的加工处理，而这些信息中的一部分在大脑加工处理之后，得到了一些附带特殊能力的结果。这种特殊能力就是使神经细胞产生一些轻微的生化反应，而在人的意识里产生一种和谐愉悦的感觉。举一个比较简单的例子，当我们听到旋律的时候，位于耳部的听觉感受器会把声音变成包含信息的信号，通过神经传入到大脑里，这些信号在大脑的听觉中枢中被加工成在神经细胞间传递的电信号，而那些有美感的音乐经处理后得到的电信号，其频率与人体大脑内部的固有的生理震动频率更为接近，使大脑产生愉悦的感觉，因此使人产生美感。

当然如果只有简单的巧合，不可能使我们拥有现在这样完整体系化的审美和美感。这样具有规律性且包含众多美的因素的审美体系，它的神经意识基础，一定是经过长久的遗传选择的。人类在漫长的自然选择中，大脑进行了定向性进化发展，在大脑的充实扩容中，其对于美的感受也丰富了，并且逐渐形成了一些结构，专门处理并容纳对美的感觉意识。在这么长时间的积累中，人类对美的产生的相应生理构造已经完备了，美的产生也成了大脑中一种神经细胞群体的规律性的运动。

三、对美感受的普遍性与特殊性

既然对美的感受是在大脑中由许多神经细胞的协同作用产生的，那么这些神经细胞群体的作用是否完全因人而异，因脑而异，答案显然是否定的。当看到浩瀚的星空，听到潺潺的流水，相信绝大多数人感到这都是美的，这便是对美感受的普遍性。这里对美感受的普遍性是指人们对很多美的事物普遍感到美，不会出现根本上的巨大审美误差。当然，每个个体对美的体验也绝不会是千篇一律的，对美的感受存在个体上的特殊性。朱光潜先生在《我们对于一棵古松的三种态度》中描述了三个不同职业的人对一棵古松的看法，古松的形象随观者的性格和情趣而变化。各人所见到的古松形象都是各人自己性格和情趣的返照。正如文中所言，“古松的形象一半是天生的，一半也是人为的。”由此可见不同人对同一件事物会有不同的审美体验，这样的差异受个体的性格、情趣、阅历、受教育程度等的影响，使每个人产生独一无二的审美体验。

从神经意识的角度不难解释这样的现象，人们对美的感受的普遍性是由于长久以来人们的遗传进化与自然选择，使人类的大脑结构定向的发展。人们都源于同样的祖先，并且长久以来所处的自然环境也没有颠覆性的不同，使得人们的大脑神经结构在各发展阶段上都彼此相似。相似的大脑结构引发的结果是，相同的信号传入人的大脑后，经过的简单基本处理加工都是相同的，处理后的结果和它保留的效果也大致相同，于是就都产生了美感。至于美感的特殊性，产生的生理基础是大脑神经细胞群体产生了变化。2000 年伦敦大学学院认知科学家埃利诺·马圭尔对出租车司机海马体的研究及其之后的一系列研究表明，独一无二的经历确实能够让大脑的生理结构发生切实而深刻的变化，甚至能够导致这些脑区控制生理功能的变化。这项研究表明人的大脑的后天可塑性是十分强的。在后天的学习和生活中，大脑中神经纤维间可以建立新的捆绑，并强化已有捆绑。这些发展变化过的神经结构势必能对新的信息激发新的愉悦，从而产生不同的美感。比如，精通数学的人见到一个简洁又丰富的公式一定会由衷的赞叹它的美丽，尽管在普通人看来莫名其妙；又如，书法大家见到一幅高深的书法作品会感受到震撼膜拜，尽管很可能普通人看来那就是些奇怪的画符……这样的例子数不胜数。

四、主观情感对美的影响

人们时常有这样的感觉，在不同的心境下看待同一个物体，会有不同的感受。先前感到美的物体在一定的心境下看便不美了，或先前未感到美的物体在一定的心境下看便美了，当刨除了那样的心境就又不能有这感受。再换一个例子，经历过深沉的爱恋的人应该都对“情人眼中出西施”这句话有深刻的体验，当人们看爱恋之人的时候，最终呈现在他们意识中的影像似乎是受到过渲染修饰一样，美的无可挑剔，其实自己也知道初见时他或她不是最惊艳的，但奈何他们再怎样努力回忆辨别，都不能排除此种影响。鲁迅先生对此也有过“红肿之处，艳若桃花；溃烂之处，有如乳酪”的表达。这些都是主观情感对美感的影响。

与个体化差异不同，主观情感对美感的影响显然是短期的，因此不会是神经细胞建立并巩固新的捆绑联结造成的。这种现象可能是神经细胞群体间进行的一种特殊的反应机制，这种反应机制能够根据人类的意识来调节一些信息的处理方式或一些信息的处理结果。就像心理学中的积极错觉现象，其本质是一种保护机制，起到保护意识、保护大脑的作用。当然这种机制现在广泛存在，也是人类大脑长久的进化的结果。但怎样激活这种反应机制，激活这种反应机制的意识又是怎样形式的神经波动，这些反应机制是在大脑的各区域还是在特定区域发生的，等等诸如此类都是复杂的问题。人类在这些方面做的研究还太少，现在还不能详细准确地从脑神经的角度解释人们对美的感觉是怎样受到主观情感的影响的。

五、总　　结

根据弗朗西斯·克里克的《惊人的假说》对人的意识的解释，本文从神经意识层面延伸并提出了对美感的部分内容的解析或是假说。美是事物的属性，而感到美是人们的精神活动，是意识的一部分。根据克里克的假说，意识是由神经细胞相互捆绑联结、共同反应产生的。本文承袭这个思路，对美的本质、美的产生、对美感受的普遍性与特殊性、主观情感对美的影响这些方面进行了解析。这也是研读《惊人的假说》后产生的感悟及进行的设想。相信这些方面的研究一定可以帮助人们更好的认识美、感受美、创造美、体验美。

关于自我意识的思考

石子涵　土木建筑工程学院（2019302100215）

【指导教师评语】 文章基于《惊人的假说》从各方面探讨了自己对于对意识与“我”的关系的认识，论点阐述有一定的深度和广度。全文旁征博引，逻辑论证层层递推，既有天马行空的想象和思考，又有生动的比喻，对观点起到了很好的支撑作用。（测绘学院　李　妍）

摘　要： 当面对镜子时，我们能够轻易且清楚地分辨出自己的容貌和身体。在交流中，他人也会一眼就认出来“原来是你”。从客观意义上看，无论是自己还是外界看来，“我”的意思应当是明确且一致的，但从主观意义上看，“我”到底是谁？意识是怎么产生的？我死后，我的意识去了哪里？这些都是难以回答的问题。本文将从以上几个方面来对人的意识问题进行初步探讨。

关键词： 意识；我是谁；信息演化

一、意识来自哪？

《惊人的假说》中已经提到过，最好不要给意识下精确的定义。① 这是克里克从科学的角度来讨论而得到的结论。与“物质的本质是什么”一样，它比起一个科学问题，更像是一个哲学问题。虽然不能够精确地下定义，但是我们可以就意识的来源对其进行探讨。

政治教科书上也有着对意识的看法：动物几乎都是没有任何意识的，而人类则是唯一具有主观意识的动物。这是基于马克思唯物主义哲学产生的看法。人类的劳动与社会的参

① ［英］弗朗西斯·克里克：《惊人的假说》，汪云九译，湖南科学技术出版社 2004 年版，第 21 页。

与都需要意识，因而对于其他动物来说，意识都不存在。

我们普遍认为，人生各种各样的经历体验形成了我们的记忆，构成了我们各自独特而唯一的精神。这是我们能够一直存在着“意识”的基础。也就是说，自从婴儿出生的那一刻起，他就已经开始形成自己的意识了。

那么，假如说某个人从出生的那一刻起就被关在一个失重而黑暗，任何感知都被屏蔽的巨大空间中，他是否还能产生自我意识？答案是不能。因为哪怕是在他感到饥饿时及时送上食物，饥饿仍然会成为他有限的对外界感知经验之一。于是在某一刻，他突然想到，如果没有了食物，自己会怎么样？这个时候，“意识”这个模糊的概念就已经在其脑中产生了，因为他能真实感受到“我”是存在着的，有着对这个黑暗的“世界”有限的认知。

再进一步，如果存在着真正的“缸中之脑”，无论是任何感觉神经还是运动神经都被切断，任何自身与外界的刺激和反馈都不存在，没有任何的感觉与体验，这时，“意识”与外界的联系都被切断。那么这个时候，“意识”中就只有无尽的黑暗。在这种绝对的黑暗与寂静中，真正的自我意识便绝对没有产生的可能性。

因此，我们可以推断出，要形成意识，我们必须拥有在主观上的内在体验。哪怕是没有客观上的外界刺激，只要主观上感受到了刺激并转化为信息，这个时候就已经形成了特定的意识。由此，我们也不能就仅仅在社会方面完全断定动物是没有意识的。

那么，假如某一天，出现了与我们的大脑和记忆完全一致的另一个人，即使在主观感受上“我”与另一个人都是相同的，都认为自己是本体，但是却不能够体验到另一个人的内在感受。这即是说，“我”与另一个人都有着属于自己的自我意志，于是在“我”眼中，他们并不是“我”。在其他人眼里，真正的“我”究竟是谁？这就出现了另一个问题：我是谁？

二、我是谁？

当提到一个人的时候，我们最先想起的就是他的容貌、体型、性格等特性。这些都是反映某人特点的基本要素。那么，当属于自己的那些特性发生改变，我还是我自己吗？就如同忒修斯之船一般，当船上老化的木板逐渐被崭新的木板替换，这艘船还是不是原来的船呢？

按照亚里士多德的看法，如果用四因说来对这个问题进行讨论，材料是质料因，船的设计和样子是形式因，而形式因决定了物体是什么。因此，虽然材料变了，但是设计没有变化，那么这艘船就是原来的船。

但是这种说法放到关于自身意识的探讨上，就不一定是可以使人信服的理论了。请想象下面几种情形：

一、将一个人进行原模原样的复制，复制完毕后杀死本体，本体会愿意吗？本体是几乎不会答应的。对于家人朋友来说，或许他们不会注意到“我”已经是复制体的事实，但是对于本体来说，自己的死亡并不代表着意识就会转移到复制体上。因为那个复制体实际上和他没有任何关系，已经不是“我”了。

二、30岁的某人因为事故昏迷，20年后醒来了，结果发现自己的记忆仍然停留在20年前。那么此人一定会极为不适应，排斥着自己50岁的身体。此时主观上而言，“我”一定还是认为事故前的“我”才是自己。①

既然如此，如果将20年缩短为1年、1天，乃至1秒呢？按照第二种情况，主观上现在的我仍然认为上一秒的我是“我”，下一秒的“我”仍然认为现在的我是“我”，由此下去可以推出：当下的“我”是从过去的意识所继承过来的，将过去的自己当成了“我”。将来的“我”也是在现在的“我”基础上发展而来的。

如果我们将自己比作正在燃烧的蜡烛，正在燃烧的火焰就是我们的思想。如果蜡烛刚好燃烧了一半，那么燃尽的蜡烛就是顺承着此时的状态，而未点燃的蜡烛则影响着蜡烛此时的状态。如果用蜡烛点燃了另外三支一模一样的蜡烛，火焰变成了4个，那么哪个火焰才是本体？答案也是显而易见：此时的四支蜡烛根本就不是原来的那支蜡烛，他们都不过是继承着过去罢了。

因此，“我”即是现在我的意识，我的所思所想，就是当下的我。无论是过去的“我”，还是将来的“我”，对于当下的“我”来说都是幻觉而已。因为客观与主观来说，一旦现在的“我”已经出现，那么无论是过去还是现在，都不能够再对已是既定事实的“我”产生影响。

那么，当生命迎来终结的时候，当“我”的意识消散的时候，此时的“我”又在哪呢？

三、我死后，“我”在哪？

也许这个论题会让人感到有些可笑，毕竟大多数人认为人死后意识是不存在的，就如同软件一样。当在电脑中，软件被删除之后，软件就不存在了，意识也是如此。但是软件在电脑中，不过是储存着的信息而已，对应的是我们的记忆。

① 这两个案例修改自《贪婪的大脑：为何人类会无止境地寻求意义》第一章：主观性地位的削弱。详见[英]弗朗西斯·克里克：《惊人的假说》，汪云九译，湖南科学技术出版社2004年版，第26页。

另一方面，《惊人的假说》提出，意识的确涉及超短时的记忆，但是这并不代表记忆磨灭后，意识便会磨灭。① 只要物质仍然存在，就能够拥有储存信息和演化的能力。无论是从科学还是哲学角度，人死后是否有意识绝不可能是一个草草了结的问题。

关于这点，许多流派的科学理论都认为：意识必须是和物质承载的信息演化高度相关联的。争议只是在于这个演化的复杂程度的下限有多低，才能产生意识。大卫查摩尔则认为这个复杂度没有下限，即使是简单的光子也能够产生非常原始简单的意识。如果真的认为人的意识在死亡后不存在，那么我们首先必须能够证明生物在死亡后，剩余的物质就不能够承载任何信息了，也不存在任何的演化。然而，上述情况也不过是一个推测。关键还是在于物质承载信息的下限。

如果演化的复杂程度足够高，按照《惊人的假说》的设想，意识是大脑中无数神经元互相作用的产物②，微观上不过是宇宙中物理演化的一部分而已。意识唯一的作用就是传递信息，没有物质基础，它就无法发挥作用。当人死亡后，需要各个神经元相互作用而产生的意识失去了物质基础，就如同一座图书馆被焚烧一样，其中的信息已经丢失，无法恢复，人的记忆，感知，人格也就丢失了。意识已经支离破碎，陷入了永恒的黑暗。

这种情况下，死亡之后只有相应的分子，原子能够保存下来，也许在未来它们会被重新纳入其他物体的组成部分，也有可能被其他生物体所吸收，但是由于只有零碎信息，原本存在的意识便不可恢复。信息的连续性一旦断绝，便会造成不可逆的损伤。

以上情况不过是客观而言。主观情况来看，对于我们自己的意识来说，我们的死去就代表着死亡，也就不存在“死后”。如伊壁鸠鲁所说的，死亡根本与你无关，你甚至根本来不及感觉死亡到来。

四、总　　结

古今中外，意识一直是科学家和哲学家热衷于研究和讨论的话题。我们不是拥有独特自我意识的理性生物，而不过是可以做出决策的有机体。也许由于人类无法从主观视角脱离来研究意识，各种流派也是众说纷纭。但是研究人类的意识，能够使得我们更加地了解自己，了解人类。随着人工智能的发展，意识的本质也将成为人类和机器分水岭的终极探讨。

---

① ［英］弗朗西斯·克里克：《惊人的假说》，汪云九译，湖南科学技术出版社2004年版，第73页。

② ［英］弗朗西斯·克里克：《惊人的假说》，汪云九译，湖南科学技术出版社2004年版，第3页。

科学方法

《几何原本》中的哲学思想和科学精神

许钰淇　政治与公共管理学院（2019301151065）

【指导教师评语】本文对《几何原本》的认识比较客观、深刻。作者文字朴实、真挚，有很多自己的想法；特别是对“追求科学研究的非功利本身是否就是一种功利”进行了探讨。（数学与统计学院　黄正华）

摘　要：本文通过分析欧几里得《几何原本》中的公理化思想、言必有据的科学思想，探讨了该思想实践过程中难以避免的时代局限性以及科学研究的非功利性，从科学精神、哲学思辨、文化碰撞的角度出发，归纳总结《几何原本》带给笔者的启示。

关键词：几何原本；公理化；非功利性

一、对公理化方法的思考

几何学最初产生于人类生产生活的需要，早在欧几里得之前，泰勒斯、毕达哥拉斯等人就已经积累了许多几何方面的知识，但为何作为第一本真正的数学巨著出现在人们面前的却是《几何原本》呢？究其原因，在欧几里得之前的数学家们所提出的知识只是散落的碎片，虽然具有一定的启发性，但是这些知识碎片之间既无有机的联系，又缺乏严格的论证，不成其为体系。而欧几里得却能站在巨人的肩膀上，用五条公设和五条公理作为几何大厦的基本支柱，使用逻辑推理的方法建构了拥有严密理论系统的几何体系。这就是后来所谓的公理化方法。

公理演绎体系的建立不仅仅确立了西方数学最主要的研究方法，还在公理化思想推及到其他领域的过程中产生了更为深远的影响，从这个角度来说，欧几里得开创的不仅是一种方法，更是西方文明的底色之一：理性精神。政治上《独立宣言》将“人人生而平等”作为公理出发，强有力地论证了英国统治的不合理性和独立的正当性，由此揭开了一个时代的序幕；哲学著作《伦理学》的全名则直接是《用几何学方法做出论证的伦理学》，从本体论、认识论开始，最后得出《伦理学》的最高概念自由，为人的幸福指明了道路①。

随着非欧几何的出现，公理的定义已经不再被冠名为不言自明的真理，而是人为约定的可用于逻辑推理的起点。只要拥有合理的约定，就可以借助精密的论证发展出与以往完全不同的理论体系。这并不代表公理化方法已被淘汰，恰恰相反，对公理化的全新认识使得以求知为目的的纯粹思辨拥有了更多的可能性。

二、言必有据的科学思想及时代的局限性

单有建立逻辑体系的思想不足以支撑科学的大厦，关于精密论证的过程，欧几里得也向后人也做出了示范。《几何原本》作为一本科学巨著，在人们的固有印象中所涉及的也许尽是高深精妙的理论。然而事实上，欧几里得对“三角形的两边之和大于第三边”这种“驴也知道”的问题却不吝笔墨，以高涨的热情进行长篇大论的详细论证。初看之下，未免会令人困惑。

看似反常的举动正是《几何原本》中科学思想的精髓所在，为了构建完善的逻辑链和严密的理论系统，言必有据是建造科学大厦不可或缺的黏土。事实上，人们都或多或少地依赖着主观经验生活，归纳法的实用意义深入人心，是最为原始也最为有效的论证方法，但只要你跳脱出生活经验的局限，就会发现从有限项到无限项的跨越是它挥之不去的疑云。归纳法当然是有效的，固有的经验可以帮助我们更好地生活，但不可不警惕的是，它也可以成为知觉的厚茧、砍下进步头颅的刽子手。正因如此，对一切理所当然的事物重新思考、力图言必有据就成为了所有伟大的科学家和哲学家基本的性格之一。

针对这种思想，《几何原本》向人们提供了很多正面的示范，在一次次不厌其烦地列举公理、公设和定理的过程中，欧几里得将科学严谨的特质展现得淋漓尽致。巧合的是，作者也同时在未曾知觉的情况下提供了反面案例。

鉴于时代的局限性，欧几里得自身也不可避免地受到了直观经验的误导，这样的误导是难以为本人所察觉的，例如在论证中，他始终默认直线和圆都是具有连续性的图形。正如数学家 E. T. Bell 所说，“显然”是数学中最危险的词，一方面它是求知的障碍，伟大的

① 朱煜：《自由的遐想——以斯宾诺莎〈伦理学〉为中心的探讨》，《学术探索》2012 年第 1 期，第 22~25 页。

科学家常常需要避开常识中的“显然”才有可能接近那些不为人知的真理；另一方面短短一句“显然”对于人类有着强大的吸引力，所以即使是理性认知上刻意避免经验主义的欧几里得，也未能完全摆脱。

这足以引起我们的反思，哪怕在一个时代科学的最前沿，研究的前提里也许依然存在着“理所当然”的成分。更不必说，对于普罗大众而言，哪怕是一些已经被纠正的错误知识仍可以因为它与主观判断的高度吻合而在思想中长久扎根。例如拉马克学说中的用进废退，虽然早在19世纪就被达尔文的进化论中的自然选择说彻底推翻，但直到今天，在未曾接受过相关生物知识教育的人心中，“长颈鹿的脖子是为了吃树顶的树叶才变长”依旧具有相当的说服力。

古往今来，在认知的旅途上，不曾有哪一位科学家能够摆脱时代所有的局限性，解决问题的全部，人们也不应该对他们有这样苛刻的要求，但科学家之所以成其为科学家，是因为他们总是努力地在与这种局限性做斗争，试图部分地超越时代，而这，便正是科学进步的方式。在某一个阶段被广泛接受的“真理”有可能在下一个求知者的面前就降级成局部的规律。事实上，人们一旦选择相信一个真理，本身就应该包括相信它的“可证伪性”，真正的科学是可证伪的，只有伪科学才会始终立于“不败之地”，求知者应永远保持着开放进取的态度，随时准备着放下固有的见解来迎接更完善的真理。保持这种心态，才是我们去拥有某种见解的唯一意义。

三、中西碰撞：科学研究的非功利性

《几何原本》在明朝末期传入中国。在中国，古代数学的代表作是《九章算术》，一本以246个应用题反映出社会生活和生产实践的鸿篇巨制。对比起来，西方数学则将精密的论证作为理性精神的外化，一直推崇使用演绎推理的方法去获得结论，追求着超越了实际应用与经验层面的理性价值。欧几里得在他的著作中专注于数学本身，并未设置任何应用题，乃至于发源于古希腊的整个西方数学都看重科学研究的非功利性，提倡着为了数学而数学。因此，这本书的传入对于深受儒家经世致用文化影响的中国来说是有着价值观碰撞的非凡意义的。

《九章算术》与《几何原本》的区别，一定程度上就反映了中方西方科学精神的区别。不可否认的是，工业革命以来，中国与西方国家创造的生产力之间一直有着一定的差距，这种情况也促使着我们开始反思背后的原因。科学研究的非功利性是其中很重要的一点，美国学者里夫金和霍华德在批判功利化的目的时提出“我们时代的当务之急是，将来仍然是重兴形而上理论”①，并且认为：“如果人类文明不是过分注重物质世界，那么人类作为一个整体就能更自由地超越物质桎梏。”②为了社会的可持续发展和人类人格的完善，超越功利的束缚去追求非功利性的研究是很有必要的。是否功利是看动机，而不是看结果。我们有时会发现不为了目的出发才能更好地达到目的，这往往成为我们追求非功利性研究这一行为最大的功利目标，但是我们需要警醒自己，非功利化研究达成的功利目标应该只是一个附带的积极产物，却不可作为核心诉求，否则就背离了它本身的意义。

非功利性的研究是有可能在实用意义上被评定为无用的，如果我们对进行非功利研究的成果迫不及待地进行评估，会发现大量的科学研究在实际应用层面曾经被搁置，现在也被搁置，甚至可能在未来不再引起任何求知者的好奇，淡出所有人的视野。千万次非功利地开花，也许只有一两次结出功利的果。但也唯其如此，人类群星的主体性、能动性和创造性在这貌似徒劳的过程中萌芽。

《几何原本》传入中国以后，这样的模式本有希望使得一直奉行“事主实行，弃绝空谈”的中华民族耳目一新，然而在为了传教的目的去迎合本土的改编过程中，最受西方重视的“理性”精神反而消失了。先是直接作为一种实际运用的工具，后来在发现了超实用意义的进步性以后，许多人提倡超实用意义往往本身就是为了实用意义，即培养出和西方伟大数学家一样的人才。如若倡导非功利性研究是为了达到功利最大化的目的，其本质的矛盾也就十分突出了。在今天，我们需要重新思考《几何原本》，需要忘记曾经学习过的一切，然后再去学习它。在只重视逻辑推理本身，不重视其实用意义的学习过程中去体会理性精神，体会非功利性研究中知识的纯粹性。功利本身并没有什么不好，数学强国应该与经济强国互相成就，只是当我们这个民族并不缺乏达成功利目标的勤奋和刻苦，何不以非功利研究的理性之光抚平那些浮躁与不安？

四、总　　结

柏拉图曾说“上帝就是几何学家”，由此可窥见几何在西方科学中的崇高地位。为什么我们需要重视几何？几何不仅仅是知识，更是精神。无论是在以求知为目的展开纯粹思辨的过程中，欧几里得建立的公理化方法；还是在寻求精密论证的过程中，人们发现科学大厦的黏土是言必有据；或是远渡重洋，冲击着经世致用思想的非功利性研究。贯穿《几何

① ［美］杰里米·里夫金，特德·霍华德：《熵：一种新的世界观》，吕明，袁舟译，上海译文出版社1987年版，第186页。

② ［美］杰里米·里夫金，特德·霍华德：《熵：一种新的世界观》，吕明，袁舟译，上海译文出版社1987年版，第6页。

原本》始终的唯有理性的精神。

在求知的路上，我们忙于在巨人的肩膀上眺望，在知识的海滩边迫不及待地拾取贝壳，或许，是时候解放凝固于某一点的双眼，抬头看看这片天空的底色，领略其背后的精神，以期待更好的出发。

浅析无功利研究对科学跨越式发展之意义

——对比分析《几何原本》与《九章算术》

刘思嘉　信息管理学院（2019301040235）

【指导教师评语】 本论文切入角度很有意思，用比较的方法，对传统的《九章算术》和《几何原本》进行分析，能够从大的方面把握二者的异同并进行深度剖析，指出：以解决问题为导向的研究方法和以探索未知为导向的研究方法需加以有机结合，方能利于总体的科学发展。如果作者能够进一步对主旨进行分析，看到“无功利”背后的实际需求及“问题导向”背后的科学美感，将更有助于深化主题。（医学研究院　蒋　卫）

摘　要：《几何原本》和《九章算术》同为中西方数学史上的经典之作。然而在社会整体氛围呈现出快餐化、功利化等实用主义特点的当下，比起注重逻辑演绎和无功利研究的《几何原本》，人们更加看重传达经世济用理念的《九章算术》。因此，通过对两书内容及其影响的对比探寻无功利研究对科学跨越式发展的意义，在功利主义盛行的当下具有重要的启示作用。

关键词： 无功利研究；公理化方法；科学发展；几何原本；九章算术

一、日益消逝的无功利研究

从钢铁足音踏碎田园牧歌的那一刻起，古老的生活契约就开始被慢慢背离，类似于松花酿酒、春水煮茶这样的诗意之事再不会以是否浪漫来衡量，而是以是否有实用价值来衡量。类似的功用之心不仅体现在人们的生活态度上，亦体现在学术研究态度上。

普罗大众对无功利研究的意义是不解的，他们会质疑为什么要高投入地探索太空而不是用这些预算来解决饥饿问题；莘莘学子对抽象理论的学习是迷茫的，他们会迷惑为什么学习极具实用性的《九章算术》还不够，还要接着学习抽象如斯的《几何原本》；甚至连科研人员都在怀疑如果研究仅仅是为了学以致知而非学以致用，还有什么价值。三类人的困惑潜移默化地影响着三类人的选择，学术界的无功利研究也越来越少。清华大学的吴国盛教授不禁感叹道："我们的学生缺少对宇宙奥秘不可遏制的探索冲动。"①

然而不可否认的是，无功利研究不等于无价值研究。从某种意义上来说正是无功利的研究使我们知道了我们不知道的事情，将研究引向了未知的方向，从而促进了科学的跨越式发展。以下本文将对比注重无功利研究的《几何原本》和注重应用问题研究的《九章算术》，并以此论述无功利研究的重要意义。

二、《九章算术》的致用和《几何原本》的致知

在中国古代儒家文化的影响之下，国人的骨子里流淌的是"经世济用"的文化基因，因此《九章算术》的编写传达的也是学以致用的理念。《九章算术》的研究大多脱胎于现实问题，这一点从部分的篇章名，比如"方田章""盈不足"等可见一斑。在古代的中国，能否有效地应用于社会实践是衡量数学类书籍价值的标准，人们普遍认为能够有效解决生活中实际问题的数学研究才是好的数学研究。这种务实的态度也使中国古代的数学在操作层面上获得了发展。

在编纂框架上，《九章算术》的结构并不成体系，相互关系并不明显。全书分为九章，以问题集的形式进行编写，共收录了 246 个与当时的生产生活联系十分密切的问题。问题的设计以具有特定数字的特殊形式而非具有概括性的一般形式展开，问题的解答没有证明过程但清晰地体现了解题的步骤。不得不说《九章算术》是注重生活实用性和思维直观性的中国传统文化的产物。

如果说《九章算术》的作者们是抱着学以致用的态度进行应用型研究，将数学看作是达到目的的手段，那么《几何原本》的作者欧几里得就是抱着学以致知的态度，为数学而数学，将数学本身视作目的。

古希腊的哲学思辨向来表现出浓厚的超功利特征，哲学家的毕生追求是本着对智慧的热爱走出洞穴，到达理型世界。希腊文明的一个重要特征就是追求理性之美，而这样一种文化基因孕育下的《几何原本》也体现了相似的特征。《几何原本》的成书内容极为纯粹，通篇只有命题和证明。不同于《九章算术》分散的编纂，欧氏对该书的编纂极成体系，他从

① 吴国胜：《我们对科学有多少误解》，2018 年 10 月 31 日，https：//www. sohu. com/a/272417266_397252，2020 年 5 月 15 日。

五个公设、五个公理及若干定义出发，用逻辑演绎的方法把当时已有的数学成果进行系统整理并依次推导证明。

不执着于对应用价值的探索，欧氏的几何就像是热情洋溢的诗篇，书中的内容极为抽象与繁琐，但也正是这些体现他的治学严谨与逻辑推理能力。他对问题的研究分外抽象，从不考虑这些概念与实际生活的具体联系；他采用的演绎体系是封闭的，所有的定理证明都是基于已有的公设和公理；面对一些看似自明的命题，他也虽浅必书，言必有据，比如他对“在任何三角形中，任意两边之和大于第三边”①这样的直白命题都进行了严谨的证明。不难看出，欧氏进行的是无功利研究，享受的是逻辑推理过程中的愉悦，追求的是数学体系的构建及其代表的理性精神。

三、《几何原本》的硕果累累

不可否认，学以致用态度引导下的《九章算术》不乏其应用价值，其收录的对实际生活中数学问题的整理将东汉人民从近似蛮荒的数学原始时代中解救出来。当时的人民通过对书中问题集的简单学习，便可以有效解决在生产生活中遇到的田亩面积的测算、土石工程体积的计算、粮食谷物的成比例折换、赋税的合理摊派、盈亏问题、勾股测量等等问题。此外，从世界范围内的数学发展来看，《九章算术》中一些数学方法极具开创性，以《方程》一章为例，世界数学史中关于负数及其加减运算法则的首次阐述就有充分体现。

然而，令人疑惑的是，以《九章算术》为代表的先进的中国古代数学体系，在印度、阿拉伯甚至远至欧洲都颇具影响力，但如今中国的数学研究水平却与昔日地位相去甚远。相似的疑惑不仅体现在数学的发展上，亦体现在科学的发展上。这也就是著名的李约瑟之问：“为何在前现代社会科技遥遥领先于其他文明的中国在现代不再领先？”②

该问题的答案由《九章算术》与《几何原本》的对比可见一斑。《九章算术》虽注重数学的实用性，可以满足当时人们生产生活的需要，但其内在缺乏逻辑基础与体系框架，缺乏对知识根源的相应反思与论证，忽视了探寻本源的求知精神，导致中国古代的数学陷入模式化与机械化的套用之路，不利于数学的创新与发展。而欧几里得在《几何原本》中进行的无功利的纯粹研究，虽不以实践为目的而缺乏短期内的显著成果，但是其中用逻辑推理建立的公理化系统与阐发的理性精神却点燃了后代对数学、对科学研究的热情，真正促进了科学的跨越式发展，使看似无功利的研究硕果累累。

① ［古希腊］欧几里得：《几何原本》，燕晓东译，江苏人民出版社 2011 年版，第 119 页。

② 韩强：《解读李约瑟之谜》，《兰州学刊》2015 年第 12 期，第 86~94 页。

欧几里得在《几何原本》的第六卷中定义并研究"中外比"——把某线段一分为二，当整体线段比大线段等于大线段比小线段，则称线段被分为中外比。① 于欧氏而言，中外比并无什么实用价值，然而却正是这样一个无功利研究启发了人们关于黄金分割线的思考，丰富了未来人类的美学体验。《几何原本》的影响远远不止于此，欧几里得体系化地整理了前人零散的数学知识，将逻辑证明体系引入数学当中，以公理、公设和定义的推证方法建立了公理演绎体系，而这些成为了人类认识宇宙万物，探索世界本源的立足点。少年时代的牛顿对《几何原本》深入钻研，惊叹于其中的逻辑严密性，为以后的科研工作打下了坚实的基础。与此同时，他在编纂《自然哲学之数学原理》一书时也深受欧氏的启发，以三个公理开篇，采用大量的几何证明进行逻辑推理。爱因斯坦也毫不例外地沉醉于这本书的魅力。在他小学时接过《几何原本》的那一刻，他便坦言："我经历到了另一种性质完全不同的惊奇"。② 那种由逻辑构筑的可靠性和明晰性给了他一种难以形容的印象，也给他今后的研究涂抹上了一层理性思考的底色。爱因斯坦之后对于狭义相对论的研究便从两个公理出发推导出惊人的结论，更新和丰富了我们的时空观。其实又何止是牛顿与爱因斯坦深受其影响，毫不夸张地说如今科学界中各项重大研究都可以体现欧氏几何的影子，是欧几里得的形式逻辑体系奠定了西方科学发展的基础，这也正是无功利地潜心研究的魅力所在。

四、无功利研究的现实意义

本质上，无功利研究的价值体现在两点：一是不以解决现实中已有问题为导向，于是它可以将研究的方向引向未知；二是不以是否有应用价值作为衡量标准，于是它可以更有体系的研究事物的内在逻辑。而这两点，前者对应着科学创新的灵感来源，后者对应着科学创新的最终被孵化的能力要求，因此我们可以发现无功利的研究对于促进科学的跨越式发展具有重要的意义。

近些年来，中国在科学的研究中遇到了不少的"卡脖子"问题：中兴的芯片难以自给，遂由芯片变成心病；传感器的疏查使机器人的"国产触觉"略显愚钝；真空蒸镀机的制造技术难以成熟；难以承受微球之轻，精密筛分难以实现。然而面对这些亟待解决的技术难题，要想真正解决却急不得，正如中科院的研究员吴季指出我们要做到的第一步应该是："踏踏实实开展基础研究，不要太功利。"③这其中的不功利的基础研究正是指无功利研究。

① ［古希腊］欧几里得：《几何原本》，燕晓东译，江苏人民出版社 2011 年版，第 624 页。
② ［美］阿尔伯特·爱因斯坦：《爱因斯坦文集》，许良英等译，商务印书馆 2010 年版，第 12 页。
③ 何星辉：《"卡脖子"问题怎么解决？政协委员这样说》，《科技日报》2019 年 3 月 7 日，第 4 版。

曾经中国以应用为导向的研究，未免掺杂着几分急功近利，行之不远、后继乏力，须得沉潜下来开展基础性的无功利研究，方能揭示本质，获得新发现。

此外，我国的经济已经进入高质量的发展阶段，然而科技创新的原动力却略显不足。笔者认为，科技创新原动力的获取正是建立在无功利研究之上。一方面，无功利研究似智力游戏一般以兴趣驱动逻辑思维，这种思辨的愉悦会点燃人们自由探索世界本质的热情，使其拥有不可遏制的探索宇宙的冲动；另一方面，无功利研究使我们突破眼前问题的局限，将思绪投向远方与未知，从而获得意想不到的结果。若非是有无功利的研究态度和基于《几何原本》的公理化研究方法，爱因斯坦也不会想到探索出相对论，给物理学带来革命性的变化。科技创新促进了科学的跨越式发展，而科学跨越式发展的原动力正是无功利的探索热情、无拘束的自由研究，这些正是以《几何原本》为代表的无功利研究的精神内核。

五、结　　论

经世济用思想影响下的《九章算术》满足了当时人们生产生活的需要，但是这种数学研究缺乏内在的逻辑基础与体系框架，不利于后世人们对数学学科的创新与发展。而以《几何原本》为代表的无功利研究，重内核逻辑与理性精神，点燃了后代无功利的探索热情，鼓舞了他们无拘无束的自由研究，更能促进未来科学的跨越式发展。因此，当代青年不应当被功利心所局限，而应勇敢的加入无功利的研究中来，体味纯粹的思维乐趣，也为祖国科学的发展探寻新的原动力。

李约瑟之谜与《几何原本》中国困局

李玥辰　法学院（2019301060107）

【指导教师评语】本文以《几何原本》在中国的困局为切入点，通过用科学方法论来分析李约瑟之谜，并提出合理的和制度奖励机制有助于科学产业的发展。立题具有一定的现实意义，但并不是人云亦云，而是通过严密合理的论证后，提出自己独到的观点，这很难得！论文写作流畅，格式规范。（基础医学院　刘永明）

摘　要：李约瑟之谜自从被提出以来，就引起了中外学者的广泛讨论，对其解释也纷繁多样。本文将主要采用林毅夫所提出的制度激励解释，以此在揭开李约瑟之谜的同时，对《几何原本》在中国传播受阻、影响极其有限之困局做出解释；同时通过对历史经验的分析与研究，为当今中国发展提供借鉴与参考。

关键词：李约瑟之谜；科学革命；《几何原本》

李约瑟之谜是指由英国学者李约瑟所提出的一个学术问题，可概括为："尽管古代中国对人类科技发展做出了很多重要贡献，但为什么科学和工业革命没有在近代中国发生？"①当今主流学术观点认为，早在14世纪初，明初年间的中国就已经产生了资本主义萌芽，大致具备了日后英国发生第一次工业革命的主要必需条件。但中国最终并没有发生工业革命，且在西欧进行工业革命后，中国这一在经济、科技、军事等各方面实力曾领先全球的中央王朝大帝国变得远远落后于欧洲新兴的资本主义民族国家，哪怕其只是蕞尔小国、弹丸之地。

颇有意味的是：一方面，在《几何原本》中集中体现的公理化方法与古希腊形式逻辑是构成近代西方科学革命的基石。爱因斯坦在《西方科学的基础与中国古代无缘》一文中写

① 沈文杰：《对"李约瑟之问"的多角度简答及当代启示》，《科教导刊(电子版)》2019年第13期，第285页。

道："西方科学的发展基于两个伟大的成就：一是希腊哲学家在欧几里得几何中发明形式逻辑体系，一是在文艺复兴时期发现通过可控变量的系统性实验可以探究深层因果关系。"①另一方面《几何原本》在中国的坎坷传播历程也恰显示出中国难以发生西方意义上的科学革命乃至工业革命。

一、两种科学范式：经验科学与实验科学

对李约瑟之谜的科学合理的解释必须同时满足两个方面：既能解释古代中国在科技领域的先进，又能解释为何中国未发生工业革命而在短时间内迅速落后于西方。

对于第一个问题的解释如下：在人类文明的早期阶段，发明创造依靠的是人们在生产生活实践中充满偶发性的、背离传统的、基于经验的试错，即人类处于经验科学阶段。以名匠鲁班发明锯的故事为例，首先需要存在一个幸运者，让手被锯齿形的草叶割伤，其次此人还必须具备较高的智力水平和创造力，能将手指被割伤与以此原理仿制用于切割的工具这两者联系起来。可以看出，在经验科学时代，发明创造依靠的是具备较高智力水平的人基于自身的生活经验(如手被草叶割伤)，所进行的超越已有传统的试错。鉴于直至目前并没有证据表明不同人种之间存在智力水平的显著差异，可推定不同人种之中智力水平较高者所占比例相同，即参与试错的人次越多，其中聪明人试错的次数就越多，产生发明创造的机会也就越多。也就是说在经验科学时代，人口优势极易转化为科技优势。中国自古人口相对欧洲都处于绝对优势，因此在经验科学时代能够比欧洲更加先进。此外，由于中国早在秦汉就建立了大一统的中央王朝，统治者在其治下推广先进发明，也有助于国家整体科技水平的提升。

既然如此，为何后来的西方却在短短数百年内超越中国千年积累的优势呢？关键在于西方发生了科学范式的改变——从经验科学转变为实验科学。可控制变量的系统实验的运用使得试错与改错的进程大大加快，被证伪的假说被迅速抛弃，被证明的假说则可以得到更为广泛的认可和传播。公理化方法及三段论的表达原则，为科学家们构建系统实验中不同的变量条件提供思路；同时对于相同概念、公理、定理的普遍认同也能大大降低科学家们彼此交流实验结果所耗费的时间成本。科学家在实验室中以实验的方式所进行的试错，其成本大大降低，而效率大大提高。一个科学家在实验室中一年所进行的实验，可与经验科学中几千人一辈子所进行的试错等效。在这种情况下，专职科学家的出现使得人口数量

① 宋文森：《物理学、数学与数理逻辑(摘要)》，《北京石油化工学院学报》2006年第4期，第90页。

不再成为限制科技发展进步的主要因素。同时自然科学领域的进步拓宽了技术进步的空间，技术的不断进步对自然科学提出了更高的要求，科学与技术形成正向反馈的良性循环。

二、《几何原本》及公理化方法本土化之困局

那么，为何中国没能发生科学革命？原因可归于中国成熟的科举选官制度。对于年轻人来说，尤其是对于出生即天赋过人、智力超常的年轻人来说，唯有读书科举才是最有利于自身提高社会地位与日后获取利益的方式。前者体现在“范进中举”前后周围人的态度发生极富戏剧性的转变，后者则从“三年清知府，十万雪花银”的戏称中可见一斑，可谓既有面子又有里子，人人都想成为“东华门外以状元唱出”的好儿郎。这就对近现代科学思想传入乃至流行中国产生了至少两大阻力。

（一）科举制度相对西学方法论处于垄断地位

其一，科举制与文官官僚制度所产生的相应激励机制让一代又一代年轻人中天资最优秀者都选择了参加科考，选择熟记40余万汉字的四书五经文本，再加上数倍于原文的各类注解。花费数十年的时间考取举人、进士，谋得一官半职，还仅仅是漫长的官僚体系生存的开始。官场倾轧之下，官员们必须将自己的余生严格置于儒家规范之下以求晋升或自保，自然也无暇身体力行式地去实践先进西方科学方法论。

虽然数学表达模型、公理化方法、三段论形式逻辑、控制变量系统实验等对于进行科学研究而言只是技术和手段，其运用依然是由个人的兴趣驱动；但毫无疑问的是，仅凭兴趣不可能熟练地掌握和使用上述现代化的科学方法论，必须经过长时间、大容量的训练。而科举制及成熟的官僚制度严重挤占了囿于其体制中的原本禀赋优异的知识分子可能用来接触、练习、掌握先进科学方法论的时间和机会，使得知识分子这一原本应为科学革命主体的阶层整体丧失了产生科学革命或者推进西方科学革命中国化的可能性。也就是说，科举制让西学方法论成了永远不可能落地的学问。

（二）科举制度的制度惯性与路径依赖

其二，主流知识分子既是从小接受儒家教育，后又从科举制度中获益使自己的社会地位大大提高，正式进入“士、农、工、商”四者中的第一序列，就必然要承担儒家文化与科

举制的路径依赖成本，表现为其下意识维护儒学和科举制的预设立场。即当体系完全不同的西学方法论传入中国后，士子尽管出于个人的好奇心或兴趣爱好对其表现出一定的关注，甚至意识到其具有相当的历史意义，但也从未设想过以此作为颠覆儒学道统与科举制的批判的武器，而顶多是将其作为改良传统儒学的一种技术手段。科举制的制度惯性彻底剥夺西学独立于儒学体系之外单独存在的可能性，而试图将其尽可能纳入儒学体系内，康熙时盛行的"西学中源"说就是上述路径依赖的集中体现。除非知识分子内部发生大规模分裂，或者遭遇外部的重大刺激，否则科举取士就依然无比稳固，西学的科学方法论就会在潜移默化中被拆解同化，湮灭于浩如烟海的茫茫坟典。说句玩笑话：哪怕康熙大帝是"西学中源"说的忠实拥趸，也未尝见其在科举殿试中出上几道数理化。

(三)以徐光启为缩影观儒门士子

《几何原本》公认的最早的译者徐光启作为明末实学派的相对开明知识分子，在一定程度地接触了西方科学后充分地认识到了公理化思维等西学方法论对于中国传统思维进路的重要补充意义：外在上完全不同于中国传统的极具美感的形式逻辑，而其内在具有改变自汉朝董仲舒以来的大一统儒家学说的潜力，形成以研究"实学"为导向的新儒家。其在《几何原本序》中不吝对西学方法论的赞美："盖不用为用，众用所基，真可谓万象之形囿，百家之学海。"①又在《几何原本杂议》中高度评价道："此书为益，能令学理者祛其浮气，练其精心；学事者资其定法，发其巧思；故举世无一人不当学。"②他还对《几何原本》在中国的传播做出了"窃意百年之后必人人习之，即又以为习之晚矣。"③的乐观预测。然而现实是"众用所基""举世无一人不当学"的西学在百年之后并没有"人人习之"，反而被日渐边缘化。

究其根源，亦不过上述两点原因。徐光启虽然具有一定的敏感性与远见，先后译介《泰西水法》《几何原本》《农政全书》等西方科学技术著述，但终其一生对《几何原本》等西学方法论在中国的传播与流行所做的实际贡献依然寥寥。译介著述，无外乎三不朽中的"立言"，其本质依然是儒生最擅长的清谈，哪怕徐光启在不同的场合不同的书籍中不遗余力地为西学方法论鼓吹，依然是试图使儒门弟子受到自己高义与远见的感召，而并没有从事过任何基于三段论逻辑形式的控制变量实验。开明如徐光启者都不曾真正掌握与运用实验的研究方法，可见科举制对人们尤其是人群中的聪明人的制度激励，使得他们在应付科

① 王重民辑校：《徐光启集》，上海古籍出版社 1984 年版，第 74 页。
② 王重民辑校：《徐光启集》，上海古籍出版社 1984 年版，第 77 页。
③ 王重民辑校：《徐光启集》，上海古籍出版社 1984 年版，第 75 页。

考以外无暇学习与训练对西学方法论的实际运用。而科举制的路径依赖，使得徐光启等对西方文明持开明态度的学者在对西学方法论的不断深入的了解当中，只考虑到其对儒家学说、儒门兴盛的意义，未能考虑到其作为一门单独的显学，将会对社会产生更大的有利影响。以此观之，西学方法论在东方遭遇“滑铁卢”，实乃不可避免。

三、结　语

在经验科学时代，中国凭借占绝对优势地位的人口，取得了举世瞩目的科技成就，弗朗西斯培根所谓改变欧洲的四大发明，全都来自于数个世纪前的中国人民的伟大创造。但随后，欧洲由于其欧洲特色的文化、政治、经济等因素，产生了科学革命，进而为科学与技术的高速发展创造了前提条件，也为欧洲发生工业革命与产生资本主义奠定了基础。而在中国，特有的成熟的科举选官制度，使得中国禀赋最优异的人们只能投身于对儒家典籍的不断挖掘，排除了他们自主发展出实验科学体系或将外国实验科学体系本土化的可能，从而让中国即使早早产生了资本主义萌芽，也不可能发生工业革命或进入资本主义社会。这就是对李约瑟之谜的制度激励角度解释。

值得单独说明的是，本文的写作目的并不是证明西学方法论是唯一正确的永恒真理，而是在科学革命引发工业革命进而导致西欧全面超越中国的前提下，探讨当时的中国为何已经与西方存在文化交流，却依旧没有产生科学革命；也不是为了对中国传统儒家以及科举制度展开全方位的批判——假如西欧没有发生科学革命与工业革命，中国自然就不会相比显得落后，自然也无从批判西方启蒙思想家们惊为天人的科举制度。

本文的写作目的在于揭示不同的制度激励对社会产生不同的效果。当今中国面临产业升级压力，势必要让各个领域都有大量的优秀人才，而不能让聪明人一心只想着“抱紧铁饭碗”或者抢着当“躺在风口上的猪”。对于基础学科领域而言，由于其具有投资周期长、研究要求高、回报不确定性过强等特点，导致在当今年轻人的讨论语态中将“生化环材”专业称为“天坑”。我们是不知道基础学科的重要意义吗？我们当然知道。但如果要考虑自己与家庭为教育付出的成本，在当今的制度激励机制下，恐怕很少会有人主动投身于相关领域的研究，除非是出于崇高理想或者个人的强烈兴趣；但在不够完善的制度激励条件下，最终成效几何依旧另说。

此外，设立合理的制度激励机制必须考虑到其设想的激励路径与现实中的实际路径是否一致。保护知识产权有利于激励创业创新，这似乎是商业社会不证自明的真理。但在最近沸沸扬扬的“阅文集团”事件中，法律对于著作权的保护，却由于平台与创作者们签订的不够公平的商业合同而很可能转而保护本身不产生任何价值的资方内容平台，而对实际上生产文字产生价值的文字工作者们的积极性严重挫伤，甚至损害他们基于法理所应当享有的权利与利益。因此，无论是制定政策还是创立法律，都必须严谨地审查所构想的激励路径与现实中的实际路径是否一致，以防事倍功半，甚至好心干坏事。这是制度设计方面极其重要的问题，虽然笔者凭现有知识不足以给出解答，但对其给予应有的关注和讨论是极其必要的。

最后，想对和我一样的千千万万广大青年们说几句话。既然制度激励在有些时候显得不够合理，那些有理想、有远见、又有能力的青年人能否"逆激励"而行呢？选对了，成为时代的先行者；哪怕选错了，也不失为自己的理想与心中的远方奋斗一程。我们才不是活在前浪余波下的"后浪"，我们是种子，只为向阳生长！

从《几何原本》浅谈科学文化的四个境界

沈　婷　测绘学院（2019302141116）

【指导教师评语】作者从《几何原本》出发，将整个课程学习的感悟倾注在对《几何原本》的价值宣扬，是对一本经典的长情告白。对经典的学习，可以达到不同的境界，这关乎经典本身、历史发展、社会环境以及人类的三观，这之间有千丝万缕的联系，作用与反作用。对科学亦如此，有的文明孕育了成熟的科学文化，有的却缺失。所幸有这样一本既传授科学方法，又引领科学精神的著作，作者对此进行了细致的分析，并提出多维度思辨，从而领悟科学文化的各种境界。全文逻辑清晰，语言生动流畅，措辞成熟，言之有物，是篇佳作。（土木建筑工程学院　万　臻）

摘　要：本文围绕“自然科学经典导引”的课程学习，以《几何原本》一书为基石，将科学文化分为科学知识、科学方法、科学思维、科学精神这四个境界，并分别从这些维度阐述了《几何原本》的启发性价值。笔者认为，借助多维思辨，我们能够体察科学文化的发展脉络，同时能更好地回答“《几何原本》何以被称为‘历史上最伟大的教科书’？”这一问题。

关键词：《几何原本》；欧几里得；科学文化

引　言

哲学家冯友兰把人生分为四个境界，著名学者王国维也曾提出做学问的三种境界。在我看来，之所以有这些境界之分，不是为了让我们按图索骥、自我标榜，而是为了让我们融会贯通、自我反思。为什么这么说呢？一来，各个境界各有乾坤，不论是“以善度人”还是“以己度人”，都有其精神价值；二来，不同的境界之间联系紧密，若无那“衣带渐宽终不悔”，怎识得“那人却在灯火阑珊处”？由此可见，好高骛远和固步自封都是不可取的，相反，若是能体察到事物发展的各个阶段的不同乐趣，遨游其中而不知其所穷，那才是真谛。境界之分不是一维的指向标，而是我们对同一事物在不同维度的思考，是有益的学问，故而我也要发表拙见，以《几何原本》一书为基石，谈谈我对科学文化的思考。

另外，参考《现代汉语词典》对文化的定义，本文所讨论的“科学文化”即人类在社会历史发展过程中所取得的科学成就的总和，在此说明，以正视听。

一、科学知识

在“科学文化”这一概念诞生之前，柏拉图就曾借苏格拉底之口道出了人类与科学最深刻的羁绊——“知识是灵魂追随事物的运动。”①在那时，科学与哲学尚不存在明确的范畴和边界，但科学文化的种子已经生根发芽，并找到了它存续的方式。

(一)何所由：知识从事实中获得

科学知识可以通俗地理解为“与意见、信念相对而言，与实践性和创造性的知识相对而言的，理论化的、有序的知识体。”爱因斯坦曾说：“事实本身就能够而且应该为我们提供科学知识。”②《几何原本》虽然研究的是纯粹公理几何，但依然有形而下的具体来源。正是因为现实世界和理型世界可以被人的思想沟通，才能使“没有面积”的点在我们眼前复现，才会有实际工程问题的数学模型解决。

(二)何所立：知识是科学研究的基础

科学知识是我们走入科学殿堂的金钥匙、敲门砖，是科学研究的基础。欧几里得在《几何原本》中总结并发展了早期希腊积累的数学知识，建立起一座巍峨的数学逻辑的大厦。他用少量的公理和定理推导出大量的命题，命题之间相互支撑，而这些基本的数学原理又在此后千年间引导着后生学子们的数学、科学研究，成为了“基础中的基础”。没有早期数学家们的研究成果便没有《几何原本》，没有《几何原本》便没有丰富多彩的现代数学——知识是我们的根。

---

① [古希腊]柏拉图：《柏拉图全集·第2卷》，王晓朝译，人民出版社2003年版，第97页。

② [美]爱因斯坦：《爱因斯坦文集·第1卷》，许良英等编译，商务印书馆2017年版，第24页。

（三）何所往：知识的传承是人类文明的阶梯

人类与其他物种的一个显著差别是——人类是通过文化传承而非本能来习得基本的行为方式的。这为社会节约了大量成本，使得人类文明灵活、高效地发展。文化传承的道理启示我们继承发展科学知识的重要性。《几何原本》是一本跨时代的著作。试想，若是我们没有像欧几里得那样的科学家来梳理和发展科学知识，也没有如徐光启、利玛窦那般的有识之士来学习和传播科学知识，那么知识会沦为散沙，文明也终将黯淡，灵魂得不到理性之光的照耀只能偏居一隅……

二、科学方法

诗人但丁对天堂的求索与柏拉图“灵魂上升”的理论有异曲同工之妙，他用诗性的语言道出了这条修行之路的坎坷：“常常有许多人下海去求真理，但因不懂方法，徒然空着手回到岸上，甚至有失其求真理之初愿的。”①《几何原本》中体现的公理化方法便是人们在求取真理的道路上摸索出的重要方法，推演和扩张了科学文化的发展道路。

（一）公理化方法的思想渊源

早在“公理化方法”被欧几里得发扬光大之前，世界上就已经有了“公理化方法”的思想渊源。在西方，古希腊爱奥尼亚学派的泰勒斯和毕达哥拉斯学派的欧多克斯在阐释他们发现的几何定理时都用到了逻辑推理的方法。同一时期，“公理化方法”也出现在东方的哲学思辨中。儒家学派的《论语》《周易》倡导“闻一知十”“触类旁通”的学习方式，墨家学派《墨经》中亦有对逻辑规律的详细解读，后人则从更多的传统思想中引申出了化整为零、合零为整的方法论。

（二）公理化方法在《几何原本》中的体现

《几何原本》以 5 个公设、5 个公理以及 131 条定义推导出了 467 个命题。事实上，“公理化方法”的体系远比“公理化”本身庞大得多，它包含了归纳概括、分析假设、演绎

① ［意］但丁：《神曲 · 天堂》，王维克译，人民文学出版社 1997 年版，第 399 页。

推理等逻辑科学发生作用的各个阶段，是获得知识的重要途径。数学之所以在科学中拥有较高的地位，原因就在于其提供了强大的逻辑推演工具，科学知识往往是我们在普遍定义的前提下进行演绎证明的结果。若是进一步追根溯源，则可以从方法论的基本原则(即统一性原则、简单性原则、复杂性原则)来谈，下一节对此进行了讨论。

(三)公理化方法的继承与发展

在自然科学领域，牛顿在其时空观下提出一系列运动学方程式之前先建立了公理和定律，爱因斯坦将光速不变和相对性原理作为狭义相对论的根基；在社会科学领域，西塞罗称法律建筑在自然法之上、斯宾诺莎和马尔萨斯提出先验事实来证明观点……这些都是公理化方法的实际应用。值得一提的是，公理化思想和实验实证思想在历史发展进程中起初是各自独立的，而后又渐趋融合，从而有了更加完备的方法论。

三、科学思维

爱因斯坦在讨论科学与宗教的关系时曾指出过科学的逻辑，他说：“科学就是一种历史悠久的努力，力图用系统的思维把这个世界中可感知的现象尽可能彻底地联系起来。”①科学思维是人们认识和思考世界的一种方式，也是科学文化的逻辑内涵。

(一)求真求是思维

科学思维中的求真求是思维，在《几何原本》中集中表现为“言必有据”的科学态度。欧几里得拒绝现实实体的辅助，他的直尺没有刻度，圆规不能固定；同时，他回避直觉判断，用数理逻辑证明了一系列诸如“两边之和大于第三边”这样的“驴都懂得的道理”。现代科学告诉我们的一个深刻道理是——眼见不一定为真。欧几里得的纯粹公理几何是建筑在理型世界中的高塔：与其说这是严谨的学术思维，不如说这是卓越的理性智慧。

(二)统一性思想与简单性思想

《几何原本》中通过逻辑体系展现了数学的简洁与优美，这一思想特质也为近、现代科

---

① [美]爱因斯坦：《爱因斯坦文集·第3卷》，许良英等编译，商务印书馆2017年版，第215页。

学家所赏识和追求。爱因斯坦曾经说过："逻辑简单的东西，当然不一定就是物理上真实的东西。但是，物理上真实的东西一定是逻辑上简单的东西，也就是说，它在基础上具有统一性。"①由此可见统一性和简单性本身就具有密切联系，且影响深远。牛顿的万有引力定律同时作用于经典物理学和天文学，DNA 双螺旋结构是一个"简单又美丽的构造"，克里克用还原论方法进行意识探秘……数学中的基本定律对应着自然界中的基本现象，我们可以通过叠加和分解它们来验证更多的命题。

(三)批判性思想

严格地说，批判性思想在《几何原本》中并未得到鲜明的体现，然而，这一思想却一直存在于《几何原本》问世后的历代数学家对第五公设的讨论当中。正如庞加莱在《科学与假设》中所阐释的那样，实证的努力会成为科学发展的动力，被证伪的命题有时能让更多的冰山浮出水面。如何让思想获得自由，让谬误得到纠正？这就需要我们进行批判思考和理性思考，既要有"say no"的勇气，也要有不轻易"say no"的谨慎。

四、科学精神

李醒民先生在《科学哲学》一书的序言中写道："科学具有深邃悠远的精神价值或精神功能。"②科学领域中从具体到抽象的发展，一方面是对理型世界的探索；另一方面也升华了科学本身，使之成为人类文明中更丰满的一部分，形成了一种独特的文化气质。

(一)科学对世界观的影响

爱因斯坦不愿停下脚步，是因为他认为自己理应回报过去所领受的一切，这是一种强烈的社会责任感和历史使命感。每一个领悟了自然奥秘的人都会发自内心地敬畏自然，从而有所为而有所不为。《几何原本》传入中国后，原先仅仅停留在道德修养领域的"格物致知"思想逐渐走入了科学研究领域，引起了中国传统数学的变革，中国近代科学由此缓慢前进。如果中国 17 世纪的科学革命能早一点到来，如果人们能早些建立对自然界的认识体系，那么近代中国反帝反封建的运动或许也能来得更早。

---

① ［美］爱因斯坦：《爱因斯坦文集·第 1 卷》，许良英等编译，商务印书馆 2017 年版，第 422 页。
② ［英］萨米尔·奥卡沙：《科学哲学》，韩广忠译，译林出版社 2013 年版，第 5 页。

(二)科学对人生观的影响

古往今来，无数伟大的科学家把解决科学问题作为他们人生的终极追求，在科学实践中形成了对人生目的的答案。罗巴切夫斯基是敢于站出来批判《几何原本》第五公设的第一人，被称为“几何学中的哥白尼”。他的人生十分不幸，可尽管如此，他在重病在床、双目失明的情况下，口授完成了《论几何学》这部伟大的作品，后郁郁而终。追求真理是没有终点且充满艰辛的事业，但我们仍然可以从科学发展的历程中汲取精神力量，得到追求真理的不懈动力。

(三)科学对价值观的影响

欧几里得曾嗔怪那些追逐数学的功利之用的学生，他对仆人说：“给他两个硬币，因为他居然想要从数学中谋取实利。”亚里士多德在《形而上学》中提出“为了知识本身而求取知识”①，同样说明了科学的“无功利性”。真正热爱科学的人能够自发而不懈地去追逐知识，并不仅仅是为了“有之以为利，无之以为用”②，更是基于来自灵魂深处的探寻自然界奥秘的渴望。今天的我们学习科学知识一方面是为了站在前人的肩膀上登高望远，另一方面是要提高自身科学素养，体尝这种“无功利性”带来的种种乐趣。

五、结　　语

行文至此，笔者终于意识到，科学文化的四重境界之间，并不存在某种集合关系或是因果链，甚至不需要去辨明某种指向性。科学文化并不是科学知识、科学方法、科学思维、科学精神的总和，本文所讨论的“四境界”也并非是探究科学文化的全部维度。比起回答“何者为第一性”这样的问题，我们更需要去关注人与文化之间的互动，并且从多个维度去加深这些联系，这才是推动文化发展的真正动力。

教科书作为学科教育的载体，有着传承文化的重要使命。《几何原本》之所以被誉为历史上最伟大、最成功的教科书，正是因其在传承科学文化的过程中发挥了巨大的作用。

① ［古希腊］亚里士多德：《形而上学》，吴寿彭译，商务印书馆 2017 年版，第 4 页。

② ［春秋］老子：《道德经 · 十一章》，人民教育出版社 2011 年版，第 22 页。

“在几何学里，没有专门为国王铺设的大道。”欧几里得用话语击碎了国王的迷梦，同时用书卷为所有乐于钻研的人铺就了通往真相的道路，为无数“下海求真理”之人“引渡”，立下了不朽的丰碑。

公理化方法与直觉思维

潘天怡　经济与管理学院（2019301051099）

【指导老师评语】 本文介绍了公理化方法与直觉思维，论证了二者间具有相互依存，相互制约，相互促进的关系，两者的结合能够促进数学、自然科学、人文社科等领域的快速发展。论文思路开阔，逻辑严谨，阐述清晰，行文流畅。(电子信息学院　岳显昌)

摘　要： 公理化方法与用人的直觉思维处理问题的方法看似相对矛盾，实则存在许多联系。本文从《几何原本》中的公理化方法出发，在对它的起源、发展及完善过程进行分析的基础上，来探究公理化方法与直觉思维之间的关系，并以数学领域为起点分析两者的作用，同时延伸到在自然科学与人文社科领域中的广泛应用，以及认识和改造客观世界中的重要作用。

关键词：《几何原本》；公理化方法；直觉思维；人文社科；教育发展

一、公理化方法的发展过程

公理化方法发展第一阶段是亚里士多德的三段论。在《前分析篇》中亚里士多德指出这种逻辑体系“某些事物被假定，与这些假定事物不同的事物根据被它们自身证明为正确的事实而必然出现同样的结论”①，一定程度上可理解成我们现在的“大前提、小前提和结论”三个部分的论证。虽然该观点存在不足，但他指出了一个完整的公理系统，提出了一

① ［希腊］亚里士多德：《工具论》，刘叶涛译，上海人民出版社 2018 年版，第 120 页。

个成文的公理化体系。①

第二阶段是欧几里得的《几何原本》。以 5 个公设和 5 个公理为基础，以 5 个公理为例：1. 等于同量的量也彼此相等；2. 等量加等量，其和相等；3. 等量减等量，其差相等；4. 彼此重合的东西彼此相等；5. 整体大于部分，加之二十三个定义，推理出了 467 个命题，把它们组成了全文一十三卷。整理出了公理化方法，即从一个或几个不证自明的基本概念出发，通过逻辑演绎推理得出一系列结论。《几何原本》的影响也远超了数学本身，公理化方法为几何学的研究开辟了一条新路。

第三阶段是希尔伯特几何公理系统。希尔伯特《几何学基础》一书的发表，解决了公理化方法的一系列逻辑理论问题，从此以后，公理化方法不仅进入了数学的其他各个分支，而且也把本身推向了形式化的阶段。②

二、直觉思维

在我看来，直觉思维是一种基本的思维方式，在各个方面都普遍存在的，是明显区别于逻辑思维的，相对于完全理性，它更倾向于感性，偏向情感、意志等，是人脑在面对一些新事物及新现象时迅速识别判断的心理现象。如日常生活中人站在高处时会产生畏惧心理，还有“一见钟情”“谈虎色变”等。经历或沉浸在不同环境中直觉思维也不同，如涉世未深的孩童与老于世故的成人对金钱的直觉反应大有不同。

直觉思维的产生是人脑的一种高级且独有的机能。最新研究显示，大脑右半球在对空间的想象能力、整体综合能力、发散思维能力等方面明显优于左半球，且具有快速性、弥漫性、整体性等特征。可见，直觉主要位于右脑，是右脑所具有的功能。左脑采取的是一次分析一个特征的策略，而右脑则采是同时进行整体分析的策略，这就是为什么直觉无需推理就能直接地对事物及其关系作出迅速的识别和理解的原因所在。③

三、公理化方法与直觉思维的关系

我认为两者是相互依存，相互制约，相互促进的关系。

① ［英］乔纳森·巴恩斯：《亚里士多德的世界》，史正永、韩守利译，译林出版社 2013 年版，第 38 页。

② 俞文虎：《浅谈数学公理化方法》，《科教文汇(下旬刊)》，2010 年第 12 期，第 101 页。

③ 董奇：《论直觉思维》，《北京师范大学学报(社会科学版)》1987 年第 1 期，第 71~74 页。

首先是相互依存，直觉背后存在公理化的逻辑推理，公理化的逻辑推理前是直觉的认知，两者互相依赖而存在着。“直觉思维是以对所学知识领域及其结构的熟悉为基础的，这样才能使思考者思维跳跃，省略步骤，走捷径。”①直觉的产生必然要有一定相关逻辑的学习与累积，这里的“相关逻辑”可以指公理化方法中的前提“公理”；与此同时，公理化方法推理的起点是不证自明的“公理”即真实性被视为理所当然，一般是人们的反复认知和符合直觉的理论。

其次就是相互制约，即公理化方法一定程度上会限制直觉思维的发散，而错误模糊性的直觉思维会误导公理化方法的推理。由于是在面对一系列突发新事物，直觉思维拥有一定的创新性和超越性，会突破超越原有的思路，而公理化方法具有一定的固定性和逻辑性，因而一味的固定推理只会限制直觉思维的发散，减少创新性想法的出现；与此同时，由于受到已有的经验思维定势或生活固有方式的误导，极有可能会出现错误的模糊的直觉，与事实逻辑相冲突，从而将公理化方法引向错误方向。

最后就是相互促进，直觉思维与公理化方法各有所长、各有所短，两者密切配合，取长补短相互促进。首先直觉思维具有首发和先导作用，它依赖于潜意识等思想活动，能够迅速地对事物作出反应，这往往能突破定势束缚，创新发现新的“大陆”，极大促进公理化方法的丰富，例如阿基米德在洗澡时看见水溢出突然发现浮力定律，魏格纳在看地图时突然出现“大陆漂移”的想法；其次，起初解决一个问题时，我们可能需要公理化方法的严谨推论，而当该问题反复不断出现时，对公理化方法的完美运用已经非常熟练，以至于形成一种直觉思维，从而自然而然地采用适当方法来解决类似问题。同时公理化方法的完善也在不断纠正直觉思维，事实上，一般的直觉思维是没有严格的推理，因此会带有一定程度上的模糊性与猜测性，一方面正确的直觉总是以一定的公理化方法的逻辑为基础，一方面直觉思维需要正确的公理来检验证明。因此其背后所蕴含的公理化方法如果在不断纠正并改进，那么也会极大提高直觉思维的正确性。

四、公理化方法与直觉思维完美结合的作用

公理化方法的应用不只起初的数学领域，还可延伸到各个方面，同样公理化方法与直觉思维完美结合产生的作用也不只在数学本身，还可以运用到自然科学甚至是人文社科领域，以此来发挥作用，更为重要的是两者所体现的思维方式对后世的深远

① ［美］杰罗姆·布鲁纳：《布鲁纳教育文化观》，宋文里、黄小鹏译，首都师范大学出版社 2011 年版，第 62~69 页。

影响。

(一)数学领域

法国数学家庞加莱就在他的一篇文章中将数学家分为两类：一类是逻辑主义者，而另一类是直觉主义者。① 前者更擅长抽象公理化的解析，而后者更注重空间和几何上的直觉思维的想象。这两种思考方式看似截然不同，但在数学领域非常需要两者的结合，一方面，高度公理化与抽象化会让数学变得毫无生气，死气沉沉；一方面，单一的直觉思维化会严重影响数学的严谨性，甚至错误的直觉会误导逻辑。

因而李昌官认为：直觉是逻辑的先导而逻辑是直觉的护栏，而直觉与逻辑于数学发展和学生思维发展犹如车之两轮、鸟之两翼，正确处理直觉与逻辑的关系，使它们优势互补、相互促进、协调发展。②

两者结合对数学发展的主要作用：第一是加快处理问题速度，公理化方法的优势在于它无比严谨，而直觉思维在于它的洞察力，所以在处理繁杂数学问题时，闪现的直觉直观地提供了多种解决方案，但需要公理化逻辑来约束，使模糊化直觉思维清晰化，使碎片化直觉思维系统化。第二是形成系统处理模式。例如 1+1=2，通过公理化方法推论所得出，随着时间流逝知识总结，已经形成了快速的直觉思维，成为处理数学问题的基础方法，进而帮助进行更高层次的问题探讨。第三就是理论的进化与创新，直觉突出的创造性与穿透力，提高了对数字的敏感度和丰富了对空间几何的想象力，因此在公理化方法的基础不断完善增加知识同时，合理发散直觉思维，增加了新方法和新理论出现的可能性。

(二)自然科学领域

公理化方法是自然科学领域中的一种普遍常用方法，但与此同时人们却常常忽视直觉思维的运用。庞加莱指出，直觉是发明的工具，逻辑是证明的工具，逻辑只能提供所有组合与结构，要在其中作出明智的选择，则需要直觉思维。直觉思维不仅作为某些逻辑推理前提的公理，而且直觉也渗透在推理的过程之中，因为只有具有这种次序的直觉，才能洞察到作为一个整体的推理。③而两者结合作用与数学领域存在一定重复之处，主要举个例子。直觉思维下实现自然科学的腾空一跃：爱因斯坦一方面运用了公理化方法创立了相

① [法]庞加莱著、李醒民译：《数学中的直觉与逻辑》，《世界科学》1988 年第 4 期，第 5~9 页。

② 李昌官：《追寻直觉背后的逻辑与引领逻辑的直觉》，《数学教育学报》2018 年第 4 期，第 76~81 页。

③ 邵红能：《20 世纪数学界的一颗明珠——庞加莱》，《数学之友》2012 年第 20 期，第 69~70 页。

对论理论体系，一方面借助他敏感的直觉思维来进行科研上的突破，同时留下了许多惊人预测，这些无一不是基于他完善严谨的公理化知识上加以丰富直觉的产物。

(三)人文社科领域

以经济学为例，有一个古老的笑话：一个物理学家、一个化学家和一个经济学家漂流到荒岛上，十分饥饿。这时，海面上漂来一个罐头。物理学家说："我们可以用岩石对罐头施以动能，使其表层疲劳而断裂。"化学家说："我们可以生火，然后将罐头加热，使它膨胀以致断裂。"经济学家说："假设我们有一个开罐器……"经济学家常用假设来简化正在面临的问题，以此得出公理化的经济理论，因而不可避免出现一些基本假设和实际情况不符的问题，对此直觉思维就能助力修改原有假设或贴近现实，促进完善。同时由于公理化使现实经济关系定化，使经济理论的应用更加得心应手，对实际判断更加方便。①

对于研究主体是具有多样性人类的人文社科来说，作为人类基本思维方式的直觉思维起着重要作用。但因为人类活动具有很大的综合性，所以我认为人文社科具有一定的不确定性或者是双重性，既具有主观性又有客观性，既具有灵活性又具有固定性……而人文社科处理问题的方式固然也能既具备直觉性的思维也具备公理化方法。

其实直觉思维就像一个无限扩大成长的集合，而公理化方法就是在上面画圈圈，是约束规范的工具，将其限制其在合理范围。公理化方法绝不是直观随意的，而是把大量的事实理论材料作为基础，通过整理归纳和系统分析的方法，抛弃原本非本质的部分，从而得到的最直接、最简单、最本质的内容的方法。这体现出一种处理问题的普遍适用技巧，是一种在各大领域都具有普遍意义的方法，在直觉思维起重要作用的人文社科当然不例外。

两者结合对人文社科发展的主要作用：

第一是为人文社科建立基础，俗话说"基础不牢，地动山摇"，虽然人文社科具有灵活可变性，但仍然需要一个基石来为未来发展铺路，公理化方法的精髓不仅仅在演绎环节，还有向前追溯的前提公理，在公理化方法中以基础公理出发的方式影响下，增强了人文社科对基础层面的重视。

第二是促成系统理论，形成骨架。例如荷兰唯物主义哲学家斯宾诺莎，他十分推崇《几何原本》的演绎推理过程，这是他的直觉思维使然。而此影响下，他认为一切事情的发生都有其必然规律，认为只有经过推理证明的知识才够可靠，推崇要像《几何原本》一样去

① 陈招顺、汪翔：《论经济学中的公理化方法》，《上海社会科学院学术季刊》1996年第2期，第46~50页。

写哲学，因而他照搬了《几何原本》的样式来写《伦理学》。该书由一些定义、公理、命题构成，并试图从这些出发，创新性地表述他的哲学观点，并且加以论证和推理，以逻辑的形式形成伦理学的公理体系。①

第三是方便民众理解，扩大普及范围。许多人文社科在普通民众看来是晦涩难懂的，而缺乏类似想法甚至是无系统学习的普通民众是难以接受的。但如果应用公理化的逻辑推理，分层次地论证，由浅显到深奥，都可以分解，而不是一开始就从站在极高角度的学者教授的思想上来俯视解决问题，进而降低理解难度，让更多民众了解人文社科。倘若认为应用公理化方法会让人文社科变得形式主义，那么就是直觉思维的作用所在了，加入多样变化直觉上的理解让人文社科依然充满活力。例如近年来出现了“中华经典的公理化诠释”浪潮，还出版了《〈论语〉的公理化诠释》这样一本著作，在我看来这本著作是公理化方法与直觉思维在人文社科领域的完美结合。杜维明先生指出：“坚持用公理化方法去诠释儒家思想，不仅有利于中西文明的对话，也有利于儒家思想的现代转型。”②由此可见，在两者结合中，用直觉思维辅助，运用公理化方法，加深了外国人对儒家思想的理解，帮助了孔夫子及儒家思想走出国门，走向世界。

(四)教育领域

因为认为在教育领域中，这两者的结合起到了很大的作用，所以将该领域单独来讨论。有报道显示：中国孩子的计算能力往往很强，但想象力与创造力却相比有所欠缺。事实上，中国并不缺少想象力等直觉思维，而只是过于注重于公理化方法硬化后的形式主义的灌输、一种逻辑方法的直接传达，真正缺乏对正确直觉思维的培养。

当今时代，“唯创新者进，唯创新者强，唯创新者胜”，因此国家必须足够重视培养创新型人才的教育领域，而创新的关键是要拥有创造性突破性的思维“养成习惯去积极地利用已经透彻理解的原理，才是真正的拥有智慧。”③让学生不再止步于浅层次的了解和知识灌输，而是尝试去探索本质，挖掘更深层次的直觉思维，自行借用公理化方法寻找真理。在众多的思维方式中，直觉思维能够突破旧的观念，摆脱定势束缚，在创新中起着不可忽视的作用，在人才培养教育中同样起着重要作用。

---

① 杨吉会、吕杰：《公理化方法推动自然科学与社会科学发展述评》，《沈阳农业大学学报》2014 年第 1 期，第 23~27 页。

② 朱耀良：《致广大而尽精微——〈“论语”的公理化诠释〉的开拓价值与当代意义》，《九江学报》2017 年第 4 期，第 66~71 页。

③ ［英］怀特海：《教育的目的》，庄莲平、王立中译，上海文汇出版社 2012 年版，第 69~70 页。

五、总　　结

公理化方法与直觉思维的关系是相互依存，相互制约，相互促进的关系，而当两者结合时能够对数学、自然科学、人文社科等领域起到巨大作用。

以欧几里得《原本》的公理化方法，论数学教学中证明的必要性

邓浩程　电气与自动化学院(2019302070340)

【教师评语】 论文讨论欧几里得《原本》中的公理化方法，具有十分重要的现实意义。作为现代数学核心的公理化方法，在抽象概念给出定义、概括关系确立公设的基础上，通过证明命题来推出定理。有时候看起来很繁琐和有时候看起来很琐碎、甚至是很没有必要的证明，都蕴含着严谨求真的学术思维、言必有据的科学态度和言必有理的理性精神，展现出逻辑的强大力量和卓越的智慧之光。论文进而对在数学教学活动中的定理证明进行了初步探讨，指出其缺失带来的不良后果，表述较为清晰，对知识和方法的关系有较为深刻的认识，给人印象较深。但文章还可更详实些，对“非功利”和定理证明的关系应在进一步论述的基础上加以凝练，增强说服力。(物理科学与技术学院　石　瑛)

摘　要： 数学是极为重要的一个科学领域，也是众多学科必备的基本工具。在公共数学的教学和学习中，证明有着举足轻重的地位。2000 多年前欧几里得著作《几何原本》(以下简称《原本》)就曾以其严密推理证明轰动于世，用公理化方法建立了整个理论体系，影响至今。统观如今中小学数学教材、乃至各大高校的数学教学，许多经典的证明由于学时紧张、考核方式等原因被精简、删去，实属人类精神文明的一大损失。本文将以《原本》为例，论数学教学中证明的必要性。

关键词： 欧几里得；《原本》；数学教学；公理化方法；证明；非功利教学

一、《原本》中的公理化方法

公理化方法，即从少数基本概念、公理出发，通过逻辑演绎推理出的一系列命题，从

而建立整个理论体系的方法。① “公理”是人们认可的命题，也是逻辑证明的起点，在现如今众多数学教材中都会有这样不加证明就承认下来的公理。欧几里得是当时几何学的集大成者，其著作《原本》中就成功地运用了公理化方法，对几何学众多定理作出严谨的证明，建立了人类历史上第一座宏伟的演绎推理的大厦。

二、数学中定理证明的意义

在数学领域，众多的命题往往需要用长篇的证明去论证其真假。那么这种证明，或者说是类似的公理化方法的魅力何在？

对于《原本》而言，一切结论来源于前提，一切真理来源于假设。《原本》证明中最重要的不仅是结论，更是逻辑。同样，数学并非是一系列命题构成的枯燥的学问，它和其他自然科学一样，是一套方法论，是研究这门学科、在学科内部进行学术交流的方法。在某种意义上，“交流”甚至比研究更加重要，因为正是“交流”使数学成为一个学科。因此，对于大多数学习者来说，证明数学定理最重要的目的是学会数学的思考方式，从而更严谨地看待世界、认识世界。当然，从事数学科学研究的工作者证明这些定理是追求真理的必经之路。这也是本文接下来讨论数学教学的一个重要依据。

例如，《原本》书中这样一个命题：给定一个正方形可以作一个外接圆。在平面几何领域，这个命题是很显而易见的。但是人们很快发现很难用精确的文字来叙述证明过程，因为这只是凭借一些本来就未经过论证的定理以及粗略的想象(几何直观)得出的结论，而任何一门自然科学的定理都必须有严谨的文字表述。因此，探寻逻辑的严密性，是欧式几何学的伟大贡献之处。下面是《原本》中对这个问题的证明：

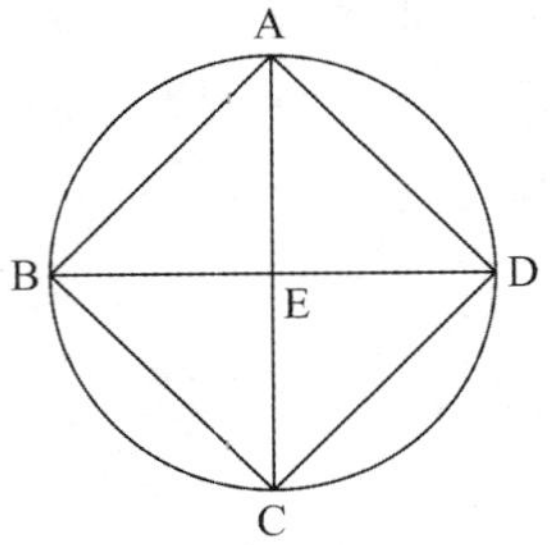

证：连接 AC、BD，使其相交于 E 点。那么因为：DA 等于 AB，AC 是公共边；所以：DA、AC 等于 AB、AC，底 DC 等于底 BC。所以：角 DAC 等于角 BAC。所以：角 BAD 被 AC 线平分。同样，我们可以证明出角 ABC、BCD 和角 CDA 被线 AC、BD 平分。因为：角 DAB 等于角 ABC，角 EAB 是角 DAB 的一半，角 EBA 是角 ABC 的一半；所以：角 EAB 也等于角 EBA。所以：EA 边也等于 EB 边。同理，线段 EA、EB 也等于线段 EC、ED。所以：四条线段 EA、EB、EC 和 ED 彼此相等。所以：以 E 为圆心，以 EA、EB、EC 或 ED 之一为半径的圆经过余下的点，并外

① 桑建平主编：《自然科学经典引导》，武汉大学出版社 2018 年版，第 345 页。

接于正方形 ABCD。所以：给定一个正方形可以建立它的外接圆。①

欧几里得对该命题的证明综合运用了《原本》开篇的公设公理，以及基于此推导出的一些命题。每一步都言之有理，都能从前文中找到相应的依据(如命题 I. 8、命题 I. 6)，并且将“作圆”的本质很好地揭示了出来：以一点 E 为定点(圆心)，EA、EB、EC、ED 为半径 R 作图。通过阅读这样的证明，学习者对数学的理解会更为透彻，通过命题看到问题的本质，也有助于学习者独立解决更多的数学问题。

再者，从上述欧几里得对于公理化方法的运用以及经典的证明，可以明确，“直观”的感受绝非科研的依据。“直观”会欺骗人们的眼睛，而理论中命题的不严谨可能直接导致整个理论体系的坍塌。数学教学的过程同样如此，不仅需要对定理熟练掌握，同时也要求学习者了解整个理论的来龙去脉、掌握基本的证明方法。

三、数学教学中“证明”不容被取代

在信息化时代的背景下，如今的数学教学，通常都是“事实”教学，开篇立即罗列大量的概念、性质、命题，直接将前人的研究成果大量地灌输给初学者，而很少去探讨前人是如何研究的。这样的做法表面上可以让学习者在短时间内获取大量的数学知识、解出复杂的试题，但是问题也随之而来。

笔者将数学学习者的目的大致分为两类：一类是希望掌握现有的数学工具以便于在实际生产生活中取得应用；另一类则是有志于投身数学科研工作，推动科学不断进步。以下的讨论对这两类学习者均适用。

第一，忽视证明是对数学文化的冲击，不利于吸引更多的人才投身数学科研工作。大量不经证明的事实不易被初学者理解接受，一旦学习者无法对这些“事实”有直观的印象(命题过于抽象)，便会在短时间内一头雾水、不解其意，进而丧失对数学学习的兴趣。这一点在许多代数教材中能够得到体现。部分教材一开始就突兀地出现一个“逆序数”的概念，随即直接罗列行列式的性质并利用这些性质向学习者灌输大量的计算技巧，技巧之丰富不亚于一场高难度的杂技表演。只重计算而不重视命题的前后连贯性，命题不断被拆分且不重视其证明，偏移了学习数学的初衷，同时使学习者易对数学产生恐惧，这对于数学文化的传播发展是极其不利的。

第二，忽视证明使学习者的基础不牢，无法掌握数学学科的精髓。如今的数学学习往往和考试挂钩，在众多的数学考试中，数学科目的考核通常都是“解决问题”，鲜有对一些

① ［古希腊］欧几里得：《几何原本》，魏平译，陕西人民出版社 2010 年版，第 65 页。

经典证明的理解的考察。很多学习者学习了大量的数学知识，都没有掌握如“正弦定理”“余弦定理”等命题的最基本的证明理念。在教育功利化的时代，考核方式往往引领教学方式。虽然解题是数学的重要组成部分，但如今大学里的多数学习者只是被大量机械地训练如何解题，当他们离开校园，这种刺激性的训练逐渐淡化，数学这门学科很快就会被遗忘。如上所述，数学并非是一系列命题构成集合，更重要的是传递给学生思维的方式。命题会被遗忘，但是思维方式、思考问题的习惯会受用终生。

很多教育工作者认为，教授定理的证明“吃力不讨好”，花功夫且成效慢，不如多做题。实则不然，掌握了每个定理证明方法，就能够形成学科体系，拥有理性的分析问题、思考问题的习惯，而这往往会反作用于应试，取得比同龄人更为优异的成绩。而且这样取得的数学成绩是长久性的，不会因为训练的突然减少而造成考试成绩的急速下降。

四、“非功利”展开数学教学活动

基于上述现实，笔者呼吁用非功利的态度展开数学教学活动，回归数学教育的本质。目前，在回归教育本质的道路上，各部门都在不断努力，尤其是考试命题也越来越凸显数学思维、证明等非功利化的教学任务考察。比如 2019 年江苏省数学高考考试说明中明确写下：突出数学基础知识、基本技能、基本思想方法的考察；重视数学基本能力和综合能力的考察；注重数学的应用意识和创新意识的考察。同时，2019 年 11 月 29 日教育部召开新闻发布会，明确指出取消初中学业水平考试大纲。这些举措并非是一味减轻学生的学习负担，而是更加突出数学学科本质的内涵。教师教授定理的证明、学生掌握定理的证明刻不容缓，这就要求每个教育工作者切实展开“非功利”的数学教学活动。

对于数学学习，越是功利化，越在考试中修不了“正果”，成绩最多一般化；反之，少一点功利化，少些考试成绩的考量，却能“无心插柳柳成荫”。弗赖登塔尔指出，数学中最主要的成分始终是思想方法，而这确实是人类共同的思想源泉，即使作家或艺术家也可以从中吸取营养，真正能够起到训练作用的是数学方法而不是具体的素材，因而必须强调方法，并尽可能使之明确。布鲁纳强调结构和原理的学习，指出基本的、统一的观点，或是一般的、基本的原理能够缩小高级知识和初级知识之间的间隙。对数学学科的教育而言，这里的基本结构在一定意义上讲就是指数学的思想方法。①

① 李广修：《追求非功利化的数学教学》，《中学数学月刊》2014 年第 2 期，第 13 页。

五、总　　结

欧几里得《原本》为后世提供了宝贵的精神财富，为我们开辟了一条数学教学的正确道路。如今的数学教学，依然要汲取千百年前珍贵的经验，以神圣、严谨的态度对待每一个定理、每一条公式，使之言之有理、言之有据。同时展开非功利的数学教学，培养数学思维，掌握理性思考能力，使每个数学学习者能受益终身。

科学与假设：为萨丕尔-沃尔夫假说正名

袁　萌　文学院（2019301110112）

【指导教师评语】 论文借用庞加莱的科学与假设理论来分析语言学中争议较大的“萨丕尔-沃尔夫假说”，将科学哲学与作者的人文专业背景相结合，具有较鲜明的学科交叉特色。论文从科学哲学的视角对“萨丕尔-沃尔夫假说”的负面评价进行了分析，并在此基础上对该假说的价值与意义进行了探讨，观点明确，论证逻辑比较合理，体现了作者自己较为深入的思考分析。但是庞加莱的理论针对的是数学与自然科学，对于人文社会科学领域的语言学是否有不完全适用之处，建议作者对此能有更为深入的论述。（计算机学院　韩　镇）

摘　要： 本文尝试采用庞加莱《科学与假设》一书中看待科学与假设的科学哲学视角，参考其中对于科学领域概括性假说的产生过程、性质以及评价的机制与角度，结合个人阅读体验与生活经验，来重新看待语言学界中争议纷纷的“萨丕尔-沃尔夫假说”，探究并总结其负面评价较多的原因，尝试给出较为客观、全面的评价。

关键词： 萨丕尔-沃尔夫假说；语言学；《科学与假设》

亨利·庞加莱，法国十九世纪杰出科学家，在数学、天体力学、数学物理等领域多有建树，是世界公认的“最后一个数学全才”。在本学期的《自然科学经典导引》这一通识课程中，我有幸初次接触到了庞加莱所著的《科学与假设》。与其他动辄成千上万页的大部头经典相比，这本书只有薄薄的两百页，语言也相对通俗易懂，涉及某一具体领域时均举出了相应例子进行诠释，方便读者理解。纵观全书，字里行间无不透露出了一位科学家对于科学进步的殷切希望，对于提出假设的谨慎与包容，以及遭遇研究困境时大胆创新的视角。

作为一个理科成绩常常在及格边缘徘徊的文科生，我不得不承认自己在理解具体的数学、物理知识上还是存在着比较大的障碍，但这并不妨碍我被其中蕴含的科学哲学思想深深打动。借此机会，我也开始对学术理论批评领域存在的“一刀切现象”进行思考与反思，尝试以历史视角去考量学术史上不受重视或是被批评得“体无完肤”的部分理论，努力作出更加客观、全面的评价，为这部分被埋没的宝藏“正名”。结合专业背景，我选择了在语言学领域颇负盛名的“萨丕尔-沃尔夫假说”来进行梳理、阐释与重新评价。

一、“臭名昭著”与新视角

“萨丕尔-沃尔夫假说”系列思想自提出至今已有近二百年的历史，期间经过多国语言学家、人类学家的批判与发展，经历了产生、发展、衰落、复兴与再次式微五个阶段。虽然命名时采用了萨丕尔与沃尔夫二人的名字，实际上假说最早的提出者却是德国思想家洪堡特，他于十九世纪在《论人类语言结构的差异及其对人类精神发展的影响》率先提出了“不同的语言可以决定母语者思维”这一大胆的猜想。百年来，经过美国语言学家和人类学家萨丕尔及其老师鲍阿斯、学生沃尔夫的不懈思考与讨论，这一猜想得到了更加深刻的发展，最终形成了如今人们总结出的关于语言、文化、思维三者关系的著名假设——“萨丕尔-沃尔夫假说”。

由于创造性地提出了“语言作用于甚至决定人类思维”的看法，相当于在当时语言学界盛行的结构语言学派描述语言为“人类进行社会交际与思维认知的工具”这一定义的基础上更进一步，考虑语言对于人类思维、文化的反作用，尤其注重语言对母语者如何看待世界层面的影响，这一假说在相当程度上冲击了传统学者们的看法，自从提出以来便在语言学、社会学乃至人类学等众多领域引起了轩然大波，直至今日仍旧说法不一。当前学术界对这一假说评价普遍不高，搜集资料过程中，甚至发现部分评论者竟形容其为“臭名昭著的假说”。

疑惑之余，我也对这一假说存在大量负面评价的原因感到十分好奇。试将此类评价中的观点简要总结，大致如下：

一是用来支持该观点的论据数量与真实度问题。由于这一假说涉及人类思维、文化与语言三大领域，具有显著的跨学科特征，在进行语言调查与社会实验时干扰因素众多且难以排除，客观上为论证增加了难度。并且，很少有研究者能够具有如此完备的学科背景，提供的论据质量往往是参差不齐，呈现在大众面前的更多是研究者从生活经验或是某一语言中提取出的孤立现象。由此，真正经过实验或调研证实的论据数量少且真实性仍旧存疑，更有大量论据经查证后被认定为谣言，例如流传甚广的“爱斯基摩人的雪”①。

二是所谓的“萨丕尔-沃尔夫假说”实际是由后人总结发表的，萨丕尔与沃尔夫从未对相关概念给出正式定义，二人甚至没有公开联名发表过关于这一问题的意见与讨论。定义上的模糊不清、难以界定为后续的研究者增加了理解难度，继而产生过大量误解，如针对“强假设”(即所谓“语言决定论”，认为一个人的思维完全由母语决定，只能根据母语设定的范畴和区别定义来认识世界，进而推导出语言不同的民族思维方式不同)这一概念并大加批驳，但实际上沃尔夫曾在著作中多次提到他并非认为语言完全决定该种语言者的世界观，据此可以推测“强假设”与“弱假设”(即“语言相对论”，语言一定程度上影响语言使用者所体会到的世界，语言反映思维信念等)的区别应为后人臆断的产物，而非假说提出者意图表达的本来含义。

退一步讲，即便承认以上诸多问题的存在，这些问题就真的能使评价者们一锤定音，断定这一假说是在“满口胡言”“颠倒黑白”，没有丝毫价值吗?

“被证伪”不应当成为一个假说的原罪。纵向来看，一个假说从提出到发展再到日渐式微，包括期间多角度论据的提出以及围绕论据所展开的论战，带来了多方思想观点的碰撞，这一价值之于学术界是不可估量、不容轻视的。横向延展，由于科学研究存在着相当程度的综合性，学科间多有交叉，一个假说的提出正如投石于湖中，除了提出者的本意得到一定程度的表达外，往往还能在其他领域得到意想不到的收获。单单综合以上两点，我们就不难发觉一个假说的价值更应从多方面进行考量。

庞加莱本人涉猎颇广，对实验科学(物理学等)与形式科学(数学等)均有所研究，但从研究对象来看，还是以自然科学领域为主，他的科学哲学思想也主要源自在数学、物理学领域理论研究的实践。而“萨丕尔-沃尔夫假说”则隶属于社会科学学科中的语言学，选用自然科学界的庞加莱思想来为社会科学界的假说“正名”看似驴唇不对马嘴，目的之一也是意图说明庞加莱所秉持的科学态度与包容心态具有可推广性，自然与社会学科之间的差异并非如同我们所想象的鸿沟一般。同属科学，大部分学科研究都存在一定共性，治学态度均需严谨又不失大胆，以更加开放的角度看待假设的提出，无论最终结果是被证实还是证伪。

二、重观萨丕尔-沃尔夫假说

要以庞加莱视角对萨丕尔-沃尔夫假说做出评析，首先要对这个假说下个定义。在《科

① 沃尔夫在《科学与语言》一书中称爱斯基摩人对“雪”的说法分类十分细致，并将其作为支持“语言相对论”的论据。

学与假设》一书中，庞加莱根据假设的出现的场景以及特点将假设的定义阐释为了三种类型："隐蔽的定义"，指人们在科学研究中难以摆脱的"自然存在"的假设；"中性假设"，帮助科学家研究的辅助性手段与技巧；"概括性假设"，"是真正的归纳总结，必须实验来验证或者证实。不管结果是对是错，都不能说一点用都没有。"①萨丕尔-沃尔夫假说处理的是语言与文化、思维之间的关系问题，显然属于其中的概括性假设，是对事物之间关系的描述。

"这类假设总是应该尽可能经常地受到检验。当然，如果他们经不起这种检验，人们就应该毫无保留地抛弃它②。"事实上，萨丕尔-沃尔夫假说提出的两百年间，研究者们抛出的正面与反面事例层出不穷，但或许是学科特征使然，至少现在看来，无论是拥护者们的举证还是反对者们的质疑都显得有些缺乏力度，多数争论至今仍处于悬而未决、不了了之的状态。

例如最有名的"爱斯基摩人的雪"问题，人类学家鲍阿斯在《北美印第安人手册(The Handbook of North American Indians)》最早提到了"爱斯基摩人有很多种说雪的方式"这一现象，并很快被沃尔夫引用到著作中用以支持语言相对论。值得注意的是，沃尔夫在引用时并没有依照原文点明此处的"多种"实际上是四种，而是选择了采用"等等"这种含糊其词的表达，增强了视觉冲击力，使得语言相对论得以在短时间内声名大噪，但这种类似于"欺骗性营销"的宣传方式也为后来的争议埋下了祸根。在这一事例被作为证明语言相对论的有力论据广为流传的同时，"多种"一词也被媒体逐渐讹传为了"40 种""80 种"乃至"200 多种"。愈发离奇的说法致使不少研究者产生过怀疑，经研究后发现这一说法混淆了爱斯基摩语中的词根语与派生词汇。然而这一发现也只是从数据上削弱了论证力度，对于爱斯基摩人究竟有多少种说雪的方式，与思维、文化关系如何仍没有定论。换句话说，并没有强力的证据能够证实萨丕尔-沃尔夫假说，但这一假说至今也没有被证伪，属于现今世界上无数有待考证的命题之一。

然而，除了把目光聚焦在该假说到底真实与否外，我们还应看到假说提出后引发的一系列看似繁杂纷扰的争论对于学术研究的巨大推动作用。例如"爱斯基摩人的雪"这一例子提出后，语言学界重又掀起了爱斯基摩语研究热；关于语言与文化关系的探究，进一步推导出不同语言使用者眼中的世界结构具有根本性差异，不同母语者的思维被语言限制，永远无法做到真正意义上的互相理解，从一个崭新的角度诠释了民族性思维差异的成因。

除了对语言学内部研究的推动，这一假说激起的涟漪还波及了更为广泛的领域：特德·姜与昼温等科幻作家以萨丕尔-沃尔夫假说为基础，结合外星语言等奇异设定创作了

① 桑建平：《自然科学经典导引》，武汉大学出版社 2019 年版，第 452 页。

② [法]彭加勒：《科学与假设》，李醒民译，商务印书馆 2017 年版，第 21 页。

《你一生的故事》《最后的译者》等科幻佳作，以语言学问题为切口投射出了人生意义等更加深刻的哲学问题；心理学家史蒂芬·平克也对这一假说的产生与“异变”做出了评价：“源自鲍阿斯学派的语言相对论本来是为了证明无文字的民族和欧洲文明人一样，拥有同样复杂精密的文化。但是，这些意在培养宽容精神的域外故事完全变了味，它们恰恰迎合了人们狭隘的民族心理，将不同于本民族的文化风俗看成荒诞不经的怪异行为。”

三、望远镜与冲锋号

“科学家必须预见。”庞加莱这样描述科学本质：正如房子是用石块建筑起来的一样，科学是用事实建立起来的，而科学家的任务正是收集事实并从中领悟，进行预见①。

萨丕尔-沃尔夫假说正是系列学者收集大量语言事实，具有预见性地努力找出语言与思维、文化间关系的大胆尝试，引发了人们关于语言与思维关系的新思考，进一步推动关于语言本质的探索。《语言学概论》定义语言为人类交流的工具，但萨丕尔-沃尔夫假说让我们看到了人与语言的关系存在着双向性的可能，即语言也可能反过来影响甚至塑造人类的思维。普遍认知下，无论自觉与否，人们始终存在相当程度上先入为主的自我中心概念，将科技、语言等现象层面上表现出“因人而生”特点的事物理所应当地看作受人控制的工具，而选择性地忽略、不愿承认其对人的反作用。而意识到这一点，对于研究人类自身的发展历史与前景，对于探究思维本质及其影响因素都具有重要意义。

“没有假设，科学家将寸步难行。机会来到时，我们永远也不要不屑去证实。所有的实验都是长期的、困难；勤勉的人没有几个；而我们需要预见的事实的数目是巨大的②。”从事语言学研究，在实验方面无论是设计还是实施的难度都相对较大，要想找出一个语言事实来严丝合缝地直接证实某个假说几乎是不可能的。尽管现存论据在真实度和数量上无法完成论证，但从萨丕尔-沃尔夫假说的提出与发展历程中，我们可以窥见这些语言学家的持久努力的冰山一角，大胆突破的火花一簇。假说的提出必然会招致非议，却是通往终点的唯一途径。

所有人终将老去，但总有人正年轻，萨丕尔-沃尔夫假说正是前人给我们吹响的无数冲锋号之一，于无声处长久地呼唤我们迎难而上，追求真理。

---

① ［法］彭加勒：《科学与假设》，李醒民译，商务印书馆 2017 年版，第 140 页。

② ［法］彭加勒：《科学与假设》，李醒民译，商务印书馆 2017 年版，第 21 页。

对宇宙的普遍秩序的信仰
——论科学发展中的普遍秩序信念以及对物理学未来的展望

王海飞　弘毅学堂（2019300001094）

【指导老师评语】文章从《科学与假设》出发，加入个人对《自然哲学的数学原理》和《几何原本》的理解，通过对自然哲学发展史和近现代物理学发展的回顾，对庞加莱的"普遍秩序信念"进行了深入剖析，提出了个人对科学的理解和展望。文章思路清晰，论证有力，文笔流畅。（生命科学学院　刘　昱）

摘　要：本文借用庞加莱《科学与假设》中的一词，引入了"普遍秩序信念"的概念，对其从古希腊时期到近现代的发展作了一些梳理。除了代表普遍秩序的实在论与唯名论的矛盾以外，本文还结合科学史对本体论和实体论的矛盾进行了分析，并结合这两对矛盾对物理学的未来做出了展望。

关键词：普遍秩序信念；一神论；本体论；约定论；《科学与假设》

一、普遍秩序信念概念、起源及其在中世纪的发展

庞加莱在他的著作《科学与假设》中说过："用于物理科学中的归纳总是不确定的，因为它建立在宇宙具有普遍秩序的信念①上，而这种秩序却是在我们之外的。"②如何理解这句话？相当一部分科学家自觉或不自觉地认为宇宙的构造是完美无缺的，是可以被优雅地、简洁地描述的。庞加莱将这种信念称为普遍秩序信念。而之所以说它是在我们之外

① 原文为 L'induction，appliquée aux sciences physiques，est toujours incertaine，parce qu'elle repose sur la croyance á un ordre général de l'Univers，ordre qui est en dehors de nous. 其中 croyance á un ordre général 可翻译为"普遍秩序信念"。

② ［法］庞加莱：《科学与假设》，李醒民译，商务印书馆 2009 年版，第 20 页。

的，是因为物理科学的原理并非先验的。人们不能像《几何原本》那样推演数学定理来推演建立在观察和归纳上的实验定律。而实验结果如何能归纳成定律？我们无法像数学归纳法那样确保以后每一次的实验或者事件都能满足当下归纳出来的实验定律。所以我们需要普遍秩序的信念来代替了先验的数学归纳法的角色。可见正是这种将宇宙赋予简洁和优雅的特性的信念，使得建立在归纳法上的实验科学的发展成为可能。换言之，普遍秩序信念是现代科学诞生的必要条件。如果宇宙只是混乱而随机的，甚至它的一举一动都可能受到某位“神”的操纵，那么我们有什么理由将实验结果归纳为实验定律，进而使其上升为原理呢？

有人可能会认为这样的信念是理所应当的，然而回顾科学哲学发展的历史，我们会发现普遍秩序的信念并不是人们的最佳选择。人们可以把在自然中发生的事情归结于神灵的作用，用某种超自然的意志来解释各种现象。如在古中国文化、毛利文化和苏美尔文化的创世神话故事中都可以见到天地分离的情节，或天地为某位神而分离，或天地本身就是神；南美的印加文化和阿兹特克文化则涉及了多次创世，以绝灭论来解释生物进化，但它们无一不是出于神祇们的喜怒哀乐的作用；希腊神话更是无需赘言。这些神话对自然的解释基本上采取了将其人格化的方法，而人格化则是普遍秩序的反义词。普遍秩序信念的萌芽也可以追溯到很久以前，如澳大利亚神话中的“梦幻时代”十分类似于柏拉图的理型世界；前苏格拉底时代许多哲学家们的理论也富有普遍秩序思想，如泰勒斯的一元唯物论、德谟克利特的原子论、恩培多克勒的四元素说和毕达哥拉斯主义等。需要注意的是，普遍秩序信念并不排斥神的存在，它取决于神的人格化程度和理性程度。普遍秩序信念是如何从上古时代的零散和不自觉的状态逐步演变为当今人们的共识的呢？其实，这是一个螺旋上升的过程，它与宗教和哲学发展具有密切的关系。下面对其进行一些粗略的讨论。

泛神论的神过于人格化，与普遍秩序尚存在较远的距离，以至于在泛神论文化中产生科学几乎是不可能的事情。关于任何一个自然客体的现象，人们都可以创造出一个对应的神来解释，而神是有自己的人格的，这就使得预测现象极为困难。即使人们成功地预测了现象，那也多半是出于经验而不是理论的作用。而在闪米特一神教文化中，这层泛神论与普遍秩序的障壁被打破了，从这里我们可以看出现代科学之所以产生于西方的一神教文化的一点端倪。在一神教文化中，唯一的神，或上帝，是富有理性的，这符合普遍秩序的精神。

苏格拉底时代的哲学家们，如最有代表性的柏拉图和亚里士多德，他们往往不像许多前苏格拉底时代的哲学家们那样在他们的理论中抛弃神的存在，但他们的神也并不像基督教的神那样具有具体的肉体和形象。从某种程度上来说，它们的神仅仅是一种理性的意志。它具有无上的理性，并且设计出了一套严密的规则，指导着宇宙的运行。需要注意的是，并不是神在操纵着每一个物体的运动，而是自然规则在指导着物体的运动，而这些规则是由神制定的。在设计完这些规则之后，神就不再干扰宇宙的运行。另一种说法是，神即是这些自然规则本身，由于这些规则是优雅和理性的，所以哲学家们将其归结为一种理性的意志。在这种观念下，神的人格化程度是相当低的，我们称其为自然神论。自然神论是普遍秩序思想的重要表现形式之一。

随着教会力量的崛起，古希腊哲学的智慧一部分被遗忘，一部分则被传承下来为经院哲学家们所用。经院哲学中最大的分歧即是柏拉图主义和亚里士多德主义的分歧，或实在论和唯名论的分歧。唯名论主张共相只是人为的命名，是概念而不是实在。与唯名论对应的实在论或唯实论，则认为共相是一种实在。柏拉图显然是实在论者，因为他认为共相先于个体事物存在，由此我们可以断定柏拉图认为共相是实在的。而就亚里士多德而言，由于他认为共相不是先于个体事物而存在的，因而我们难以得知他是否认为共相作为实在而不是概念存在。在基督教那里，这种矛盾被加剧了。托马斯·阿奎那主张共相是实在的，因为上帝先创造了共相，然后创造个别事物。故以阿奎那为代表的经院哲学的经典形式是实在论的，而共相则被认为是人类所能认识到的上帝的理性①。但在唯名论者那里，由于个体事物都是特别的、特殊的，共相只是人们从它们之中提炼出来的一种对共同特征的描述，那么个体的存在就可能难以被放入宇宙理性的整体图景之中，因而整个世界都更加混乱、琐碎、随机和形而下。在这种图景下，普遍秩序是难以存在的。唯名论者的神可以是反复无常的、随心所欲的，可见唯名论提出了一种新的可能，即一种反对普遍秩序信念的可能。在唯名论革命中，普遍秩序信念受到了打击，但换个角度来看，唯名论与实在论的分歧与论战有益于普遍秩序信念的完善，也体现了其发展的螺旋上升的过程。

文艺复兴和启蒙运动时期乃至20世纪的普遍秩序信念我们放在后面讨论。我们再多提一句庞加莱的成果。粗糙地说，柏拉图主义是实在论的、还原论的、本体论的和先验论的，而亚里士多德主义则是唯名论的、涌现论的、实体论的和后验论的(并不绝对)。本体论和实体论的分歧在从古希腊哲学、经院哲学直至近代甚至当下的物理科学中都有出现。在近代物理学中，二者分歧的典型就是爱因斯坦与哥本哈根学派之争，而在当下的物理科学中，超弦论和反超弦论则是柏拉图主义和亚里士多德主义分歧的集中体现。庞加莱在算术学中采取了接近柏拉图主义的康德主义，但在物理科学中，他提出的约定论调和了二者的矛盾。所以，庞加莱的科学哲学理论有其重要的当代意义。

需要注意的是，柏拉图主义的本体论并不等同于普遍秩序信念，而只是它的一种极端形式。实体论者同样可以持有普遍秩序信念，只是与本体论者在认识论上有所分歧。

① 吴国盛：《什么是科学》，广东人民出版社2016年版，第138页。

二、牛顿的矛盾的上帝观与他的普遍秩序信念

文艺复兴使教会的力量开始松动，这段时间也开始出现一些我们耳熟能详的自然哲学先驱，如伽利略、哥白尼、开普勒等。处于文艺复兴末期的牛顿则是该时期先进自然哲学思想的集大成者。下面我们通过分析牛顿的哲学思想来管窥文艺复兴和启蒙运动早期科学家的自然哲学观念。

虽然牛顿是一个基督徒，但在他主要的科学理论中没有任何位置留给上帝，因而我们可以说早期的牛顿不是一个经典意义上的有神论者。这体现在两个方面。一方面，牛顿在自然哲学研究中坚持了唯物论和经验论。他认为："寻求自然事物的原因，不得超出真实和足以解释其现象者……在实验哲学中，我们必须将由现象所归纳出的命题视为完全正确或基本正确的……直到出现了其他的或可排除这些命题或可使之变得更加精确的现象之时。"①可见牛顿认为自然哲学的研究是通过观察、实验和归纳的方法来进行的，而完全无需依靠上帝。另一方面，早期的牛顿有相当程度的自然神论倾向。他在《自然哲学的数学原理》最后的"总释"中写道："……但却是以一种完全不属于人类的方式，一种我们绝对不可知的方式……而对上帝的本质更是一无所知。我们只能通过他对事物的最聪明、最卓越的设计，以及终极的原因来认识他"②可见在牛顿看来，人们不仅不需要上帝的参与来研究自然哲学，而且也绝不可能通过与上帝进行某种形式的交流来获得关于自然哲学的任何知识，因为上帝的方式是"我们绝对不可知的"。同时，只能通过探求上帝对自然规律的巧妙安排和设计，才能对上帝有所认识，其本质与"自然规律就是上帝"并无不同。

然而，牛顿在晚年认为，上帝是可以干预物体运动的，这体现在他的"第一推动"论中。在当时，牛顿的万有引力理论解释了行星运动的向心力部分，却没能解释行星绕太阳运动的切向速度的来源。需要注意，在基督教文化中，人们认为宇宙是有起始的，这与其他许多文化中宇宙循环轮回的观念有较大的差异。所以牛顿就不可避免地要解释初始条件的问题。行星的椭圆轨道是万有引力方程的一个解，但对于为何偏偏是椭圆解而不是别的解的问题，在当时缺乏宇宙学知识的背景下，牛顿注定无法给出符合经验论的答案。因而他转向了唯心的先验论。他提出：行星获得的切向速度来自于一个全知主宰的推动。此即牛顿的"第一推动"说，且与亚里士多德的"第一推动者"呈现了惊人的相似。在"第一推动"说中，牛顿放弃了经验论，转而允许先验的上帝来干预世界的运行。

---

① 桑建平主编：《自然科学经典导引》，武汉大学出版社 2019 年版，第 123、127 页。

② ［英］牛顿：《自然哲学的数学原理》，王克迪译，北京大学出版社 2018 年版，第 357 页。

牛顿的妥协表明，当遇到同时代的科学无法解释的现象(或者一些形而上学的问题)时，人们往往只能寻求先验的上帝的帮助。笔者认为，人类的心智本身具有一定排除超自然意志的观念的能力(可从前苏格拉底时代的哲学看出)，只是囿于知识所限，无力解释，才不可避免地求助于上帝。在一神教中，对上帝的信仰并非对科学发展起负面作用。一方面，基于可解释的现象，科学家依然能建立理论；对于难以解释的问题求助于上帝，并不是一种观念的倒退，而是人类心智的一种自我保护机制。另一方面，基督教上帝观所蕴含的理性观念孕育了中世纪及以后的普遍秩序信念，从而孕育了现代科学。这种科学与神学的矛盾在文艺复兴晚期和启蒙运动时期中一直存在，直至19世纪被彻底打破，在那里我们有三大自然科学发现和马克思主义。为什么神学最终还是为科学所抛弃了？诚然，诸多社会文化因素是重要的原因，但笔者认为，自然科学的发展才是最直接和根本的原因。自然科学的陆续发现不断冲击着基督教的世界观(例如神创论)，最终导致了神学与科学的彻底分离。达尔文的宗教观转变是一个典型的例子，限于篇幅不再展开。

三、近现代科学发展过程中的普遍秩序信念以及对物理学发展的展望

近代以来，随着教会影响力的衰落，宗教信念变得更加个人化。而为了避免陷入与宗教信徒的不必要争论，许多科学家在公开场合声称自己是自然神论者或不可知论者。而在马克思看来，自然神论只不过是唯物主义者摆脱宗教束缚和抛弃旧教条的简便方式。① 坚定地为无神论辩护的科学家很少，因为这件事情在他们看来是不讨好且无益处的。不论如何，神学和科学已经完全分离，但一神论中的普遍秩序信念仍为科学家们所信奉。我们可以肯定的是，近现代的科学家们都是怀有普遍秩序信念的，即他们认为宇宙是一个完美的和精巧的理性设计。

在近代物理学史上，最为人津津乐道的莫过于爱因斯坦的“上帝不掷骰子”。这句名言来自爱因斯坦与以玻尔为首的哥本哈根学派对随机性的争论，且被人们解读为他反对作为内禀性质的不确定性的证据。在爱因斯坦看来，内禀的随机性是不可接受的。显然，此处的上帝并非指人格化了的上帝，而是对宇宙是一种精巧的设计的观念的一种概括。从“上帝不掷骰子”这句话中可以看出，内禀的不确定性不符合他对宇宙是理性设计的看法。我们似乎看到了普遍秩序局限的一面：它可能让科学家陷入保守。实际上，这只是一种走极

① 中共中央马克思恩格斯列宁斯大林著作编译局：《马克思恩格斯全集·第2卷》，人民出版社2005年版，第165页。

端的普遍秩序信念，它偏袒了柏拉图主义的本体论。我们也不能断言玻尔的哥本哈根学派缺乏普遍秩序信念，他们只不过是更加看重实验结果，从而偏向实体论。本体论者爱因斯坦是先验的思辨和数学推导的大师，他在没有任何实验数据支持的情况下独自建起了相对论大厦。但他直至临终也没能统一量子场论和广义相对论。这无疑是对物理学的一个沉重打击，也不禁使我们开始怀疑宇宙的终极理性。混乱无序的唯名论似乎出现了复活的趋势。

20世纪晚期至当下对大统一理论的研究，由于篇幅所限，在此不赘述。一言以蔽之，在众多理论的竞争中，超弦理论成为了大统一理论最有希望的候选者。但是，与相对论刚提出时的境遇类似，超弦理论严重依赖先验的数学工具，且几乎没有实验的支撑。但想要获取实验数据的成本是巨大的，因为人们还没有能量足够大的对撞机。因此，不少人反对超弦理论的研究，他们认为超弦理论只是一座架在数学上的空中楼阁，与其把钱和精力花在这不一定有结果的理论上面，不如做其他一些更有意义的研究。

诚然，先验的预测是重要的，它对科学的发展起着不可替代的作用。力学与电磁学的统一(狭义相对论)、狭义相对论与量子力学的统一(狄拉克方程)、弱电统一(杨—米尔斯理论)都无法离开先验的思辨和数学推导。但我们真的能像柏拉图相信完美的理型世界那样完全相信先验的数学预测吗？我们真能复制爱因斯坦的相对论那样的柏拉图主义式的成功吗？亚里士多德认为理论要从实体中来，但在当下缺乏实验数据的高能物理学研究中，我们又怎能履行亚里士多德的实体论？本体论和实体论的矛盾在当下显得无比尖锐。

科学的发展符合辨证否定观，即旧理论与实验的矛盾会为新理论解决，旧理论则被辨证扬弃，融入新理论中。这种旧理论的统一与完善和新现象不符旧理论的矛盾此消彼长，促进科学的发展。但是，究竟矛盾中的哪一方能成为最后的胜利者？亦或是这场矛盾会无限地重复下去？正如庞加莱在《科学与假设》中所说：“这两种相反的趋势似乎轮番凯旋，但是哪一个将最终赢得胜利呢？倘若是前者，科学则是可能的；但是没有什么东西能先验地证明这一点……”①难道终极的大统一理论不存在吗？物理学是否会像霍金暗示的那样不可能得到统一？

本体论和实体论在科学发展中构成一组辩证的矛盾关系，科学理论的发展既不能离开实验数据的支撑，也不能缺乏数学方法的先验性指导。问题在于，当下人类对终极理论的追求是否已超前于生产力？如今人类还面临许多世界性问题，我们不妨可以放慢脚步，将精力更多放在实验力所能及的研究上，充分发挥庞加莱约定论的哲学价值，将本体论与实体论，先验与后验的方法结合起来。相信在不久的未来，物理学的乌云定会散去，曙光终将来临。

---

① ［法］庞加莱：《科学与假设》，李醒民译，北京商务印书馆2009年版，第149页。

从科学体系的角度对地心说与日心说的评判

——由庞加莱《科学与假设》引发的一些思考

燕天琦　电气与自动化学院（2019302070325）

【指导老师评语】 本文从《科学与假设》出发，探讨了地心说和日心说的优劣。首先，作者介绍了庞加莱对科学的界定，即对实验事实的概括及使用概括进行预见。其次，作者分析了两种学说均能在一定程度上概括实验事实并进行预见，即二者作为科学体系的平等性。然后，作者分析了日心说相对地心说的优势，即简单性。最后，作者讨论了为何有时具有简单性的理论不能被我们接受，这与预见的精度相关。全文逻辑清晰、论述严谨，围绕着《科学与假设》展开，但结尾略显仓促，未能回到本文的核心——“假设、概括、预见”。（国家网络安全学院　何　琨）

摘　要： 如果我们排除对于地心说的成见，仅从科学体系的角度看，地心说与日心说应该是平等的两种体系，在本质上它们并没有优劣之分，我们之所以选择日心说，只是因为它更加方便，能满足我们的需要，因此我们认为它是合理的。

关键词： 地心说与日心说；庞加莱；假设、概括、预见；平等；简单性；合理性

长久以来，人们一直倾向于以历史发展的观点看待地心说和日心说之间的关系，习惯于将地心说作为日心说出现前的一种不正确的铺垫来看待；这种观念来源于人们对于其历史价值的评判，可以说是一种历史学的观点。然而，作为两种不同的科学体系，我们需要运用科学哲学的理论，在排除个人成见的情况下，科学地对其进行评判。

一、庞加莱的科学哲学理论

庞加莱认为，科学就是为了对未发生的事件进行预见而进行的基于实验事实的一种概括。单独的实验数据并不能构成科学，因为它无法做出任何预见，而只是一种已经发生的事实，这些事实的堆叠对我们毫无意义，因为它们已经发生，且无法对未发生的事件给出任何指导，也就无法对实际生活做出任何改善，这种事实是我们不需要的；单独的概括也不成为科学，因为一切的概括本身都是一种假设，我们本就可以构建无数种不同的甚至是互斥的假设，而究竟采用哪一种假设，则取决于哪种假设所得出的预见与实验能够更完美地吻合，也就是说，所有的假设都必须能做出预见并经受实验的检验，否则就不能成为一种科学。

由此可见，实验事实、概括和预见在构成科学体系的过程中都起到了不可或缺的作用，一个完整的严谨的科学体系不能缺少其中的任意一条，否则就不能称其为科学；同时，任何一个能够满足上述条件的体系都应当被称为科学，这并没有对错之分——就像基于不同公设而发展出的欧氏几何与非欧几何，我们没有办法说其中一种是对的而其他理论是错的，而必须将其视为同等的科学体系对待，只不过它们做出了不同的假设而已。

二、地心说与日心说作为科学体系的平等性

当我们用这种科学哲学的理论来审视地心说与日心说时，就会发现它们在本质上其实并没有优劣之分，从本质上看它们在做的甚至是同一件事情：作为一种科学体系，地心说和日心说都做出了一个基本的假设，即选择一个物体作为参照物(无论它们具体选择的到底是地球还是太阳)，并假设此参照物是静止不动的，以此为基准建立了一个参照系，然后在这个参照系中描绘其他天体的运动。它们都满足科学理论的基本要求：做出了一个假设——即参照物静止，概括了天体运动的规律——本轮均轮说或以太阳为圆心的圆轨道，能够给出一些预见，并且能在一定的精度上满足实验数据；我们没有任何理由指责其中任何一个体系是不科学的，或者说其中一个体系比另一个更差——在本质上，它们都是平等的。

在这里，我们需要避免一个常见的误解——即将预见的精确程度与假设的对错混为一谈或者直接相关联。预见与实验数据吻合的精确度大小能够提示我们对现有的概括(即庞加莱所说的第三类假设)做出修改，但不能决定约定性的假设(即第一类假设)的对错。探

讨哪一种约定的假设是对的——如地球和太阳哪一个应该看作静止不动的中心，或者欧氏几何和非欧几何哪个是对的——这种问题毫无意义。这好比问公制是否正确，旧的度量衡是否错误；笛卡尔坐标系是否为真，极坐标是否为假。一种几何学不可能比另一种几何学更真，只能是更方便而已。① 而预见的精确度能够帮助我们修改和完善我们的概括(第三类假设)，却不能决定第一类假设的对错：早期的日心说(开普勒提出椭圆轨道的修正之前)所给出的预测与观测数据的误差甚至比地心说更大；同样的，如果使用椭圆轨道替换地心说的本轮均轮理论，我们同样能够准确地预测天体的运动，至少能够达到和日心说同样的精确程度。我们不能只根据是否精确就判断哪一种体系是对的，精确度只能用来辅助修正一个理论；而对于不同体系本身，我们必须平等地看待它们。

三、日心说相对地心说的进步意义：简单性

按照上文所说，我们同样也可以使用椭圆轨道对地心说进行修正，让它能够精确地对天体运动给出预见，然而，我们却更倾向于直接更换假设，使用日心说。也就是说，相对于地心说而言，在实际使用中，日心说的确具有它的进步意义。在上文中我们论证了一个学说不能比另一个更真，然而，它却可以比另一个学说更方便；这也正是我们选择日心说的原因——因为它更简单。很容易注意到，日心说中对于天体运动的描述十分简洁，而在地心说中想要准确描述同一运动则异常繁琐。这不仅给我们带来了运算上的麻烦，还引入了不必要的误差，这显然是我们不希望看到的。

让我们从更加接近本质的层面上分析这种简单性：我们已经说明，所有的科学都是基于实验事实的一种概括，很明显，任何事实都可以有无数种方式概括，这只是一个选择的问题。而选择只能以简单性为指导。② 我们当然无法直接断定自然运作的规律就是简单的，正如菲涅尔所说，自然并不关心解析上的困难；而我们看到的简单性可能是因为某种复杂的机制之间的平均作用所导致的结果，例如：理想气体状态方程实际上是每个分子无规则运动的统计规律，是更加复杂的概率分布在表观上的一种表现，由于分子热运动的特征是分子的永恒运动和频繁的相互碰撞，我们不能单独地用力学方法来处理分子热运动问题，然而，这并不妨碍我们使用更加简单的统计规律，尽管个别分子的运动是杂乱无章，但就大量分子的集体来看，却又存在着一定的规律，这就是分子热运动统计表现。③ 在大

① ［法］庞加莱：《科学与假设》，李醒民译，商务印书馆 2006 年版，第 46~47 页。

② ［法］庞加莱：《科学与假设》，李醒民译，商务印书馆 2006 年版，第 121 页。

③ 程守洙：《普通物理学》，高等教育出版社 2016 年版，第 176 页。

多数情况下，我们其实并不关心更复杂更基础的规律，因为当一种更简单的规律反复出现时，我们有理由认为它的出现不是因为某种偶然，而是某种客观规律所导致的必然结果。既然它已经在同一类事实中得到了验证，那么我们有理由认为它给出的预见也是准确的，而能够给出符合实验事实的预见的一种概括，就可以被称为是正确的科学理论。既然已经有了一种更加简单的正确理论可以解决我们的问题，谁还会去煞费苦心地去使用更加繁琐的理论呢？只有在一种简单的理论已经不能准确解释实验现象的时候，我们才会迫不得已去考虑更复杂的模型。而除此之外，简单的理论就已经够用了。从本质上看，这只是一种选择，我们当然也可以构建更复杂的理论，但我们不会去选择它，不是因为它荒谬，而是因为这样做没有必要。就像一份过于精确的天气预报是没有太多作用的，因为我们大多数时候都只是需要知道我们明天出门时需不需要带伞，而并不关心这把伞会在什么时候用到。因此，我们几乎是出于本能地选择了使用日心说——不是因为它更正确，而是因为它更简单，而且已经能满足我们的需要。

四、合理的简单性

然而，我们必须注意，并不是所有的简单都是合理的。在对天体运动研究的早期，无论是地心说还是日心说，都一致认为天体的运动一定是完美的圆——因为圆是最简单、最完美的轨迹；然而，这种简单性却是错的，直到开普勒分析了第谷记录的大量数据之后才发现，天体运行的轨迹是一个椭圆。① 那么，为什么这种简单性是错误的，而我们选择日心说所依据的简单性却是合理的呢？让我们回到最初对科学的定义——为了进行预见而对实验事实的一种概括：科学的目的，或者说我们进行概括提出科学理论的目的，最终是为了预见，为了能够对还未发生的事做出预言；而这种预测是有精度要求的，我们不可能、也不需要给出完全精确的、绝对没有任何误差的预测，因为受限于我们的计算能力、测量误差、初始条件等因素，这类预测是没有意义的。我们需要的只是满足一定精度的预测，而只要是能达到我们的精度要求，无论一个理论是复杂还是简单，我们都可以称其为“正确”，在这种情况下，我们当然倾向于选择简单的理论，因为这可以帮助我们减少测量所带来的误差。然而，这种“合理的简单”的前提是，它必须满足我们对精度的要求。圆轨道的简单性与日心说的简单性之间的区别就在于，日心说能够满足我们的精度要求，而圆轨道不能：如果我们降低对精度的要求，那么天体运行的轨道也可以近似为圆，因为它们的离心率大多很小；而如果我们要求更高的精度，就会发现日心说采用的椭圆轨道也存在错

① 胡中为：《天文学教程》，高等教育出版社 2003 年版，第 48~49 页。

误，如著名的水星进动问题，必须引入广义相对论才能加以解决。因此，一个理论的简单性是否合理是针对精度而言的，而不是理论体系的对错。

五、总　　结

综上所述，作为两种不同的科学体系，地心说并不比日心说更“荒谬”，从本质上来看它们是平等的；然而我们之所以选择了使用日心说，是因为它在大多数情况下更方便，更简单，也能够满足我们的需要。然而这种简单并不是让它自然地更加“合理”，因为这种更简单的概况是否合理只是针对于精度而言的，选择一种简单的理论是否合理，需要根据精度来判断。

穿越时空的对话

——论科学专著对科研与科研精神的启示

庄雨岳　信息管理学院（2019301040163）

【指导教师评语】论文虚实结合，以魔幻现实主义的写法，通过时空穿越对话、夹叙夹议的形式，对《理想国》《科学与假设》《惊人的假说》和《物种起源》四本科学专著的内涵和作者思想进行简要提炼和分析，提出建立理性认知的思维是科研精神的基石、拥有大胆假设的勇气是科研制胜的秘诀、加强意识领域的研究是科研全新的方向、秉持生命平等的理念是科研工作的初心，立意较为新颖，内容综合全面，表述清晰流畅，给人印象较深。但对相关理念的内在联系还可深入发掘，相关剧情的衔接也还可更明晰些。(物理科学与技术学院　石　瑛)

摘　要：随着科技的发展与进步，科研精神成为了时下热议的话题。而事实上，许多科学巨匠在自己的专著中表达的思想都蕴藏着对科研与科研精神的启示。笔者以夹叙夹议的形式，将富有创造性的文学思维与严谨的科学探讨有机结合，对《理想国》《科学与假设》《惊人的假说》《物种起源》四本科学专著的内涵与作者的思想进行了简要的分析。

关键词：学专著；科研精神；科技建设

一、引　　言

纵观时光的长河，古往今来，关乎科研与科研精神的议论从未休止。有人说，科研精神是对待科学的热情；有人说，科研精神是探索未知的初心；也有人说，科研精神是科学家们崇高的人文情怀。那么，科研的本质究竟是什么？科研工作有哪些方法？科研精神蕴含着哪些元素？我们又应当如何增强对科研与科研精神的建设呢？在本学期研习的诸多科学专著中，我们可以窥见科学巨匠们对这些问题的阐述。而笔者通过阅读，形成了自己的思考，在此总结收获的启示，渐出此文。

二、序　　章

“人借助于科学，就可以纠正自然界的缺陷。”

偌大的实验室里，机器轰鸣，四周弥散着刺鼻的药剂味，密闭舱里遍地是因过度实验而死亡的动物尸体。一位上了年纪的老者，瘦削而沟壑纵横的脸，深陷眼窝却炯炯有神的眼。久久注视着身前的设备，他缓缓道出这番话，灰白的胡子颤动着。

空气突然凝重起来，半晌，身后的助手开了口，“教授所言极是。”

老者失笑，“这是一百余年前，俄国动物学家埃黎赫·梅契尼可夫所说……”

2100年，后信息时代，随着人类对地球的不断开发，生态资源极速衰竭，环境问题敲响警钟。科学家们在各种动物身上进行了大量的实验，试图发掘人与自然和谐相处的出路，却是徒劳无功，科研工作陷入了瓶颈。各国紧急启用前沿科技，试图跨越时空对话古代先贤，从他们的思想与理论中找寻科研的灵感。

“教授，那么我们……”

“启动吧。”

三、《理想国》——“认知”

“认知是科研的基石，只有对现实世界有了正确的认知，我们才能够顺利地开展相关的工作。”一位颇有气质的女科学家推了推金丝眼镜，“《理想国》里提到的‘洞喻理论’让我印象深刻，很多时候我们仅仅是依靠过往的经验，也就是我们一贯遵循的认知行事，这会让我们离真理越来越远。”

“正是如此，”时空电话的另一头，柏拉图接过话端，“洞穴里的囚徒，无法走出洞穴接触外部世界，只能通过‘影子’来判断世界的模样①。而在他们的脑海里，‘影子’就是世界的全部，他们因摸清了‘影子’的变化规律而沾沾自喜，这也便是他们的‘认知’。然而世界上并不存在绝对的‘认知’，所谓‘认知’是由环境决定的，它仅仅是一个在特定的背

① ［古希腊］柏拉图：《理想国》，郭斌和，张竹明译，商务印书馆2018年版，第514页。

景条件下被广泛认同的概念，这种概念存在得越久，我们的思维习惯就越牢固、越难以动摇。所以当囚徒试图接受外部世界存在的事实、试图打破固有的思维习惯时，经验就是他们的桎梏，使他们被局限在原有的'认知'中。唯有打破约束，勇敢地走出洞穴，他们才能够拥有接近真实的机会。”

“科研工作中，我们每个人在观察与探究项目的本质之前，难免会受到各种外界因素的影响，而他人向我们灌输的观点往往会在我们的脑海中留下深刻的印象，从而使我们对项目的认知形成固定的模式，影响我们的思考与判断，这也就是我们的认知局限。”女科学家望着屏幕，点了点头，“所以说，抛弃经验主义、打破局限就显得尤为重要。我们应当培养独立思考的能力，逐步建立理性认知的思维。”

“我们永远不知道'认知'的边界是什么”，老者补充道，“只有继续向前探索，才能接近最终的答案。”

老者与女科学家相视莞尔，在笔记本上记录下第一个元素——“认知”。

四、《科学与假设》——“假设”与“勇气”

第一个电话挂断了，蓄着胡子的助手却仍停留在刚刚的情绪中，呢喃道，“勇敢地走出洞穴，勇敢……”他突然兴奋起来，“勇气！我们需要尝试探索的勇气，需要不断进行假设的勇气。”

“可是，如果提出的假设最终被证明是错误的，它们又有什么存在的价值呢?”有人提出了质疑，“在错误的方向上浪费大量的时间、资源、精力，在错误的道路上越走越远，这难道不是严重地阻碍了科研工作的进展吗?”

“也并非见得如此”，来自19世纪的庞加莱操着浓厚的法国口音，“在我看来，现在那么多所谓的科学理论，其实并不是对世界的真实映射，而全都是一组组对现实的假设。面对同样的科学现象，我们完全可以用截然不同的科学理论进行同样有效的解释①。即便我们可能会在后续进一步的研究中证伪某个科学理论，也就是某种假设是错误的、不能合理满足我们对解释世界的诉求，但至少我们在尝试进行假设的过程中启发了思考，理清了思路，做出了归纳总结，甚至可以说，没有错误的假设，也就没有科学的发展。”

“没错!”助手连声附和道，“门捷列夫也说过，'提出一个将来可能是靠不住的假说总比没有假说好'。一个假设之所以能够被提出，是因为它可以通过我们细致的观察或是精

① [法]亨利·彭加勒:《科学与假设》，李醒民译，商务印书馆2006年版，第2页。

心设计的实验而被支持或者反驳，这也就大大避免了一些无谓的浪费。”

“是的，无论一个假设正确与否，它都能够让我们的思路更加清晰，让我们的科学研究具有明确的目的性和计划性。”庞加莱顿了顿，接着说道，“在各种假设的指导下，我们会进行大量的观察与实验，收集整理出许多事实资料，同时提升自我的知识水平，为往后新的假设的提出建立夯实的基础。”

“从原子的‘核式结构模型’到‘量子化轨道’的变迁就是在假设的指导下推进的。”助手赶忙说，“假设也为学科的知识体系建造出了合理的架构。当我们在假设的条件下把问题研究清楚后，我们便拥有了选择的余地，可以利用假设得出的结果去检验现实的情况，也可以扩大假设的范围去开发全新的研究领域。只要拥有提出假设的勇气，我们就是在朝着最终的胜利前进。”

老者轻咳两声，提醒助手稳定情绪，又朝大家补充说，“提出假设需要勇气，否定假设同样需要勇气。我们每推翻一个假设，就意味着排除了一种可能性，在能够将更多的时间与精力集中到其他的研究方向上的同时，也增加了排除正确答案的风险。不过总而言之，勇气确实是科学研究中必不可少的元素。时间紧迫，我们还是抓紧进入下一阶段吧。”

挂断电话，众人纷纷将“假设”与“勇气”记录在笔记本上。

五、《惊人的假说》——“意识”

“理论脱离实践是最大的不幸①。”一位样貌年轻的博士娓娓道来，“认知、假设、勇气……这些元素确实给了我们前行的动力，可我认为我们仍然需要一些科研方法与方向上的指导——这样我们才能够真正地去付诸实践，将获得的动力转化为实际的成果。”

老者浅笑，在操作屏上点按了几下，“我想，弗朗西斯·克里克那里会有你想要的答案。”

片刻后，克里克博士稳重又不失风趣的腔调（笔者注：《惊人的假说》第十八章“克里克博士的礼拜天”中体现出了克里克博士平实而幽默的语言风格）传了出来，“我可以为你们提供一个不错的方向，也就是我毕生的研究主题——意识。对意识的研究看似与其他学科的科研并无明显的关联，可实际上它在认识论和方法论层面都对科研工作有着重大的意

① 关月：《科技狂人达·芬奇》，《艺术品鉴》2019年01期，第2页。

义①。首先，在我这个时代，许多顶尖的科学工作者们对古老的哲学命题很是着迷，他们都在试图用自己的学科领域来解释所坚持的哲学观点，而在意识研究的过程中，哲学问题和科学问题被有机结合在一起，它为我们开辟了新的方向，让我们在进行科研工作的同时也对人生有了全新的思考；其次，意识研究不仅仅是神经科学领域的专职，它是物理学、生物学、医学、心理学多方面的融合，学科交叉让我们能够更广泛地涉猎相关知识，从而进一步完善自身的科研工作，达到双赢的效果。”

“所以说，意识研究可以帮助我们更好地认识自我，认识世界，也能够让我们对其他学科领域有更深入的了解”，助手恍然大悟，埋头誊写上“意识”二字，暗暗下定了深入研究意识的决心。

六、《物种起源》——“平等”

时空电话的使用期限将至，老者缓缓起身说道，“《物种起源》的作者，进化论的奠基人，查尔斯·罗伯特·达尔文，他一定是我们本次通话的关键角色。”

然而就在众人满心期待达尔文先生的高见之时，却听见电话那头传来不快的声音，“诸位，你们在进行动物实验的时候，是否曾拥有过生命平等的思想呢？我们知道，地球上的所有生物拥有共同的祖先，而随着性状的变异与遗传，后代的新物种形成了各自的谱系演化树，最后构成属于地球的完整的生命之树②，这便是我的‘生命之树’理论。然而，人类往往会认为自己高高在上，比花、鸟、虫、鱼更高等更智慧，这是由于启蒙运动以来，我们一直把自己当作是一切价值的标准，当作是这个世界的主体。我们看到一棵树，会认为它是为了给人类提供氧气而存在；看到一只鱼，会认为它是为了被人类食用而存在，殊不知在人类出现以前，它们就已经在地球上生存了许多许多年了。所有生命，无论大小，无论强弱，它们的出现都是宇宙运动的结果，都遵循着宇宙演变发展的客观规律，也就必然与我们是平等的。”

众人陷入了沉默，见没有回应，达尔文接着说道，“每一个生命的存在都丰富了地球的生态，也就是说，地球的繁荣是所有生命共同付出的结果，而生物多样性也正是地球繁荣的保证。人类作为地球这个大家园中的一员，应当尊重自然的多样，同时我们作为独特的拥有高等智慧的存在，更应当为自然界的和平与和谐做出自己的贡献。切记，只有认识到生命平等的理念，敬畏每一个生命，才能够维持生物与生态的平衡，才能够构建人类生

① 李西林，霍涌泉：《当前意识研究的自然科学取向及其意义》，《东南大学学报》2007年01期，第1页。

② [英]查尔斯·罗伯特·达尔文：《物种起源》，徐伟译，天津人民出版社2018年版，第72页。

存的良好秩序——生活中是这样，科研工作中更是如此……”

七、尾　　声

偌大的实验室里，一片死寂。

半晌，是老者先打破诡异的氛围，接通了总部的通讯。

“主席，我们最终还是决定，那些关于动物的实验，之后不会再进行了。不过，我们也有了新的探索方向。同先贤的对话，值得被永久记载，用以给予人们一些启示……”

破晓时分，科学家们伫立在实验室外一望无际的荒原上，落雪，在黎明的曙光中闪耀。

八、后　　记

建立理性认知的思维，这是科研精神的基石；拥有大胆假设的勇气，这是科研制胜的秘诀；加强意识领域的研究，这是科研全新的方向；秉持生命平等的理念，这是科研工作的初心。相信科学专著带给我们的启示，一定能够帮助我们在往后的工作与生活中创造不一样的辉煌。

浅谈“科学”如何应用于生活

——“自我体系构筑法”解决现实问题构想

柯昊野　计算机学院（2019302110357）

【指导教师评语】 通过综合运用柏拉图“洞喻”、亚里士多德“四因说”，欧几里得《几何原本》中“公理化方法”以及达尔文《进化论》中“自然选择”理论，提出了“自我体系构筑法”试图用其来解决个人现实问题。文章立意独特，思考有深度。全文逻辑清晰，结构合理，文笔流畅。（资源与环境学院　张道斌）

摘　要：《自然科学经典导引》利用八章内容解析了科学，借鉴一些伟大的成就来阐述了科学的本质。而理性的科学又似乎在触碰灵魂的人文面前显得有些骨感，用科学融入生活，用模式带来美，成为了应当被重视和讨论的一个问题。

关键词：科学；生活；美

在新冠肺炎冲击的2020，在人易焦躁、心易脆弱、信息爆炸的时代之中，人的理性受到了“无声的破坏”。疫情快要结束，生活即将重新拉开帷幕。如何在接下来的生活中重新捡起理性？如何在人心脆弱时期有效解决现实问题？这些问题的背后，是对于每个人科学性问题处理模式的审查。因此，如何理解科学素养，如何化科学为实际的问题处理思路，如何在利用科学来保护自己心性的同时，处理人际关系、工作、学习、家庭的诸多事务，便成为了重要的论题。而解决这些问题，就要从理解科学经典中科学素养和科学方法的精髓开始。

一、科学可应用于现实探索的理由

提到科学，当今人们总会将其约束在一种“研究产品”或者“探索理论”的环境之下探讨，仿佛其远离生活，在社会的运作里无处安放。这实为固有印象作祟，要理解科学在生活里的面孔，我们可以从柏拉图的洞喻中探究一二。

在洞喻中，现实世界是一个“不完美”的地下世界，充满真理和光明的乌托邦是“理型世界”，这个分类在当今有另一个通俗易懂的解释：“理想很丰满，现实很骨感。”然而洞喻不止于分类，其对于我们理解现实社会有另外一层含义。

“现实世界是一个‘局限’世界，任何基于现实的探索得到的结论，具有可行性，但不可保证完备性。”生活在现实世界的我们，有必要对于这些探索有一种实时反省的态度，甚至于对自己也要具有自我批评的意识。这也正是科学的拓展方法：首先承认自己一定具有缺点，然后再尝试无限逼近真理。①

现实探索的特质和科学是如此的相似，这在根本上说明了科学不应该只在研究这件事情上发光发热，而应该成为我们现实探索、解决问题时候的启明星。

二、科学体系对于现实问题和行动的分类

前面我们利用对于现实世界和理想世界的分类，推论出科学和显示探索同源；无独有偶，利用科学体系对于“知识”和“行为原因”的分类。有关于科学对于“现实问题”的分类可概括如下：

在亚里士多德的《形而上学》中，知识本身分为经验、记忆、智慧三种。根据亚里士多德的阐述，经验是“感觉和记忆积累。”，技艺是“了解一定量经验之后，对于一类问题的熟练解决”，智慧则是在二者基础之上，“关于原理和原因的知识”。② 事实上，知识的产生常常是在对于问题解决的需求中产生的。在解决一个问题的过程中，我们会产生相应的知识来便于更好地解决问题，这是思维的作用。将知识和问题相联系，我们也可以相应给问题分类：

其一，在解决过程中得到“经验”的问题。

其二，在解决过程中得到“技艺”的问题。

其三，在解决过程中得到“智慧”的问题。

然而这种分类太过于武断，事实上由经验到技艺是量变到质变的积累，也就是说，“得到技艺”的问题，本质上归属于“得到经验”型问题的问题群，而“得到智慧”的问题则更为复杂，可能是前两种问题有机结合的问题群。如果我们太过于在意什么问题会引向何

① 桑建平：《自然科学经典导引》（第二版），武汉大学出版社 2019 年版，第 47 页。

② 桑建平：《自然科学经典导引》（第二版），武汉大学出版社 2019 年版，第 21 页。

种知识，那么我们对于一个问题的“前瞻性”已经远超过了解决它的所求，这种情况可以成为“思维冗余”。

无独有偶，具有能动性前提下，人类的行动分类，也可以通过对于“原因”的分类来类比。依旧是亚里士多德的分类中，行为背后是“形式因(行为本质)；质料因(行动材料)；始动因(动机)；目的因(目的)。”①四种因是支持一个行动成立的条件，然而和前面的情况相似，如果我们需要对于一个行动有非常透彻的理解，那么对于一个行为的“敏锐性”其实已经远超了我们选择并执行某种行为所需要的程度。

通过上述两组映射，可以看出，科学对于现实的理解远超过我们个体对于现实的理解，仅仅是在分类上，利用简单的类比推理就可以得到更加高深的理解。这不仅再次证明了科学在解决生活问题中的实用性，也将带来两个问题，而只要解决了这两个问题，我们就可以正式开始利用科学理论来构造我们解决现实问题的行动模式。下面将详细阐述这两个问题及解决模式。

三、“两个问题”的解决

我们上面提到，为了正式利用科学理论构造行动模式，我们需要解决两个问题。它们分别是——科学与现实美学是否契合，以及在科学已经可以剖析现实生活的前提下，能不能对于我们的行动模式做出指导。

有关第一个问题，我们可以先来解释一下现实美学。概括地说，现实的美学就是理型世界的勾勒——理性世界是“完美”的，而现实总有瑕疵，某种意义上现实是理型世界的不完全投影，因此从现实中提炼出来的美，事实上是将现实的一部分“还原”成理型世界的样貌。

那么科学是否可以做到这种还原？答案是肯定的。“还原”这一行为，在科学的诠释中，是得到一定的经验或者技艺之后，利用想象力对于问题的重新定义。那么科学思维当中是否具有想象力、是否具有美？我们可以换个角度来想，当一个人科学理性思考的时候，他事实上已经在需求于意识，意识可为科学调用，可为科学探索，在于“意识本质上是神经元之间的电流反应”②，这种电流反应，又何尝不是想象力的载体，又怎么不具有现实意义下的美？

---

① 桑建平：《自然科学经典导引》(第二版)，武汉大学出版社 2019 年版，第 21 页。

② [英]F. 克里克：《惊人的假说》，湖南科学技术出版社 2013 年版，第 8 页。

而第二个问题，则可以利用早期科学探索的方法来解释。欧几里得著名的《几何原本》，通过“经验”水平的公理和“严谨”意义下的定义，推导出了数百个命题，其本质可以视为利用已知经验和智慧来解决未知问题的科学模式。我们可以大胆推测，如果我们使用科学来解决现实问题，科学应该更倾向于这种理论性探索的解答模式，而非通过大量实验来证明一个结论的模式。

如果认同了上面的观点，那么前面的问题便可以简化为：早期科学探索的模式，是否可以作为现在处理现实问题模式的翻版？现实问题很像是下棋，复杂的棋局处境使得我们在至多几步的推测下，往往是下一步棋后重新审核一次棋局，解决现实问题也是如此；而《几何原本》的证明中也是如此，利用公理和定义解决了一个命题后，重新审核了当前的情况，并将命题纳入已知条件中后再对别的命题进行证明。

简而言之，《几何原本》代表的科学处理现实问题的方式，和我们人自身解决现实问题一样，都是“走一步看一步”。至此，我们可以放心地拥抱科学的体系，用科学方法来与我们协同作战，解决复杂的现实问题。

四、自我体系构筑法的概念和应用

（一）体系思维的产生和选择原因

亚里士多德为了解释他对于知识的分类，事实上也对现实的物质做出过分类——“火气土水”四元素以及“冷热干湿”四性质的关系。但相比于对知识单纯的分类，这里事实上已经形成了他本人看待物质的一套体系。每个人对于物质的理解不同，导致分类有所差别，这导致了体系的“个体性”，这也是后续为什么强调，体系的构筑是“自我构筑”，而非是在已有的体系中进行融会贯通。

言归正传，之所以选择体系思维来作为科学解决现实问题的理论基石，也和前面所说的“个体性”有关，因为科学解决的常常是公共问题，私人化问题的证明并不有益于科学体系的庞大。然而体系思维却能够在科学的体系下处理私人化问题，其精妙之处就在于体系本身具有个体处理问题的色彩，而利用体系所得到的结论，不仅对于个体本身是宝贵的财富，也有利于向他人证明这一体系的价值和意义——这也就意味着，使用这种思维，在处理个人问题的同时，由于这种想法具有交流性，不会导致思维对人有“自私自利化”或者“自我闭塞化”的错误引导。

（二）体系思维如何自我构筑

要能够自我构筑体系思维，我们首先需要解释的是：作为有独立思考能力的个体，在已有一定数量的经历和自我反省之后，或多或少都具有一个自我的“原本体系”。看待一个问题，有些人偏向于经济视角，另一批人或许又热衷于心理视角，有人乐观，也有人悲观。这一种个性化在证明“原本体系”存在的同时，也证明了“原本体系”因人而异，没有模板。

因此体系思维的自我构筑，不是“道生一”这一步，而是“一生二，二生三，三生万物”的拓展过程。笔者执着于使用“构筑”一词，在于起始的“一”体系并非完美，拓展的过程中，有可能会发生原来的体系被完全改变的可能。

而这个拓展过程，我倾向于分类为“普通拓展”和“特殊节点行为”两种。

普通拓展。简而言之，就是通过积累，量变导致质变，由经验逐渐升级为技艺，最后甚至能达到智慧的水平，而在升级的过程中，无论是哪一种知识，都可以纳入到针对一类问题的“小体系”中，这些小体系就像是围绕起始的“原本体系”的小行星，帮助你构造一个由小到大、由简入繁的体系来。

“特殊节点行为”则比较复杂。特殊节点指的是由于普通拓展过程中发生了特殊状况，产生的“小体系”可能是不适合于再嵌入到这个大体系中，或者是“小体系”之间，甚至是“小体系”和“原本体系”之间产生了矛盾的时候。简而言之，特殊节点下我们会面临困境——体系之间的“取舍重筑”。而解决特殊节点情况下困境的行为，便是“特殊节点行为”。

针对于困境的特殊节点行为，我倾向于称之为“破而立”行为。

当你的“小体系”不能够解决同类型新问题的时候，我们纳入一个“小体系”的解决方法，其目的是为了达到“举一反百”的效果，然而在实际的操作过程中，由于体系的不完善，或者“原本体系”对于小体系的诠释利用出现了问题，我们就会发生对于“破与立”的抉择。在这种抉择后，我们会决定是否保留这种小体系，还是对于这个小体系有一种全新理解，后者相比于前者更加具有颠覆作用——它意味着你的“原本体系”对于小体系的“引力”会发生变化，甚至会改变你的“原本体系”，这就意味着人的观念甚至是内心会发生改变。面对这种问题，我们不得不慎重考虑，但又要有打破不完美现状的勇气。

我们前面曾经分析过行为的四大原因：行为本质，行动材料，动机，目的。在这里，行为本质是“节点行为”，行动材料是“小体系”，目的是改善自我体系，动机则是体系与新生问题之间的冲突。

之所以行动材料是“小体系”而非是“整个体系”，正是前面所说的慎重考虑，如果一下子就要考虑重塑自我之类的行动，不仅是自我过多怀疑的一种表现，也意味着自我体系本身并不牢固。在这里介绍一种利用小体系来达成节点行为的方法：首先面对未能解决的"同类型问题"，再次产生一种新的"小体系"来解决他，这时候如果发现新的"小体系"将原来的包括在内，二者是包含关系，则用新的"小体系"来取代原来的，这可以成为"直接建立"。

而如果新旧之间有巨大的冲突，那么就要进行一个完整"破与立"的流程——寻找两个小体系之间的矛盾之处，建立一个允许两种矛盾存在的环境。首先要自我给予这种环境一个合理的解释，就好像爱因斯坦用人的体感时间差异中"时间飞逝"和"度日如年"来解释相对论一般①，这有利于我们对于这个环境有一个粗略的理解。

接下来则是用"经验"来对这个环境进行一个构造。使用经验探索未知领域在科学中有前例。事实上，在《相对论浅析》中有一句话："这个推论不存在于已有的概念中，唯有经验可以确定这个陈述是准确还是不准确的。"一定要使用经验而不是更高级的"知识"，其原因在于经验虽然低级，但却是在现实探索中的"原材料"，没有经过任何加工，不受环境限制，不会因为在一个矛盾环境下或者是未知体系中失去功效。(当然即使如此也需要谨慎看待，如果经验和我们想要构造的环境差异很大那就不行)之后便是进一步解释，在经过一定时间之后我们会有"解释成功"和"解释失败"两种情况，如果成功，则用解释好的矛盾处境来融入原有的"小体系"，而一旦解释失败，我们就开始考虑丢弃新旧两种小体系，重新构建第三种"小体系"，如果在之后的过程中一直发生了需要构造矛盾解释的情况，我们就需要反过来考虑是不是"原本体系"出现了问题。

事实上，在进行了上述行为之后，我们的体系就会开始进行一种"进化"过程。首先是小体系会发生"自然选择"的可能，在达尔文的自然选择理论中，适者生存而不适者淘汰，② 在这里我们可以用"能解决后续同类问题的小体系纳入，他者淘汰"来解释；之后则是开始让"体系树"生根发芽，但这种发芽是逆向生长，不是由根吸取营养到叶和果实，而是从已经可见的"小体系"开始，反向选择合理分类它们的"枝干"，然后再重新审视于自我体系的"主干"，最后回到根部，改变原本产生的"固执错误"，从而解决问题。而这种结构，其实也类似于达尔文提到的生物种族的"树"。

五、结　　语

我们常说，人生复杂多变，难以估测，不存在通往成功的必胜法。悲观的人会感慨：

① 桑建平：《自然科学经典导引》(第二版)，武汉大学出版社2019年版，第130页。
② 达尔文：《物种起源》，北京大学出版社2005年版，第59~62页。

“我的自我天注定，而自我又常控制着我的命运。”然而笔者对于这种论调充满怀疑，因此在借助于《自然科学经典导引》的内容下，提出了“自我体系构筑法”。事实上，提出这个方法的过程中，已经在使用这个方法本身，而直到文末笔者本人才意识到。这个过程中其实也证明了一个有趣的情况——利用未知来解决未知，而这种情况在科学当中是属于不可能状况的。

因此，笔者提出的方法一定也有缺漏之处，因此本文最终目的仅在于通过提出一个可行的方法构想之后，能够抛砖引玉，促使人们在疫情之后能够会想起独立思考的乐趣，重新面对生活。

破风而行，向阳而生

岳楚乔　基础医学院（2019305232075）

【指导教师评语】本论文由科学发展史中存在的问题（“以太”这一概念的几度沉浮）到当下社会现象（娱乐节目：“青你”“土创”）再引申出内涵：无论将来是否达到巅峰，年轻人首先要敢于面对、迎难而上。充满正能量。本文观点明确；论证过程中论据充分、论证方式新颖、论证逻辑关系清晰；论文语言流畅。（基础医学院　朱从丽）

摘　要：“选秀文化”是一种全民参与的文化现象，其衍生的各类选秀节目近年来逐渐在青少年的日常社交娱乐活动中占据一席之地。根据“以太学说”的产生源起、发展破立、淘汰消逝分析选秀节目的存在意义与最终目的，对于当代青年具有重要的启示与教育意义，也是一种对青年精神的弘扬与推广。

关键词：以太学说；青年精神；选秀文化

一、引　　子

由于准备课程研讨，我接触到了“以太”这个概念。初识这个名词感觉很奇妙，它听上去既神秘又有些高大上，因此我深深被打动，充满着好奇，不清楚这究竟是什么东西，是如何产生的，背后代表的又是什么。这个名词和其他那些刻板枯燥的科学名词并不是那么相同，听起来非常权威，又有些神学玄幻的意味，怎么说我也不能对它就此放手、一无所知，所以一头扎进了这个未知名词背后的故事之中，了解到其中充满艰辛、破立发展的过程，就宛若一束烟花，从初起的新奇、变幻的欣喜、繁华的炫目到落幕的遗憾。跌宕起伏、不断变化，直到课程结束后，依然意犹未尽。课后为了放松，打开电视正看到最近很火的综艺节目《青春有你 2》和《创造营 2020》，这些当下年轻人热追的纯娱乐节目，在很多中老年观众心中多少是有些不屑的。不知是脑洞大开还是其它什么原因，看节目时又让我想起一直念念不忘的以太，我竟然将两个风马牛不相及的东西看出了某些相似之处，真是怀疑自己过于天马行空了。但静下心来仔细想了想，从入学开始就学习了这门经典导引课程，刚开始对于学校开设这门独特的课程没有什么太多的感觉，但经过一年来，一堂堂课程的学习，无论是课程选题、还是老师的讲解引导，都逐步培养了我们不仅仅拘泥于某一个课题、某一本书或者某一种思维看问题，去思索，找答案的能力。期间老师说过最多的话就是“说出你的想法”，而非照搬照抄，要学会打开眼界，培养发散的思维。这不仅是我对“以太学说”和“青你”“土创”的一些思考，也是对这门课程的心得。

二、存在即合理

提起“以太”，很多人都不太了解，比较陌生。其实早在古希腊时期，就已经出现了“以太”这个概念。当时柏拉图认为：我们的宇宙，是由水，火，土，气和以太五种元素所组成的①；而亚里士多德则认为：自然界中不可能存在虚空，运行的天体之间充满了以太。所以，“以太”最初是作为一种假象物质存在的。而以太这个概念之所以被引入了物理学范畴，是因为笛卡儿想要用它解释物质之间的相互作用力的本质的问题。他也首次将当时流行的“泛灵论”所造成的天体之间的运动归因于力学原因，将神的作用从物质世界和物体运动中排除出去，帮助了当时的物理学研究从宗教思想的控制中脱离出来，进而迈上了科学的发展道路。笛卡尔对于以太学说的引用也启发了牛顿，对后来万有引力的诞生起到了至关重要的作用。我们可以看出，被引申至力学范畴的以太缓和了物理学中由于理论不完善而引起的矛盾，弥补了学术上的不足。同时，因为以太这个概念的存在，人们就不再纠结于未知的概念，可以进一步深入探索光的本质，乃至后来电磁波的本质。

可以看出，在整个科学历史上，任何概念和理论都不是凭空产生的。无论这些概念和理论在如今看起来有多么的错误或荒唐，都有其在当时的条件和背景下存在的意义与作用，无关它们是作为正确的认知或者错误的表达，正所谓“存在即合理”。同样，像“青你”“土创”这样受到较多年轻人关注的节目，无论看起来是多么的幼稚，甚至不可否认存在很多问题、缺陷，在其他年龄段的很多人看来并不被他们所认可甚至诟病，甚至可能存在不久便会消失，但其节目中试图通过偶像的养成表达出的青春飞扬、破风而行、向阳而生、积极向上的正能量也多少有其当下存在的价值。

① 李佳伟、郭芳侠、孔繁敏、王匀阳：《以太学说的发展和以太内涵的演变》，《大学物理》2015年第8期，第58页。

三、怀赤子之心不懈努力

转回以太学说的发展史。到了17世纪，笛卡儿最先将以太的概念引入了物理学范畴，并且赋予了它一定的力学性质。他将"以太"定义为"一种传递力的作用的媒介物质"，并在此基础上提出了著名的"以太漩涡说"。同一时期，胡克和惠更斯提出的"光的波动说"认为：光的承载介质就是以太。到了17世纪末至18世纪，牛顿提出了"万有引力定律"，这使以往发展地一帆风顺的以太学说受到了首次打击。这个打击并不在于理论本身的正确与否，而是"仇人见面，分外眼红"的笛卡儿与牛顿双方的支持者之间的一次对决。真正的重创发生在18世纪末期，这一时期"光的微粒说"得到承认，以往不被接受的超距作用在电学研究中占据了主导的地位，以太学说逐渐没落①。发展到了19世纪，新出现的"双缝干涉实验"和"光的偏振"使得逐渐失色的光的波动说重新占据了上风，于是光的承载介质——"以太"的地位得到了巩固。由于麦克斯韦做出的"光的本质是电磁波"的预言，以及后来赫兹对此的证实，以太的概念被拓展到了"承载电磁波的介质"上。然而，麦克斯韦方程组仅对绝对静止参考系成立，于是人们顺理成章的认为：所谓的绝对静止参考系，就是以太②。也正是人们对以太学说的不断研究，和与之相关的一系列现象的出现和理论的提出推动着力学、光学、电磁学和电动力学的发展、进步与创新。

以太学说是无数站在彼时科学巅峰，掌握当时最先进科学知识的一代又一代的科学家为之付出了无尽的努力，并历经了长时间的不断被推翻又重建的艰辛推动发展起来的，期间的付出的努力与经历的艰辛不言而喻。"青你""土创"同样倡导年轻人要想成功，需要在静僻的练习室、孤独的角落里秉持好奇、好学的精神，耐得住寂寞、受得住艰辛，数十年如一日地默默不懈努力。"越努力，越幸运"，保持"赤子之心，乘风破浪"，强调一种靠实力说话，不忘初心、不惧风浪的价值引领和正向风貌，传递一种摒弃浮躁心态，为了梦想拼搏，在无人瞩目下、在无人喝彩处，依然永存向上之心，不懈努力，依靠自身品格、信念、实力和自我态度赢得观众的喜爱与尊重的正能量。

---

① 李佳伟、郭芳侠、孔繁敏、王勺阳：《以太学说的发展和以太内涵的演变》，《大学物理》2015年第8期，第58~59页。

② 李佳伟、郭芳侠、孔繁敏、王勺阳：《以太学说的发展和以太内涵的演变》，《大学物理》2015年第8期，第59~60页。

四、“出道即巅峰”？

然而，20世纪的“迈克尔逊-莫雷实验”和“狭义相对论”的提出彻底否定了绝对静止参考系的存在，并证明了光速不变，从此，科学史中发展传承了千年的以太被人们彻底抛弃。于是我们知道，以太学说并不是单一源自某一个人的理论，而是随着经典物理学的进步不断被扩充、逐渐演变直至最后消亡的。一个学说的发展，在历经了认识和概念上不断深入、扩充、完善，不断被修正的过程后，如果最后证明以往千年所做的一切都是错误的，难道这个学说的存在就没有丝毫价值了吗？当然不会。付出的努力就是价值，错误的结果也是警醒，积累的经验更是财富。爱迪生曾经尝试了6000多种材料，进行了7000多次实验，最终找到了最合适的灯丝，那些被淘汰的材料和失败的实验难道不代表着价值，不是一种财富吗？对于自己的“错误”或者“弯路”，爱迪生回答自己不认为自己是失败的，通过实验他知道了6000多种不能作为灯丝的材料。

而被淘汰的以太学说不也填补了物理学发展中的空缺，推动着一系列新理论的产生吗？所以说，即便以太学说现在已被证明是错误的并且彻底抛弃，也不可否认它在物理学的发展史上，有着深远并且不可替代的影响和作用。其实不只是以太学说，如果我们来整体回顾一下物理学的发展史就会发现，但凡某个阶段中，物理学的发展陷入了一筹莫展的困境中，从而停滞不前的时候，物理学家们就热衷于引入一个新的物理假设，用这个假设来帮助自己解释未知的事物，以此解决当前面临的困难。所以说简单的以一般的“对”“错”“成”“败”论英雄实在是一种狭隘或者说极其错误的认知或观点。

反观到“青你”“土创”这样的娱乐节目，大家都热衷于揣测、打call、pick最终的出道选手。如果不出道，难道这些练习生所做的一切努力都是白费吗？我们真的只是以出道与否作为一个年轻人多年努力的结果是否有价值的评判标准吗？比起德不配位，靠刷流量、炒热度、博眼球的方式取得关注、追求短期利益，出道即糊咖的“成功者”，被淘汰、未出道就是失败吗？舞台上一个灿烂的微笑、一个迷人的眼神、一个潇洒的动作、一个美妙的高音、一个动人的瞬间，一个难忘的表演……在此期间不断自我养成，全方位陪养自己，努力努力再努力，不断提高自身实力，和最后所谓的成功出道相比都是没有价值吗？面对自我、面对失去、面对未来，得失之间，信仰与现实之间，梦想与实际之间，在看不到的前路之上，我们应该用世俗的对错评判标准选择坚持，还是放弃？对与错，得与失，成功与失败，无用与有用，出道不出道，真的是评判价值的标准吗？不，真正有价值的在于深入探索和自我提升的过程，在于陈腐观念的打破与纠正，只有如此，科学的真相才能逐步显露，艺术的真谛才能逐步展现。

五、敢，才有万丈光芒

回到以太学说上，从刚刚描述的发展史中也可以看出，一个理论的提出与发展，并不是出现即完美的，它会经历一系列的被证明、被质疑、被扩充、被修饰、被完善的过程。比如说在十九世纪——光的波动说复辟时期，为了让以太的存在适应光学的需要，物理学家们就必须赋予以太一些新的属性。因为光作为横波存在，而横波只能在固体中传播①，这就必须要求有一种弹性固体的以太。同时在天体运动的研究中，为了使它的存在不成为运动的阻碍，这一时期的科学家——斯托克斯和开尔文又提出：以太不仅能够发生振动，又允许重物，比如说天体穿过它进行缓慢的运动。另外，不同于以往对于以太的定义，以太不再是一种单一的特定物质，光的频率的数量能够决定以太的种类，由于不同颜色的光频率不同，当它们穿过透明体时，折射率也不同，因此，有多少种频率的光，在透明体内就会存在多少种不同类型的以太②。以太学说及其相关科学理论的发展，是不断被置疑、证明、完善、破立的过程，科学家们不仅需要进一步深入的研究，更要不被局限在已有的条件和定义中，要有敢于挑战前辈的勇气，这种勇气是划破科学迷雾的利剑，正如千百年来，无数有勇气的科学家敢于质疑权威，即使受到多方的打击也绝不放弃，才会有错误的定义不断被淘汰，新的理论不断被建立，就像伽利略、牛顿等人推翻亚里士多德，建立新的、沿用至今的理论。如果我们将先贤的话奉为真理，不去质疑，就不会有如今一系列的发展与发明，更不会有如今的新世界。

科学理论在敢于挑战权威，敢于大胆创新中逐渐发展，艺术节目也是如此。当下的青年偶像养成节目在注重实力之外，更给当今的年轻人传递了一种“敢”与“不定义”的精神，正所谓“敢，我有万丈光芒”，拥有朝气蓬勃、元气满满的青春热血和自信勇敢、拼博向上的青春态度，有勇气置疑一切，创新一切，不定义一切，心底有勇气，思想上自由，这样高素质的年轻人才能不光在科学探索、艺术创新，更在未来发展上取得成就。科学发展之路，祖国建设之途，人类发展之旅都不是一片坦途，但明确了其发展规律，具备敢于挑战，敢为人先的无畏勇气，破风而行，向阳而生，光明就一定在前方！

---

① 李佳伟、郭芳侠、孔繁敏、王匀阳：《以太学说的发展和以太内涵的演变》，《大学物理》2015 年第 8 期，第 60 页。

② 李佳伟、郭芳侠、孔繁敏、王匀阳：《以太学说的发展和以太内涵的演变》，《大学物理》2015 年第 8 期，第 60 页。